本书是国家社会科学基金项目（13CJL074）成果

中西部快速城镇化地区
生态—环境—经济耦合协同发展研究

杨玉珍　任太增　著

Research on Cooperative Development of Ecology-Environment-Economy
Coupling in Rapid Urbanization Regions of Central and Western China

中国社会科学出版社

图书在版编目（CIP）数据

中西部快速城镇化地区生态—环境—经济耦合协同发展研究 / 杨玉珍，任太增著 . —北京：中国社会科学出版社，2019.7
ISBN 978 – 7 – 5203 – 4906 – 2

Ⅰ.①中⋯ Ⅱ.①杨⋯ ②任⋯ Ⅲ.①城市化—协调发展—研究—中国 Ⅳ.①F299.21

中国版本图书馆 CIP 数据核字（2019）第 174808 号

出 版 人	赵剑英
责任编辑	卢小生
责任校对	周晓东
责任印制	王 超

出　　版	中国社会科学出版社
社　　址	北京鼓楼西大街甲 158 号
邮　　编	100720
网　　址	http://www.csspw.cn
发 行 部	010 – 84083685
门 市 部	010 – 84029450
经　　销	新华书店及其他书店
印　　刷	北京明恒达印务有限公司
装　　订	廊坊市广阳区广增装订厂
版　　次	2019 年 7 月第 1 版
印　　次	2019 年 7 月第 1 次印刷
开　　本	710×1000　1/16
印　　张	29
插　　页	2
字　　数	475 千字
定　　价	150.00 元

凡购买中国社会科学出版社图书，如有质量问题请与本社营销中心联系调换
电话：010 – 84083683
版权所有　侵权必究

前　言

中西部地区成为城镇化的主战场、城镇化的发力区。中西部快速城镇化地区城镇化的推进具有复杂性和系统性，不同区域出现的生态、环境、经济、社会问题既有共性，也有个性，因此，有必要针对中西部快速城镇化地区出现的生态、环境、经济问题进行研究，寻找快速城镇化地区生态、环境、经济的耦合与协同发展。研究的理论意义在于：将城镇化、生态文明与区域发展相结合，剖析中西部快速城镇化地区生态—环境—经济系统耦合协同内在机制，弥补当前耦合协同内在机制研究的不足。实践意义在于：以我国城镇化进程中的后发区域、城镇化速度较快的中西部地区为研究对象，寻求生态—环境—经济耦合协同发展模式，为城市生态文明的实现探索路径，切实提高中西部地区城镇化质量。

本书包括八章，各章主要内容如下：

第一章是相关概念、基本理论与研究架构。本章界定了中部、西部的区域范畴，区分了快速城镇化阶段和快速城镇化地区。提出了快速城镇化地区的系统构成、动力机制、行为主体、协同新理念和城镇化率50%之后的重心转变。

第二章是中西部快速城镇化地区的生态环境经济问题。我国中西部快速城镇化地区普遍面临的生态环境问题有大气污染、水污染、固体废弃物污染、土壤污染等。资源问题包括供给不足和供给过剩，形成对快速城镇化地区发展的数量型约束和质量型约束。经济社会问题表现为大量农民进城引发的贫困、城市失业、半城市化问题以及人的生活角色变化、职业角色变化引起的环境问题。中西部快速城镇化地区的"城市病"表现为城市过度蔓延与土地的过度侵占和浪费、城市的交通拥堵、城市内涝、城市地面塌陷与拉链马路、城市短命与高耗能建筑。

第三章是中部地区城镇化发展现状。本章分析了中部地区城镇化及经济发展的总体概况，实证评价了中部六省城镇化的速度和质量，人口城镇化、土地城镇化、经济城镇化和社会城镇化四个维度间的协同发展度，具体阐释了中部地区城镇化的特征和存在的主要问题。阐述了中部六省包括河南、安徽、湖北、湖南、江西和山西，各省份的城镇化发展历程，从时间维度和空间维度分析了各省份的城镇化现状，各省份城镇化发展面临的优势、劣势、机遇、挑战，并提出了相应的建议。描述了中部六省各省份的城镇空间格局。分析了中部六大城市群各自的战略定位、空间范畴以及城镇体系的结构。

第四章是西部地区城镇化发展现状。本章将西部城镇化历程划分为四个阶段，总结了西部地区城镇化的主要成果。用单一指标法和复合指标法测度了近30年来西部地区的人口城镇化、经济城镇化、空间城镇化和社会城镇化指数，进行了横向和纵向比较。剖析了西部地区快速城镇化地区存在的问题。从空间布局上分析比较了西部十大城市群的总体规模、产业结构、经济总量和社会发展综合状况、城镇化水平、城市首位度，并提出了西部城市群发展存在的问题和机遇。

第五章是中西部快速城镇化地区生态—环境—经济耦合协同发展评价。本章界定了哪些省份、哪些地级及以上城市是中西部快速城镇化地区，介绍了数据包络分析方法，建立了耦合协同发展效度公式和评价指标体系。以省份作为决策单元，依据中西部各省份进入30%快速城镇化阶段后的发展历程，选取2000年中西部平均城镇化率在30%左右以及2015年中西部平均城镇化率50%左右的两个节点年份，选择生态、环境、经济子系统的输入输出指标，用数据网络分析方法评价了中西部各省份生态—环境—经济耦合协同发展状况。根据数据的可获得性，以中西部快速城镇化省域中各地级市为决策单元，用数据网络分析方法评价中西部省份各地级市生态—环境—经济系统耦合协同发展程度。

第六章是快速城镇化地区行为主体间的博弈与协同。本章阐述了快速城镇化地区矛盾冲突的表现。分析了快速城镇化地区中央政府、地方政府、开发商、村集体、农户等各主体的行为目标以及博弈。分析了多元主体利益分配失衡的制度缺陷和行为失范原因，要求快速城镇化地区各行为主体应进行角色定位和行为主体调适，建立协同发展机制。

第七章是典型国家快速城镇化阶段生态、环境、经济问题及应对。本章主要回答四个方面的问题：第一，哪些国家的快速城镇化与中国具有可比性，即哪些国家的经验值得梳理和借鉴；第二，这些可借鉴的典型国家快速城镇化阶段分别面临哪些生态、环境、经济问题；第三，能否进一步梳理出各国快速城镇化阶段横向截面在经济比重、产业结构等方面具体的特征；第四，对中国的启示、思考和借鉴。

第八章是中西部快速城镇化地区生态—环境—经济耦合协同发展路径。本章建立了生态环境与经济耦合协同的理念和模式，从利益协同、动力协同、组织协同、信息协同等方面完善生态环境与经济耦合协同的内容。将产业作为推动快速城镇化地区生态环境与经济耦合协同的核心，将城市作为推动快速城镇化地区生态环境与经济耦合协同的重点。

主要工作及结论有：

第一，界定了什么是快速城镇化地区，将快速城镇化地区区别于快速城镇化阶段。快速城镇化地区必须满足城镇化水平年均提高1.2个百分点及以上；建设用地年均增长3%以上；经济增长速度维持在10%及以上，2012年经济进入新常态后，经济增长速度维持在7%及以上。

第二，快速城镇化地区生态、环境、经济间的矛盾不是必然的，导入耦合协同的理论与实践能够从源头上实现生态、环境、经济协调，同步推进城镇化与生态文明。

第三，城镇化率30%—70%的快速城镇化阶段是"城市病"和城市生态环境问题的显现和爆发阶段，城镇化率在30%—50%时，生态、环境、经济问题及"城市病"处于显性阶段。城镇化率在50%—70%时，生态、环境、经济问题及"城市病"集中爆发。

第四，以城镇化率50%作为拐点，我国进入快速城镇化中后期的重心、政策着力点必须从"牺牲"转向"反哺"，目标从追求均衡到追求增量，寻求生态环境、经济、社会螺旋上升的动力，实现动态均衡。

第五，英国、德国、法国、美国、日本、韩国等已经完成快速城镇化国家的经验表明，尽管快速城镇化地区伴随着生态、环境、经济问题，但经过15—50年的发展，"城市病"以及城市生态、环境、经济问题可以得到缓解，我国中西部快速城镇化地区应该有足够的信心！

第六，政府可以通过积极作为，进行发展模式的战略性调整，通过理念、制度、立法的完善，促进生态环境与经济的协调发展，充分运用网络技术、交通技术、环境监测技术等新技术，注重城市规划理论和实践的应用。

目 录

第一章 相关概念、基本理论与研究架构 ········· 1

  第一节 研究背景与概念界定 ········· 1
    一 研究背景和意义 ········· 1
    二 研究区域范畴的界定 ········· 2
    三 快速城镇化阶段与快速城镇化地区 ········· 6
  第二节 快速城镇化地区的基本架构 ········· 9
    一 快速城镇化地区的系统构成 ········· 10
    二 快速城镇化地区的动力机制 ········· 12
    三 快速城镇化地区的行为主体 ········· 14
    四 快速城镇化地区的协同新理念 ········· 17
    五 快速城镇化中后期的重心 ········· 21
  第三节 本书研究的基本思路与框架 ········· 26
    一 本书研究的主要内容 ········· 26
    二 本书研究的重要观点 ········· 28
    三 本书研究的不足 ········· 29

第二章 中西部快速城镇化地区的生态环境和经济问题 ········· 31

  第一节 中西部快速城镇化地区的生态环境问题 ········· 31
    一 大气污染 ········· 31
    二 固体废弃物污染 ········· 35
    三 水体污染 ········· 37
    四 土壤污染 ········· 39
  第二节 中西部快速城镇化地区的资源问题 ········· 39
    一 快速城镇化地区的资源约束路径 ········· 40

二　快速城镇化地区资源约束理论 …………………………… 41
　　三　快速城镇化地区的资源约束表现 ………………………… 45
第三节　中西部快速城镇化地区的经济社会问题 …………………… 46
　　一　大量农民进城引发的贫困问题 …………………………… 46
　　二　城市的失业问题 …………………………………………… 47
　　三　半城镇化和伪城镇化问题 ………………………………… 49
　　四　人的"生活角色"变化产生的环境问题 ………………… 50
　　五　人的"职业角色"变化产生的环境问题 ………………… 53
第四节　中西部快速城镇化地区其他典型的"城市病"问题 …… 56
　　一　城市过度蔓延与土地的过度侵占和浪费 ………………… 56
　　二　城市交通拥堵 ……………………………………………… 58
　　三　城市"内涝" ……………………………………………… 59
　　四　城市短命与高耗能建筑 …………………………………… 60
第五节　中西部快速城镇化地区农村的环境问题 …………………… 61
　　一　农村环境问题整治成本极高 ……………………………… 62
　　二　环境治理人才稀缺 ………………………………………… 63
　　三　社会资本挑战 ……………………………………………… 63

第三章　中部地区城镇化发展现状 ……………………………… 65

第一节　中部地区城镇化总体评价 …………………………………… 65
　　一　中部地区城镇化及经济发展概况 ………………………… 65
　　二　中部地区城镇化速度与质量 ……………………………… 68
　　三　中部地区城镇化协同发展度 ……………………………… 77
　　四　中部地区城镇化特征及问题 ……………………………… 81
第二节　中部地区各省份城镇化评价 ………………………………… 90
　　一　中部六省城镇化历程 ……………………………………… 90
　　二　中部六省城镇化发展现状 ………………………………… 100
　　三　中部六省城镇化 SWOT 分析 …………………………… 110
　　四　基于 SWOT 分析的中部六省城镇化建议 ……………… 130
第三节　中部地区城镇空间布局 ……………………………………… 138
　　一　中部六省城镇空间布局 …………………………………… 138
　　二　中部六省城市群空间结构 ………………………………… 140

三　中部六省城镇体系结构 ·········· 146

第四章　西部地区城镇化发展现状 ·········· 147

第一节　西部地区城镇化发展历程与现状 ·········· 147
　　一　西部地区城镇化发展历程 ·········· 148
　　二　西部地区城镇化发展成果 ·········· 156
　　三　西部地区城镇化发展测度 ·········· 165

第二节　西部地区城镇化发展的制约因素和存在的问题 ·········· 176
　　一　西部地区城镇化发展的制约因素 ·········· 177
　　二　西部地区城镇化发展存在的问题 ·········· 181

第三节　西部地区城镇化发展的空间布局 ·········· 200
　　一　西部地区城市群发展现状 ·········· 201
　　二　西部地区十大城市群发展现状比较 ·········· 211
　　三　西部地区城市群发展中存在的问题与机遇 ·········· 222

第五章　中西部快速城镇化地区生态—环境—经济耦合协同发展评价 ·········· 227

第一节　区域界定和方法介绍 ·········· 227
　　一　中西部快速城镇化地区筛选 ·········· 227
　　二　数据包络分析方法 ·········· 231
　　三　耦合协同发展效度 ·········· 239
　　四　指标选取 ·········· 243

第二节　中西部省级层面生态—环境—经济耦合协同发展评价 ·········· 246
　　一　各省份快速城镇化起始点评价 ·········· 246
　　二　各省份快速城镇化转折点评价 ·········· 253
　　三　各省份快速城镇化起始点和转折点评价结果比较 ·········· 260

第三节　中西部城市层面生态—环境—经济耦合协同发展评价 ·········· 263
　　一　基础数据及指标选取 ·········· 263
　　二　各子系统内协同发展评价结果 ·········· 286
　　三　子系统之间协同发展评价 ·········· 309

第六章　快速城镇化地区行为主体间的博弈与协同 ………… 321

第一节　行为主体间的利益矛盾及冲突 ………………………… 321
一　收入分配差距扩大产生的利益矛盾 ………………… 322
二　农民工市民化进程中的利益矛盾 …………………… 322
三　快速城镇化与低就业增长之间的利益矛盾 ………… 324
四　土地冲突引发的利益矛盾 …………………………… 325
五　快速城镇化地区要素间的矛盾与冲突 ……………… 328

第二节　多元主体行为目标与博弈机理 ………………………… 330
一　行为主体的理论基础 ………………………………… 330
二　行为主体的特征及假设 ……………………………… 332
三　政府、开发商、农民等利益相关主体的行为目标 … 333
四　政府、开发商、农民等利益相关主体的博弈机理 … 336

第三节　多元主体博弈的利益分配格局及成因 ………………… 339
一　各主体间利益分配状况：以城市扩张征地为例 …… 339
二　利益分配不平衡的成因：制度缺陷 ………………… 340
三　利益分配不平衡的成因：行为失范 ………………… 341

第四节　行为主体间协同机制及行为调适 ……………………… 344
一　政府角色预期与行为 ………………………………… 344
二　开发商角色与行为规范 ……………………………… 345
三　农民的认知水平及行为调适 ………………………… 346
四　大众媒体的行为及作用 ……………………………… 346
五　非政府组织的作用 …………………………………… 347
六　专家学者的作用 ……………………………………… 347

第七章　典型国家快速城镇化阶段生态、环境、经济问题及应对 … 349

第一节　快速城镇化转折点的界定与国际经验借鉴 …………… 349
一　快速城镇化转折点的界定 …………………………… 350
二　快速城镇化国际经验借鉴的标准 …………………… 351

第二节　典型国家快速城镇化阶段的问题及
对策：纵向国别比较 ……………………………………… 355
一　世界城镇化进程和城镇化模式 ……………………… 355

二　快速城镇化阶段的英国 ……………………………… 356
　　三　快速城镇化阶段的德国 ……………………………… 360
　　四　快速城镇化阶段的美国 ……………………………… 363
　　五　快速城镇化阶段的法国 ……………………………… 367
　　六　快速城镇化阶段的墨西哥和巴西 …………………… 368
　　七　快速城镇化阶段的日本 ……………………………… 370
　　八　快速城镇化阶段的韩国 ……………………………… 373
　第三节　典型国家快速城镇化阶段的特征：横向截面比较 …… 374
　　一　快速城镇化阶段的经济比重 ………………………… 375
　　二　快速城镇化阶段的产业结构 ………………………… 377
　　三　快速城镇化阶段的"城市病" ………………………… 377
　　四　快速城镇化阶段的社会保障 ………………………… 379
　　五　快速城镇化阶段的城市空间 ………………………… 380
　第四节　中国快速城镇化的启示和思考 …………………………… 381
　　一　政府行为与发展模式的战略性调整 ………………… 382
　　二　新技术的发展与应用 ………………………………… 383
　　三　城市规划理论及实践探索 …………………………… 383

第八章　中西部快速城镇化地区生态—环境—经济耦合
　　　　协同发展路径 ……………………………………………… 385
　第一节　生态环境与经济耦合协同理念及模式 ………………… 385
　　一　树立生态环境与经济耦合协同理念 ………………… 385
　　二　创新生态环境与经济耦合协同发展模式 …………… 386
　第二节　完善生态环境与经济耦合协同的内容 ………………… 388
　　一　利益协同是根本动力 ………………………………… 388
　　二　动力协同是发展关键 ………………………………… 388
　　三　组织协同是基本保障 ………………………………… 389
　　四　信息协同是纽带和桥梁 ……………………………… 389
　　五　科技协同是重要条件 ………………………………… 389
　第二节　以产业为核心推动生态环境与经济协同发展 ………… 390
　　一　围绕产业大力发展循环经济和生态经济 …………… 390
　　二　构建农业生态消纳循环产业链 ……………………… 391

  三　构建流通领域绿色产业链 …………………………………… 391
  四　进行企业循环化改造 ………………………………………… 392
  五　推进建筑产业循环节能 ……………………………………… 393
 第三节　以城市为重点推动生态环境与经济协同发展 ………… 393
  一　开展生态环境整治 …………………………………………… 393
  二　加大市政基础设施建设 ……………………………………… 395
  三　完善城市环境治理体系 ……………………………………… 396

附　录 ……………………………………………………………………… 398
 附录1　全国各省份快速城镇化阶段时间节点和
    主要增长指标 ………………………………………………… 398
 附录2　中西部快速城镇化地区地级及以上城市城镇化
    主要指标 ……………………………………………………… 424
 附录3　2015年世界各国和地区与城镇化相关的主要指标 …… 433

参考文献 …………………………………………………………………… 443

后　记 ……………………………………………………………………… 449

第一章 相关概念、基本理论与研究架构

本章界定了中部、西部的区域范畴，区分了快速城镇化阶段和快速城镇化地区，指出当前快速城镇化地区界定的一些误区，不能将"快速城镇化地区"等同于城镇化先行区，不能将快速城镇化阶段等同于快速城镇化地区，不能将城市群等同于快速城镇化地区。提出了快速城镇化地区的系统构成、动力机制、行为主体、协同新理念和城镇化率50%之后的重心转变。同时，也整理了本书的主要内容和基本结论。

第一节 研究背景与概念界定

本节包括研究背景和意义，中部、西部区域范畴的界定，并明确区分了快速城镇化阶段和快速城镇化地区，指出了当前快速城镇化地区界定的一些误区，确定了快速城镇化地区的三个条件：一是城镇化水平年均提高1.2个百分点及以上；二是建设用地年均增长3%以上；三是经济增长速度维持在10%及以上，经济新常态后及金融危机等特殊阶段经济增速可调整为7%。

一 研究背景和意义

2011年，我国城镇化率超过50%的拐点，全国东部、中部、西部、东北四大区域中经济较发达的东部地区城镇化速度明显放缓，城镇化速度由2006—2010年年均增长1.58个百分点下降到2011—2014年年均增长0.98个百分点。而中西部地区城镇化目前仍处于加速发展阶段，中部地区城镇化率年均增幅从2006—2010年的1.41个百分点增加到2011—2014年的1.55个百分点，西部地区城镇化率年均增幅从2006—2010年的1.21个百分点增加到1.49个百分点。东北地区从2006—2010年的0.49个百分点增加到2011—2014年的0.80个百分点，但增长幅度较为缓慢（见表1-1）。因

此，总体上看，我国中西部地区成为城镇化的主战场，成为城镇化的发力区和快速城镇化地区。

表1-1　　　　　2001—2014年我国分地区城镇化速度变化

	城镇化率（%）				城镇化率平均增幅（%）		
	2000年	2005年	2010年	2014年	2001—2005年	2006—2010年	2011—2014年
全国	36.22	42.99	49.95	54.77	1.35	1.39	1.21
东部	44.61	51.78	59.70	63.64	1.43	1.58	0.98
中部	29.82	36.55	43.58	49.79	1.35	1.41	1.55
西部	28.68	35.36	41.43	47.37	1.34	1.21	1.49
东北	52.26	55.15	57.62	60.82	0.58	0.49	0.80

鉴于城镇化推进过程中区域速度的变化，中西部成为快速城镇化的主战场，快速城镇化区域城镇化的推进具有复杂性和系统性，不同区域出现的生态、环境、经济、社会问题既可能是共性的，也可能是个性的，因此，有必要针对中西部快速城镇化地区出现的生态、环境、经济问题进行研究，寻找快速城镇化地区生态—环境—经济—耦合协同发展。

二　研究区域范畴的界定

本书主要关注中西部快速城镇化地区生态、环境、经济的耦合与协同发展问题，研究区域主要是中部和西部。我国目前有东部、西部和中部三大板块的划分以及东部、中部、西部、东北四大板块的划分。结合西部大开发、中部崛起、东北振兴等国家战略中的划分，本书研究的中部地区包括山西、安徽、江西、湖北、河南、湖南6个省份，简称中部六省；本书研究所指的西部地区包括四川、云南、贵州、陕西、甘肃、青海、西藏、宁夏、新疆、内蒙古、广西、重庆12个省份。和中部、西部相比较的东部包括北京、天津、上海、江苏、浙江、河北、福建、山东、广东和海南10个省份。鉴于黑龙江、辽宁、吉林东北三省的经济发展（简称东北地区）、产业结构和人口流动等特殊性，单列出来，一般在书中不单独做比较。[①]

---

① 在本书研究的文献资料引用中，也出现东部地区与西部地区的比较等，这里的东部和西部由文献研究者界定，也可能是东部、中部、西部三大格局的划分，比如有文献中的东部包括北京、天津、河北、上海、江苏、浙江、福建、山东、广东、海南、辽宁11个省份；中部包括山西、安徽、江西、河南、湖北、湖南、吉林、黑龙江8个省份；西部地区仍是本书所界定的12个省份。

总体上看，截至2015年，中西部地区国土面积约790.64万平方千米，约占我国总国土面积的82.07%，人口约73631万，约占我国总人口的53.56%，中西部地区平均城镇化率49.48%，国内生产总值291969.4亿元，占全国国内生产总值的42.59%。

(一) 中部地区的区域概况

只有科学地界定和划分中部地区范围，才能结合不同区域特征，正确反映我国不同区域的社会经济发展状况，为党中央、国务院制定区域发展政策提供依据。依据国家统计局的划分办法、《中共中央、国务院关于促进中部地区崛起的若干意见》以及党的十六大报告等国家重要政策文件，将我国的经济区域划分为东部、中部、西部和东北四大地区。其中，中部地区包括山西、河南、安徽、湖北、湖南、江西。本书采用此中部地区的界定范围，实际上是围绕中部六省快速城镇化发展及其问题进行比较研究。

(二) 中部六省综合概况

中部地区地处我国内陆腹地，包括河南、安徽、湖北、湖南、江西、山西6个省份，截至2015年，中部地区国土面积约102.77万平方千米，约占我国总国土面积的10.67%，人口约36489万，约占我国总人口的26.54%，平均城镇化率约51.96%，国内生产总值146950.5亿元，占全国国内生产总值的21.44%。中部具有贯通南北、承启东西的区位优势，具有丰富的人力资源、自然资源、文化以及生态优势。中部地区北抵北京、南近香港、东临上海、西靠重庆，处于中国东西南北"十"字构架的核心位置，向东可以积极承接珠三角、长三角的产业转移，西向拥有西部地区广阔的市场可供利用。中部六省也是我国交通运输体系中的枢纽，整体上看，有京广段经济带、京九段经济带、长江段经济带、沿陇海段经济带"两纵两横"经济带穿过，地理区位优势明显。中部六省拥有丰富的自然资源，山西的煤炭、湖南的钨、湖北的泥石灰、江西的铜、河南的铝、安徽的明矾资源都十分丰富，自然资源具有明显优势。中部六省旅游资源丰富，拥有27处重点风景名胜区、22处革命遗址、9处历史文化名城、187处重点文物保护单位、9处森林及动植物类自然保护区，生态、文化具有明显优势。

中部地区在所处经济发展阶段、发展水平、区位等方面有着很多共同点，但是，中部六省在区位、自然、人文等方面依然存在很大的差异。

各省推进快速城镇化过程中必须结合自身资源产业优势和自身竞争优势设计城镇化路径。

表1-2　　　　　　　　　中部六省竞争优势

省份	比较优势
山西	煤炭资源丰富，资源型城市
安徽	地处长三角辐射范围；科教资源丰富；历史文物遗产大省
河南	农业大省；交通枢纽；文物历史遗产大省
湖北	重工业产业基础较好；1/3长江黄金岸线；科教实力雄厚；中国的地理中心
湖南	毗邻珠三角；农业大省；拥有著名的全国文化企业
江西	一湖清水；稀土、有色金属等战略资源富集；长驻闽地区的紧密腹地

（三）西部地区的区域概况

西部地区自西向东、自北向南包括新疆、西藏、青海、甘肃、四川、云南、宁夏、陕西、重庆、贵州、广西、内蒙古12个省份。土地面积辽阔，共687.87万平方千米，占全国土地总面积的71.4%；西部地区人口人口约3.71亿，占全国总人口的27.01%。西部地区是长江、黄河等影响我国生态水系大格局的大江大河发源地，是中华民族的水塔和生态屏障，同时又是生态环境极其脆弱的地区。西部地区处于祖国边疆地带，其万里疆界与14个国家接壤。西部地区经济、社会发展极不平衡，既拥有重庆、成都和西安等国际化大都市，又涵盖了大量交通不便的崇山峻岭和荒漠地区，是全国贫困人口集中连片最突出的地方，是全国少数民族分布最密集的地区。西部地区是中华民族文化的重要发祥地，历史文化资源丰厚。相对于中东部，西部地区疆域辽阔、地质情况复杂、人口相对稀少、交通相对闭塞，属于经济欠发达地区，需要加强开发，但同时生态环境脆弱、开发难度较高。

（四）西部地区的区位基础条件

1. 自然地理条件

西部地区土地面积广阔，但土地面积中有一半以上属于高原丘陵、沙漠、戈壁等类型，不适合人类居住。西部、东部、中部地区海拔在500米以下的地区面积占本地区总面积的比重分别是5.9%、76.6%和

48.1%，而三个地区海拔在1000米以上的面积占本地区总面积的比重则恰恰相反，分别是西部82.6%、东部5.9%、中部29.4%（见表1-3）。

表1-3　　　　西部、东部、中部不同海拔地区面积所占比重

类型	西部地区	东部地区	中部地区
海拔500米以下面积占本地区比重（%）	5.9	76.6	48.1
海拔1000米以上面积占本地区比重（%）	82.6	5.9	29.4

2. 农业耕作条件

耕地面积上，西部地区的耕地面积占全国耕地面积的23.7%，其中，宜农耕地面积仅占本区域面积的7.3%，远低于东部地区的41.78%。西北是典型的干旱少雨地区，农作物生长周期长，农业生产对天气的依赖性大；西南地区是典型的丘陵地带，耕作条件差，现代化的农业机械广泛使用受限，相当一部分的农业生产主要依赖于传统的人力。西部地区农业生产的条件限制了农村经济的发展，农业生产仍停留在维持基本的生活上，农业生产率低下，使西部地区城镇化发展缺乏必要的农业基础。

3. 生态环境

西部地区生态环境脆弱，经济的粗放增长加剧了生态环境的压力，水土流失严重，全国水土流失面积超过360万平方千米，西部地区水土流失面积占全国水土流失总面积的80%；全国荒漠化面积超过260万平方千米，每年新增荒漠化面积2400平方千米，全国每年新增的荒漠化绝大部分在西部地区；全国突发性地质灾害70%以上发生在西部地区。生态环境的脆弱使西部地区城镇化发展的难度增加，远远超过东部以及中部地区。尤其是西北地区，水成为限制城市发展的一个主要因素，西安、兰州、银川、乌鲁木齐均属于我国严重缺水的城市，水的需求量大大超过当地水资源的承载能力。

截至2015年，西部地区国土面积约687.87万平方千米，约占全国总国土面积的71.4%；人口约37133万，约占全国总人口的27.01%；平均城镇化率48.25%；国内生产总值145018.9亿元，占全国国内生产总值的21.16%。

中西部地区2015年城镇化与经济发展指标统计情况如表1-4所示。

表1-4　中西部地区2015年城镇化与经济发展指标统计情况

<table>
<tr><th colspan="2">省份</th><th colspan="4">人口</th><th colspan="3">国内生产总值（GDP）</th><th colspan="2">土地面积</th></tr>
<tr><th colspan="2"></th><th>总人口（万）</th><th>城镇人口（万）</th><th>城镇化率（%）</th><th>人口占全国的比重（%）</th><th>总值（亿元）</th><th>占全国的比重（%）</th><th>人均GDP</th><th>土地面积（万平方千米）</th><th>占全国的比重（%）</th></tr>
<tr><td rowspan="6">西北地区</td><td>内蒙古</td><td>2511</td><td>1878</td><td>60.30</td><td>1.83</td><td>17831.51</td><td>2.60</td><td>71101</td><td>118.3</td><td>12.28</td></tr>
<tr><td>新疆</td><td>2360</td><td>1115</td><td>47.23</td><td>1.72</td><td>9324.80</td><td>1.36</td><td>40036</td><td>166</td><td>17.23</td></tr>
<tr><td>甘肃</td><td>2600</td><td>1123</td><td>43.19</td><td>1.89</td><td>6790.32</td><td>0.99</td><td>26165</td><td>45.44</td><td>4.72</td></tr>
<tr><td>陕西</td><td>3793</td><td>2045</td><td>53.92</td><td>2.76</td><td>18021.86</td><td>2.63</td><td>47626</td><td>20.56</td><td>2.13</td></tr>
<tr><td>宁夏</td><td>668</td><td>369</td><td>55.23</td><td>0.49</td><td>2911.77</td><td>0.42</td><td>43805</td><td>6.64</td><td>0.69</td></tr>
<tr><td>青海</td><td>588</td><td>296</td><td>50.30</td><td>0.43</td><td>2417.05</td><td>0.35</td><td>41252</td><td>72.23</td><td>7.50</td></tr>
<tr><td rowspan="6">西南地区</td><td>四川</td><td>8204</td><td>3913</td><td>47.69</td><td>5.97</td><td>30053.10</td><td>4.38</td><td>36775</td><td>48.14</td><td>5.00</td></tr>
<tr><td>重庆</td><td>3017</td><td>1838</td><td>60.94</td><td>2.19</td><td>15717.27</td><td>2.29</td><td>52321</td><td>8.23</td><td>0.85</td></tr>
<tr><td>贵州</td><td>3530</td><td>1483</td><td>42.01</td><td>2.57</td><td>10502.56</td><td>1.53</td><td>29847</td><td>17.6</td><td>1.83</td></tr>
<tr><td>云南</td><td>4742</td><td>2055</td><td>43.33</td><td>3.45</td><td>13619.17</td><td>1.99</td><td>28806</td><td>38.33</td><td>3.98</td></tr>
<tr><td>西藏</td><td>324</td><td>90</td><td>27.74</td><td>0.24</td><td>1026.39</td><td>0.15</td><td>31999</td><td>122.8</td><td>12.75</td></tr>
<tr><td>广西</td><td>4796</td><td>2257</td><td>47.06</td><td>3.49</td><td>16803.12</td><td>2.45</td><td>35190</td><td>23.6</td><td>2.45</td></tr>
<tr><td rowspan="6">中部地区</td><td>山西</td><td>3664</td><td>2016</td><td>55.03</td><td>2.67</td><td>12766.49</td><td>1.86</td><td>34919</td><td>15.63</td><td>1.62</td></tr>
<tr><td>安徽</td><td>6144</td><td>3103</td><td>50.50</td><td>4.47</td><td>22005.63</td><td>3.21</td><td>35997</td><td>13.97</td><td>1.45</td></tr>
<tr><td>河南</td><td>9480</td><td>4441</td><td>46.85</td><td>6.90</td><td>37002.16</td><td>5.40</td><td>39123</td><td>16.7</td><td>1.73</td></tr>
<tr><td>湖北</td><td>5852</td><td>3327</td><td>56.85</td><td>4.26</td><td>29550.19</td><td>4.31</td><td>50654</td><td>18.59</td><td>1.93</td></tr>
<tr><td>湖南</td><td>6783</td><td>3452</td><td>50.89</td><td>4.93</td><td>28902.21</td><td>4.22</td><td>42754</td><td>21.18</td><td>2.20</td></tr>
<tr><td>江西</td><td>4566</td><td>2357</td><td>51.62</td><td>3.32</td><td>16723.78</td><td>2.44</td><td>36724</td><td>16.7</td><td>1.73</td></tr>
<tr><td colspan="2">全国</td><td>137462</td><td>77116</td><td>56.10</td><td>100.00</td><td>685505.8</td><td>100.00</td><td>49992</td><td>963.41</td><td>100.00</td></tr>
</table>

三　快速城镇化阶段与快速城镇化地区

李睿璞、关江华运用PSR模型（压力—状态—响应模型）研究了快速城镇化地区深圳市土地利用系统的健康状况，结果显示，深圳市土地利用系统健康综合指数2006—2013年逐年提高，经历了"不健康—临界状态—亚健康"的演变过程，并指出，人口自然增长率、城市绿地覆盖率、城市垃圾处理率、城市污水处理率等城市环境指标与土地利用健康状况紧密相关。周翔等分析了快速城镇化地区苏锡常地区耕地流失的时空特征，并进一步剖析了导致耕地数量减少的宏观政策、社会经济因素以及微观空间因子。[1] 王勇利用信息熵理论，用土地利用结构信息熵的大小刻画土地利用结构的有序程度，分析了2004—2013年大连市土地利用结构变化状况。[2] 黄忠华等利用1995—2014年5期杭州市中心城区的TM影响数据，综合运用生态系统价值评估、景观格局指数、碳排放核算等分析方法，将杭州市中心城区作为快速城镇化地区，测度其土地利用变化的生态环境综合效应。[3] 杨青生等基于"压力—状态—响应"概念模型，构建了景观生态安全评价指标体系，将东莞市作为快速城镇化地区，选取三个时间节点，分析东莞市20世纪80年代以来景观生态安全发展变化过程及发展变化规律。[4]

综合学者关于快速城镇化的研究发现，目前，大量关于"快速城镇化地区"的界定实际上并不十分严谨，存在以下几种情况：第一，"快速城镇化地区"被理解为"较早地、率先实现城镇化的地区，也即城镇化的先行区，诸如将深圳视为快速城镇化地区进行研究，将上海市视为快速城镇化地区进行研究"。[5] 第二，将30%—70%的快速城镇化阶段等同于快速城镇化地区，将阶段等同于地区的结果使区域范畴、空间范围描述不一，小到某一个镇（比如学者郝丽丽等撰写的《基于产权视角的快速城镇化地区农村土地流转模式及其效益研究》一文所指的"快速城镇化地区"实际上仅仅是湖北省潜江市熊口镇），大到整个中国都可以是快速城镇化地区。第三，将城市群界定为快速城镇化地区，比如，"长株潭城市群2012年地区生产总值占湖南省的42.63%，城镇化率达到63.39%，是中部地区快速城镇化进程中具有典型代表性的城市群，因此，直接将长株潭城市群界定为快速城镇化地区"。[6] 城市群本身是一个

---

[1] 周翔、韩骥、孟醒等：《快速城市化地区耕地流失的时空特征及其驱动机制综合分析——以江苏省苏锡常地区为例》，《资源科学》2014年第6期。

[2] 王勇：《快速城市化地区土地利用结构信息熵的时空变化研究》，《国土与自然资源研究》2015年第1期。

[3] 黄忠华、杜雪君：《快速城市化地区土地利用变化的生态环境效应》，《水土保持通报》2015年第6期。

[4] 杨青生、乔纪纲、艾彬：《快速城市化地区景观生态安全时空演化过程分析——以东莞市为例》，《生态学报》2013年第4期。

[5] 牟奇玲、吴蒙、车越：《基于二维空间矩阵的快速城市化地区布局优化研究》，《中国人口·资源与环境》2014年第11期。

[6] 贺艳华、唐承丽、周国华等：《基于地理学视角的快速城市化地区空间冲突测度》，《自然资源学报》2014年第10期。

区域范畴,城市群中包括不同级别、不同规模的城市,也涵盖城市和乡村不同的区域,将城市群作为快速城镇化地区也不妥当。针对以上问题,本书首先界定清楚快速城镇化阶段与快速城镇化地区。

(一)快速城镇化阶段

国外学者依托城镇化发展进度来划分城镇化阶段。诺瑟姆(Northam)指出,城镇化的发展遵循 Logistic 曲线,也即"S"形曲线(见图1-2),城镇化率(UR)<30%是城镇化缓慢爬升的初始阶段,30%<UR<70%是急剧加速的快速城镇化阶段,UR>70%是高水平城镇化的最终阶段。急剧加速的快速城镇化阶段又可具体分为30%<UR<50%的规模数量型增长和50%<UR<70%的结构内涵型增长两个阶段。城镇化率为30%—70%的快速城镇化阶段也是"城市病"的显现和爆发阶段,学者研究认为,城镇化率在30%—50%时,生态、环境、经济问题及"城市病"处于显性阶段;城镇化率在50%—70%时,生态、环境、经济问题及"城市病"集中爆发(王格芳,2012)。在我国城镇化进程中,按照官方发布的常住人口城镇化率,2011年,城镇化率达到51.27%,已进入快速城镇化阶段。即使考虑国内外学界对中国城镇化率统计中存在的"半城镇化""伪城镇化"等现象,去掉我国的异地就业、安居的农民工这一庞大的群体,我国城镇化率下降15—20个百分点,我国依然处于快速城镇化阶段。

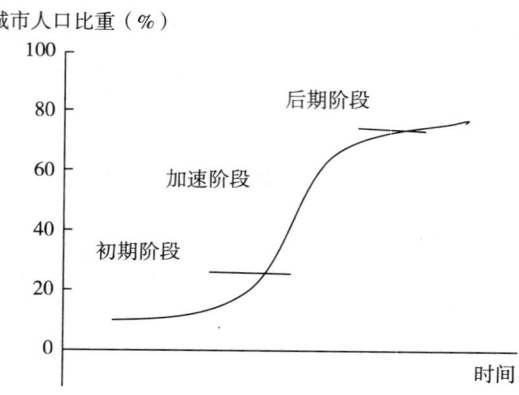

图1-1 城镇化过程的"S"形曲线

（二）快速城镇化地区

快速城镇化地区是重要的空间载体，各种经济社会活动以及生态环境问题最终的落脚点都必须是空间。国内也有学者把城镇化所处的状态作为快速城镇化地区的依据，认为我国城镇化和现代化进程的核心区域是快速城镇化地区，快速城镇化地区具有带动区域发展的作用，是全区的重点开发对象，对快速城镇化地区的开发应具有实验性、示范性和开拓性（李庚，2011）；另有学者认为，我国城镇化进程快速发展的实质是土地城镇化而非人口的城镇化，他们主张把速度作为衡量城镇化发展阶段的依据，认为快速城镇化地区应是城镇空间迅速扩张、经济超高速发展，区域联系和影响不断加大，城市发展呈区域化态势，衡量的具体标准为城镇化水平年均提高 1.5 个百分点以上，经济增速维持在 10% 及以上，建设用地年均增长 2 个百分点以上。

综上所述，结合本书研究的需要和中西部的实际情况，本书确定的快速城镇化地区原则上需要满足以下三个条件：第一，城镇化水平年均提高 1.2 个百分点及以上；第二，建设用地年均增长 3% 以上；第三，经济增长速度维持在 10% 及以上。对于以上定义，需要注意两点：第一，以省份整体城镇化率为基准，找到其城镇化率进入以及脱离 30%—70% 的快速城镇阶段时间节点；第二，改革开放后，我国经济迅速增长，2012 年前，我国经济增长速度维持在 10% 以上，快速城镇化地区作为重点开发的区域，经济增长速度保持在 10% 以上的高位增长毫无异议，但 2012 年后，我国经济进入"新常态"阶段，经济增长速度下降到 7% 左右，相应的快速城镇化地区的经济增长速度调整为 7% 及以上较为合适。此外，2008 年受到美国的次贷危机导致的国际金融危机影响，很多省份主要城市经济增长下滑较为严重，在考虑快速城镇化地区的经济增长率时应该予以适当的调整。

第二节 快速城镇化地区的基本架构

本节论述了快速城镇化地区所涵盖的资源、生态、环境、经济、社会系统，提出了耦合协同的概念。快速城镇化地区的动力机制解读为市场主导、政府引导，快速城镇化地区的行为主体包括中央政府、地方政府、开发商、村集体、农户，快速城镇化地区协同发展的新理念包括生态文明和绿色发展理念、经济发展与生态环境保护协同、市场主导与政府治理协同、创新型技术与传统智慧协同、环境治理与空间规划协同。当前，我国快速城镇化中后期的重心应从"牺牲"到"反哺"、从追求均衡到追求增量，最终实现生态环境、经济、社会螺旋上升的动态均衡。

一　快速城镇化地区的系统构成

快速城镇化是我国当前经济社会变迁的一个显著特征，快速城镇化既是重要的经济现象，也是重要的社会现象，改革开放40年来，我国经济一直保持着较高的增长速度，城镇化快速推进，城市扩张迅速。2011年，我国城镇化率超过50%，进入快速城镇化中后期；2014年，我国城镇化率为54.77%，超过全球城镇化平均水平；2015年，我国城镇化率为56.1%。然而，快速城镇化的背后是城镇生态环境建设滞后，不仅全国范围内城镇环境显著恶化，城镇周边地区的环境质量与生态系统也受到影响。城镇化直接引起和加剧了环境污染、资源耗竭、拥挤效应、热岛效应、人居环境恶化、人群健康等问题，此类生态环境问题已经成为我国城市发展的"瓶颈"。如果继续走过去粗放型、数量型的城镇化发展道路，不进行相关的战略调整和技术投入，等我国完成快速城镇化进程，城镇化水平达到70%时，生态与环境、生命与健康则是城镇化和工业化的代价。

如果说资源、生态、环境、经济、社会是一个名词概念的话，名词概念之后加上"系统"二字就有了一种机制的含义，赋予了名词的活动状态。

（一）资源

广义的资源是指一定区域空间内含有的人力、物力、财力等各种要素的总称。有自然资源和社会资源之分。自然资源包括空气、阳光、土地、水、森林、矿藏等，社会资源包括信息资源、人力资源及经过人类劳动所创造的物质财富等。狭义的资源主要包括自然资源，这种自然资源被定义为能被人类生产活动所开发利用的，没有经过再加工的自然物质和能量。

新资源观是指经济活动中对资源要素进行利用时，应根据科学技术知识规划利用资源的层次性，在对不同资源要素进行不同层次利用时，应该考虑到区域配置和有效利用问题。新资源观的核心观点是资源系统观。经济生产活动中所利用的各种资源要素是人与自然这个大系统中的一个子系统，人类的生产活动需处理好资源子系统与其他子系统之间的关系，高效利用资源，从而使人类整个经济活动得到良好发展。

(二) 生态

生态一般是指生物在自然环境下所呈现出的生存和发展状态，涵盖生物自有的生理特征、生活习性以及各种生物之间和生物与环境之间的动态关系。生态学被一般定义为研究动物和有机及无机环境相互关系的科学。生态系统是指多样性的生物群及非生物群落与它们生活的环境构成的一个开放的复杂系统，由于生态系统的开放性，因而需要不断地输入输出能量，避免生态系统的崩溃。

(三) 环境

广义的环境既含有物质要素，如水、大气、土地、植物、动物等，又含有一些非物质要素，如制度、观念、法令等。环境的具体含义具有主体性，围绕不同的主体，环境的相对含义也发生变化。狭义的环境一般是相对于人类生存的空间来说的一切自然要素的总称。环境系统是指自然环境中各要素及要素之间相互关系的总称。环境系统可大可小，大到人类生活的整个地球，小到某个特定的区域。环境系统是一个开放的复杂系统，维持环境系统的相对稳定性是人类发展的必要条件。

(四) 经济

一般意义上的经济是指人类利用生产资料通过劳动创造出来的价值。政治经济学中，关于经济的定义有两种普遍认识，一种是将经济定义为社会生产关系的总和；另一种是将经济定义为社会物质财富的生产和再生产过程，其内容主要是指生产力，也包含生产关系。西方经济学对于经济没有明确的定义，通过西方经济学的一些著作可以了解到，经济是手段、方法与结果的统一。即经济是稀缺资源在不同用途的有效分配和利用；经济是发展中国家实现国家综合发展的第一要素；经济是社会财富的增长。衡量经济的指标有很多，中国衡量经济的指标主要是国内生产总值 (GDP)。

(五) 社会

社会是指人类通过各种方式形成的各种关系、组织的集合体。人类的一切活动都包含在社会活动的范畴之中，社会的稳定是人类进行其他活动的基础。社会系统是一个巨大的复杂系统，它有很多子系统，比如国家、省市、公司、家庭等都是它的子系统。社会系统类型的具体划分主要有两种模式：一种是按生产力来划分，即捕猎社会和农耕社会、工业社会。另一种是按生产关系来划分，即原始社会、奴隶社会、封建社会、资本主义社会和社会主义社会。

（六）耦合

耦合是指两个或两个以上耦元通过合适的耦联方式联合起来成为一个实体或系统。耦元之间是异质的，即组成耦合的耦元是不同性质的，可以是不同种类、不同形态、不同结构、不同层次以及不同模式的。耦元之间应具有合适的、有效的耦联形式，两个耦元或两个以上耦元的耦合绩效应大于或至少等于组成耦合所需要全部耦元的绩效加总。

（七）协同

协同是指两个相对独立的个体或元素通过相互合作来实现一种符合期望效用的目标。协同有简单协同和复杂协同之分。简单协同是指一个动态开放的复杂系统中，各个子系统通过共同的行为来实现协同的目标。复杂协同是指开放动态的复杂系统中，各个子系统采取不同的手段方法来实现符合期望效用的目标。

二　快速城镇化地区的动力机制

快速城镇化地区的动力机制是指快速城镇化推进过程中所需动力产生的机理，以及维持、改善各种作用机理的内在组织制度、经济关系等构成的综合作用。动力机制对推进快速城镇化有着决定性作用。当前，我国中西部快速城镇化地区推进城镇化过程中，政府依然占据主导地位，市场机制的基础性作用明显不足；城市扩张、城镇化推进过程中主要是投资拉动模式，内需、创新驱动发展的内生动力还没有培育起来。政府是外生动力，市场是内生动力。亟须要正确处理好快速城镇化地区政府与市场的作用，为中西部地区快速城镇化的科学推进提供动力支撑。

当前我国中西部很多地区的快速城镇化在某种程度上是人为目的性下，一种计划驱动的产物。城镇化实践中，政策、制度和权力由政府意志转化，成为城镇化进程中最为直接、最为强大的推动力。自上而下，国家层面以政策的形式确定城镇化为一定时期、一定阶段的奋斗目标，然后以计划经济或类似计划经济的方式，层层落实行政权力，轰轰烈烈地在全国各地推进城镇化建设。地方政府基于经济发展的目标和财政收入的考虑，自然也表现出了强烈的城镇化动机和冲动，以一定时间长度内（大部分是 5 年或 10 年）目标、规划等计划的方式将快速城镇化的推进确定为政府工作的重点。

这种由政府推动的快速城镇化也带来了诸多问题，暴露出种种弊端。第一，出现严重的权力"寻租"问题。政府直接参与或直接推动城镇化建设，政府干预市场过程中政府职能异化，腐败问题滋生会严重影响政府的公信力。第二，行政干预过于严重。城镇化本身应该是伴随工业化进程人口自发由农村向城镇转移的过程，而政府主导下的城镇化中，政府具有绝对的资源占有和分配权力。加上长期以来我国实施的以 GDP 为核心的政绩考核体系，为了追求政绩，地方政府往往会借"快速城镇化推进"之名，大拆大建，依托房地产的发展来获得财政收入，追求政绩工程，必然导致城市"摊大饼"式、粗放型的规模扩张。第三，直接导致土地城镇化速度严重高于人口城镇化速度。地方政府垄断着城市土地资源，为了解决快速城镇化进程中"钱从哪里来"的问题，一些地方政府的主要财政收入来源则是土地出让金，这种"征地—卖地—税费收入—抵押—再征地"的循环土地财政模式就出现了，该模式下最大的受益者是政府、开发商、银行，随之产生违规占地、农民利益被损害等一系列的问题，也成为城市高房价的直接原因。而城市高房价增加了城镇化建设的成本，城镇化建设需要更多的资金投入，形成了另一条恶性循环链条。第四，政府配置资源的效率低下。快速城镇化进程中政府发挥着主导作用，必然抑制市场配置资源的作用；难以有效优化组合和高效配置各类资源，造成资源的浪费。

政府主导的快速城镇化出现了很多问题，也引起了中央政府的关注和重视。党中央、国务院提出了"新型城镇化"的战略部署。2013 年 12 月，全国城镇化工作会议召开；2014 年 3 月，《国家新型城镇化规划（2014—2020 年）》出台，要求走中国特色新型城镇化道路、全面提高城镇化质量，明确了我国城镇化的主要目标、战略任务和发展路径。不同于传统城镇化，新型城镇化要求发展遵循市场规律，以市场主导、政府引导的模式推进城镇化，摒弃政府主导的推进方式。回归城镇化的本质，我国中西部快速推进的城镇化应该是一个市场化过程，市场在城市发展、城乡统筹、城乡一体、城乡融合等各类资源的配置中应该发挥决定性作用，这就要求在尊重市场规律的前提下，政府发挥的是有限的引导作用，政府的主要作用是创造城镇化建设良好的法律和政策环境，提供优质服务催化与提升市场决定性作用的发挥，同时弥补市场失灵。当市场失灵时主动跟进、落实到位，并持续创新、优化政府管理；当市场能够发挥配置资源的作用时，政府做的是主动让位，放权赋权，让利于民众，让位于市场。

我国中西部快速城镇化地区必须依托市场的力量，引导人力、财力、物力等资源要素的流动和集聚，依靠市场竞争，提升城镇配置经济社会资源的效率，增强城镇化持续发展、持续推进的内生能力，有效地避免"有城无业、有城无市、有城无人"等局面，也避免地方政府"盲目造城"与农民"被城镇化"现象；同时，避免政府功利上位、公益缺位、与民争利等职能异化现象，减少社会不必要的震荡。

三 快速城镇化地区的行为主体

人具有能动性，快速城镇化过程中的主体有中央政府、地方政府、企业、农民、市民等，即使是企业、政府也是由人组成的组织，"人"这一能动主体在快速城镇化过程中的目标、利益、角色、行为不同，值得进行系统的研究，后文专门章节讨论快速城镇化地区行为主体的博弈与协同。

（一）政府对城镇化的作用机理

政府作用于城镇化的行为包括城市政府的宏观调控以及城镇化、城乡统筹、城乡融合的相关制度、政策安排。作为城市发展战略的统筹者、城市具体政策的制定者、城市发展的规划者、城市发展绩效的考核者，可以综合运用正式的法律法规政策、强制性政策、诱致性政策、指导性政策等来及时纠正市场机制的偏差，引导、设计和规范城镇化进程，保障城市健康、有序、良性、可持续发展。政府综合运用制度维度和政策维度推进城镇化的作用机理可以用图1-2来表示，通过改革创新约束城乡人口流动、农村劳动力转移的户籍制度，城乡二元分割的土地制度和相当长时期城市偏向的财税制度，来科学引导、设计规范城镇化整体环境和发展方向。通过制定实施城乡互通、城乡共融的产业政策、要素流动和开放政策、兼顾公平效率的转移支付政策等促进和推动城镇化加速发展。通过制定有针对性的制度和政策调控区域发展，调控城镇化区域差异，处理好公平和效率之间的关系，当地方政府注重效率时，通常会推动具有优越条件、政策倾向的优势区域发展加速，但区域差异也会因此扩大；当地方政府注重公平时，通常会促进后发区域的追赶，缩小区域差异推进平衡发展，但某种程度上会损失先发区域的优势条件，不利于其城镇化的快速推进。①

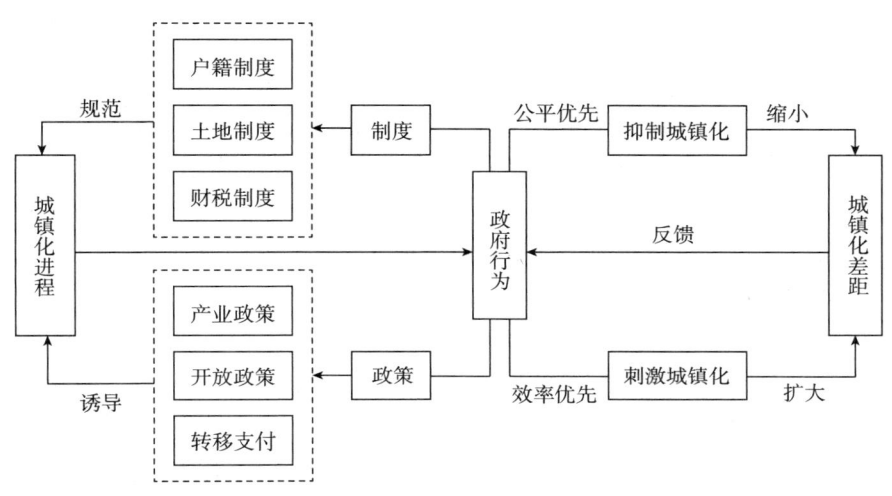

图 1-2 政府行为与城镇化演化的作用机理

（二）中央政府

中央政府作为负责制定国家总体城市发展战略，人口、土地、财政政策以及相关法律的主体，必然要从全局出发，统筹全局，合理进行经济利益分配，同时关注其所引发的社会效益、生态环境效益。因此，中央政府的目标也是多重的，除推进城镇化、工业化、信息化、农业现代化等宏观目标外，还包括保护耕地，保障粮食安全，实现区域及不同级别城市的协调发展，增加城市市民、农民的权益，促进经济增长，维护社会稳定，完善和创新人口转移、土地征用制度，解决当前土地城镇化快于人口城镇化，土地粗放利用下人口承载力、经济产值低，空间融合和人的身份隔离等矛盾。但是，中央政府在城市扩张、快速城镇化的过程中作用是间接的，不是直接管理，是引导、监督、管理地方政府。

（三）地方政府

地方政府是城市的直接管理者，在城镇化过程中发挥重要的作用，

---

① 孙雪、郝兆印、王成新、刘凯：《基于政府经济行为视角的中国城市化水平时空演化研究》，《世界地理研究》2013 年第 3 期。

在我国城镇化靠行政推动的体制内处于主导地位,在城市发展规划、土地规划的制定、土地出让及用途管制上享有支配权和决策权。其目标往往是本地局部利益,更多地考虑经济效益和中央对地方的政绩考核指标。当地方政府的行为目标与中央政府目标矛盾时,就可能出现上有政策、下有对策的情况。在中央鞭长莫及,监督无力,同时地方部门以及社会组织无法有效约束的情况下,地方政府在土地财政的驱动下会出现权力的滥用,低价征地,高价出让,与开发商勾结、"寻租"、片面追求 GDP 和城市感官,忽视土地集约利用、农民利益等问题。

(四) 开发商

开发商既包括房地产开发商,也包括其他工商企业,其目标是追求经济利润最大化,在开发商的推动作用下,实现土地升值,劳动力就有了更多的就业机会,城市扩张就有了动力。开发商不直接和农户谈判,更多的是在市场机制下与政府谈判,充当隐性主体和城市扩张的幕后推动者。开发商追求自身利益的过程与政府出让土地、发展当地经济、增加财政收入和就业机会等目标具有一致性,很容易达成共识,形成同盟。

(五) 村集体

对于快速城镇化进程和城市扩张而言,主要是指城中村村集体和城市郊区的村集体。城市扩张必然面临农村土地所有权从集体所有向国家所有的转变。村集体在政府征收土地的过程中有一定的决策权,行使决策权的是村民委员会,也是一个复杂的主体,既为农民个体服务,也有自己的利益诉求,是征地的直接组织者,同时负责征地完成后失地农民的安置、补偿金的发放,不可避免地成为利益主体。

(六) 农户(农民)

快速城镇化进程中,城市扩张中的农民是经济人、社会人和契约人的复合体。一方面追求自身的利益和效用最大化;另一方面也是村集体中的一员,遵循着群体规范,具有社会性特征,表现为追求公平、公正、利他、互惠、从众、示范、攀比等行为。当前,农户(农民)群体内部也存在着严重的分化,包括非农户、兼业户、纯农户等不同的类型,非农户包括已在城镇安居有稳定就业的农户、城市打工暂住农户等;兼业户又分为Ⅰ型兼业户和Ⅱ型兼业户;纯农户又可以细分为种田大户、自家承包地耕种的农户。农户所属的类型不同,所处的区位不同,即城市近郊、城市远郊、城中村农户其情况、境遇均不同。在城市扩张和快速城镇化地区,部分农户属于弱势群体,处于被动地位,在自己的权益受到损害,或政府无法保障其最低利益时,无法找到合理、合法的诉求方式,更容易在有限意志力下采取一些过激行为。

四 快速城镇化地区的协同新理念

当前,我国城镇化率已进入30%—70%快速城镇化阶段的中后期,如党的十九大报告所说的,我国社会的主要矛盾已发生变化,生活方式的转型、人民日益增长的美好生活需要、健康的需求促使人们在新的理念下重新思考城镇化的内涵。

(一) 生态文明和绿色发展的理念

2007年10月,"生态文明"的概念在党的十七大上首次被提出,指出要把建设生态文明作为全面建成小康社会的目标和一项重要的战略任务进行明确和定位,到2020年把我国建设成为生态环境良好的国家。党的十七大之后,生态文明正式上升为指导国家生态、环境、经济、社会可持续发展的国家战略,在全社会的不同领域进行了各种各样的讨论。2012年11月,党的十八大报告进一步要求生态文明建设要放在突出地位,将生态文明建设融入经济建设、政治建设、社会建设、文化建设各方面和全过程,建构了"五位一体"的总体布局。同年12月15—16日中央经济工作会议召开,生态文明被列入新型城镇化的核心理念,提出在城镇化全过程中全面融入生态文明理念和原则,走集约、智能、绿色、低碳的新型城镇化道路。2014年发布的《国家新型城镇化规划(2014—2020年)》也体现、贯彻了这一理念。[①] 2017年10月,党的十九大报告也指出,建设生态文明是中华民族永续发展的千年大计。这表明过去30多年来我国高扩张、高消耗、高排放"三高"的粗放式、外延式城镇化模式难以为继,节约资源、减碳低碳、维护生态、环境友好、经济高效的生态型、绿色城镇化发展模式势在必行。

(二) 经济发展与生态环境保护协同

目前,可持续发展的理念在我国已经达成共识,因此,快速城镇化阶段、快速城镇化地区的发展中也必须充分考虑生态、环境与经济的关系,经济发展与生态环境保护相同步、相平衡是快速城镇化的必然要求。

---

① 吴志强、干靓、胥星静等:《城镇化与生态文明——压力、挑战与应对》,《中国工程科学》2015年第8期。

20世纪初至今，世界上许多国家或地区都先后超过70%的城镇化率节点，完成了快速城镇化阶段。在快速城镇化阶段的历程中，各国或地区也从自身的特点和具体优势、面临的问题出发找到了相对适合、相对匹配的发展模式，已达到城镇化饱和阶段的发达国家在城市建设中的经验和教训值得借鉴。但是，令人遗憾的是，已达到城镇化饱和阶段的大部分发达国家或地区的城镇化走的都是"先污染、后治理"的老路。在发展模式和发展道路的选择上，各国自然有权利也有义务从自身的条件、阶段性特征、区位等出发来选择，但仍能找到各国发展过程中存在的共性问题和普遍性规律。发达国家或地区的发展轨迹及发展历史表明，通常经济越发达的区域，人均商品能源消费越高，经济与能源消耗具有显著的正相关关系。在目前的消费方式和技术水平下，工业化越发达的国家，人均能源消费水平也较高。截至目前，尚没有发现世界上哪个国家能够维持较高的经济发展水平（以人均国内生产总值计）而其人均能源消费量却显著比较低的很多正面例子。

依据发达国家、先发地区的经验，一个国家的工业经济体系较完备、较成熟时，其城镇化率通常会超过70%。保守预测，按照我国年均1个百分点的城镇化增长率，预计我国到2030年左右能够完成快速城镇化进程，进入饱和期。统计数据显示，人均能源消费水平上，农村居民是城镇居民的55.55%，即一半多一点。城镇化进程推进和城镇化水平的提高不可避免地增加能源消耗。借鉴已有的关于1953—2013年我国城镇化进程中城镇人口历年变化与国内生产总值、能耗的研究（见图1-3），以1978年改革开放当年的统计数据作为当量，如图中较短的箭头所示，城市人口增长量1978—2013年35年间城镇人口增长了324%，如图较长的箭头所示，国内生产总值增长了430.8%，如图中最长的箭头所示，能源消耗增长了556.2%。意味着我国改革开放40年来，产业和城镇化发展的代价是能耗5倍多的增长。在看到增长成效的同时，更该深刻反思这种发展模式的不可持续性。如果我国未来的城镇化率依托这种粗放式的模式继续提高25—30个百分点，所付出的生态、环境成本将更大，很可能抵消经济发展的成效，同时不可逆的影响区域乃至世界的能源可持续供应。

因此，我国快速城镇化模式的生态转型，需要面向城市可持续发展进行生产、消费模式的转型，需要走"边发展、边治理、在发展中治理"

的发展道路，在推进经济持续、稳定、健康发展的同时，实现经济与生态环境的协同，探寻经济增长与能耗增长内生的"脱钩"机制。充分考虑我国快速城镇化进程中不同地域的特点，因地制宜地研究和处理不同区域生活领域人口聚居模式、生产领域产业集聚类型不同而导致的区域能耗水平、环境承载容量不同，应用适应性生态规划技术应对城市发展风险，建立一套以可持续发展、协同发展为目标的城镇化体系规划方法和配套关键技术，要求与我国国情相匹配，适应我国不同区域特征及问题。

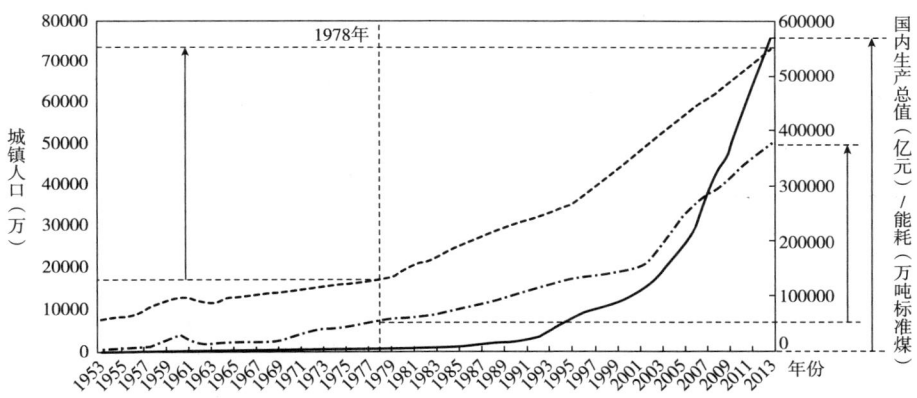

图1-3 我国快速城镇化进程中的城镇人口、国内生产总值、能耗变化

（三）市场主导与政府治理的协同

进入21世纪头十几年，我国在绿色建筑和生态城市建设方面成就斐然，针对绿色建筑和生态城市的财政激励制度出台，一系列有关绿色建筑、生态城市的示范项目得以实践，绿色建筑、生态城市层面的政策、标准、条例不断完善，节能减排也成为考核地方政府业绩的主要指标，地方官员生态环境损害责任终身追究制以及晋升过程的一票否决制逐步建立。但是，整体上说，我国仍然是从中央到地方自上而下地推动生态城市建设，各级政府也声势浩大地积极响应、支持生态城市建设。但是，生态城市的建设不应仅是政府的事，更不应该仅仅是政府通过喊口号、上项目推动，而是让全社会、政府、企业、公民、非政府组织等多元主体都参与其中。

2014年出台的《国家新型城镇化规划（2014—2020年）》中，更加强调正确处理市场和政府的关系，更加尊重市场规律，坚持市场在资源配置中的决定性作用，同时更好地发挥城镇化进程中的政府作用，政府的职责是履行好规划政策制定、公共服务提供和良好制度环境营造的职能，使城镇化成为"市场主导、自然发展""政府引导、科学发展"的过程。[①]

尽管"建管并举，重在管理"在各级城市建设中被反复强调，但相当长时期以来，城市中"重建设、轻管理"的现象在一些部门还普遍存在，认为建设是第一位的，是城市发展的硬任务，管理是第二位的，是城市建设之后的软指标。这种认知导致城市管理、城市设计、城市规划的滞后，投入城市管理和日常维护的人力、物力、财力相对较少，各类城市建设标准、城市运行规范缺失，欠下了很多城市管理、城市规划的旧账。当前，我国很多城市的硬件基础设施进展顺利，但软件滞后，城市建设中，转变政府职能在未来一个时期内需要引起足够重视，进一步提高城市治理水平，鼓励社会资本参与城市建设，积极采用PPP等模式，拓宽城市建设投融资渠道，完善城市监管方式，改革和完善相关政策法规、标准条例，在市场力量的引导下，促进多元化主体自下而上、自动自发地参与到城镇化的建设中，早日实现快速城镇化的生态转型。

（四）创新型技术与传统智慧的协同

创新型技术是推动人类文明、社会进步和经济发展的主要动力，新能源技术、移动互联技术、3D打印技术、云计算、互联网、大数据、智慧交通技术为城市生态文明建设提供了技术支撑，一方面，作为战略性新兴产业，支撑城镇发展；另一方面，创新的技术使快速城镇化的生态转型更加快捷方便，奠定新型城镇化绿色、低碳、节约、集约发展的基础。

快速城镇化发展模式的生态化转型要求城市中人与自然协调、和谐、共生，这种和谐、共生模式与我国传统文化中的"天人合一""道法自然"等朴实的生态智慧相吻合，根植于我国传统文化中，快速城镇化模式的生态转型需要更加深入地研究与挖掘我国传统智慧。因此，创新技术与传统生态智慧的协同并用、有机结合是快速城镇化生态转型中的又一基本要求。

（五）环境治理与空间规划协同

空间供给和区域资源配置危机导致的生态灾害有：水资源短缺，能

[①] 雷小阳：《新型城镇化背景下我国城市土地利用的政府监管研究》，硕士学位论文，西南交通大学，2014年。

源紧张，生态环境持续恶化，难以自我修复。历史上，自然、生态的运行轨迹告诉我们，生态灾害的发生是不可逆的，一旦发生之后，再修复将异常困难，其负面作用将直接影响未来几十年我国的发展。我国目前快速城镇化阶段相当多的城市处在速度提升、规模扩张阶段，正在编制或即将编制城市规划，建议编制规划中进行环境治理，建议多维度、多层次设计生态空间，形成城市绿道、生态廊道、公共空间和立体绿化，规划设计能够维护城市生态环境的基础设施，进一步优化和治理环境，将预防性的环境保护与改善性的环境治理相结合。

五 快速城镇化中后期的重心

（一）快速城镇化中后期的转变：从"牺牲"到"反哺"

总结世界典型国家的快速城镇化进程发现，从快速城镇化阶段初期进入快速城镇化中后期，其隐性关键词从"牺牲"逐渐转变为"反哺"。快速城镇化初期城镇化率为30%—50%阶段，市场选择和政策导向通常优先成就经济发展而牺牲社会公平；快速城镇化中后期城镇化率为50%—70%，以城镇化率50%作为拐点，社会焦点从关注效率转向公平，政策需要注重反哺，主要反哺经济发展过程中注重效率导致的城乡之间、城市区域之间社会保障和公共产品分配不均。快速城镇化初期，世界典型国家采取的"牺牲形式"和"牺牲程度"具有相似性。总体上看，经济效益最大化的背后是生态环境、资源、国民利益、社会公平、农村和农民、农业等的剥夺和牺牲。如果用杠杆作比喻，那么快速城镇化推进"经济效益"一端的高高翘起依托的是杠杆另一端"生态环境、社会公平"牺牲所付出的沉重代价，只有这样，才能把另一端高高翘起。布赖恩·贝利（Brian Berry）在其专著《比较城市化》中有这样的描述：在快速城镇化推进的国家，人们承受着最低的营养水平、最低的预期寿命和最低的教育水平（1973）。从世界典型国家的预期寿命对比中不难发现：正处于快速城镇化进程中的印度和中国，两国的预期寿命明显低于完成快速城镇化进程、进入城镇化成熟阶段的发达国家。以正处于快速城镇化进程中的中国为例，中国缺乏原始积累的过程，中华人民共和国成立以后，中国经济的发展以牺牲某些产业部门和社会群体的利益，扭曲部分要素价值的策略实现。计划经济时期，所走的路径是牺牲"三农"的利益补给工业，大力支持建立资本密集型重工业，其积极效果是我国用了短短的二十九年的时间建立起来了具有一定水平的重工业体系。其消极后果是社会消费长期受到抑制，以城市为中心的发展战略导致对农村的剥夺；1978年改革开放后，开始实行外向型经济发展战略，外资、出口对经济增长的拉动作用凸显，但这种出口导向下经济增长依赖于国内较低的劳动力价值，是以国内的资源与环境为代价换取市场、换取利润，这一战略推动中国在短期内经济总量跃升至世界第二。

城镇化率超过50%后进入快速城镇化中后期，之前经济空前发展所累积的矛盾、问题以及隐患逐步凸显，成为经济社会发展的阻滞因素。为了推进经济持续发展，尽可能减少社会不稳定因素，政府必须进行"反哺"，反哺的主要内容和手段是生态环境治理、教育、养老、医疗等公共产品与公共服务的均等化与全覆盖，同时制定城市发展规划。比较已经完成快速城镇化进程，进入城镇化成熟阶段的国家1995—2010年医疗支出占GDP的比重发现，这些国家医疗支出占GDP的比重是持续平稳上升的；而中国和印度等仍处于快速城镇化初期、中期阶段的国家，其医疗支出的比重依然徘徊在比较低的水平，尚未进入"反哺"的发展阶段。[①]

以前瞻性和有效性作为标准衡量各国在快速城镇化进程中的"反哺"措施，可分为主动适应型和被动应对型。主动适应型是指快速城镇化阶段政策制定具有前瞻性且实施成效较好，德国和日本是此类的代表。德国在世界上首创了健康和医疗保险制度以及工人养老金制度，因此也缓和了社会矛盾。日本的社会保障在第二次世界大战以后伴随经济发展而迅速发展，仅10年时间（1950—1960年）就基本建立了较完善的社会保障体系，这一社会保障制度在1973年"福利元年"后更加完备。而被动应对型通常源于缺乏生态环境、经济社会矛盾的预见性，或是源于政策滞后或政策难以适应现实的国家，被动应对型中的典型代表是美国、英国、巴西、韩国，快速城镇化早期英国基本上采取"自由放任"的态度，最终导致社会矛盾不断激化，带来了较大的社会损失。1852年伦敦的烟雾事件就是佐证的反面例子，之后英国开始利用法律法规和相关福利制度来补救放任自由城镇化所造成的社会矛盾和社会问题。崇尚个人自由主义的美国，其城镇化由市场推动，直到出现较为激烈的社会矛盾，政府才不得不进行相关调控。自20世纪80年代起，韩国"先增长后分配"

[①] 李璐颖：《城市化率50%的拐点迷局——典型国家快速城市化阶段发展特征的比较研究》，《城市规划学刊》2013年第3期。

政策持续实行了 20 多年,引发两极分化、收入分配扭曲等许多负面问题,之后,韩国政府开始重视社会保障。巴西则是由于政策制定的失误导致"反哺过度",政府财政难以承受巨大的社会保障支出。

(二)快速城镇化的目标:从追求均衡到追求增量

表面上看,快速城镇化阶段的"牺牲"和"反哺"是为了实现城市的均衡,但是,本质上是通过资源的配置,推动城镇化和城市发展,在提高城镇化速度的同时也提升城镇化与城市质量。

城市是生态、环境、经济、社会、空间、时间的多元载体,纵观历史可以发现,世界上典型国家快速城镇化过程中所出现问题的绝大部分都是没有处理好"公平"与"效率"的关系,一方面是经济活动以效率为目标的逐利行为,另一方面是以公平为目标的社会活动的普惠行为。经济"效率"与空间载体的"公平"之间的博弈成为快速城镇化阶段的核心(见图 1-4)。

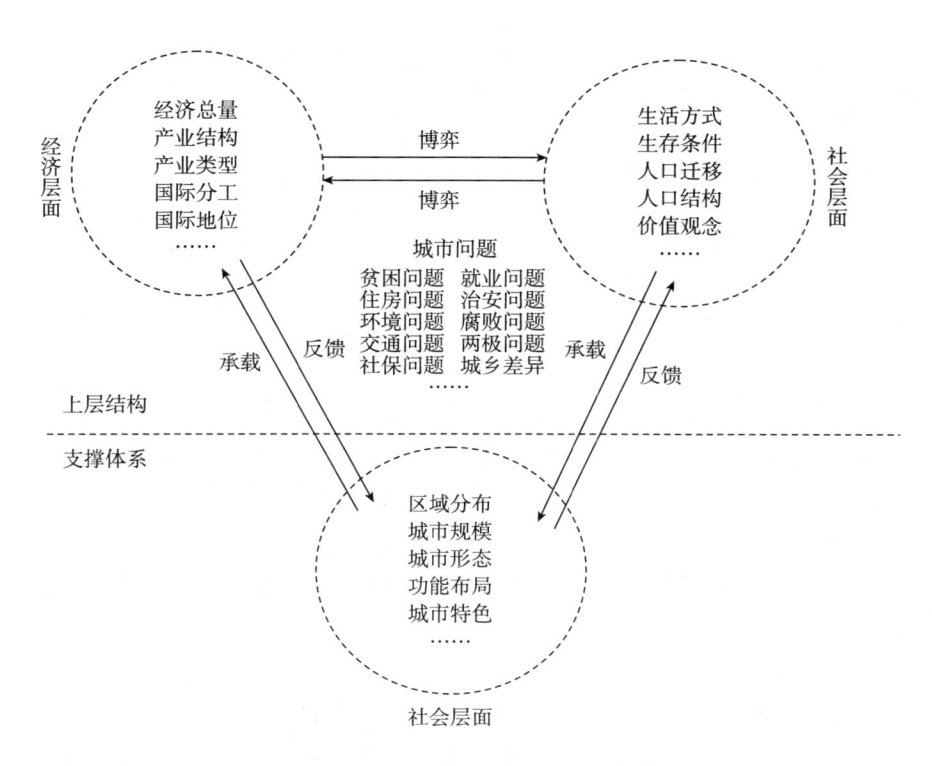

图 1-4 快速城镇化阶段经济、社会与空间的关系框架

在这场旷日持久的博弈中，效率与公平之间的关系可分为均衡型、效率优先型和公平优先型三种状态（见表1-5）。研究发现，在快速城镇化阶段，绝大多数国家属于效率优先型。比如，中国很长时期内的经济政策是"效率优先、兼顾公平"，中国的城镇化政策也是优先发展城市群和都市区。经济发展及区域发展的实践告诉我们，局部区域优先发展的不平衡发展模式比大推进的平衡发展模式更加有效，也更加实用。世界上也有一些国家曾经在快速城镇化起步阶段或初级阶段属于公平优先型或低端均衡型，比如，从独立后到20世纪80年代的相当长时期，印度采取的是平衡式国家发展战略，公平第一、效率第二的宗旨是最大限度地推动全国范围内不同地区经济的平衡发展，之后印度经济长期低迷与这一平衡发展战略直接相关。而完成快速城镇化进程，进入城镇化成熟阶段后的国家中大部分发达国家通过经济反哺社会、生态与环境，最终在较高层次上实现了经济与社会的平衡。

表1-5　　　　基于公平与效率的典型国家城镇化进程分类

类型	城镇化起步阶段	城镇化加速阶段	城镇化成熟阶段
均衡型	巴西、印度（低端均衡）	—	英国、德国、日本、韩国（高端均衡）
效率优先型	英国、德国、美国、日本、韩国	德国、印度、英国、美国、日本、巴西、韩国、中国	美国、巴西
公平优先型	中国（配给制）	—	北欧国家（高福利）

完成快速城镇化的国家中也有公平优先型的高福利国家，以北欧国家为代表。然而，高福利是有代价的，近年来，令人艳羡的高福利造成了政府财政赤字、大批移民涌入、劳动者积极性减退等诸多问题，让人重新思考公平与效率之间的关系。

（三）快速城镇化的动力：生态环境、经济、社会螺旋上升实现动态均衡

生态环境承载力、经济发展效率与社会公平三个维度存在着矛盾与失衡，失衡的代价是生态环境的牺牲和资源价值的扭曲，但是，每一次失衡后的再平衡都意味着快速城镇化进程中质的提升。借助螺旋上升理论来描述三者之间的关系，从动态发展的角度，不断追求社会公平、经

济效率、生态环境，两两间互为动力撬动整体的进步，三者互为引擎，在三维立体空间中"之"字形上升，三螺旋循环上升使城市持续增长（见图1-5）。

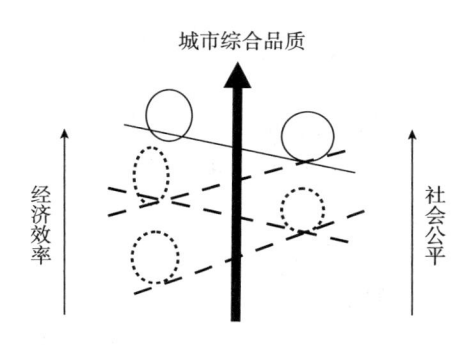

图1-5 经济、社会的双引擎模式

比较世界典型国家的城镇化阶段与进程，城市质量的全面提升正是得益于生态环境、经济效率和社会公平三者之间均衡态被打破，出现新的不均衡，均衡是短暂的，不均衡是常态且成为发展的主要动力。由此可以得出一个推论：一定时期内经济效率、生态环境与社会公平的失衡优于无增量的长期平衡。

快速城镇化阶段的目标是持续提升城市综合品质，对中国而言，还要持续缩小城乡之间的差距，提升城镇化后原农村区域的生活品质，而不仅仅是效率与公平的平衡。以城镇化率50%的拐点作为快速城镇化进程中的转折点，城镇化率为30%—50%的快速城镇化前半程通常是以牺牲公平而成就效率；城镇化率为50%—70%的快速城镇化后半程则是经济发展反哺社会公平、经济发展反哺生态环境、城市反哺农村、工业反哺农业，实现城乡区域之间、工农产业之间公共服务、公共产品、社会保障的均等化和全覆盖。以全面、耦合、协同发展为导向的快速城镇化进程，经济力占重要地位，社会力也不容小视，必须同时承认经济力、社会力和生态环境力，三者构成多元引擎、动态均衡，形成快速城镇化的经济、社会、生态环境多元目标。

第三节 本书研究的基本思路与框架

本书研究的理论意义在于：将城镇化、生态文明与区域发展相结合，剖析中西部快速城镇化地区生态—环境—经济系统耦合协同内在机制，弥补当前耦合协同内在机理研究的不足。实践意义在于：以我国城镇化进程中的后发区域、城镇化速度较快的中西部地区为研究对象，寻求生态—环境—经济耦合协同发展模式，为城市生态文明的实现探索路径，切实提高中西部地区城镇化质量。

一 本书研究的主要内容

本书共分为八章，第一章是相关概念界定、基本理论与研究架构。本章界定了中部、西部的区域范畴，区分了快速城镇化阶段和快速城镇化地区，指出当前快速城镇化地区界定的一些误区，不能将"快速城镇化地区"等同于城镇化的先行区，不能将快速城镇化阶段等同于快速城镇化地区；不能将城市群等同于快速城镇化地区。提出了快速城镇化地区的系统构成、动力机制、行为主体、协同新理念和城镇化率50%之后的重心转变。

第二章是中西部快速城镇化地区的生态环境经济问题。我国中西部快速城镇化地区普遍面临的生态环境问题表现为大气污染、水污染、固体废弃物污染、土壤污染等。资源问题包括供给不足和供给过剩，表现为对快速城镇化地区发展的数量型约束和质量型约束两种形式。经济社会问题表现为大量农民进城引发的贫困、城市失业、半城镇化和伪城镇化问题以及人的生活角色变化、职业角色变化引起的环境问题。中西部快速城镇化地区的"城市病"表现为城市过度蔓延与土地的过度侵占和浪费、城市的交通拥堵、城市内涝、城市地面塌陷与拉链马路、城市短命与高耗能建筑。

第三章分析了中部地区城镇化发展现状。本章首先分析了中部地区城镇化及经济发展的总体概况，实证评价了中部六省城镇化的速度和质量，评价了人口城镇化、土地城镇化、经济城镇化、社会城镇化四个维度间的协同发展度，具体阐释了中部地区城镇化的特征和存在的主要问题。阐述了中部六省河南、安徽、湖北、湖南、江西、山西各省的城镇化发展历程，从时间维度和空间维度分析了各省的城镇化现状，各省城镇化发展面临的优势、劣势、机遇、挑战，并提出相应的发展建议。描述了中部六省各自的城镇空间格局。围绕中原城市群、太原都市圈、武汉城市圈、皖江城市带、长株潭城市群、环鄱阳湖城市群六大城市群分析了各省份的战略定位、空间范畴以及中部六省各自城镇体系的结构。

第四章分析了西部地区城镇化的发展历程，本章将西部城镇化历程划分为四个阶段，总结了西部地区城镇化的主要成果。用单一指标法和复合指标法测度了近30年来西部地区的人口城镇化、经济城镇化、空间城镇化和社会城镇化指数，并进行了横向和纵向的比较。剖析了西部地区快速城镇化地区存在的问题。从空间布局上分析了成渝城市群、关中城市群、北部湾城市群、呼包鄂城市群、酒嘉玉城市群、宁夏沿黄城市群、兰州—西宁城市群、滇中城市群、黔中城市群的空间布局和定位，比对了十大城市群的总体规模、产业结构、经济总量和社会发展综合状况、城镇化水平、城市首位度，并提出了西部城市群发展存在的问题和机遇。

第五章是中西部快速城镇化地区生态—环境—经济耦合协同发展评价，本章界定了哪些省份、哪些地级及以上城市是中西部快速城镇化地区，介绍了数据包络分析的方法，建立了耦合协同发展效度公式和评价指标体系。以省域作为决策单元，依据中西部各省份进入30%快速城镇化阶段后的发展历程，选取2000年中西部平均城镇化率在30%左右以及2015年中西部平均城镇化率50%左右的两个节点年份，选择生态环境、经济子系统的输入输出指标，评价中西部各省份生态、环境、经济耦合协同发展状况。根据数据的可获得性，以中西部快速城镇化省域中的各地级及以上城市为决策单元，评价中西部省份各地级及以上城市生态—环境—经济系统耦合协同发展程度。

第六章研究快速城镇化地区行为主体间的博弈与协同。本章阐述了快速城镇化地区矛盾冲突的表现，收入差距扩大、农民工市民化进程、快速城镇化与低就业增长之间、土地冲突等引发的利益矛盾。分析了快速城镇化地区中央政府、地方政府、开发商、村集体、农户等各自的行为目标以及相互之间的博弈。分析了多元主体利益分配失衡的制度缺陷和行为失范原因，要求快速城镇化地区各行为主体应进行角色定位和行为主体调适，建立协同发展机制。

第七章典型国家快速城镇化的阶段生态、环境、经济问题及应对。本章主要回答四个方面的问题：第一，哪些国家的快速城镇化与中国具有可比性，即哪些国家的经验值得梳理和借鉴？第二，这些可以借鉴的典型国家快速城镇化阶段分别面临的是哪些生态、环境、经济问题；第三，能否进一步梳理出各国快速城镇化阶段横向截面在经济比重、产业结构等方面具体的特征；第四，对中国所处快速城镇化的启示、思考和借鉴。

第八章提出中西部快速城镇化地区生态—环境—经济耦合协同路径，建立了生态环境与经济耦合协同的理念和模式，从利益协同、动力协同、组织协同、信息协同等方面完善生态环境与经济耦合协同的内容。将产业作为推动快速城镇化地区生态环境与经济耦合协同的核心，将城市作为推动快速城镇化地区生态环境与经济耦合协同的重点。

二 本书研究的重要观点

本书所指的快速城镇化地区，不同于快速城镇化阶段，快速城镇化阶段是诺瑟姆所说的城镇化发展遵循 Logistic 曲线，城镇化率介于 30%—70% 的急剧加速发展阶段。快速城镇化地区是重要的空间载体，各种经济社会活动以及生态环境问题最终的落脚点都必须是空间。本书确定的快速城镇化地区原则上需要满足以下三个条件：第一，城镇化水平年均提高 1.2 个百分点及以上；第二，建设用地年均增长 3% 以上；第三，经济增长速度维持在 10% 及以上，2012 年经济进入新常态后相应的快速城镇化地区的经济增长速度调整为 7% 及以上。

快速城镇化地区生态、环境、经济间的矛盾不是必然的，导入耦合协同理论与实践能够从源头上实现生态、环境、经济的协调，同步推进城镇化与生态文明。中西部快速城镇化地区，尤其是被动推进型区域的城镇化具有被动性、不可逆性、不彻底性和不可持续性，生态、环境服务功能及生态文明建设被忽略。中西部快速城镇化地区生态—环境—经济耦合介质由人口、科技、信息、制度、政策等组成；政府应成为快速城镇化地区的外生动力，市场应该是内生动力，亟须正确处理快速城镇化地区政府与市场之间发挥的作用。基于目标、利益、角色、行为的不同，协同好与中央政府、地方政府、企业、农民、市民等多元化主体的关系。在中西部快速城镇化地区，形成生态文明和绿色发展的理念，实现经济发展与生态环境保护协同、市场主导与政府治理协同、创新型技术与传统智慧协同、环境治理与空间规划协同。

快速城镇化地区城镇化率为30%—50%的阶段,是"城市病"、城镇化过程中生态环境与经济问题和矛盾的集中爆发期,市场选择和政策导向通常优先成就经济发展而牺牲社会公平;快速城镇化地区进入城镇化率为50%—70%的中后期,以城镇化率50%作为拐点,"城市病"、城镇化过程中生态环境与经济问题和矛盾将得到重视,有所缓和,社会焦点从关注效率转向公平,政策需要注重反哺,主要反哺经济发展重效率导致的城乡之间、城市区域之间社会保障和公共产品分配不均。因此,我国进入快速城镇化中后期的重心,政策着力点必须从"牺牲"转向"反哺",目标从追求均衡到追求增量,寻求生态环境、经济、社会螺旋上升的动力,实现动态均衡。

比对英国、德国、法国、美国、日本、韩国等已经完成快速城镇化阶段的国家发现,尽管伴随着生态、环境、经济问题,但城镇化可以得到进一步发展,经过15—50年时间逐步解决"城市病"等问题,步入城镇化的成熟阶段,我国及广大中西部地区应该有足够的信心!尽管各国自然地理、经济、社会、文化、国际国内环境方面存在差异,各国城镇化发展的历史阶段、科学技术水平及条件也不同,但应对措施中有一些是共性的:第一,政府必须积极作为,进行发展模式的战略性调整,通过理念、制度、立法的完善,形成集城镇化、生态、经济于一体的协调发展局面。第二,网络技术、交通技术、环境监测技术等新技术得到发展和应用。第三,城市规划理论和实践的应用。

我国中西部快速城镇化地区生态环境的耦合协同,首先需要明确生态环境与经济两者耦合协同的理念以及耦合协同的具体模式。将主体间的利益协同作为根本动力,将动力协同作为发展的关键,组织协同作为基本保障,信心协同作为纽带和桥梁,科技协同作为重要的条件。将产业发展始终作为中西部快速城镇化地区生态环境与经济耦合协同的核心,以产业为核心大力发展循环经济、生态经济、绿色经济,面向农业、流通业、建筑业构筑绿色产业链。始终将城市作为中西部快速城镇化地区生态环境与经济耦合协同的重点,开展深入的城市生态环境整治、市政基础设施建设和城市环境治理体系建设。

三 本书研究的不足

研究内容上,仅仅评价了中西部省份、地级及以上城市层面快速城镇化地区的生态—环境—经济耦合协同发展状况，因为数据的可获得性未能对城市微观区域，比如县、镇、乡、城市边缘区是否是快速城镇化地区进行界定，未进一步评价各微观区域的发展情况。研究方法上，主要运用数据包络分析方法（DEA），建立输入、输出指标体系，将决策单元 DMU 的技术有效性反映系统的结构比例，衡量系统内部各要素间及子系统间的协同程度，DMU 的规模有效性反映生态、环境、经济子系统内或系统间的发展程度。这种评价有待于进一步完善、系统化，可以进一步改进数据包络分析法，用二阶段、三阶段、四阶段数据包络分析法改进、完善。

第二章　中西部快速城镇化地区的生态环境和经济问题

我国中西部地区的快速城镇化推动了经济发展，短时间内使大量"农村人"变为"城里人"。截至目前，我国的城镇化进程用30年时间完成了发达国家百年才完成的事业。但诸事都有反面，发达国家城镇化过程中百年之中出现的问题在我国几十年内集中爆发。正如中国社会科学院李培林研究员所指出的，我国这种时空压缩的发展路径导致人口、资源、环境之间的关系日益紧张，矛盾更加尖锐。快速城镇化带来的生态环境问题开始凸显，资源约束趋紧，逐渐成为公众关注的对象。随着城市扩张，早在20世纪之初，公众、各大媒体广泛关注"垃圾围城"现象；随后是对城市用水污染、河流污染的关注讨论；之后是对大气污染问题的关注；等等。总之，无论是我国整体上的快速城镇化进程还是我国中西部快速城镇化进程中普遍面临的生态环境问题，可以归纳为大气污染、水污染、固体废弃物污染等。

第一节　中西部快速城镇化地区的生态环境问题

快速城镇化地区人口较为集中，产业也比较集聚，其对生态和环境的压力自然较大，容易产生生态破坏和环境污染问题。随着快速城镇化的推进，城市生产、生活、建设将持续不断地产生工业以及生活垃圾，向生态环境中排放污水、废气，从而导致大气污染、固体废弃物污染、土壤污染、水体污染等问题。

一　大气污染

大气污染是快速城镇化地区的典型污染，无论是英国快速城镇化阶段19世纪50年代的"雾都"伦敦，还是2013年的"霾中国"，都将大气污染与快速城镇化时期紧密相连。大气污染源的组成成分复杂，但主要是燃煤和尾气排放。以燃煤为例，1978年，我国的能源消耗总量是57144万吨标准煤，而2009年能源消耗量上升为336126万吨标准煤，2015年能源消耗量继续上升，达到430000万吨标准煤，其中能源消耗总量的60%以上是燃煤。进入21世纪以来，快速城镇化进程导致燃煤数量大幅度增加，十几年来二氧化硫排放量随之增长了12.18%。由此说明，我国城市大气污染增加速度高于城镇化增长速度。

大气污染源于污染物的排放，污染物由人类活动或自然过程排入大气并且对人类健康产生影响，按照存在状态可将大气污染物分为气溶胶状态污染物和气体状态污染物两大类，按形成过程分为一次污染物和二次污染物两大类。一次污染物直接由污染源排放，二次污染物往往是一次污染物发生化学反应、光化学反应形成的新的污染物，这种新的污染物具有完全不同的物理化学性质，毒性通常强于一次污染物。火山爆发等自然因素形成的污染物不是本书探讨的重点，本书主要探讨工业废气、汽车尾气、生活燃煤等工业生产、交通运输的人为因素所排放的污染物。人为污染物作为大气污染、环境质量的重要影响因素，可以分为以下四个方面：第一，煤、石油、天然气等燃料燃烧过程中输送到大气中的污染物。化石燃料燃烧除向大气排放烟尘外，还将产生二氧化碳、一氧化碳、二氧化硫、氮氧化物、有机化合物等多种对人体有害的物质。尤其是煤炭燃烧，将排放较多二氧化硫、氮氧化物，直接污染大气。第二，工业生产过程的污染物排放，比如有色金属冶炼工业会向大气中排放氮氧化物、二氧化硫及含有重金属元素的烟尘；石化企业向大气排放硫化氢、二氧化硫、氮氧化物、二氧化碳；在炼铁、炼钢、炼焦过程中，钢铁工业会向大气排放粉尘、氰化物、硫氧化物、一氧化碳、硫化氢、酚、苯类、烃类物质。磷肥生产过程中会向大气排放氟化物；酸碱盐化工业向大气排入氮氧化物、二氧化硫、氯化氢及各种酸性气体。第三，交通运输业向大气排放的污染物。汽车、船舶、飞机等交通工具向大气中排放大量尾气，成为大气污染的主要污染物。内燃机燃烧向空气中排放大量含有氮氧化物、一氧化碳、碳氢化合物、含氧有机化合物、含铅化合物、硫氧化物的废气。第四，农业活动向大气排放的污染源。农业耕种使用农药，部分农药以气态或固态粉尘物形式向大气中逸散，部分黏附在农作物表面或残留在农作物体上的农药仍旧会向大气中挥发。农药进入大气中被悬浮颗粒物吸收，随气流输送到不同的区域，造成农药大气污染。此外，农业秸秆焚烧排放污染物。

大气污染直接危害人体健康，危害工农业生产，进而影响天气和气候。对人体健康的危害是能够直接被感知的，主要分为急性中毒、慢性中毒和致癌三种危害。大气污染导致的急性中毒通常发生于特殊的条件，工厂生产过程中事故导致大量有害气体泄漏，直接排向大气，加上气象条件的变化，引起人群急性中毒。大气污染引发人体慢性中毒主要是浓度不高的污染物长时间、连续作用于人体，出现呼吸系统的疾病，导致城市居民呼吸系统疾病明显高于郊区。大气污染物长期作用于肌体，体内遗传物质被损害，引起生物体细胞遗传物质与遗传信息发生改变，产生突变，突变如果诱发肿瘤则是大气污染导致的癌症，大气或环境中的致癌成分为化学性致癌物、物理性致癌物、生物性致癌物，致癌作用机理相当复杂，大气污染导致人们寿命下降。

大气污染危害工农业生产，进而影响经济发展，造成人力、物力和财力的极大浪费。大气污染物危害工业生产体现在两个方面：一是大气中的二氧化硫、二氧化氮、酸性污染物腐蚀工业材料、设备和建筑设施；二是大气飘尘影响精密仪器、设备的生产、安装调试以及使用。经济层面，大气污染增加生产支出费用，提高了生产成本，降低某些产品的使用寿命。大气污染影响农业生产主要表现在：酸雨直接危害植物的正常生长，同时渗入土壤及地下水体，导致土壤和水体酸化，且进一步溶出其中的有毒成分，危害动植物和水生生物。酸雨严重时可以导致鱼类绝迹、森林衰亡。

大气污染还会对天气和气候产生影响，表现在以下四个方面：第一，大气中的颗粒物降低大气能见度，减少太阳光辐射量到达地面。近年来，在我国很多城市中出现的"雾霾"，被戏称为"霾中国""十面霾伏"等，就是烟雾不散导致日光大幅度减少。第二，高层大气中的碳氢化合物、氮氧化物、氟氯烃类等污染物大量分解臭氧，引发臭氧层空洞问题，已经引发了全球的广泛关注。第三，发电站、工厂、汽车、家庭小煤炉向大气中排放了大量颗粒物，这些颗粒物往往起到水汽凝结核或冻结核的作用，能够吸附大气中的水汽并将其凝成冰晶或水滴，改变区域降水情况，产生"拉波特效应"，即大工业城市下风向距离不远的地区，与四周其他地区相比，降水量较多。更加严重的是，如果这些颗粒微粒中有酸性污染物，在下风地区的降雨就会出现酸雨。第四，大气污染影响全球气候，也引起关注。比如，大气中不断升高的二氧化碳浓度增强了温室效应，导致地球气候变暖，地球变暖产生生态环境上的不利影响。大气污染衍生出的温室效应、酸雨和臭氧层空洞等环境破坏效应，这种环境破坏效应通常具有滞后性，污染发生时往往不易被察觉，一旦发生则预示着环境污染已相当严重，难以弥补或修复。

近年来，我国中西部快速城镇化地区大气污染非常严重，雾霾频发，按照《大气污染防治行动计划》中设立 PM2.5 治理目标的省份以及设立的大气污染治理重点区域污染均出现下降趋势，由于全国没有从整体上统一设立空气污染治理目标以及煤炭消费控制目标，中西部省份的空气污染出现恶化趋势，与 2015 年同期相比，2016 年第一季度检测的 355 个城市中有 91 个城市的 PM2.5 平均浓度同比呈现出增加态势，这 91 个城市中有 69 个属于中西部地区的城市，69 个城市 PM2.5 的平均浓度提高了 20.1%。PM2.5 空气质量最差、排名最靠后的 20 个城市中，7 个在中部地区的河南省，7 个在西部地区的新疆维吾尔自治区。英国《金融时报》2016 年 4 月 21 日报道，中国东部地区沿海发达城市近三年来整治空气污染的力度较大，设置了煤炭使用的上限，区域内很多燃煤电厂关闭，京津冀被雾霾笼罩的态势有所好转，北京市 2016 年第一季度 PM2.5 细微颗粒物污染平均浓度同比降低了 28%，上海市的污染下降了 12%。当然，尽管两城市污染状况都有了明显的改善，但 PM2.5 平均水平仍是世界卫生组织建议的每立方米空气 10 微克这一标准的 6 倍。总体上看，绿色和平组织监测和调查的 355 个城市 PM2.5 平均值比 2015 年第一季度下降了 9%，另外绿色和平组织还指出，尽管中国东部地区城市的大气越来越清洁，但中西部地区碳排放监管放松、空气污染加剧。空气污染最严重的两个省份是西部的新疆和中部的河南，整个中西部地区空气污染加剧的原因在于煤电投资增长、重工业支撑、城镇化机动化汽车数量增长导致尾气排放增加。[①]

按照空气质量指数，2016 年 8 月 2 日全国城市空气污染排名前 15 名，也就是空气污染最严重的城市依次是郑州为 158，唐山为 153，衡水

---

① 《中国空气污染治理见成效，但中西部污染指数上升》，参考消息网，http://www.cankaoxiaoxi.com/china/20160421/1136220.shtml。

为141，济南为141，邢台为140，沧州为136，成都为132，南宁为113，太原为109，石家庄为104，秦皇岛为99，张家口为99，重庆为96，西宁为94，保定为91，其中空气质量指数 AQI 在 0—50 的属于空气质量优、51—100 的属于良好、101—150 的属于轻度污染、151—200 的属于中度污染、201—300 的属于重度污染、301—500 的属于严重污染。空气质量指数 500 以上的属于爆表。2015 年环境保护部发布的 74 个城市空气质量排名指出，空气质量最差的十个城市依次是保定、邢台、衡水、唐山、郑州、济南、邯郸、石家庄、廊坊和沈阳。空气质量最好的十个城市依次是海口、厦门、惠州、舟山、拉萨、福州、深圳、昆明、珠海和丽水，绝大部分是东部城市。2014 年 1 月针对 74 个城市的空气质量报告显示，空气污染最严重的前十名依次是（第一名是污染最严重的城市）邢台、石家庄、保定、邯郸、衡水、济南、唐山、成都、西安、武汉。

二　固体废弃物污染

固体废弃物即社会公众俗称的"垃圾"，被划分为工业垃圾和生活垃圾。目前，我国城市人均每年产生 440 千克的生活垃圾，并且继续以每年 8%—10% 的速度增加。2001—2010 年我国工业垃圾从 88746 万吨增加到 240944 万吨，增长了 171.59%。"垃圾围城、堆积成山"成为现实问题。

固体废弃物大量排放出现垃圾围城现象，城市发展增加了垃圾排放，城市和人的正常运转必将产生大量的垃圾，城市垃圾处理成为快速城镇化地区的棘手问题。住建部的调查数据显示，全国被垃圾包围的城市占城市总数量的 1/3 以上，全国范围内城市垃圾堆累计占 75 万亩土地。相关数据的统计也显示，全国 600 多个不同规模的城市中，有 2/3 被垃圾包围，有 1/4 的城市已难以找到垃圾堆放的合适场所。从垃圾产生量来看，我国城市历年垃圾堆放总量达 70 亿吨，且每年以 9% 的速度递增，仅首都北京每天产生的垃圾就达 1.83 万吨，且每年仍旧以 8% 的速度递增。与此对应的是垃圾处理能力的不足，北京每天仅能够处理 1.041 万吨垃圾，存在垃圾处理与排放的巨大缺口，缺口高达 8000 吨。上海社会科学院 2010 年所做的调查显示，上海每天产生的生活垃圾达 2 万吨，广州生活垃圾的日产生量为 1.8 万吨。

固体废弃物大量排放垃圾成堆问题，除感官上难以接受外还带来了诸多害处。从生活垃圾的构成看，废塑料占生活垃圾的 1/3 以上，即使经过上百年的时间，废塑料也难以被溶解，垃圾露天堆放过程中会释放大量的硫化物、氨等有害气体，进行焚烧也会产生多种有毒、有害的气体，增加大气污染程度，影响城市生活环境。在垃圾堆放过程中，除致病微生物、病原微生物危害市民身体健康之外，垃圾腐烂会产生不同酸碱度的酸性或碱性有机污染物，进而将垃圾中的重金属溶解、分离出来，形成病原微生物、重金属、有机物质三位一体的多种污染物，污染物遇到雨水，渗滤液会从地表渗入污染地表水和地下水。入土掩埋则会破坏土壤结构，影响植物生长，甚至污染地下水，增加水污染。在部分气候潮湿、温暖的地区，垃圾腐烂速度较快，有机腐物达80%，形成更加严重的危害。此外，随着有机物含量的提高、垃圾分散堆放变为集中堆存，简单覆盖的厌氧环境会加剧甲烷气体的产生，引发垃圾爆炸事故，以固体废弃物中的废旧电池为例，一节一号电池如果在农地里腐烂，其严重后果是一平方米的土壤将永久失去利用价值，一粒纽扣电池的威力足以使600吨水遭到污染，600吨水够一个人饮用一生了。目前，我国电池年产量超过180亿只，占世界电池生产总量的比重超过30%，我国电池年消费量70亿—80亿只，但回收率尚不足2%。即使有部分旧电池被回收也无从处理，仍是集中堆放，我国缺乏批量处理废电池的企业。据统计，截至2010年，我国仍有97%的城市生活垃圾不能被有效处理，只是填埋和堆放，因城市垃圾造成的损失每年高达250亿—300亿元。据测算，如果这些城市垃圾被有效利用，则可以至少创造出2500亿元的产值。

我国大部分城市的生活垃圾除了堆放就是填埋，作为传统的垃圾处理方式也称为卫生填埋，约占处理总量的72%，用填埋的方式处理城市生活垃圾并不科学，也不十分有效。当一个垃圾处理场地经过一段时间被填满后，则需要开辟新的垃圾处理场地，最终也导致土地的占用和浪费，且加剧污染。我国城市大部分填埋场在渗滤液处理、沼气回收利用上与国外垃圾填埋场相比还存在较大的差距。比直接填埋进步一点的是"垃圾焚烧处理方式"，我国20世纪80年代开始城市生活垃圾焚烧处理技术的研究，曾被列为国家科技攻关项目，随着城市经济发展和生活垃圾低位热值的提高，很多城市着手建设生活垃圾焚烧处理厂，部分城市生活垃圾处理厂已建成并投入使用，当前，城市生活垃圾焚烧处理率占垃圾处理总量的25%。垃圾焚烧争论的焦点是二噁英的排放问题，二噁英作为一级致癌物，毒性是砒霜的900倍，垃圾焚烧则产生二噁英，因此，焦点是二噁英处理及消除技术。除了技术问题，还存在管理问题，比如，国内一些城市投入巨大的资金引进先进的设备，但管理水平较差，导致垃圾处理后排放不合格。堆肥也是垃圾处理的重要方式，尽管我国生活垃圾好氧堆肥技术起步较早，并且较早地引进了国外分拣技术，并建立了示范工程，但处理效果并不好，臭气等问题依然存在，垃圾堆肥已难以成为主要技术加以运用。

城市垃圾处理流程大致可以归纳如图2-1所示。

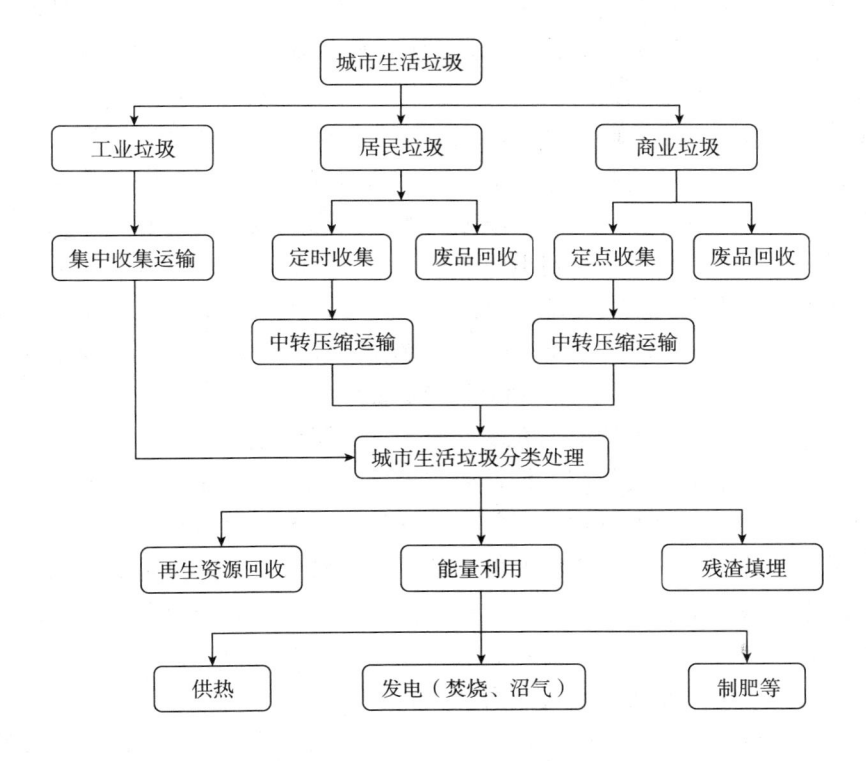

图2-1 城市垃圾处理流程

三 水体污染

大气污染已经被直观地感知，切身感受到，但水体污染、土壤污染、重金属污染等环境污染问题仍不容忽视，多年以来，我国水污染加剧，水环境不断恶化，水资源质量持续下降。根据环境保护部对我国10万千米河长、700多条河流的水质量评价，有46.5%的河长受到污染，水质只能达到Ⅳ类、Ⅴ类，只能用于工业用水以及人体不直接接触的娱乐用水、农业用水及景观用水，10.6%的河长被严重污染，水体基本丧失使用价值，水质已经超过Ⅴ类；城市水域中90%以上污染严重。我国七大水系污染程度从最轻到重的顺序依次是长江、松花江、黄河、淮河、海河、辽河，黄河、淮河、辽河、海河四大水系70%以上的河段受到污染。

此外，我国地表水资源污染也非常严重，按照河段统计，仅有32.2%的水质达到Ⅰ类、Ⅱ类标准（Ⅰ类是源头水，水质良好，需消毒简易净化处理就可以生活饮用，Ⅱ类指水质轻度污染，常规净化处理后可以生活饮用，集中式生活饮用水，地表水源地一级保护区），28.9%符合Ⅲ类标准（集中式生活饮用水，地表水源地二级保护区），38.9%属于Ⅳ、Ⅴ类水质，如果Ⅲ类水质标准被视为污染，则总体上我国河流长度的2/3被污染，可见中国地表水资源污染的程度。地下水资源污染一样不容乐观，很多省份和河流流域地下水，无论是城市还是农村，无论是浅层水还是深层水，均受到不同程度的污染，城市周围、城市地下水污染呈现上升趋势，污染日益严重。与此同时，污染所引发的缺水、事故频发，导致工厂停产、农业减产甚至绝收，带来了巨大的经济损失和较坏的社会影响，威胁人类生存和可持续发展。

水污染日益严重的原因有多方面。一是城镇化、工业化导致的工业污染是水污染的重要原因。即使乐观地估计，未来工业能够实现合理布局，工业废水全部实现达标排放，这些处理过的工业污水的水质标准仍是超Ⅴ类的，仍属于污染的水体，使用功能极低。二是快速城镇化地区城市生活污水是又一污染源，城市生活污水要实现完全处理后排放仍有很长的时间。三是城乡接合部、农村地区的面源污染是另一诱因，农田喷洒农药、施用化肥及水土流失使氮、磷等污染水体，从总量来说，我国作为世界上化肥使用强度最高的国家，降低农业面源污染仍然有很长的路要走。四是宏观、中观、微观层面的环境因素。宏观层面，经济发展水平较低，还没有进入环境库兹涅茨曲线（倒"U"形曲线）的后半程；中观层面，社会管理水平低，缺乏控制机制，发达国家平均每万人拥有一个污水处理厂，而我国中西部即使是武汉、重庆等大城市在内的绝大多数城市生活污水是直接排放，处理率为零；微观层面，企业家环境社会责任、道德水平尚待进一步提升，多种因素导致复合污染，使中国水污染不断恶化。有观点认为，水污染的严重程度超过了大气污染。

四 土壤污染

土壤是指陆地表面两米左右厚度，土质较为疏松，具有肥力，能够提供植物生长的机械支撑力，以及植物生长发育所需的水、肥、热、气等要素。快速城镇化地区人口增长，工业的快速发展，持续不断地产生固体废弃物，这些固体废弃物在土壤表面堆放并逐渐向土壤入渗，不断排放的工业废水、生活废水直接渗入土壤中，工业废气、汽车尾气等大气中的飘尘及有害气体变成雨水降落并渗入土壤，最终形成土壤污染。土壤污染主要是各种污染物进入土壤引起的，污染物通过多种途径进入土壤，废气中的颗粒物以及其他污染物质在重力作用下，直接沉降到地面，进入土壤，或者随雨水进入土壤。直接排出的废水中存在大量污染物，废水流经的区域，污染物直接渗入土壤。堆放在土壤表面的固体废弃物及其渗出液直接进入土壤。此外，污水灌溉引起土壤污染，化肥、农药的大规模使用导致土壤板结与土壤有机质含量下降。土壤污染除降低土壤质量和农作物产量和品质外，还产生污染物的富集作用，汞、镉等毒性大的污染物可以富集到植物的果实中，引发人或牲畜食用中毒。如辽宁沈阳张士灌区长期用工业废水灌溉农田，使稻米、土壤中重金属镉含量超标，所生产的稻米人畜均无法食用，被污染的土壤也不能继续作为耕地，只能作为其他用处。

相关资料显示，我国耕地污染面积逐年上升，特别是耕地的重金属污染问题严重，土壤污染及其引发的国民健康、粮食安全问题值得关注，2016年11月4日，在十二届全国人大常委会第二十四次会议上，国务委员王勇指出，大气、水、土壤污染防治成为治污关键三大战役。土壤污染不能完全归因为快速城镇化，农村面源污染，化肥、农药的大量使用，也是导致土壤污染的直接原因。但快速城镇化地区短期内人口集中、产业集聚，使区域内生活污水、工业污水排放量增加，固体废弃物增加，汽车尾气、工业废气等大气污染，加剧了土壤污染。

第二节 中西部快速城镇化地区的资源问题

自然资源是实现快速城镇化的物质基础，随着城镇化进程的加速，自然资源稀缺性、有限性的特征日益显现，成为城镇化的主要约束因子。

我国水资源存在严重的供不应求和短缺问题，我国人均水资源占有量仅仅是世界平均水平的1/4，缺水问题困扰着很多城市。663个城市中有420个城市缺水，114个严重缺水。随着城镇化进程推进，缺水问题更加突出，同时，还面临污水处理、水环境治理等多重问题。土地资源有限，我国面临城市扩张用地与可供土地严重短缺的矛盾，我国人均耕地面积不足1.4亩，已接近粮食安全红线。同时，土地资源的严重短缺与粗放利用、低效率开发并存，导致城市建设用地增长快于人口增长。一方面，城市基础设施、公共产品供给用地需求不足，生态环境、绿色发展用地不足；另一方面，城市土地利用结构失衡，土地开发利用布局不合理产生土地资源的浪费。在能源利用方面，我国城市普遍面临能源短缺、环境污染、低效利用等问题，突出表现为清洁、优质能源供应严重不足，依托重化工业发展的大部分地区面临电力、石油的供应不足，"电荒""水荒"频频出现。与发达国家相比，全国综合能源利用效率低10个百分点，仅为33.3%，主要工业品生产能耗却平均高出40个百分点。综合能源开采和输送等环节，我国能源系统总效率不足发达国家的一半。

一 快速城镇化地区的资源约束路径

资源问题的本质是其对快速城镇化地区发展的约束。约束理论（Theory of Constraints，TOC）于20世纪80年代由以色列物理学家、企业管理学家戈德拉特（Goldratt）提出，该理论认为，系统中的事物都不是孤立存在的，整体上并非全部资源或全部要素均限制系统或企业实现目标，往往是个别资源或个别因素约束系统目标的实现，也称为"瓶颈"，因此，要提高绩效就需要找出制约系统的关键因素加以解决，从而打破约束。根据约束理论，任何系统都存在一个或多个约束，否则系统的产出应该是无限增长的。现实中难以找到无限增长的系统，城市扩张也不例外，受到资源环境的约束。正如前文所说，国内外大部分学者都将资源环境对城市、城镇化的约束归因于资源稀缺，即资源供给难以满足城市扩张的需要。但根据经济学的基本原理，供给不足和供给过剩都会导致效率的低下，因此，本书认为，产生约束的原因源于事物在数量上的"不足"和"过剩"两种状态。资源对城市经济增长、空间扩张的约束也体现为"缺一不可"和"过犹不及"。所以，资源约束是指在城市经济社会发展、空间扩张、快速城镇化过程中，由于资源的供给不足、质量不高、开发利用难度大以及资源禀赋优越或过剩所引起的资源供不应求和供给过剩，从而制约区域快速城镇化进程、城市发展的过程。即资源环境对城市增长的约束有两种：由于资源有限而减缓城镇化进程的资源消耗尾效和由于资源过于丰富而减缓城镇化进程的"资源诅咒"。

供给不足和供给过剩作为快速城镇化地区的两种约束形式，其实质和产生原因却有着显著的差异。前者源于城镇化、工业化进程的加快以及消费结构的升级、需求增加，由于资源供应不及时、不持续、不经济等在短期内影响着城镇化的规模和速度，称为数量控制型约束，长期可以通过寻求替代品和增加资源供给量缓解。后者是由于资源丰饶形成对城镇化、城市发展要素的吸引和控制，从而制约了城市的发展，称为质量控制型约束，此类地区通常短期内城镇化进程、城市增长较快，长期可能停滞甚至后退，主要表现为收入分配不平等、人力资本投资不足、产业结构畸形或低端锁定及升级不畅。资源约束快速城镇化的框架大致可以归纳如图2-2所示。

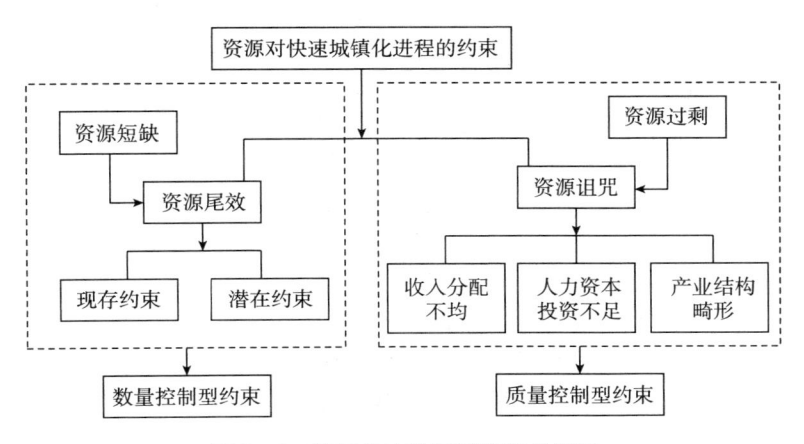

图2-2 资源约束快速城镇化的框架

二 快速城镇化地区资源约束理论

（一）木桶理论下的阈值约束

木桶理论的解释是水桶能盛水的量取决于最短的木板，而不是最长的，即"短板效应"。根据研究的需要，除短板效应外，还可以分为高板效应和疏板效应。如果木桶中有一块最长的板，但容的水却达不到这块板的高度，即个体最优达不到整体最优，称为"高板效应"；如果木桶每块板高度相同，但是，相互粘贴不紧，出现缝隙，木桶就会漏水，最终使体积减小，称为"疏板效应"。尽管资源开发迅猛，但经济基础等其他因素使城市增长不能与资源开发同步，则产生了高板效应。如果资源环境严重短缺，从而影响城镇化的进程，则产生短板效应。如果有限的资源在生产中分配不合理影响城镇化，则属于疏板效应。当前，"资源诅咒"的高板效应和资源短缺的短板效应已成为快速城镇化进程中关键的约束力量。

（二）爬坡理论下的阻力约束

参考学者金东海等（2004）[①]对城市内外的重力系统分析，引用物理学概念，建立资源与城市增长间的爬坡理论。城市发展受自身人口、经济等重力 G 外，还受资源环境对其的支撑力 N，在城市前进的过程中受到驱动力 F 和阻力 f 的影响。驱动力可以认为是城镇化需求拉力和外界对城镇化要素供给推力的合力；阻力 f 是指城镇化过程与资源环境之间的摩擦力。阻力约束即是所谓的"资源尾效"，如图 2-3 所示。

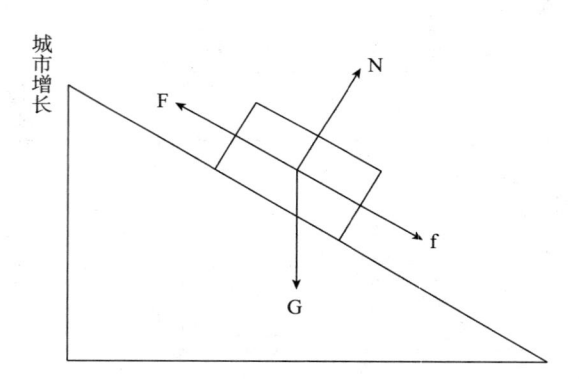

图 2-3 爬坡模型

（三）劳动力流动理论与效率约束

哈里斯—托达罗的人口流动理论认为，发展中国家的二元经济结构及由其决定的城乡收入差距大的状态，导致农村人口向城市大量流动，会增加城市的失业率。随着我国城乡户籍、土地等制度性壁垒的消除，农村人口转移就业会进一步加剧，城镇化会加速推进，必然使城市土地、矿产、水等一系列资源开采和利用的加剧，巨大的人口带来巨大的资源

[①] 金东海、谷树忠、沈镭：《城市化发展的营力系统分析——兼论我国城市化影响因子与可持续城市化战略选择》，《中国人口·资源与环境》2004 年第 2 期。

消耗，城市的发展能力受到限制。

（四）生态理论与容量约束

20世纪70年代开始，国内学者开始研究城市生态环境、城市经济与环境协调、生态城市和健康城市等内容，形成了城市发展的生态理论（刘耀彬等，2005b）。[①] 城镇化水平的提高和城市规模的扩大离不开生态环境的支撑，一定限度内，生态环境对外部影响有一定的缓冲作用，生态环境这种消除外部影响的能力被称作环境容量。城市环境能够为市民提供必不可少的自然资源，为市民带来舒适性环境的精神享受，消纳和同化人类活动产生的废弃物和废能量，但当生态环境容量超出极限后，其约束作用则开始显现，产生资源环境容量约束力。

（五）系统理论下的"源—汇—渠"约束

系统观将资源环境与城市的相互作用看成城市区域复合系统，该城市复合系统由人口、资源、环境、经济、社会、科技、管理调控7个子系统组成，其结构关系可以划分为以人为核心的四个圈层（见图2-4）。第一圈层是城市系统核心圈，由人的价值观、人的管理调控和人的素质决定的科技、管理水平构成。第二圈层是中心圈，即城市社会经济系统，由城市经济子系统和城市社会子系统组成，经济系统包括生产、交换和分配和消费四个环节。社会系统包括住房、医疗、卫生、法律、教育等非经济因素。第三圈层是内部支撑圈，由城市内部资源和环境构成，是城市发展的物质基础圈层。第四圈层是外部支持圈，由城市以外的资源环境所构成，边界模糊，包括源、汇、渠，是城市区域复合系统的外部支持系统。"源"起着孕育、支持城市生态系统的作用，功能是向城市提供物质、能量、信息、人才、资金等。"汇"起着净化城市生态系统的作用，功能是吸收、消化、降解城市系统的副产品及废弃物。"渠"在源、汇和城市生态系统之间起输导、运输作用，输入物质、能量、信息，输出产品和代谢废弃物。资源环境对城市的约束主要表现在源—汇—渠的形成。

资源环境约束力的影响因素主要涉及资源系统、生态系统和城市系统间的相互作用与反馈，相同或不同层次因素间直接或间接的作用影响资源环境的供给与需求，从而影响资源系统、环境系统与城市系统（或

[①] 刘耀彬、李仁东、宋学锋：《中国区域城市化与生态环境耦合的关联分析》，《地理学报》2005年第2期。

称作城市经济系统）间的摩擦系数，形成资源—环境—城市系统作用与反馈（见图 2-5）。

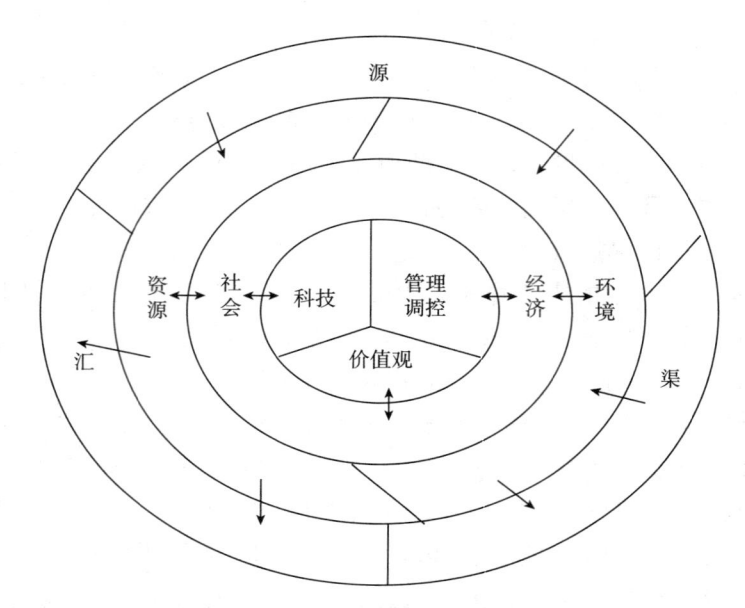

图 2-4 资源环境约束下快速城镇化地区的源—汇—渠

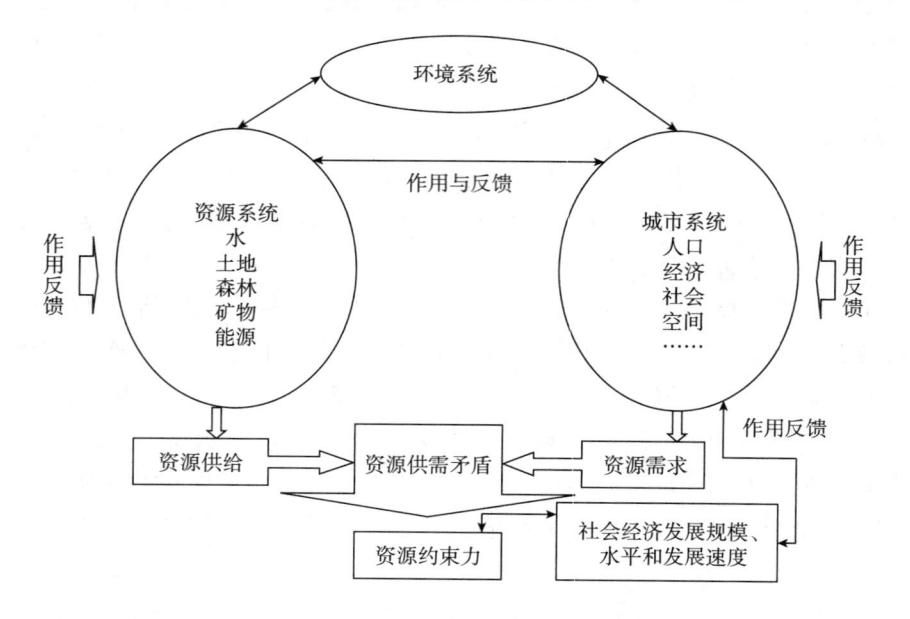

图 2-5 资源—环境—城市系统作用与反馈

三 快速城镇化地区的资源约束表现

(一) 水资源约束

水是影响城市规模和布局的最重要因子之一,不仅影响城市生产方式和产业规模,还直接影响市民的身体健康和生活质量。在城市形成阶段,河流是城市存在的生命线。在古代,河流为城市提供固定的水源和肥沃的土地;在近代,河流除提供水源外,成为城市物资重要的运输渠道;在现代,河流发挥更加重要的功能,成为城市的水源、动力源、污染净化源。而干旱半干旱地区城市与水源的关系则更为紧密。张小雷研究认为,水是塔里木盆地城镇地域演化最直接、最根本的动力;方创琳以河西走廊为例,认为水资源是西北地区城市的先决约束条件。

(二) 土地资源的约束

城镇化、城市扩张必然挤占耕地。1978—2008 年,全国城镇化率从 17.9% 提高到 45.7%,年均提高 0.9 个百分点,相应的城市数量由 192 座增加到 660 座。与此同时,耕地资源急剧减少,1990—2000 年,耕地面积年均减少 46.66 万—53.33 万公顷。此外,工农业污染使土地减少的同时也使土质下降。据统计,目前受工业污染的耕地 600 万公顷,全国受镉污染的土地 1.33 万公顷,受汞污染的土地 6.67 万公顷,受农药污染的土地 134 万公顷,土地面积的减少和土质的下降将严重制约城市的发展。

(三) 矿产资源的约束

矿产、能源资源是工业化的基础,是第二产业发展的基础。随着物流业的发展,城市经济所具有的开放性特征使城市产业不受区域内资源的限制,但资源的分布仍然会影响产品的成本和数量。自工业革命以来,产业化进程的加快对矿产资源的需求日益增加,同时开采条件恶化,资源开发技术的进步也难以解决矿产资源日益短缺的现状。我国已发现的矿产中,虽然总储量仅次于美国,但人均占有量仅为世界人均占有量的一半。

随着我国一大批矿业、工业城市的涌现,资源流量与经济总量和城市建设之间的矛盾越来越突出。近年来,资源约束已经从流量约束逼近存量约束,成为城市发展的又一关键制约。

第三节　中西部快速城镇化地区的经济社会问题

快速城镇化地区大批农民进城，如果难以长期、持续地就业，难以稳定地安居，则必然陷入贫困，城市中的贫困群体处于贫困线以下，其居住、出行、医疗、教育条件都普遍较差，享受不到城市经济社会发展的成果，影响当代人和下一代人的发展。同时，城市不同群体间收入差距过大、生活水平的巨大差异造成情感间的隔阂，产生相伴随的社会问题。

一　大量农民进城引发的贫困问题

20世纪60年代，拉尼斯、费景汉改进了刘易斯"二元结构"模型，提出了拉尼斯—费景汉模型，将城乡二元经济结构的变化划分为三个阶段，处于第二阶段时，农业剩余劳动力向工业部门转移，农业部门逐步萎缩，农业供给工业的产品随之减少，导致粮食价格升高。与此同时，农业部门劳动力的减少，倒逼农业单位劳动生产率提高，最终农业部门劳动力工资上涨。农业劳动力成本增加，工人的工资上涨，又催生农产品价格的上涨。此外，我国人口基数较大，失业人口数量也较大，按照宏观经济政策，要降低失业率，就必须增加投资，投资的增加又会刺激物价（CPI）进一步上涨，进入城市居住、生活、工作的这部分农民收入中食物支出所占的比例显著增加，加上进入城市后其他各项费用进一步提高了生活成本，容易诱发这部分群体的贫困问题。

此外，《国家新型城镇化规划（2014—2020年）》指出，城镇化的本质是"人"的城镇化，要全面推进以人为核心的城镇化。2014年，国务院《关于进一步推进户籍制度改革的意见》出台，加快了解决农民工户籍问题。现在进城农民面临的最大问题变为能否实现"安居乐业"，能否买得起房，减少或避免城市"贫民窟"的出现。2016年，尽管我国名义上的城镇化率为56.1%，实际上户籍人口城镇化率却低得多，也就是说，有2.6亿—3亿人在城镇工作，属于城市打工者，要彻底实现这2.6亿—3亿人的城镇化，使他们能够留在城市、安居乐业，必须有配套的住房，按照三分之一至一半的房子需求折算，则需要城市至少提供1亿套房子。如果要完成快速城镇化阶段，城镇化率达到70%，则至少还要再增加1

亿—2亿套房子。目前，我国土地制度下城市是显著的高房价，按照当前收入状况，普通农民想在城市买房，估计需要积累20—30年，前提还是房价不过快上涨。当前，我国快速城镇化实际上不是"人"的城镇化，大量农民进城隐藏着收入低、住房难以保障等贫困问题。

二 城市的失业问题

（一）新常态下的失业问题

1978—2008年是中国经济高速增长的30年，GDP年均增长9.8%。近年来，尤其是我国2010年超越日本成为世界第二大经济体后，我国经济增速持续下滑，经济长达30多年的高速增长积累的矛盾日益凸显，中国经济呈现出与以往不同的特征，习近平总书记2014年将中国经济用"新常态"描述，新常态下中国经济有三大特征，实现三个替代，中高速增长替代高速增长，增速放缓取而代之的是结构优化，创新驱动替代要素驱动、投资驱动。新常态的到来表明，中国经济增速已经告别了高速增长，进入"常态增长"阶段，经济增速可能会在7%，甚至6%左右运行，2014年中国GDP增速是7.4%，2015年进一步下降为6.9%，2016年前三季度进一步下降为6.7%。按照经济理论，经济增速放缓必将伴随失业率上升。动态的经济增长决定劳动力需求，该理论的提出者是美国著名经济学家阿瑟·奥肯。1962年，他提出了著名的"奥肯定律"，证明了国内生产总值增长率与失业率存在反方向变化关系。即增长率较高时失业率通常较低，增长率较低时失业率升高。奥肯还进一步指出，失业率与国内生产总值变化率的比是1∶2，失业率每增加1%会引起实际国内生产总值减少2%左右，奥肯定律描述了失业率与经济增长率之间存在相当稳定的关系，经济运行中可以通过GDP的变动预测失业率的变动，要防止失业率上升，实际GDP必须保持与潜在GDP同步增长。

新常态下我国经济增速放缓，从增长率10%的高速增长期换挡到6%—8%的中高速增长，按照奥肯定律，失业率将随之上升1.5%—2%。2013年，我国劳动人口79300万，就业人员76977万人，有2323万人失业，失业率为3%，如果失业率上升1.5%，将增加1161万的失业人员数量。

此外，我国城镇化率每年提高1%，也就意味着每年有1300万农民进入城市。城市向农民工开放的同时还要承担每年约700万大学生的就业，快速城镇化的惯性再加上部分地方政府积极引导农民进城，依靠当前的经济总量和经济增速，难以解决大部分农民进城就业问题，大量农民进城可能造成更加严重的失业。

（二）第三产业滞后导致的失业

第三产业发展滞后也将加剧城市失业问题。从国际经济发展轨迹和发达国家的经验看，一国和地区人均GDP超过5000美元并向高收入国家和地区迈进时，经济发展呈现出相近的特征：第三产业逐渐成为主导产业，第三产业创造的国民收入及吸纳的劳动力就业会持续增长，同时其吸纳劳动力就业比重的速度快于国民收入比重增速。2013年，我国GDP达到568845亿元，人均GDP约为6767美元；2015年，我国人均GDP达到7878美元，大大超过5000美元；2013年，第三产业产值占国内生产总值的46.1%，远低于发达国家74%的平均水平，也明显落后于中等收入国家53%的平均水平。

此外，第三产业发展与城镇化紧密相关，第三产业本应是就业的最大蓄水池，但2013年我国第三产业就业比重仅为38.5%，第三产业没有发挥劳动力蓄水池的作用。

（三）劳动力供需不匹配导致的结构性失业

劳动力素质与产业发展不匹配，产生结构性失业。新常态下，虽然我国经济增长率在回落，但是，经济结构正在转型，第三产业正逐步代替第二产业，成为国民经济的主导产业，实现就业必须依靠第三产业以及高新技术产业。当前城市中大量农民工聚集在劳动密集型、技术知识含量较低的第二、第三产业，农民工教育水平较低，教育水平的欠缺可能引发结构性失业危机，第二、第三产业转型以及向资本密集型和技术密集型产业升级的过程中，这些教育水平相对欠缺、缺乏技能的农民工将面临结构性失业。

我国三次人口普查数据显示，1990—2010年，我国九年义务教育的推广以及大学扩招的20年将中国成年人的受教育年限提高2.7年。未来要适应产业结构的变化，必须使成年人的受教育年限再提高3年，从不足9年提高到12年左右。

而欧洲债务危机的教训警示我们，结构性失业与周期性失业可以互相转换。尽管欧债危机已经过去，但发生过危机的很多国家依然存在严重的失业问题，大量劳动力失业就是因为短期内大量农民走向城市，他们的教育水平、劳动力素质与产业结构不匹配。①

三 半城镇化和伪城镇化问题

我国户籍人口城镇化率显著低于常住人口城镇化率（见图2-6），18%的农民工被统计为常住人口城镇化率，但却不是户籍人口城镇化率的对象，这18%的人口在城市生活和工作，却不能和城市户籍居民享受同等待遇，不能分享工业化成果，长期受到各种歧视和不公平待遇，被城市边缘化，仍处于"半城镇化"状态。就长期的经济社会地位而言，农民工与城镇居民都是不平等的，从而诱发了很多经济社会问题。②

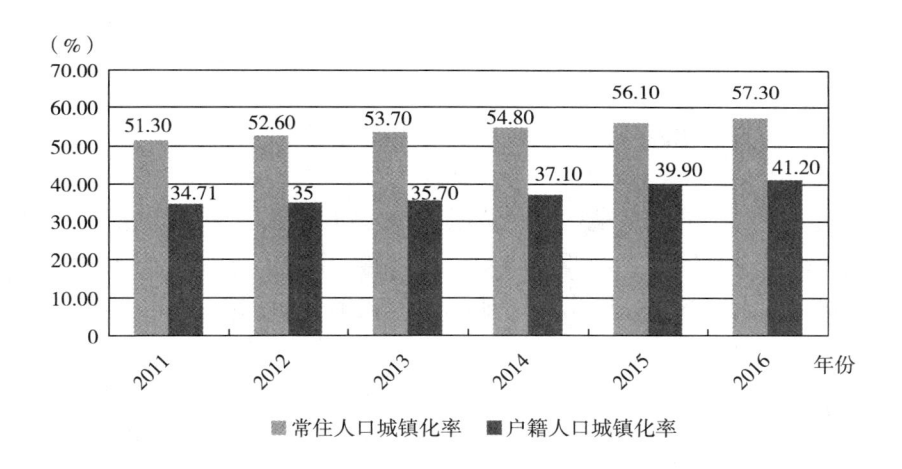

图2-6 2011—2016年我国常住人口城镇化率与户籍人口城镇化率

由近年来农民工参加社会保障情况可知，2008—2013年，农民工参加养老保险、工伤保险、医疗保险、失业保险、生育保险的比重是逐步提高的（见表2-1），但提高幅度不大，分别从2008年的9.8%、24.1%、13.1%、3.7%、2%提高到2013年的15.7%、28.5%、17.6%、9.1%、6.6%。提高了5.9个、4.4个、4.5个、5.4个、4.6个百分点。五种保险中，农民工参与工伤保险的比重最高，也仅仅为28.5%，不及

---

① 江三良、李攀：《快速城市化的潜在风险与化解对策》，《商业经济研究》2015年第31期。

② 李刘艳、吴丰华：《改革开放以来我国农民市民化阶段划分与展望》，《经济学家》2017年第8期。

1/3，整体上失业保险普遍缺失，体现性别关爱的生育保险就更低，仅6.6%。

表2-1　　　　2008—2013年农民工参加社会保障的比例　　　　单位:%

年份	2008	2009	2010	2011	2012	2013
养老保险	9.8	7.6	9.5	13.9	14.3	15.7
工伤保险	24.1	21.8	24.1	23.6	24	28.5
医疗保险	13.1	12.2	14.3	16.7	16.9	17.6
失业保险	3.7	3.9	4.9	8	8.4	9.1
生育保险	2	2.4	2.9	5.6	6.1	6.6

四　人的"生活角色"变化产生的环境问题

（一）社会关系网断裂，"旁观熟人"的监督消失

任何生活、工作环境的变化都会影响到其所属个体的社会关系网。快速城镇化引起生活工作环境的变化，必然导致这一过程的个体社会关系网发生较大的变化，原来基于地域而形成的邻里关系、群体关系变迁或者断裂。现代性的扩张、城镇化工业化进程导致社会成员生活的碎片化、原子化。也就是说，城镇化随之引起的原有社会成员社会关系网的变化、断裂是不可避免的现象。只是对于我国典型的快速城镇化地区来说，这一变迁的过程极为迅速，在短期内完成自然有很多问题。

理论上说，某一种社会关系网络断裂形成的空白经过一个时期后会被其他新的社会关系所弥补、替代。但是，如果社会关系变化涉及的个体数量众多，且变化迅速时，则难以被弥补，社会关系将发生质的变化。我国传统农村社会的正常运转依靠熟人监督，建立在习俗规范、村规民约以及习惯法、不成文法基础上。快速城镇化地区，当农村个体（社会成员）转移进入城市后，其生活的社会环境、时空领域发生了根本的变化，他生活原来所隶属的基层性、群体性社会网络的约束和激励削弱或消失。而进入城市后，尤其是新兴城市、新进市民、新兴社区缺少针对个体、社会成员需求的交流、互动基础网络，导致其生活角色中的行动呈现出"绝对自由"的特征。这种"绝对自由"如果只发生在个别人身上，则对整个社会环境影响不大，如果这种情况是发生在几亿人身上，而且在短短的几十年内爆发，则必将影响社会的运行，使社会运行处于

"行为失范"状态。而这种行为失范尤其表现在政府和市场关注较少的领域,比如城市生态环境领域。

学者的研究认为是这样的逻辑关系:快速城镇化进程—生活工作环境的改变—原有的基层社会关系网络断裂—个体行为失范—群体行为失范—社会规范被破坏—城市生态环境问题。国内外有学者关注到城镇化进程破坏社会规范,进而形成生态环境问题,也有一些学者看到了问题背后是原有基层社会关系网络的断裂。[1] 在生态环境领域,我国农村和传统的社区往往有一些不成文的行为规范,这些不成文的规范被行动者周围的"旁观熟人"监督,整个社会网络中的成员既接受监督也在监督别人。快速城镇化导致原有基层网络不复存在,新的关系网络也没有建立。于是,其个体"人"的行为失范就产生了。这一结论也得到学者的支持,陈阿江先生在太湖流域某村庄的调查结果显示,村民的道德意识和村落的社会规范有效地保护了地方河流与水源,约束了村民污染水源的行动,社会结构变量局部的、无形地存在着,发挥着治理污染的重要作用,之后在20世纪90年代经济社会等原因导致太湖流域的水体污染。

(二)人口集中下环境归属感丧失

归属感也称为认同感,是一种个人的主观感受,是指个人对某一组织、某种事物的从属感、依赖感,影响并构成了个体的行为模式,成为个体日常行动的重要依据。虽然归属感是一种主观感受,但却有其形成的特定外部条件。比如,居住地的稳定性、居住时间周期的长短、居住地人口的密集程度都会影响个体的环境归属感。快速城镇化将对居住的城市的个体环境归属感的建立与维持产生负面影响,其负面影响表现在两个方面。

第一,快速城镇化地区社会流动的加快导致居住的不确定性。城镇化过程中居住在城市的部分市民,尤其是打工、租房一族对于自己日常居住、生活的环境仅仅是"暂时居住"的环境,没有形成"我的居住环境、我的生活环境"的概念。如环境社会学者洪大用先生所指出的,充满流动性的世界,不断流动的人群,使人们心理上产生一种居无定所、心无所寄的主观感受,结果是人们很难形成对环境的情感,当然,也不

---

[1] 谭宏泽:《地方社会快速城市化进程中的环境问题及其社会隐因》,《黑龙江社会科学》2015年第4期。

会认认真真地去保护环境，污染和破坏环境则更加没有罪恶感与犯罪感。

第二，人口高度集中意味着环境作为公共资源，其可见使用者、拥有者人数激增。在城市市民还没有充分准备的情况下，环境公共性问题出现了。城市的水、空气、植被、绿地、栖息地、垃圾存储地等所有环境资源都由百万甚至千万规模的人口共同使用。这也导致加入共同使用环境资源行列的新的市民成员不具有所处的环境的归属感和拥有感，当然也不会有任何责任感。这种环境归属感、环境责任感的长期缺失成为个体生活角色的常态，因此，生活层面的个体行动必然将对环境产生负面的影响。

（三）"环境"概念客体化，产生环境"心理盲人"

"盲目"这一概念由生态学家霍华德引入环境领域，用于研究人类破坏环境的行为，引申出环境"心理盲人"的概念。此处的"盲人"是指社会成员、个体对自身行为产生的环境结果视而不见，自我欺骗或者否认自己的行为结果。最终呈现的结果是：表面上社会成员中的每个人都较为关心环境问题，都认为很有必要进行环境保护，但却都忽略自身的行为结果与环境问题之间的关系。快速城镇化从两个方面导致这一结果。

第一，被客体化的"环境"概念。快速城镇化地区，个体的生活进入一个人造环境中，居住、道路、休闲娱乐等日常生活活动的空间大都是人造的钢筋水泥结构。在这样的生活状况下，除雾霾等可视、可感知的极端环境状况外，大部分时候人们不是通过自身感受了解"环境"，而是通过网络信息、媒体报道、环境公报、科学权威解读等间接的信息渠道认识和理解环境的概念，环境的概念被客体化，且需要被第三方界定，伴随的"环境问题"也需要被第三方界定，在环境和环境问题被定义与界定过程中，谁来主张、谁的力量大、由谁提出，其在社会公众中的力量对比和变化直接影响环境问题及其环保行动。而个体作为社会中的普通成员只能接受"环境问题"产生及其应对措施。2007 年的《全国公众环境意识调查报告》也印证了以上结论。我国公众主要通过电视、广播、报纸等媒体接收环境方面的信息，占 81.1%，这种了解方式是被动的；而通过网络信息等主动渠道寻找、了解相关资讯的仅占 9.3%。普通市民作为社会成员只有在"环境"成为"问题"之后，才十分焦虑、痛心疾首地开始讨论，并加入声讨。这种事后关注的过程中，社会成员自身行为对环境的影响往往被忽略。

第二，城市社会分工高度分化，城市中作为社会成员的个体，其行为引发的环境后果常常是隐蔽的，不容易被直接看见。运用涂尔干提出的社会团结理论，按照迪尔卡姆将社会团结分为机械团结和有机团结的分类，分工细化提升了社会有机团结度，更加使市民难以意识到自身行为对环境产生的后果，社会中的环境问题也难以在普通市民中轻易暴露。结果是在城市中，即使我们今天丢下很多垃圾，第二天这些垃圾也会被及时运走；即使今天我们排放了很多污水，它都会沿着下水道流走，消失在公众视野；即使夏天我们同时打开很多台空调，向外环境排放很多热能，好像都和外界没什么直接关系……似乎这一切活动的直接结果没有对环境产生直接妨碍，但实际上，正是单个个体的行动产生了最终的结果。这样的"盲目"所导致的结果是，我国公众认为总体环境问题比较严重，却往往认为个人居住区域环境问题不严重。个体没有将自己的生活角色、生活行动与产生的种种环境问题联系起来，没有考虑个人行为产生的环境后果。

以上分析表明，快速城镇化过程中个体所在的社会关系网络快速断裂负向影响环境，需要在城市市民中重建社区、邻里等基层民众互动关系网络，进而改善这一状况；进入城市后，个体丧失环境归属感，负向影响环境，需要加强身体力行的环保活动的组织力度来重塑归属感；"心理盲人"的产生机制及其应对需要借助合理的宣传方式，强调个人行为对环境的影响。

五 人的"职业角色"变化产生的环境问题

快速城镇化地区城市污染的重要来源是工业及第三产业污染。快速城镇化伴随着快速现代化，现代化以市场经济为主导，"万能的市场"成为环境问题产生的重要推手。依托"万能的市场"创造"消费社会"是城镇化、现代化的重要任务。当城镇化进程缩短、速度加快时，市场需求的快速转向会将整个社会带入生产引致消费，消费引致生产的循环之中。我国大部分地区生产、消费的扩张还是依靠资源、能源的粗放利用，必然产生严重的环境问题。除快速城镇化经济发展的模式外，生产者角色、个体工作角色在快速城镇化地区也受到了复杂的影响。这些影响尽管不起决定性作用，但仍不容忽视。

（一）科层式组织数量增加、规模扩张，个体环境关怀的意识与能力淡化

科层式组织是管理学、经济学中的老问题，学界对其的质疑、讨论、

研究很多，但快速城镇化过程中产生或兴旺的绝大部分生产、销售单位，仍然属于科层式组织。城市中的市民等个体绝大部分在科层式组织中就业、工作。尽管发达国家科层式组织日益向着扁平化结构发展，但我国的快速城镇化仍然经历着传统意义上的现代化过程。城市新增市民、就业者绝大部分在生产领域中的科层制组织中工作。个体对其所在的工作单位整体的环境行为没有多大控制权和影响力，也没有感知、控制所在单位环境行为的欲望，也谈不上对所在单位环境问题的责任感。生产企业等科层式组织的环境行为、环境责任由个别领导承担。结果是，整体上某一城市，尤其是新兴城市中的绝大部分个体在工作中不会有环境关切的行动。

城市中的个体成员往往将环境污染的源头指向生产领域的"物"而非"人"，比如，人们总是说是企业、工厂排放的废水、废气、废弃物污染了环境，是地方政府不作为加剧了环境的污染。但实际上，产生污染的不是"工厂"而是工厂中的人。产生污染的工厂中的"人"下班之后，身份切换为符号化的无辜的个体，承受环境的污染及环境问题。环境评价中这样的去"人"化、存"物"化的表述话语体系，说明社会成员环境责任感的普遍缺失。环境责任感的缺失并不是个体责任心不强或素质低下造成的，而是因为其自身处于"无控制能力"的状态中，在生产领域的确没有行为控制权，出现了贝克（Beck）所说的社会整体性风险，"抵制任何形式的个人努力"，成为环境污染领域的核心性风险。

在我国当前的制度环境中，若干个居于高位的人决定着整个群体的环境行为。这些人的决定受当下主导性价值与竞争制度的影响，而不取决于自身的品格和素质。

（二）地方控制机制在环境领域的缺位

在快速城镇化地区，环境问题没有受到重视。尽管早在1979年我国就出台了《环境保护法》，之后相继出台了水、大气等环境保护法规，但地方政府对环境的控制作用微弱，出现了我国环境领域社会控制的环境侵权模糊性困境与环境司法体制性困境等双重困境。

尽管改革开放以来，我国的社会控制机制不断演进。围绕户籍、所在单位进行的总体性控制演化为一个又一个功能性的、独立的控制机制。但地方社会"环境"领域的控制却处于"随意发展、听之任之"的状态，地方的经济发展仍以环境为代价。中国的快速城镇化进程、现代化工业化推动的完全经济导向更加使社会控制中没有考虑环境污染控制。环境承担的供应站、居住地和废弃物库等功能被资源化的迅速开发,经济发展、经济价值凌驾于衡量环境评价的所有标准之上,"资源"的概念被重视并放大、优先化,"生态环境"的概念被缩小、放置到其次的位置。整体上迅速扩张却又缺乏控制使我们不能去指责工厂、企业、地方政府等单位的负责人,将环境破坏的责任归咎于负责人的决定。因为环境控制缺位是制度性的缺陷,并非制度环境中的个体所能改变。

(三)社会主导价值的转变,经济理性至上

不同时期的每一个社会都有其社会的主导价值,我国当下的主导价值无疑是经济主导下的经济理性,直接使环境成为"没人管的孩子",发生"公地悲剧",个体谁都不愿意损己利人。调查统计显示,如果环保领域内的行动能够为个体节约成本,即可以省钱,则公众大多愿意参加环保行动。如果环保领域的行动给自己带来不便或是花钱的行为,则公众的参与意愿急剧下降,这也是"社会事实"。

快速城镇化及其伴随着的现代化、工业化使经济理性至上的思维方式、行为方式、评价体系在我国公众、制度、社会、文化尚未做好准备的情况下袭来,最终导致个体行为出现偏差或过激。从整个社会复杂系统的发展来说,当经济维度被过分的重视和投入时,其他维度诸如生态、环境必然承担经济带来的负面作用。而生态、环境就是快速城镇化中的受害者。因此,重塑社会、个体均衡性价值观是提升环境质量、解决环境问题的根本。[①]

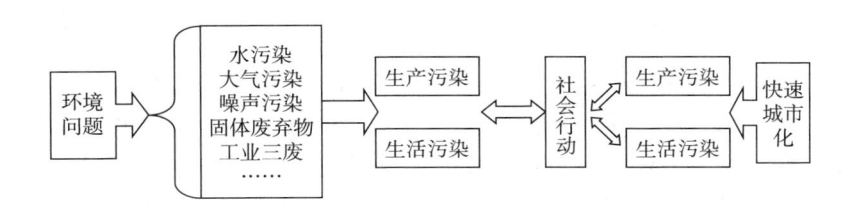

图 2-7 社会性因素对环境问题的影响模式

---

① 谭宏泽:《地方社会快速城市化进程中的环境问题及其社会隐因》,《黑龙江社会科学》2015 年第 4 期。

职业层面，科层式组织中的个人缺失环境控制感直接影响其环境行为，虽然生产等领域整体上的科层式结构无法改变，可以依托网络技术充分发挥自媒体微博、微信等的作用，培养并逐步增强环保领域微观个体成员的话语权与控制感。针对环保领域地方政府、社会控制机制长期缺位的问题，需要保障公众参与环境领域地方政府、管理机关的决策，增强社会监督力量，构建公众、媒体、社团等非政府组织共同监督环保的机制；而社会主导价值的引导与分析，是社会科学的长期任务和重要使命。

第四节 中西部快速城镇化地区其他典型的"城市病"问题

"城市病"，顾名思义，即城市病态，是指城市快速发展或规模扩张中出现的人口拥挤、交通拥堵、住房紧张、公共卫生恶化、生态破坏、环境污染、贫富分化等非良性运转的症状。快速城镇化地区的"城市病"近年来呈现高发之势，引起广泛的关注。

一 城市过度蔓延与土地的过度侵占和浪费

城市蔓延是指城市空间的低密度扩张及随之产生的生态环境、经济社会问题。我国不同规模的大中小城市空间扩张的主要方式均是城市蔓延，且相当一部分城市是过度蔓延。进入快速城镇化时期以来，我国许多大城市建成区面积扩大1倍以上，城市人口增长速度明显超过城镇化用地增长速度。学者王家庭对我国1985—2010年70个大中城市蔓延度的测度结果显示，1985—2010年我国经历着低密度的蔓延，蔓延程度逐渐增强，蔓延指数从1985—1990年的0.018增加到2005—2010年的0.311。区域层面，城市蔓延的现象不仅出现在东部地区，而且这种现象开始向中西部地区扩张，东部地区1985—1990年城市建成区面积增速超过人口增速11.9个百分点，1990—1995年，中部地区建成区开始快速扩张，1995—2000年，中部地区城市蔓延速度已经超过东部地区；西部地区在2000年之前，城市蔓延很不明显，2000年之后西部地区城市建成区开始扩张；2000—2005年，东部、西部、中部三个区域城市蔓延指数最大的是西部地区，其蔓延指数超过东部地区，也超过中部地区，成为三者之最。且这种蔓延在西部地区一直持续到 2005—2010 年。针对我国 70 个大中城市蔓延程度的测算，其中，有 63 个城市，即城市蔓延现象在超过 90% 的城市不同程度地出现，4 个城市属于过度蔓延，占总数的 6%。这种普遍存在、日益严峻的城市蔓延现象严重影响城市的可持续发展，给经济社会带来负面影响，主要表现在两个方面。

第一，城市蔓延降低城市综合承载力，导致城市自然资源、生态环境、公共服务、基础设施能够满足的人口数量和经济社会总量下降。原因在于一般情况下城市资源环境承载力是固定的，城市越蔓延、越膨胀，则城市的资源、环境承载力越低，城市可持续发展越难实现。以首都北京为例，北京市自 1949 年中华人民共和国成立以来，在空间扩张、土地开发利用上是"同心圆、摊大饼"式的蔓延模式，市区建成区面积超过 490 平方千米，伴随空间扩张其人口也迅速增加，截至 2016 年，北京市常住人口达到 2172.9 万，人口压力、土地的蔓延均严重冲击城市的资源、环境承载力。北京市 2016 年全市水资源使用总量 38.8 亿立方米，其中，第一产业水资源消耗量 6 亿立方米，第二产业水资源消耗量 4 亿立方米，第三产业水资源消耗量 16.8 立方米，生活用水 8.7 亿立方米，输水损失 3.3 亿立方米。即使这样，北京市水资源仍存在较大缺口。

第二，城市蔓延降低城市居民生活质量，影响城市健康发展。城市蔓延过程中，对汽车更加依赖，机动化增加了汽车尾气排放，形成严重的城市噪声污染及空气污染。近年来，伴随着城市蔓延，我国城市私家小汽车保有量高速增长，雾霾天气在很多城市出现，严重危害人们的身体健康以及生活质量。城市蔓延还导致酸雨污染、水质和水量降低，进而影响城市生活质量。统计数据表明，全国城市水域中九成以上属于严重污染，城市生活垃圾量逐年递增，速度是每年增加 10% 左右，垃圾处理率仅占 50%，在这 50% 经过处理的垃圾中仅 10% 达到无害化处理，大多数垃圾仅仅是简易填埋，垃圾围城。[①]

快速城镇化地区城市扩张中除发展必需用地外，部分城市，尤其是中西部地区的地方政府追求政绩，在短期利益的驱动下圈地造城，房地产商以短期经济利益为目标进行无序开发，导致某些区域的基础设施供

---

① 王家庭、赵丽、高珊珊：《高度警惕快速城镇化时期我国城市的过度蔓延趋势》，《现代财经》2013 年第 8 期。

给过剩、重复建设，另一些地区的基础设施供给不足、严重短缺。根据1991—2005年《中国城市统计年鉴》的数据，1990—2003年，我国31个特大城市的建成区面积翻了一番，均变为原来的两倍，且城市扩张的速度与经济发展速度正向关联，北京、广州、南京、杭州等经济发展较快的城市建成区面积增加了两倍以上，成都、重庆等个别城市扩张速度更加迅猛，在几年时间内建成区面积扩张了4倍。[①] 土地疯狂扩张、过度使用直接导致：深圳的土地20年后将所剩无几，宁波土地15年后将消耗殆尽，二三十年后，国内相当多的城市将无地可用。[②]

二　城市交通拥堵

交通拥堵是"城市病"的重要表现。快速城镇化以及城市人口短时期内的膨胀更加凸显城市交通供需不均衡的矛盾，城市交通严重得供不应求，交通拥堵已成为普遍现象，由此也加剧了汽车尾气污染、交通安全等问题。伦敦市城市中心提供100万以上的就业岗位，集中了政府机关、金融机构、企业、娱乐场所，一天中的高峰时段进出中心城区的车流量达到4万辆/小时，区域内汽车行驶速度仅每小时14.3千米，由此也使伦敦的交通拥堵"举世瞩目"。巴黎在20世纪60年代为小汽车的发展配套了相关政策，导致小汽车数量剧增，环城快速路1973开通不久，就出现持续的拥堵，整个市区交通阻塞严重。曼谷过慢的车速使整个城市酷似停车场，因为堵车导致仅三个月内就有900名孕妇在轿车中分娩。过去20年间，汽车作为我国家庭重要的耐用消费品，以3倍于我国公路历程数的速度增长。北京的交通速度比著名的"堵城"伦敦还差，行驶速度不到伦敦的一半。对应现实的严峻性，学者的研究也表明，城市交通拥堵是客观现象，不以人的意志而改变，其产生的原因在于区域城镇化落后于工业化、机动化。同时，专家学者预测，因为中国的城镇化比较严重地滞后于机动化，因此，我国大城市交通拥堵状况未来将会持续恶化，交通最恶化的时刻尚未到来。

交通拥堵恶化城市环境，降低城市综合功能，已成为我国快速城镇化地区的"城市顽疾"和普遍存在的问题。首先，交通拥挤所造成的时

---

① 杨玉珍：《城市增长管理理念下的资源环境约束与缓解路径》，《河南师范大学学报》（哲学社会科学版）2013年第2期。

② 刘荣增：《中国城市化：问题、反思与转型》，《郑州大学学报》（哲学社会科学版）2013年第3期。

间浪费和行车成本损失巨大，交通拥堵增加了出行成本，影响工作效率和人们的日常活动，降低了居民生活质量和城市活力。其次，交通拥堵增加事故发生率，不断增加的事故发生率反向增加交通拥堵程度。据测算，欧洲每年500亿美元的经济损失是由交通事故引起的。针对发达国家大城市交通运行状况的分析与测算，交通拥堵产生的直接经济损失已经占国内生产总值的2%，一些大城市情况更糟，交通拥堵产生的直接经济损失占区域国内生产总值的10%。[1] 而居高不下甚至不断攀升的交通事故率导致的损失更是惊人，交通事故的代价占GDP的1.5%—2%。近年来，北京的交通事故死亡人数维持在500人左右/每年。我国的北京、日本的东京、美国和澳大利亚万车交通事故死亡率依次为6人、1.9人、2.6人、2.6人，北京的万车交通事故死亡率是东京、美国、澳大利亚的2—3倍。交通噪声污染代价、本区域汽车空气污染的代价占GDP的0.3%和0.4%，然而，空气污染是跨流域、跨区域的，转移、扩散到其他地区的汽车空气污染的代价占GDP的比重较高，占1%—10%。最后，机动车的快速增长增加了交通量，汽车尾气排放直接导致城市环境质量的恶化，必然加剧城市环境的污染。20世纪90年代，伦敦的大气检测数据显示，氮氧化物是大气污染的主要成分，汽车尾气排放的氮氧化物占氮氧化物总量的74%。

三 城市"内涝"

2010年，住建部针对内涝发生情况，调查了全国32个省份、351个城市，调研数据显示，2008年以来，调查城市总量中62%发生过积水内涝现象，这213个城市发生积水内涝的程度不同，从发生内涝灾害的频率来看，39%的城市一年内发生3次及以上的内涝，22%的城市发生1—2次内涝。其中，有137个城市内涝灾害发生频率一年内超过3次，内涝频率3次以上的城市中也包括较为干旱、少雨的西部城市西安和东北城市沈阳。从积水深度看，发生内涝灾害的城市中90%的城市积水深度超过15毫米，74.6%的城市最大积水深度超过50毫米。从积水时间长度看，78.9%的城市内涝发生时积水时间超过30分钟，其中，最大积水时间超过12小时的城市数量占16.2%，在57个城市发生过。近年来，北京、

---

[1] 刘荣增：《加快经济发展方式转变与城市增长管理协同研究》，《城市发展研究》2012年第2期。

广州、武汉、成都出现的雨水内涝事件呈现出明显的上升趋势。

我国众多城市出现的内涝频发、市民看海、汽车潜水现象折射出快速城镇化过程中的弊病。我国诸多城市是年年防涝，年年涝。其原因在于只追求短期效益和政绩，让城市发展方式走向"畸形"。具体包括以下三个方面：第一，城市排水设计的标准普遍偏低，排水等基础设施严重滞后，国家防总的数据显示，即使对于省会以上排水标准较高的城市通常只是1—2年一遇，与国外发达城市相比，纽约的排水标准是10—15年一遇，东京的标准是5—10年一遇，巴黎的标准是5年一遇。第二，城市扩张迅速，地面水泥化导致地面渗水能力低下。城市开发建设的不科学是内涝频发的重要原因，城市盲目扩张，城市中的一些洼地、山塘、湖泊、水库被填作他用或填筑破坏，破坏了原有城市生态系统蓄水调洪、调蓄分流的功能。第三，地方政府政绩考核导致其城市建设行为是重地表、轻地下。原因在于很多地方考核干部的标准偏重于经济增速，城市形象用高楼林立、街道宽阔、广场气派、商业繁荣等地上工程来表征，而地下城市排水系统花费多、看不见、用得少，因此，投入建设高质量、高标准的城市排水系统"少之又少、得不偿失"。国际上发达国家的经验表明，城市地上、地下基础设施投资比例大约为1∶1，但《中国城市建设统计年鉴》的统计表明，排水系统维护仅占城市总投资的4%。中央政府基于城市地下排水管网的财政投入长期以来也相当不足，地方政府及其下属的融资平台企业成为城市基础设施投资主体，随着近年来地方政府债务负担越来越沉重，地方政府更难以继续扩大投资。①

四 城市短命与高耗能建筑

近年来，我国城市的快速扩张是外延型和粗放型模式，依靠投资驱动和资源拉动。具体情况在以下两个方面：

首先，城市建筑绿色环保、节能意识差。自1984年国内开始使用玻璃幕墙这种建筑材料，三十多年来，玻璃幕墙在我国累计已达2亿平方米，占全世界总量的85%，我国已成为世界上玻璃幕墙生产和使用的第一大国。玻璃幕墙外观上鲜活靓丽，成为城市重要的景观，但其建筑能耗较高，能耗高达普通建筑的4倍。一般建筑窗户单位能耗是墙体单位

---

① 腾讯网：《武汉为什么总被淹》，http://news.qq.com/cross/20160706/48K6xRR1.html#0。

能耗的 6 倍，显然，玻璃幕墙建筑大量采用玻璃材料必然增加能耗，出现冬季寒冷、夏季炎热的现象，要想冬季、夏季维持舒适的室温，必须开足空调马力的同时增加调节时间。2000—2010 年是中国经济高速增长的黄金 10 年，也是我国高能耗、高污染、高排放、低效率的"三高一低"资源型行业产能快速增长的黄金 10 年。2000—2010 年的 10 年也正是中国城镇化进程推进最快、城市改造速度与城市规模扩张最快及房地产市场空前繁荣的 10 年。

其次，频繁无序拆迁产生了很多短命建筑，造成资源浪费。国家《民用建筑设计通则》规定，一般性建筑主体结构的耐久年限为 50—100 年，高层建筑、重要建筑主体结构的耐久年限为 100 年。我国每年的建筑增量是世界上最大的，建筑增量每年 20 亿平方米，但我国建筑的平均寿命却很短，仅维持 25—30 年。一项来自《中国青年报》的调查也验证了这一结论，被调查总人数的 85.8% 认为，自己所在城市存在过"短命"建筑。数据统计显示，2002 年，我国商品房竣工面积 3.2 亿平方米，但当年城镇拆迁房屋总面积 1.2 亿平方米，拆迁总面积是商品房竣工面积的 37.5%；2003 年，我国城镇拆迁房屋数量同比增长 34.2%，拆迁总面积 1.61 亿平方米，当年商品房竣工面积 3.9 亿平方米，拆迁面积占竣工面积的比例进一步提升，达到 41.3%。房屋被拆除的主要原因并非质量问题，是政府追求 GDP、企业追求商业利益的推动，这些事实也折射出我国城市前瞻性、系统性城建规划和建筑保护意识的缺乏（刘荣增，2012）。[1]

第五节 中西部快速城镇化地区农村的环境问题

相较于美国、欧洲诸国漫长的城镇化进程，中国快速城镇化地区的城镇化速度是绝无仅有的，快速加上特殊的城乡二元结构，将农村经济问题、农村生态环境问题边缘化，因此，中西部快速城镇化地区的农村生态环境问题需要重视。

---

[1] 刘荣增：《加快经济发展方式转变与城市增长管理协同研究》，《城市发展研究》2012 年第 2 期。

一　农村环境问题整治成本极高

快速城镇化地区农村环境整治成本较高的根源在于治理的规模效应：农村村落散落分布、人口密度低，投资建设各类环境基础设施难以发挥规模效应，即使建设了环境基础设施，其管理运营等服务也比较困难。这一规模不经济问题普遍存在，农村生活污水处理能力、生活垃圾处理能力建设均普遍滞后于城市也源于城市集中处理的模式在农村地区延伸、使用的成本太高。

其次，农村环境问题涉及面广、污染物类型及成因复杂。快速城镇化引起人口、资金等要素在城乡之间的快速迁移，加剧各种老问题，也衍生出很多新问题。比如农村生活污水处理方面，很多快速城镇化的农村地区人口大量外流导致空心化问题严重，一些地区已经建成的处理设施难以收集到基本的处理水量，而导致菌种死亡、处理失效等问题；一些地区由于人口大规模聚集，增加了污染负荷，导致污水处理设施超负荷运转；还存在这样一些地区，有庞大的钟摆式、通勤式人口，产生夜间与白天、假日与平常等不同时间节点上巨大的处理负荷。

此外，快速城镇化影响农村地区生产生活方式，各农村地区排放的生活污水成分各异。靠近城镇工业园、产业园区的农村，排放物中油脂成分、化学添加剂、化学合成品、营养素等物质含量较高。而城市近郊居住区，外来人口大量集聚，导致垃圾乱扔、污水乱排。历史遗留的老问题和不断出现的新问题要求因地制宜地制订解决方案，即治理的"个性化"而不是"规模化"，相较于农村环境均一化、简单的治理模式，主要衍生问题则是高成本。

环境治理经济成本不断增加的另一个因素是农村劳动力的稀缺性提升。快速城镇化地区青壮年劳动力大量进入城市，农村劳动力从剩余转为严重短缺，出现了土地抛荒、"谁来种地"等现实问题。中西部地区普遍存在"老人农业"现象，各地区从事农业生产的劳动力中绝大部分是60岁以上的老人。全国范围内从事农业生产的劳动力中约34.6%的年龄超过50岁，反映了农村劳动力的稀缺性，农村劳动力成本上升呈必然趋势。以中部地区农业大省河南省为例，21世纪初，农村劳动力价格为20—30元/天，10年后已快速上涨到150—200元/天。土地规模化下即使雇用一些年老的农民从事除草、采摘等简单的农业生产，一天的报酬也至少需要60—90元。农村环境治理在高昂的劳动力成本及规模不经济下显得无能为力。

二 环境治理人才稀缺

在快速城镇化的大潮中,首先进入城市的是那些受教育水平较高或具有较高技能水平的人,这部分人具有较强的适应性,能够更快地融入城市。研究数据表明,1997—2012 年,大量农民进城明显降低了农村人力资本存量,以受教育年度来衡量,其间江苏省的农村人力资本存量水平下降了一年以上,并且随着城镇化进程加速,人力资本下降将长期影响农村环境保护和长远发展。留守农村地区的农民受教育程度往往比较低,了解、接受新知识、新技术、新理念的能力较差,环境友好型、资源节约型的生产方式难以推广,对落后的生活方式、生产方式存在严重的路径依赖。比如,我国很多地区具备测土配方施肥的技术条件,为了推广使用,政府也投入了大量的人力物力,但农民还是习惯性地根据以往的经验施肥。一些农村地区尽管已经做到自来水入户并接入了污水管网,但是,部分农民还是习惯性地用河水、井水洗衣、洗菜,将各种洗涤等生活废水直接排入河流或路面,结果则呈现出两种局面,一方面废水处理设施因最低处理水量不足而难以启用,另一方面废水排放导致区域水环境质量持续恶化。

农村地区人力资本的匮乏也影响环境基础设施的运营及管理。基础设施"三分在建、七分在管"。发达国家的绝大部分环境基础设施的运营管理由农村社区决定,而户主承担设施安装、维护、环境监测等责任。当前,快速城镇化进程中,我国农村社区人力资本流失严重,村集体和农民没有能力管理。江苏省武进等地区曾尝试把农村生活污水处理等环境基础设施的运营管理放到村级,结果导致大部分基础设施都无法正常运营。最终县市级地方政府不得不承担起维护、管理、运营的责任。

三 社会资本挑战

除了农村劳动力和人力资本严重外流,快速城镇化农村地区的社会资本也遭到破坏和挑战。社会资本属于人与人之间、人与人构成的社会结构中衍生出来的一种价值资源,由信任、规范、关系网络等要素组成。传统农村社区的社会资本相对稳定和健全。人与人之间具有较为紧密的联系,集体行动机制保障了村落公共物品、公共设施的有效供给。比如,某些农村一到冬季,生产队或村民小组就会组织村民修岸清淤,疏通河网水系。村民之间默契的监督机制,宅前屋后是否干净卫生、庄稼田地是否整齐划一关系个人威望和声誉,哪家没做好就会受到谴责。这些潜在的集体道德约束及约定俗成的村规民约有效地解决了各种问题和矛盾。

近年来,快速城镇化推进瓦解了农村区域。打破了原有的人与人、人与社区、人与土地之间的密切联系,这些密切的关系被单纯的经济关系取代。进入城市机会增多后,本地农民的家园意识越来越淡薄;同时作为城市中的外地人也不可能将居住地视作自己的家园,而仅仅是作为求生过程中的某一个落脚点。最终,农村的社会资本遭到极为严重的破坏。结果是,村集体、本地村民、外来村民均关注短期利益最大化,纵容环境不达标的小作坊、小企业,为了一点点经济收益,而不惜牺牲环境和社会代价。

第三章 中部地区城镇化发展现状

中部地区地处我国内陆腹地，是近年来我国城镇化的主阵地，其作为我国快速城镇化地区。既是我国粮食生产的主产区，也是维持生态的关键区；既是城镇化、工业化、农业现代化的重点开发区域，也是践行绿色发展、生态文明的区域；更有"两型社会"建设实验区、全国自主创新示范区和支撑全国经济的重要增长极，是承接东部、联动西部基础设施建设、要素流动、市场一体化、产业转移与结构优化升级以及新型城镇化发展的关键性纽带和桥梁。

本章分别从中部地区城镇化发展总体情况、主要特征及问题；中部地区分省域的城镇化进程及优势、劣势、问题、机遇进行分析；也指出了中部地区城市群的空间结构和城乡结构。

第一节 中部地区城镇化总体评价

截至2015年年底，中部地区土地面积占我国总国土面积的10.67%，人口占我国总人口的26.54%，平均城镇化率为51.96%，地区生产总值约占全国国内生产总值的21.44%。本节首先分析中部地区城镇化及经济发展的总体概况，采用实证分析方法，评价了中部六省城镇化速度和质量，评价了人口城镇化、土地城镇化、经济城镇化和社会城镇化四个维度之间城镇化的协同发展度，具体阐释了中部地区城镇化的特征和存在的主要问题。

一 中部地区城镇化及经济发展概况

2006年中央提出中部崛起战略，"十一五"期间，中部崛起战略成效就显著呈现出来，中部地区正逐渐走出"中部塌陷"的困局，进入经济快速发展的新阶段，到2010年年底，中部六省的国内生产总值就达到了

86109.4亿元，占全国国内生产总值的比重达到19.7%（见表3-1）。截至2015年年底，中部地区国内生产总值146950.5亿元，占全国国内生产总值的21.44%，其占全国国内生产总值的比重进一步提高。产业进一步发展，初步形成了"二、三、一"的产业结构格局，重化工、制造业、能源等工业发展迅速，商业和生活服务业等传统的第三产业进一步繁荣并发展，金融、保险、物流、旅游、信息服务等现代第三产业迅速崛起，呈蓬勃上升的趋势。

表3-1　　　　　　　　2010年中部六省经济社会发展状况

指标	中部六省合计	中部六省占全国比重（%）
国民经济核算		
国内（地区）生产总值（亿元）	86109.4	19.7
第一产业	11221.1	27.7
第二产业	45130.3	20.5
其中，工业	39334.7	20.3
第三产业	29758.0	16.9
人均国内（地区）生产总值（元）	24242	—
固定资产投资		
全社会固定资产投资总额（亿元）	62890.5	23.2
其中，房地产开发	8752.3	18.1
国内商业		
社会消费品零售总额（亿元）	31329.7	20.0
对外贸易		
货物进出口总额（亿美元）	1168.9	3.9
出口额	634.6	4.0
进口额	534.3	3.8
财政		
地方财政收入（亿元）	6371.4	15.7
地方财政支出（亿元）	15062.3	20.4

资料来源：根据2011年《中国统计年鉴》整理。

中部崛起战略自2006年开始实施以来，中部地区逐渐从"中部塌陷"的困境中走出来，经济发展速度和经济发展质量持续提高，总体实力不断增强，在全国经济社会发展中的作用日益增强。伴随着城镇化、工业化进程的持续推进和不断加速，中部地区已经形成了武汉城市圈、长株潭城市群、中原城市群、皖江城市群、太原都市圈和环鄱阳湖城市群六大城市群，在国家中部崛起战略中发挥了重要作用。"十一五"期间，中部地区城镇化持续迅速发展，城市规模不断扩大，城镇人口数量快速增加，中部地区城镇化率在2005—2010年年底的5年间增加了大约7%，年均提高约1.4个百分点，其速度显著快于全国同期1.2个百分点的平均水平。截至2010年年底，中部地区城镇人口总量达到16880.6万，城镇化率提升到45%。"十二五"期间，中部地区城镇化持续快速增长，继续发力，截至2015年年底，中部地区城镇人口总数量达19146.74万，城镇化率提高到51.96%，城镇化率年均提高约1.4个百分点，从速度来讲，中部地区近十几年来城镇化持续快速增长。但是，不容回避的是，总体上看，中部六省城镇化的水平仍然偏低，与东部发达省份相比，存在着巨大的差异。即使与全国平均水平相比，仍有一定差距。2010年，以《中国统计年鉴》中常住人口城镇化率这一指标表征城镇化总体水平，中部地区的城镇化水平仅为45%，与东部地区相比而言落后15个百分点，与东北地区相比落后14.5个百分点，与全国平均水平相比落后4.7个百分点。截至2015年年底，中部地区城镇化率平均值为51.96%，而同年全国城镇化率平均值为56.1%，中部地区仍落后于全国平均水平4.14个百分点，差距甚至有扩大的趋势。

2014年，在中部六省行政区面积及人口情况如表3-2所示。

表3-2　　　　中部六省行政区域面积及人口情况（2014年）

	山西省	安徽省	江西省	河南省	湖北省	湖南省
行政区域土地面积（万平方千米）	15.63	13.96	16.69	16.7	18.59	21.18
面积占全国的比重（%）	1.63	1.45	1.73	1.74	1.94	2.2
总人口（万）	3648	6083	4542	9436	5816	6737
人口占全国的比重（%）	2.67	4.44	3.32	6.90	4.25	4.93
城镇人口比重（%）	53.79	49.15	50.22	45.2	55.67	49.28

资料来源：2015年中部六省统计年鉴。

中部六省份行政区划情况如表3-3所示。

表3-3　　　　　　　　　　中部六省行政区划

地区	城市数目合计	副省级城市	地级市	县级市
山西省	22	—	11	11
河南省	38	—	17	21
湖北省	36	1	11	24
江西省	21	—	11	10
安徽省	22	—	16	6
湖南省	29	—	13	16
全国	656	15	276	361

二　中部地区城镇化速度与质量

（一）中部六省城镇化速度

结合山西、河南、安徽、湖北、湖南、江西中部六省的城镇化进程，根据国家统计局公布的统计数据，以城镇化率、城镇化增长率对六省的城镇化速度做描述性统计（见表3-4）。

表3-4　　　　　1978—2015年中部六省城镇化率　　　　单位:%

年份	河南省	安徽省	江西省	湖北省	湖南省	山西省	中部平均水平	全国平均水平
1978	13.63	12.62	16.75	15.09	11.50	19.18	14.79	17.92
1979	13.82	12.97	17.44	16.14	12.25	19.81	15.40	18.96
1980	14.01	13.33	18.79	16.79	12.71	20.30	15.99	19.39
1981	14.20	13.78	19.06	17.21	12.96	20.61	16.30	20.16
1982	14.42	14.26	19.45	17.68	14.21	21.47	16.91	21.13
1983	14.56	14.72	19.56	18.07	14.42	22.32	17.28	21.62
1984	14.70	15.33	19.67	17.99	15.42	23.21	17.72	23.01
1985	14.84	15.95	19.78	22.72	16.29	24.15	18.95	23.71
1986	14.98	16.56	19.89	23.52	16.91	25.16	19.50	24.52
1987	15.12	17.17	20.00	25.17	17.35	26.17	20.16	25.32
1988	15.26	17.48	20.11	26.81	17.65	27.18	20.75	25.81
1989	15.40	17.80	20.22	28.36	17.45	28.27	21.25	26.21

续表

年份	河南省	安徽省	江西省	湖北省	湖南省	山西省	中部平均水平	全国平均水平
1990	15.52	17.94	20.35	28.52	17.55	28.90	21.46	26.41
1991	15.85	17.96	21.08	26.00	18.61	29.06	21.43	26.94
1992	16.18	18.20	21.82	29.35	19.62	29.27	22.41	27.46
1993	16.51	18.48	22.55	30.63	19.31	29.54	22.84	27.99
1994	16.84	18.78	23.29	28.05	21.52	29.82	23.05	28.51
1995	17.19	19.09	23.85	31.20	24.26	30.11	24.28	29.04
1996	18.39	21.71	24.58	33.74	25.00	30.41	25.64	30.48
1997	19.59	22.02	25.32	31.24	25.20	30.71	25.68	31.91
1998	20.79	22.33	26.05	31.90	25.90	31.20	26.36	33.35
1999	21.99	26.00	26.79	33.52	26.39	32.41	27.85	34.78
2000	23.20	27.81	27.69	40.47	29.75	35.88	30.80	36.22
2001	24.43	29.30	30.41	40.80	30.80	35.08	31.80	37.66
2002	25.80	30.70	32.20	41.40	32.00	38.09	33.36	39.09
2003	27.21	32.00	34.02	42.00	33.50	38.81	34.59	40.53
2004	28.91	33.50	35.58	42.60	35.50	39.63	35.95	41.76
2005	30.65	35.50	37.10	43.20	37.00	42.11	37.59	42.99
2006	32.47	37.10	38.68	43.80	38.71	43.01	38.96	44.34
2007	34.34	38.70	39.80	44.30	40.45	44.03	40.27	45.89
2008	36.03	40.50	41.36	45.20	42.15	45.11	41.73	46.99
2009	37.70	42.10	43.18	46.00	43.20	45.99	43.03	48.34
2010	38.50	43.01	44.06	49.70	43.30	48.05	44.44	49.95
2011	40.57	44.80	45.70	51.83	45.10	49.68	46.28	51.27
2012	42.43	46.50	47.51	53.50	46.65	51.26	47.98	52.57
2013	43.80	47.86	48.87	54.51	47.96	52.56	49.26	53.73
2014	45.20	49.15	50.22	55.67	49.28	53.79	50.55	54.77
2015	46.60	50.50	51.62	56.85	50.89	55.03	51.92	56.10

资料来源：《中国统计年鉴》和中部六省统计年鉴。

比较中部六省的城镇化率发现，湖北省的城镇化率在中部地区始终处于领先地位，其次是山西、江西、湖南、安徽，河南省的城镇化率最低，城镇化水平最差（见图3-1）。2015年，中部地区城镇化率平均值为51.96%，中部六省中仅湖北、山西超过中部地区的平均水平，其他四个省份，包括江西、湖南、安徽、河南四省均显著低于中部地区的平均水平。2015年，全国城镇化率56.1%，中部六省中仅湖北省城镇化率超过了全国的平均水平，湖北省当年城镇化率56.85%，仅仅超过全国平均水平0.75个百分点，其中，河南省当年的城镇化率46.60%，城镇化率落后全国平均水平9.5个百分点，安徽省城镇化率50.50%、湖南省城镇化率50.89%（见表3-4），分别落后全国平均水平6.35个百分点和5.96个百分点。由此说明，全国范围内，中部地区整体上城镇化水平仍然相对较低，作为城镇化的主阵地，未来仍然需要走内涵与速度并重的城镇化发展道路。

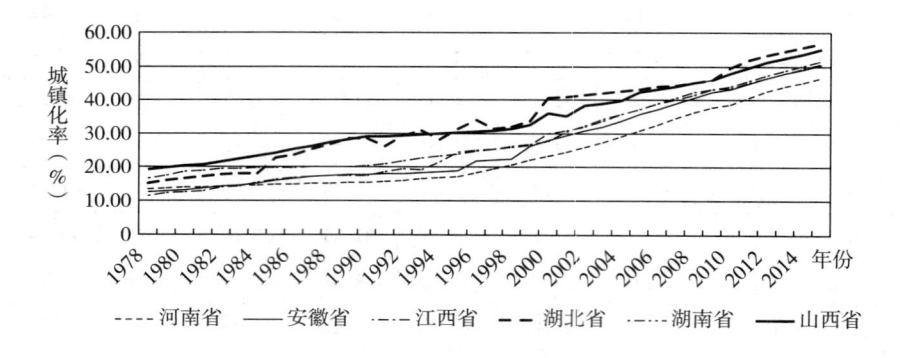

图3-1 中部六省城镇化率折线图

从中部地区各省份的城镇化增长率（见表3-5）看，1978年后，湖北省城镇化增长率波动最为明显，个别年份城镇化增长率超过6个百分点，也有年份增长率为负值，负向减少超过2个百分点。增长率波动较严重的其次是湖南省、山西省。从时间节点上看，1996年是城镇化增长的一个节点，1996年之后，中部六省的城镇化增长率介于1%—2%之间（见图3-2）。2009—2011年，情况较为特殊，可能是受到国际经济形势的影响，中部六省城镇化率波动较大，湖南省、安徽省、河南省增长率较低，湖北、江西增长率则较高。

表 3-5　　　　　1979—2015 年中部六省城镇化增长率　　　　单位:%

年份	河南省	安徽省	江西省	湖北省	湖南省	山西省	中部平均增长率	全国平均增长率
1979	0.19	0.35	0.69	1.06	0.75	0.63	0.61	1.04
1980	0.19	0.36	1.35	0.65	0.46	0.49	0.58	0.43
1981	0.19	0.45	0.27	0.42	0.25	0.31	0.32	0.77
1982	0.22	0.48	0.39	0.47	1.25	0.86	0.61	0.97
1983	0.14	0.46	0.11	0.39	0.21	0.85	0.36	0.49
1984	0.14	0.61	0.11	-0.08	1.00	0.89	0.45	1.39
1985	0.14	0.62	0.11	4.73	0.87	0.94	1.23	0.70
1986	0.14	0.61	0.11	0.80	0.62	1.01	0.55	0.81
1987	0.14	0.61	0.11	1.65	0.44	1.01	0.66	0.80
1988	0.14	0.31	0.11	1.64	0.30	1.01	0.59	0.49
1989	0.14	0.32	0.11	1.55	-0.20	1.09	0.50	0.40
1990	0.12	0.14	0.13	0.16	0.10	0.63	0.21	0.20
1991	0.33	0.02	0.73	-2.53	1.06	0.16	-0.04	0.53
1992	0.33	0.24	0.74	3.35	1.00	0.21	0.98	0.52
1993	0.33	0.28	0.73	1.28	-0.31	0.27	0.43	0.53
1994	0.33	0.30	0.74	-2.58	2.22	0.28	0.21	0.52
1995	0.35	0.31	0.56	3.15	2.74	0.29	1.23	0.53
1996	1.20	2.62	0.73	2.54	0.73	0.30	1.35	1.44
1997	1.20	0.31	0.74	-2.50	0.20	0.30	0.04	1.43
1998	1.20	0.31	0.73	0.66	0.70	0.49	0.68	1.44
1999	1.20	3.67	0.74	1.62	0.49	1.21	1.49	1.43
2000	1.21	1.81	0.90	6.95	3.36	3.47	2.95	1.44
2001	1.23	1.49	2.72	0.33	1.05	-0.80	1.00	1.44
2002	1.37	1.40	1.79	0.60	1.20	3.00	1.56	1.43
2003	1.41	1.30	1.82	0.60	1.50	0.73	1.23	1.44
2004	1.70	1.50	1.56	0.60	2.00	0.82	1.36	1.23
2005	1.74	2.00	1.52	0.60	1.50	2.48	1.64	1.23
2006	1.82	1.60	1.58	0.60	1.71	0.90	1.37	1.35
2007	1.87	1.60	1.12	0.50	1.74	1.02	1.31	1.55
2008	1.69	1.80	1.56	0.90	1.70	1.08	1.45	1.10
2009	1.67	1.60	1.82	0.80	1.05	0.88	1.30	1.35
2010	0.80	0.91	0.88	3.70	0.10	2.06	1.41	1.61
2011	2.07	1.79	1.64	2.13	1.80	1.63	1.84	1.32
2012	1.86	1.70	1.81	1.67	1.55	1.58	1.70	1.30

续表

年份	河南省	安徽省	江西省	湖北省	湖南省	山西省	中部平均增长率	全国平均增长率
2013	1.37	1.36	1.36	1.01	1.31	1.30	1.29	1.16
2014	1.40	1.29	1.35	1.16	1.32	1.23	1.29	1.04
2015	1.40	1.35	1.40	0.93	1.61	1.24	1.32	1.33
平均增长率	0.89	1.02	0.94	1.12	1.06	0.97	1.00	1.03

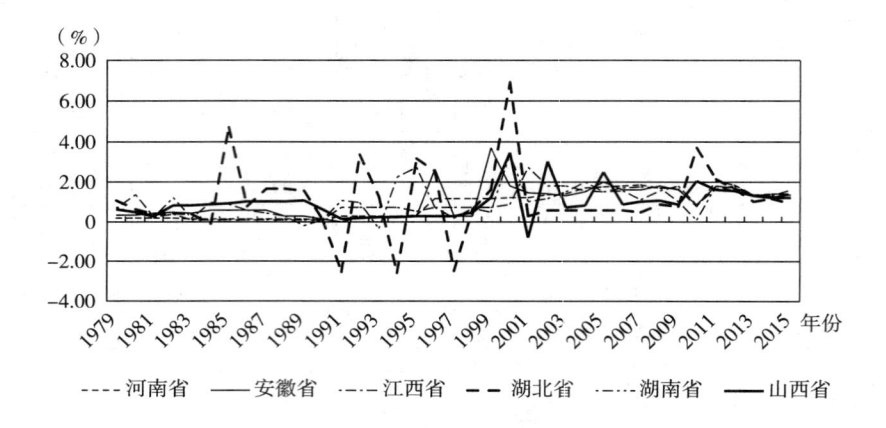

图 3-2 中部六省城镇化增长率趋势

(二) 中部地区城镇化质量

中部地区城镇化的质量评价主要是借鉴学者已有的研究，通过建立城镇化质量综合评价指标体系，测度和对比中部六省的城镇化质量。

1. 评价体系的建立

城镇化质量评价体系涵盖生态环境、经济发展、社会发展、基础设施、居民生活、城乡一体化和空间结构 7 个方面，旨在综合评价中部地区城镇化进程中多方面的效应。为了进行比较不同省份的城镇化质量，评价体系中尽量避开了总量指标，多采用人均指标。充分考虑指标的可获得性及系统性，最终选择了 31 个具体的、代表性的指标，31 个指标数据均来自《中国城市统计年鉴 (2016)》和《中国统计年鉴 (2016)》，评价指标体系详见表 3-6。

表 3-6　　　　　　　　中部地区城镇化质量评价指标体系

目标层	功能层	准则层
城镇化质量	经济发展	人均 GDP
		人均地方预算财政收入
		第三产业产值比重
		第三产业就业比重
		消费率
		单位生产总值能耗
	社会发展	每千人拥有医院和卫生院床位数
		每千人拥有卫生技术人员数
		人均邮电业务量
		人均公共图书馆藏书量
		每千人高校在校生数
	生态环境	工业废水排放达标率
		生活垃圾无害化处理率
		各省森林覆盖率
		建成区绿化覆盖率
	基础设施	每万人拥有公共交通车辆数
		每万人互联网用户数
		人均城市道路面积
		城市燃气普及率
		城市用水普及率
	居民生活	城镇居民人均可支配收入
		城镇居民恩格尔系数
		人均存款余额
		人均社会消费品零售额
		人均公园绿地面积
	空间结构	人口密度
		经济密度
	城乡一体化	农民人均纯收入与城镇人均可支配收入之比
		农村固定资产投资与城镇固定资产投资之比
		城镇居民恩格尔系数与农村居民恩格尔系数之比
		二元对比系数

2. 方法测度

城镇化质量评价指标体系建立之后，需要确定指标权重，有客观赋权法和主观赋权法可供选择。客观赋权法依据来源于客观环境的原始信息进行赋权，根据不同指标所提供的信息量和指标之间的联系程度进行指标权重的赋予。客观赋权法有主成分分析法、因子分析法、复相关系数法、熵值法等，本书采用的是熵值法。在系统科学信息论中，熵用来度量系统的无序程度，某项指标的数值变异程度越大，该指标提供的信息量越大，其信息熵越小，则该指标对应的权重越大；反之，指标数值变异程度越小，该指标提供的信息量越小，对应指标的权重则越小。熵值法赋权的步骤是：

第一步，构建针对原始数据的矩阵，假设有 m 个区域，n 项评价指标，则可以建构原始指标数据矩阵，x_{ij} 为 i 区域第 j 项指标的数值，$1 < i < m$；$1 < j < n$。

第二步，对原始数据指标进行标准化处理，用极大值法处理正向指标 $x'_{ij} = x_{ij}/x_{max}$，用极小值法处理逆向指标 $x'_{ij} = x_{min}/x_{ij}$。

第三步，第 j 项指标的熵值计算 e_j：$e_j = -k \sum_{i=1}^{m} p_{ij} \cdot \ln p_{ij}$，其中，$k = 1/\ln m$，$p_{ij} = x'_{ij}/\sum_{i=1}^{m} x'_{ij}$。

第四步，确定评价指标 j 的权重 w_j：$w_j = (1 - e_j)/\sum (1 - e_i)$，则区域 i 的评价值 UI_i：$UI_i = \sum_{j=1}^{n} x'_{ij} \cdot w_j$

3. 评价结果

评价结果显示，中部六省城镇化质量得分比较接近，得分最高的是江西省 0.739，第二名是湖南省 0.707，之后依次是湖北省、河南省、山西省，得分分别为 0.698、0.690、0.685，得分最低的是安徽省，分值 0.662，中部六省各省份城镇化值量评价结果和总得分情况见表 3-7 和图 3-3。

表 3-7　　　　　　　　中部六省城镇化质量评价结果

地区	经济发展	社会发展	生态环境	基础设施	居民生活	空间集约	城乡一体化
江西省	0.1182	0.1048	0.1461	0.0872	0.0943	0.1086	0.0796
湖南省	0.1137	0.1045	0.1269	0.0924	0.0963	0.0929	0.0799

续表

地区	经济发展	社会发展	生态环境	基础设施	居民生活	空间集约	城乡一体化
湖北省	0.1181	0.1157	0.1067	0.0969	0.1063	0.0794	0.0750
河南省	0.1101	0.0990	0.0942	0.0860	0.0953	0.1139	0.0914
山西省	0.1162	0.1164	0.0848	0.0935	0.1088	0.0903	0.0753
安徽省	0.1165	0.0969	0.1003	0.0915	0.0932	0.0835	0.0799

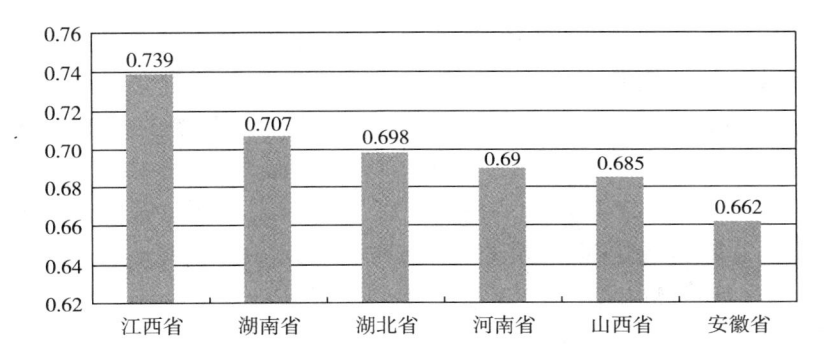

图 3-3　中部六省城镇化质量总得分

（江西省 0.739、湖南省 0.707、湖北省 0.698、河南省 0.69、山西省 0.685、安徽省 0.662）

按照分项得分来分析，从表 3-7 中可以看出，中部六省在经济发展、基础设施得分接近程度最高，经济发展得分最高的是江西省，为 0.1182；得分最低的是河南省，为 0.1101。立足于中部崛起战略的大背景，中部六省能够立足本省省情及特色，在经济发展速度与质量、产业结构优化升级、发展方式的转变上有所作为，为城镇化的发展提供动力支持。基础设施得分最高的为湖北省 0.0969，得分最低的是河南省 0.0860，最高分和最低分差别不大，也说明各中部六省在道路、公共交通、供水、供气等基础设施发展水平较为接近。生态环境和空间集约得分内部差距较大。江西省在建成区绿化覆盖率、生活垃圾无害化处理率、森林覆盖率上具有明显优势，其生态环境得分最高；山西省作为资源型省份，生态环境得分最低，最高得分的江西省是最低得分的山西省得分的 1.6 倍。河南省作为中部地区人口最多的省份，人口密度高，加上其自然地理条件的优越，空间集约得分最高，湖北省空间集约得分最低的，河南省是湖北省分值的 1.4 倍。

从中部六省存在的不足来看，江西省居民生活类和基础设施类指标处于相对劣势，在今后新型城镇化推进过程中需要提高基础设施供给水平，通过完善基础设施供给，提高城镇综合承载能力，更加关注民生，大力改善居民生活质量，走以人为本的城镇化道路，推动城镇化健康持续发展。湖南省7类指标之间得分的差距最小，即各类之间协调性最好，但居民生活、空间结构方面还有待进一步加强，需要继续提升。湖北省需要在空间结构和城乡一体化方面进一步优化提升，湖北省作为"两型社会"试验区，理应进一步协调工业化与城镇化，在经济发展方式转变上先行先试，为其他省份做出表率，走内涵、集约、高效、城乡协调一体化发展的城镇化之路。河南省在经济发展和基础设施层面仍需进一步发力，需要更加注重经济增长的效率和质量，完善基础设施，优化城市功能来实现城镇化质量的提高。山西省应审视自身在生态环境、城乡统筹方面与中部地区其他省份存在的差距，从而在城镇化进程中处理好生态环境与经济发展的关系，立足自然、生态、环境的承载能力，稳步推进人口集约和产业集聚，依托城市群、城市圈层结构提高要素集聚的能力和水平，大力发展现代农业、现代服务业，以产业转型升级推动城乡一体化、农村劳动力及要素的流动，发挥城市辐射带动农村的功能，实现城乡一体化协调发展。安徽省需要查找社会发展、居民生活层面不足的原因，更加注重社会事业与经济增长的协调发展，提高居民收入水平，从而进一步提升城镇化质量。[①]

（三）中部六省城镇化速度与质量的协同度

测算城镇化速度与质量协同程度中，城镇化速度用人口城镇化率反映，城镇化速度最高的是湖北省，其城镇化质量总得分居中部六省中第3位；城镇化速度最低的是河南省，其城镇化质量总得分在中部六省中排名第4位；而城镇化质量得分最低的安徽省，其城镇化速度在中部六省中排第5名。本书以中部地区六省城镇化质量得分与各自城镇化速度（以人口城镇化率表示）的均值为正交坐标轴，以散点图的形式描述各省份的相对水平（见图3-4）。图3-4显示，可以将中部六省城镇化速度和城镇化质量协同度分为三种类型。速度高—质量高"双高型"，例如，

[①] 郝华勇：《中部六省城镇化质量比较分析与提升对策》，《安徽行政学院学报》2012年第2期。

江西、湖南、湖北三省份无论是城镇化的速度还是城镇化质量均超过中部平均水平；速度低—质量低"双低型"，例如，河南、安徽两省份的城镇化速度与城镇化质量均在中部地区平均水平之下；速度高—质量低"高低型"，例如，山西省的城镇化速度高于中部地区平均水平，但其城镇化质量却位于中部地区城镇化质量平均水平之下。速度高—质量高"双高型"区域城镇化发展的重点应该是：继续保持城镇化质量并积极、稳妥、持续地加快城镇化进程；速度低—质量低"双低型"区域具备吸纳人口、提升城镇化的较大空间，可以在追求城镇化质量的前提下，加快产业结构调整步伐，通过提升经济实力来推进城镇化；速度高—质量低"高低型"区域今后的发展方向是：较多地关注城镇化的内涵与质量，强化和完善区域功能，不断提升区域能级，在经济结构优化、进一步调整过程中同步提升城镇化质量与水平。

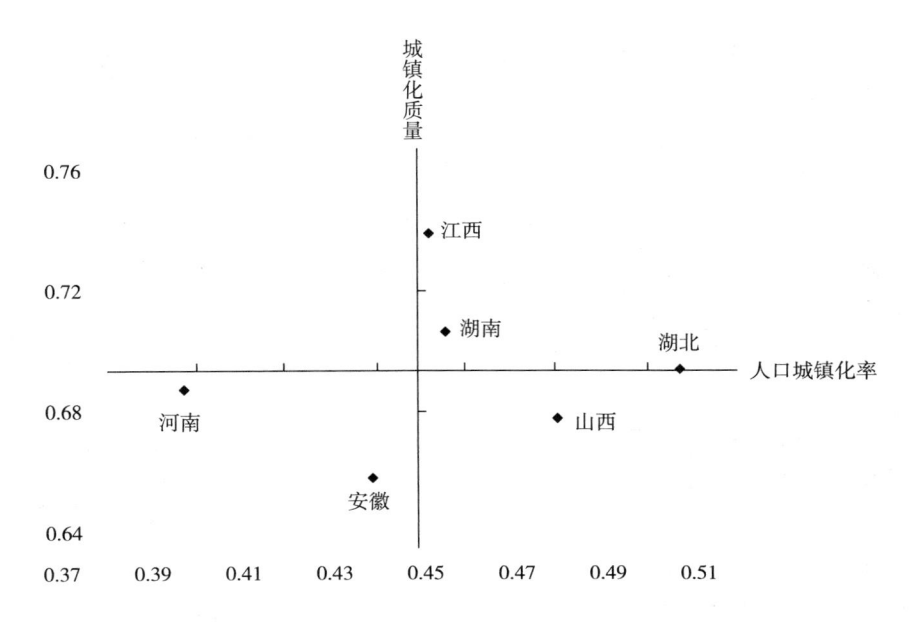

图3-4 中部六省城镇化速度及城镇化质量匹配度

三 中部地区城镇化协同发展度

城镇化早期的研究主要关注人口的城镇化，随着我国城镇化的全面推进，土地城镇化速度明显快于人口城镇化，两者的脱节受到重视，土地城镇化与人口城镇化协同发展得到关注和研究拓展。之后，随着城镇化问题的凸显与日益复杂和具体化，人口城镇化、土地城镇化、经济城镇化、社会城镇化之间的协同发展问题引起学者和各界的关注。城镇化协同度（也称为城镇化协调度）测度方法也由单一指标测度转向复合指标测度方法。研究对象覆盖全国、省份、地市、县域等不同区域尺度。

首先，以综合分析为基础建立城镇化协同发展度评价指标体系，赋权方法是德尔菲法，并运用极差法对指标数值做标准化处理。之后采取综合评分法，计算各省份评价单元城镇化综合得分值，反映的是评价单元的城镇化总体水平。

其次，建立函数测算各省份评价单元人口城镇化、经济城镇化、土地城镇化和社会城镇化的协同系数，即运用协同度函数测算各单元的城镇化发展协同度。

1. 测度维度和指标体系

城镇化包括人口城镇化、经济城镇化、土地城镇化和社会城镇化四个方面。

人口城镇化是指人口持续不断地向城镇转移、完成集聚的过程，是测度城镇化的核心内容。

土地城镇化是土地的开发利用条件实现农村形态开发向城市形态开发渐变的演化，一方面表现为城镇建成区面积的不断扩大，另一方面还表现为土地投入和土地产出效益的增加。

经济城镇化是城镇化的主要动力，是农村经济向城市经济转变的内在机制和实现过程。

社会城镇化是伴随人们生产生活方式转变而不断实现的公共服务均等化和基础设施水平全覆盖，体现了城镇化对民生和综合质量的关注。

其中，人口城镇化以城镇常住人口占区域总人口比重，即城镇化率来度量。经济城镇化可以用第二、第三产业产值占 GDP 比重，GDP 增长速度，人均 GDP，实际利用外资比重等指标来表征。土地城镇化选取城镇化用地率（城镇化用地率 = 城市建设用地面积/行政区划总的土地面积）、地均从业人员数、地均固定资产投入和地均财政收入来衡量。社会城镇化使用人均教育经费支出、职工平均工资、失业率、万人拥有公共汽车数、万人拥有病床数和人均绿地面积来表征，指标体系见表 3-8。

表 3 – 8　　　　中部地区城镇化发展协同度指标体系及赋权

目标层	因素层	权重	因子层	权重
城镇化发展协调度	人口城镇化	0.35	城镇人口占总人口比重（%）	1.00
	土地城镇化	0.3	城镇化用地率（%）	0.42
			地均固定资产投入（万元/平方千米）	0.18
			地均从业人员数（万人/平方千米）	0.18
			地均财政收入（万元/平方千米）	0.22
	经济城镇化	0.18	第二、第三产业产值占 GDP 比重（%）	0.40
			人均 GDP（元）	0.23
			GDP 增长速度（%）	0.20
			实际利用外资比重（%）	0.17
	社会城镇化	0.17	人均教育经费支出（元）	0.16
			职工平均工资（元）	0.18
			万人拥有病床数（个）	0.15
			万人拥有公共汽车数（辆）	0.15
			人均绿地面积（平方米）	0.17
			失业率（%）	0.19

2. 评价方法

采用综合评分法，测度中部地区城镇化协同度。具体步骤如下：

第一步：运用极差变换法标准化处理原始数据，将各指标对应的等级值进行加权求和，得出城镇化综合得分值。其计算公式为：

$$F_i = \sum K_{ij} \times W_j$$

式中：F_i 为评价单元 i 的城镇化综合水平总得分值；K_{ij} 为评价单元 i 第 j 个指标的等级值；W_j 为评价单元 i 第 j 个指标所对应的权重值。

第二步：测算人口、经济、土地、社会城镇化间的协同度。具体利用协同系数函数计算。其计算公式为：

$$C_i = \frac{C_i^p + C_i^l + C_i^e + C_i^s}{\sqrt{(C_i^p)^2 + (C_i^l)^2 + (C_i^e)^2 + (C_i^s)^2}}$$

式中：C_i 为评价单元 i 人口、经济、土地、社会城镇化的协同系数；C_i^p 为评价单元 i 的人口城镇化评价值；C_i^e 是评价单元 i 的经济城镇化评价值；C_i^l 为评价单元 i 的土地城镇化评价值；C_i^s 为评价单元 i 的社会城镇化评价值。

第三步：用协同发展度函数测度协同发展度。其计算公式为：

$$D_i = \sqrt{C_i \times F_i}$$

式中：D_i 为评价单元 i 的人口、经济、土地和社会城镇化子系统协同度；C_i 为评价单元 i 的城镇化协同系数；F_i 为评价单元 i 的城镇化总得分值。

3. 数据来源

数据来源于《中国统计年鉴（2016）》《中国城市统计年鉴（2016）》及各省份统计年鉴。

4. 评价结果

从表 3-9 中可知，中部六省的人口、经济、土地和社会四个维度之间，城镇化发展协同度排序依次为湖北省、安徽省、河南省、山西省、江西省、湖南省。人口城镇化评价值越大，说明农村人口向城镇转移、聚集越明显，人口城镇化集聚度最高的是湖北省，最低的是河南省。经济城镇化反映了非农化程度在经济结构中的比重，经济城镇化最高的是湖南省，最低的是河南省。社会城镇化得分值最高的是山西省，得分最低的是江西省，表明山西省城镇化公平服务及基础设施相对较好。土地城镇化表征城市土地的集约利用程度，土地城镇化最高的是河南省，山西省最低。尽管河南省土地城镇化水平最高，但河南省经济城镇化和人口城镇化处于全国最低水平，说明河南省的土地城镇化速度显著快于经济、人口、社会城镇化的速度，城镇化属于外延扩张的模式，存在严重的土地粗放利用问题；尽管山西省土地城镇化最低，但其人口、社会、经济城镇化水平均较高，表明山西省土地集约利用水平相对较高，城镇土地大规模扩张的情况得到一定程度的控制。[①]

表 3-9　　　　　　　　中部地区城镇化协调度评价结果

地区	人口城镇化评价值	经济城镇化评价值	土地城镇化评价值	社会城镇化评价值	城镇化综合水平值	协同发展度评价值	协同发展度排名
湖北省	0.3852	0.4378	0.1327	0.3421	0.3116	0.5845	1
安徽省	0.3327	0.4448	0.1627	0.3677	0.3078	0.5781	2
河南省	0.2049	0.4236	0.2276	0.3673	0.2787	0.5665	3

---

① 杨剩富、胡守庚、叶菁、童陆亿：《中部地区新型城镇化发展协调度时空变化及形成机制》，《经济地理》2014 年第 11 期。

续表

地区	人口城镇化评价值	经济城镇化评价值	土地城镇化评价值	社会城镇化评价值	城镇化综合水平值	协同发展度评价值	协同发展度排名
山西省	0.3783	0.4471	0.1040	0.4990	0.3289	0.5491	4
江西省	0.3541	0.4544	0.1194	0.2783	0.2889	0.5401	5
湖南省	0.2741	0.4792	0.1335	0.3598	0.2834	0.5272	6

四 中部地区城镇化特征及问题

（一）城镇化发展重速度轻质量

速度型、外延式、规模化、牺牲发展质量而只追求发展速度的城镇化发展模式因缺乏科学合理的长期规划，导致中部地区中等、小城市、小城镇发展落后，城镇规模体系结构失衡。1978年改革开放前，中国因大力倡导重工业化发展，实行城乡隔离的政策，限制了农村人口向城市的转移，结果城镇人口增长的速度十分缓慢，到1977年，我国的城镇化率还不到20%。1978年改革开放后，城镇化进入快速发展期，40年来城镇化率提高了30多个百分点，城镇化速度显著超过欧美等发达国家，也超过日本和韩国，创造了世界城镇化进程中的速度奇迹。这种快速城镇化发展模式也产生了一系列的问题，建立在土地高扩张、能源高消耗基础上，导致城镇体系不完善，这些问题在中部地区也特别突出，在前文论述的基础上进一步针对中部地区进行阐述。

1. 城市土地的过快扩张

中部地区人口城镇化普遍慢于土地城镇化，国际上通常使用城市建设用地增速与城镇人口增速两者的比来衡量城市扩张的协调性，合理区间是1—1.12。研究通过测算近十年中部地区城镇人口的增幅和城镇化建设用地增幅发现，除湖南省城市扩张的速度低于人口增加的速度外，其余五省均是人口城镇化的速度明显低于土地城镇化速度，与国际上公认的合理区间范围普遍有比较大的偏离（见表3-10）。

表3-10　2004—2013年中部六省城市建设用地增幅

	山西省	河南省	安徽省	湖南省	湖北省	江西省
建设用地增幅（%）	54	62	60	33	49	68
城镇人口增幅（%）	44	46	38	35	29	45
协同性比值	1.22	1.35	1.58	1.68	0.94	1.51

2. 城市公共服务投入明显不足

中部地区城市的公共服务投入相较于城市扩张的速度而言，明显不足。在医疗人员配置上，全国每万城镇人口平均拥有的执业（助理）医师数量为18.6人，中部地区只有山西省这一数值在全国平均水平之上，其他五省这一数值均在全国平均水平之下，江西省最为落后。在医疗设施投入层面，全国每万城镇人口平均拥有医疗机构床位数为73.58个，中部地区仍然有安徽、湖北、江西半数省份位于全国平均水平之下（见表3–11）。

表3–11　　　　　　　　2013年中部地区公共服务简表

地区	医疗公共服务（城镇每万人口）		社会保障（城镇覆盖）		教育、科技、文化占财政支出比重（％）		
	执业（助理）医师	医疗机构床位数	基本养老保险覆盖（％）	基本医疗保险覆盖（％）	科技支出	文化、传媒支出	教育支出
山西省	22.75	84.92	35	57	1.3	1.5	49.1
河南省	15.94	84.39	33	56	1.4	1.4	21.0
安徽省	15.15	50.51	28	37	2.5	1.8	16.9
湖南省	14.17	86.89	34	72	1.2	1.4	17.2
湖北省	16.68	72.31	39	62	1.8	1.6	15.8
江西省	11.68	70.46	34	67	1.3	1.5	19.1
全国	18.6	73.58	44	78	2.3	2.0	17.5

资料来源：《中国统计年鉴（2014）》《中国卫生和计划生育统计年鉴（2014）》。

在社会保障层面，本书核算了城镇人口中城镇职工基本养老保险覆盖率和城镇基本医疗保险覆盖率，结果显示，中部地区各省份的这两项数值与全国平均水平相比有一定差距。

在教育、科技、文化、层面，本书分别测算了科学技术支出、文化体育与传媒支出、地方财政教育支出占地方财政一般预算性支出的比重。结果表明，中部地区的地方政府对于教育的财政投入比较重视，而科技研发、文体传媒支出比重水平均位于全国平均水平之下。可以看出，中部地区在城镇的公共服务中投入资金比较不足，相当一部分指标数据低于全国平均水平。

3. 城镇体系失衡

2014年11月21日，国务院发布《关于调整城市规模划分标准的通知》，该通知将原有的城市规模划分标准做出了调整，把城市常住人口作为新的城市规模划分标准的依据。中部地区各省份在城镇化快速推进中，省会城市聚集了大量人口和产业，出现"一市独大"的现象。经济总量方面，省会城市的地区生产总值拥有绝对的优势，如武汉市的生产总值占湖北省地区生产总值的1/3以上。城市人口规模上，中部地区地级及以上城市只有武汉市和郑州市辖区人口超过400万，而大部分地级及以上城市人口规模普遍偏小，属于中小型城市（见表3-12），反观东部各省份中地级及以上城市大部分属于大型城市。

表3-12　东部三省和中部六省地级及以上城市市辖区人口规模及省会GDP比重（2013年）

城市类型		大城市			中等城市	小城市		
	人口规模	400万以上	200万—400万	100万—200万	50万—100万	20万—50万	合计（个）	省会GDP占比（%）
中部	山西省	0	1	1	7	2	11	19.1
	河南省	1	0	7	7	2	17	19.3
	安徽省	0	2	7	5	2	16	24.5
	湖北省	1	1	3	5	2	12	36.7
	湖南省	0	1	4	6	2	13	29.2
	江西省	0	1	2	5	3	11	23.3
东部	山东省	0	5	8	4	0	17	9.6
	江苏省	1	7	4	1	0	13	13.5
	浙江省	1	2	3	4	1	11	22.2

与该问题相对应的是，位于中部地区的中小城市、小城镇发展普遍落后，存在众多薄弱环节。由于我国城镇化进程最初是由农村工业化与工业化为主导推进的，拥有区位优势、资源优势的城镇率先发展，伴随交通体系的建设推进，沿线城市也迎来了发展机遇，形成了"点—轴"式的城市发展模式，位于交通发展轴上的重点城市演变成区域增长极。伴随着区域经济的快速发展，点—轴发展的模式进一步演变成区域经济网络，即网络发展模式，原来已经形成的点—轴发展重心向层级较低的点—轴转移，逐步实现区域平衡发展，形成系统的区域网络体系。除此之外，不同于东南沿海地区的小城镇，中部地区小城镇由于地理位置而

没能惠及对外开放的优惠政策，错失了民营经济发展的最佳机遇期。中部地区的小城镇融资渠道比较单一，长期缺少相关投资，非农产业也大多是附加值低的农产品加工业，发展基础薄弱。表3-13是全国财政收入排名前1000位建制镇分省情况（2011年）。从表中可以看出，排名进入前1000位的中部六省各省份建制镇数量总和还比不上浙江或者江苏一个省的建制镇数。

表3-13　全国按财政收入排名前1000位建制镇分省情况（2011年）

中部						东部		
山西省	河南省	安徽省	湖北省	湖南省	江西省	江苏省	浙江省	山东省
22	22	31	15	12	21	235	174	37

资料来源：《中国建制镇统计年鉴（2011）》。

（二）城镇化发展内生动力不足

1. 产业结构单一化，转型升级缓慢

本书对比了中部六省1978—2013年三次产业对地区生产总值贡献情况，数据显示，1978—2000年，第二产业比例相对稳定，第三产业迅速发展。2000年后，第三产业步入缓慢发展期，产业结构固化。

总体上看，自改革开放以来，第二产业在中部地区一定时段内位于绝对的优势地位，第二产业占生产总值的比重基本保持在40%以上。河南、安徽、山西、江西四省工业产值平稳中有所上升，2013年四省第二产业比重均超过地区生产总值的50%。山西省第三产业产值占生产总值比重最高，占41.9%，安徽省第三产业产值占比最低，为34.2%。中部地区第三产业占地区生产总值比重与全国46.9%的平均水平有不小的差距。不难发现，中部地区承担的生产性功能突出，而承担的服务性功能明显滞后（见表3-14）。

表3-14　　　1978—2013年中部三次产业结构变化　　　单位：%

省份	产业	1978年	1983年	1988年	1993年	1998年	2003年	2008年	2013年
山西	第一产业	20.7	24.9	16.3	15.1	12.9	7.5	4.3	5.9
	第二产业	58.5	54.5	55.0	56.7	47.3	51.3	58	52.2
	第三产业	20.8	21.3	28.7	28.2	39.9	41.2	37.7	41.9

续表

省份	产业	1978年	1983年	1988年	1993年	1998年	2003年	2008年	2013年
河南	第一产业	39.8	43.7	32.1	24.7	24.9	17.5	14.8	12.3
	第二产业	42.6	35.5	40.0	46.0	45.0	48.2	56.9	52
	第三产业	17.6	20.8	27.9	29.3	30.1	34.3	28.3	35.7
安徽	第一产业	47.2	44.8	38.5	26.6	26.4	19.1	16	11.8
	第二产业	35.5	33.9	36.7	46.3	44.7	39.1	47.4	54
	第三产业	27.3	21.3	24.8	27.2	28.9	41.8	36.5	34.2
湖北	第一产业	40.5	40.1	34.3	26.1	25	16.8	15.7	12.2
	第二产业	42.2	40.6	43.3	40.5	38.5	41.1	44.9	47.5
	第三产业	17.3	19.3	22.4	33.4	36.5	42.1	39.4	40.3
湖南	第一产业	28.3	31.8	24.4	19.2	14.8	19	16.4	12.1
	第二产业	55.3	52.5	55.7	57.4	61.6	38.1	43.5	46.9
	第三产业	16.4	15.7	19.9	23.5	23.6	42.8	40.1	41
江西	第一产业	41.6	42.1	37.1	32.1	26.2	19.9	15.2	11
	第二产业	38.0	36.8	36.5	40.3	35.4	42.9	51.0	53.5
	第三产业	20.4	21.1	26.4	27.6	38.4	37.2	34.4	35.5
全国	第一产业	27.9	32.8	25.4	19.4	17.2	12.4	10.3	9.4
	第二产业	47.6	44.1	43.8	46.1	45.7	45.5	46.8	43.7
	第三产业	24.5	23.1	31.2	34.4	37.1	41.2	42.9	46.9

资料来源：《中国统计年鉴》及各省份统计年鉴（1988—2014）。

由于历史积累因素，中部地区工业依托于计划经济时期国家投入建设的大型工业项目逐步发展，导致重工业长期在第二产业内部居主导地位。在"一五"时期，我国以冶金、煤炭、机械等重工业建设为主要方向。根据国防发展需求，在区域布局上，在内陆省份及东北地区建设了156个苏联等社会主义国家援建的重点工业项目。项目布局的各个城市凭借大规模投资，快速建立起新兴的重工业基地。最后实施的重点援建项目有150个，其中，国防企业44个，其余106个是民用企业。除造船厂等必须有港口等对区域有特殊要求的项目外，国防企业中大多数建设在中西部地区。106个民用企业中，中部地区布置了29个；根据2010年的数据，裴新生测算了中部地区六省的高区位商行业（见表3-15）①，结果进一步验证了重化工业是中部地区的主要优势产业。

表3-15　　　　　中部地区六省高区位商行业（2010年）

省份	高区位商行业
山西	煤炭采选业，黑色金属冶炼及压延加工业，石油加工、炼焦及核燃料加工业
河南	煤炭开采和采选业、非金属矿采选业、有色金属矿采选业、非金属矿物制品业
安徽	电气机械及器材制造业、有色金属冶炼及压延加工业
湖北	非金属矿采选业、交通运输设备制造业
湖南	有色金属矿采选业、木材加工及木竹藤棕草制品业、非金属矿采选业、有色金属冶炼及压延加工业
江西	有色金属矿、有色金属冶炼、非金属矿物制品业、非金属矿采选业及压延加工业

由表3-15可以看出，中部地区工业发展的基础是重化工业、资源型工业，重化工业、资源型工业逐渐发展成中部地区的支柱行业。而中部地区轻工业发展落后，产业结构优化升级进程缓慢。

2. 区域产业结构趋同，专业分工推进缓慢

产业结构趋同是指地区间产业结构出现相似、相近或者一致性发展趋势。中部地区的产业结构趋同源于产业缺乏规划、产业定位不清，自成体系地、片面地追求行业或地区投资。产业结构趋同的测度方法有结构差异度指数法、结构相似系数法、区位商法、结构重合度指数法等。其中，结构相似系数法是广泛使用的方法之一。结构相似系数法的计算公式为：

$$S_{ab} = \sum_{i=1}^{n}(X_{ai} \cdot X_{bi}) / \sqrt{\sum_{i=1}^{n}X_{ai}^2 \cdot \sum_{i=1}^{n}X_{bi}^2}$$

式中：两个不同地区设为a、b，X_{ai}、X_{bi}代表i产业在a地区和b地区中的比重，a、b两地区间的结构相似系数为S_{ab}。2013年中部地区产业结构相似度的具体计算结果见表3-16。

---

① 裴新生：《我国中部地区城镇化进程的特征及成因初探》，《城市规划》2013年第9期。

表 3 – 16 2013 年中部地区产业结构相似度 单位:%

地区比较	S_{ab}	地区比较	S_{ab}	地区比较	S_{ab}	地区比较	S_{ab}
山西—安徽	98.9	山西—湖南	99.4	河南—湖南	99.3	湖北—湖南	99.9
山西—湖北	99.4	河南—湖北	99.5	安徽—湖北	99.1	湖北—江西	99.3
山西—江西	99.2	河南—江西	99.9	安徽—湖南	97.8	湖南—江西	99.1
山西—河南	99.3	河南—安徽	99.9	安徽—江西	99.9		

资料来源：2014 年中部六省各省份统计年鉴。

单纯依靠比重的相似度，采用单一的结构相似系数法容易使地区间产业结构趋同度被高估，因此，有必要结合中部六省的区位商高的行业（见表 3 – 16），进一步比对发现，中部地区现有产业存在严重的趋同现象，表明中部地区专业化分工仍然很不足。

3. 资源型城市城镇化进程较缓慢

资源型城市的主导产业一般是指本地区矿产、森林等自然资源的开采和加工产业。我国资源型城市的特征是分布广、数量多，自中华人民共和国成立以来，这些资源型城市输出了庞大的木材、矿石、煤炭等自然资源，为我国经济快速发展、实现工业化做出了重要的贡献。2013 年，国务院印发的《全国资源型城市可持续发展规划》明确界定了 262 个资源型城市，262 个资源型城市中，中部地区共有 74 个，占资源型城市总数的 28%（见表 3 – 17）。

表 3 – 17 中部地区资源型城市数目

省份	城市个数	地级市、县级市、县	涉及人口占省域总人口比重（%）
山西	13	大同市、阳泉市、朔州市、长治市、晋城市、晋中市、忻州市、临汾市、运城市、吕梁市、古交市、孝义市、霍州市	88.76
河南	15	三门峡市、焦作市、鹤壁市、洛阳市、濮阳市、平顶山市、南阳市、新密市、登封市、巩义市、灵宝市、荥阳市、永城市、禹州市、安阳市	42.24
安徽	11	宿州市、亳州市、淮北市、淮南市、滁州市、马鞍山市、池州市、铜陵市、宣城市、巢湖市、颍上县	47.04

续表

省份	城市个数	地级市、县级市、县	涉及人口占省域总人口比重（%）
湖南	14	衡阳市、邵阳市、郴州市、娄底市、浏阳市、常宁市、临湘市、耒阳市、资兴市、涟源市、冷水江市、宁乡县、花垣县、桃江县	48.17
湖北	10	鄂州市、钟祥市、黄石市、应城市、大冶市、宜都市、松滋市、潜江市、保康县、神农架林区	15.61
江西	11	景德镇市、萍乡市、新余市、赣州市、宜春市、瑞昌市、德兴市、贵溪市、星子县、万年县、大余县	47.04

这 74 个资源型城市大致覆盖了我国中部地区 50% 的人口，如位于山西省的资源型城市涵盖的人口超过了该省人口的 88%。除湖北省之外，中部地区其余五省资源型城市的城镇化率普遍偏低，而这些资源型地区在城镇化进程推进中存在种种困难和问题，主要表现在以下两个方面。

首先，资源型区域主要凭借森林、矿物等自然资源的开采推动经济发展。中部地区自然资源中的大部分分布在交通不便的林区、山区，交通、地理因素的制约使这些资源矿区不能发展为城市。所以，这些地区吸纳的人口只能形成矿区，不同于一般意义上的城区，这些矿区是围绕资源开采、加工业而附带形成的居住区式的封闭环境，自成体系，往往与传统城区有一定的距离，不利于人口聚集发展，阻碍了城镇化进程的推进。

其次，这些即将面临资源枯竭的城市存在诸多的历史遗留难题，地方政府面临资源枯竭、城市转型的巨大压力和必要任务。政府需要投入大量资金改造和治理矿区沉陷区、棚户区；因资源存量急剧消失而导致的工人失业的问题也需要政府妥善处理，从而要求地方政府在社会保障支出、转移再就业等方面积极作为。

即使是位于资源比较富裕的地域也存在问题。其资源开发利用没有遵循科学标准，缺乏可持续发展规划。资源开发责任方没能在生态保护、环境治理、资源补偿等方面将责任担负起来，破坏了区域生态环境，造成地质灾害频繁发生；重复建设低水平三高项目，新兴产业、替代性产业发展滞后，出现中国式资源型城市的顽症。同时，资源利益分配的关系及引发的问题降低了农业人口转移意愿。

综上所述，资源型城市及区域由于其固有的地理因素、交通劣势、低效的资源开发模式、资源引发的复杂利益关系以及地区历史遗留问题均严重阻碍了其城镇化的推进。

（三）人口过度外迁

1. 省内就业吸纳能力欠缺，人口跨省流动规模大

20世纪90年代之前，户籍制度以及国有经济发展水平的制约下，中部地区没有存在规模化的人口跨省迁移现象。20世纪90年代以后，国家采取支持沿海地区的政策，加大对外开放程度，伴随着经济的高速增长，东部沿海地区用工需求快速增加。同时，由于中部地区城市生产性功能强，现代服务业等第三产业发展不足，以重化工业为支柱的工业结构对劳动力需求的数量有限，而现代服务业等第三产业尚未发展起来，本地产业吸纳就业能力有限，从而导致大量农村剩余劳动力不能在省内就地转移、实现就业。与此同时，国家正式实施《五纵七横国道主干线规划》，国家、地方大规模建设交通路网体系，为更加便利顺畅的交通贡献了力量，一方面，更好地提升了东部城市地区间经济关联度，加快了不同规模的大、中、小城市之间的要素、产品流动性，企业活力得到加强，经济发展得到提升；另一方面，中部地区大量的过剩劳动力在市场的吸引下，依托便利的交通迅速地向东部转移。于是，中部地区城镇化进程中出现了人口大规模跨省迁出的现象。

本书比较了2012年中部六省常住人口与户籍人口的数据，结果表明，除山西省外，中部地区其他五个省份均存在大量的人口流出现象，其中，河南省人口流出现象最为严重，户籍人口中有近14%流出。中部地区跨省流出人口总计达到3518万，占中部地区户籍总人口数的8.9%（见表3-18）。

表3-18　　中部六省常住人口和户籍人口流出情况（2012年）

省份	户籍人口（人）	常住人口（人）	净流出人口（人）	净流出人口占户籍人口比重（%）
山西	3501	3611	-110	—
河南	10931	9406	1525	13.9

续表

省份	户籍人口（人）	常住人口（人）	净流出人口（人）	净流出人口占户籍人口比重（%）
安徽	6912	5988	924	13.4
湖南	7132	6639	493	6.9
湖北	6165	5779	386	6.3
江西	4804	4504	300	6.2
合计	39445	35927	3518	8.9

资料来源：《中国人口与就业统计年鉴（2013）》、各省份2013年统计年鉴。

2. 异地城镇化现象普遍，潜在城镇化人口流失严重

我国中部地区大部分外出务工的劳动人口属于候鸟式迁徙，在外工作，农忙返乡，春运等节假日客流成为中国特色。然而，大规模外出的劳动人口中，会有一定比例的人口最终落户定居在外省，完成异地城镇化。例如，湖北省第六次人口普查发现，1995—2010年的15年间跨省迁出的人口中，有61%的人口发生了乡村向城市的迁移，说明相当一部分农村人口在跨省迁移中完成了异地城镇化过程。因此，也可以这样解释，中部地区拥有进城意愿且具备进城生存生活能力的农村人口大量流失。

第二节　中部地区各省份城镇化评价

本节主要是分省域评价中部六省城镇化发展历程，时间维度、空间维度的城镇化现状，山西省、河南省、安徽省、湖北省、湖南省、江西省城镇化发展分别面临的优势、劣势、机遇和挑战。针对优势、劣势、机遇和挑战分析提出相应的建议。

一　中部六省城镇化历程

（一）山西省城镇化发展历程

山西省地处黄河以东、太行山以西，全省总面积15.63万平方千米，山西省是中华民族的发祥地之一。中华人民共和国成立初期，山西省仅有太原市一个城市，全省城镇化率仅有2.3%。之后历经60余年的持续发展，到2015年，山西省有11个地级市、11个县级市和85个行政县，

城镇化率达 55.03%，城镇人口超过 2016.37 万。山西省城镇化主要分为以下两个阶段。

1. 缓慢起步阶段（1949—1978 年）

中华人民共和国成立初期，山西省只有太原市一个城市，城镇化率2.3%。随着国民经济的恢复与发展，山西省城镇化进程加快，至 1978 年，新增加城市 6 个，城市数量为 7 个，包括太原、长治、大同、阳泉 4 个地级市，侯马、榆次、临汾 3 个县级市。山西省城镇化率 9.4%，城市总人口 379.5 万。

2. 城镇化快速发展阶段（1979 年至今）

党的十一届三中全会以来，工业化、城镇化快速推进，城市开始健康、持续、快速发展。2010 年，山西省拥有 11 个地级市、11 个县级市和 85 个县，城镇化水平达到 48.05% 以上，城镇人口突破 1574.75 万。[1] 2011 年，山西省常住人口中有 1785.31 万人在城镇居住，占常住总人口的 49.68%，比 2010 年增长 1.63 个百分点，2012 年是山西省城镇化的一个转折点，城镇化率超过 50%，达到 51.26%，2015 年山西城镇化率达 55.03%，表明山西省已经由乡村社会为主体转变成城市社会为主体，标志着山西省城镇化进入新的发展阶段。

（二）河南省城镇化发展历程

河南省，国之中央，古称中原，简称"豫"，因其历史上大部分省域位于黄河以南，得名河南。与河北、山东、山西、陕西、湖北、安徽省接壤，地理位置连南望北，承东启西，自古有"得中原者得天下"的说法。河南省占有 16.7 万平方千米的国土面积，作为中华文明的重要发源地和发祥地，河南省在我国政治、经济、军事、文化等方面都具有极其重要的地位。历史上，先后有 20 个朝代在河南建都或迁都至河南，拥有安阳、洛阳、郑州、开封四大古都。中华人民共和国成立伊始，河南省有 128 个城镇，但只有开封人口超过 10 万，人口 5 万—10 万的城镇有 6 个；人口 3 万—5 万的城镇有 3 个，其他城镇人口都没能超过 1 万。到 2016 年年底，河南省辖 18 个地级市，其中，17 个设区地级市，1 个省直管市、52 个市辖区、20 个县级市、85 个县。河南省常住总人口 9532.42 万，其中城镇常住人口 4623.22 万，城镇化率达 48.5%。

---

[1] 闫能能：《中部六省城镇化进程比较研究》，硕士学位论文，郑州大学，2012 年。

中华人民共和国成立以来，受全国政治经济制度和本身固有的自然、社会经济条件等多因素的综合影响，河南省城镇化呈现出不平衡发展的特点，大致可以分为以下六个阶段。

1. 起步发展阶段（1949—1957年）

中华人民共和国成立之初，河南省工业十分落后，工业化程度十分低下。1949年，全省城镇人口为265万，城镇化率仅为6.3%。当时，河南省城市很少，仅有12个城市，其中，只有开封一个城市人口在10万以上，5万—10万的城市有6个。中华人民共和国成立后，伴随着社会主义经济建设的全面展开，河南城镇化在一个起点极低的基础上逐步展开。"一五"计划期间，全国共有156项重点工程在各大中城市布点和实施，其中，河南省是国家重点工程布点的主要省份，156个重点项目有10个安排在河南，洛阳、郑州、新乡、平顶山、焦作等，这些城市是当时重点建设的工业城市。工业化发展带动了城镇化，工业建设和城市建设齐头并进，这一时期，河南新建了平顶山、三门峡、焦作和鹤壁4个新城，重点建设了洛阳市，扩建了郑州、新乡两个城市，其余城市也都有程度不同的扩建。到1957年年底，全省城市由1949年的12个增加到16个；城市人口增加到270万，占全省总人口的比重达到5.6%，分别比1949年增长1.8倍和3.3个百分点；河南省城镇化水平达到9.3%，比1949年提高了3个百分点，年均提高0.38个百分点。

2. 震荡发展阶段（1958—1978年）

这一时期，河南省经济发展大起大落，经历了"大跃进"工业建设的遍地开花，"三年困难"时期的经济调整和十年"文化大革命"时期经济的全面下滑。城镇化建设也一波三折，先是"大跃进"时期的"过度城镇化"，接着是"三年困难"时期的"逆城镇化"，然后是"文化大革命"初期的第二次"逆城镇化"，"文化大革命"后期知青返城，城镇化水平又开始回升。1978年，河南省城镇化率仅为13.6%，与1957年相比，21年间城镇化率只提高了4.3个百分点。

（1）"大跃进"时期出现"过度城镇化"。在1958—1960年的"大跃进"时期，河南省在贯彻中央工业与地方工业并举、土洋结合以及"以钢为纲"的方针中，出现了县县办工业、乡乡办工厂的前所未有的局面。随着工业生产的异常发展，大量农村劳动力转入城镇，城镇人口急剧增加，到1960年，城镇人口由1957年的270万发展到407万，增长了 50.7%。

(2)"三年困难"时期首次出现"逆城镇化"。受 1959—1961 年自然灾害的影响，1961 年开始进入国民经济调整时期。党中央提出了"调整、巩固、充实、提高"的方针，河南省也全面调整了经济发展政策，压缩基建投资规模，"关、停、并、转"了一批盲目发展起来的工业企业，城镇实行"精兵简政"，压缩城镇数量和城镇人口，精减职工，出现第一次"逆城镇化"现象。到 1965 年，河南省城镇化水平仅为 11.2%。

(3)"文化大革命"初期出现第二次"逆城镇化"。1966—1977 年，受"文化大革命"及其经济工作指导思想的影响，城镇化进程止步不前，大批城市知识青年上山下乡，不少干部被下放到农村，造成了城市经济明显衰退，城市人口急剧下降乃至增长成为负值，出现第二次"逆城镇化"现象。十多年间，河南省城市发展缓慢，城镇人口增长缓慢，全省城镇化水平增长不到两个百分点，基本处于停滞阶段。"文化大革命"后期，随着大批知青返城，城镇化水平才开始有所回升。

3. 农村体制改革推动城镇化发展阶段（1979—1983 年）

党的十一届三中全会以来，我国开始实施改革开放，经济社会进入持续稳步发展阶段。1980 年，国务院制定了"严格控制大城市发展规模，合理发展中等城市，积极发展小城镇"的城镇化发展方针，河南省也确定了优先发展小城镇的改革政策。这一时期，人们对小城镇的积极作用与地位有了进一步的认识，观念上的误区基本得到克服。但这一时期基本上沿袭了传统计划经济时代的做法，建设用地无偿划拨，严格控制进城镇人口，建设资金直接来源于地方财政。农村工业的发展以乡镇工业"遍地开花"的分散布局为基本特征，这种布局不仅不利于中心城镇的建设，制约了城镇化水平的提高，而且还强化了农民兼业化现象。因此，这一期间小城镇数量增加并不多。到 1983 年年底，河南省城镇化水平只有 14.6%，较 1978 年提高了 1 个百分点，年均增长 0.2 个百分点。

4. 城市经济体制改革推动城镇化阶段（1984—1992 年）

1984 年，我国经济体制改革的重点从农村转向城市，开始大力发展适合我国国情和经济社会化发展要求的劳动密集型轻工业，带动了具有原料优势和劳动力优势的乡镇企业发展。同年，中央颁布了新的户籍管理政策，允许农民自带粮食进城务工经商，并且调整了 60 年代以来的市镇建制标准，从而使城镇数量得以迅速增加。这一时期迅猛发展的乡镇企业在资金上大力支持了小城镇的快速发展。但在制度上，由于家庭联产承包责任制并不是为促进农村城镇化进程设计的，在80年代中期后的改革中，也没有及时从政策和体制上解决农村剩余劳动力转移问题，河南省大量的农村人口仍然被禁锢在土地上，城镇化向前发展速度缓慢。到1992年年底，河南省城镇化水平为16.2%，较1984年提高1.5个百分点。

5. 快速发展阶段（1993—2001年）

党的十四大以来，我国进入了建设社会主义市场经济体制的新时期，相继对财税、金融、外贸、投资等体制进行了改革，构建了社会主义市场经济体制的基本框架。现代企业制度的改革从理论研讨进入实施阶段，国有企业从计划经济体制下解脱出来，以独立市场主体身份参与市场竞争，所有制实现形式可以而且应当多样化，非公有制经济是我国社会主义市场经济的重要组成部分。这一时期，河南省经济发展明显加快，城市随着市带县体制的逐步完善，综合实力进一步增强，城镇化进程步入了快速发展时期。到2001年年底，河南省城市数量增加到38个，位居全国第四；城镇化率达到24.4%，较1992年提高8.2个百分点。

6. 统筹城乡发展阶段（2002年至今）

党的十六大确立了全面建设小康社会的奋斗目标，明确提出要加快城镇化进程，逐步提高城镇化水平，坚持大中小城市和小城镇协调发展，走中国特色的城镇化道路。党的十七大提出，走中国特色城镇化道路，按照"统筹城乡、布局合理、节约土地、功能完善、以大带小"的原则，促进大中小城市和小城镇协调发展。河南省早在2001年的政府工作报告中，就提出调整城乡结构，坚持大型中心城市、中小城市和小城镇三头并举的方针，积极稳妥地推进城镇化。之后，河南省先后提出了构建中原城市群，规划建设郑东新区和洛南新区，统筹城乡一体化，实施中心城市带动战略，完善城镇体系，构建郑汴新区增长极等一系列战略措施，特别是省委、省政府立足省情，围绕全面建设小康社会、奋力实现中原崛起的总体目标，先后制定了《加快城镇化进程的决定》《关于进一步促进城镇化快速健康发展的若干意见》等文件，明确了推进城镇化的指导思想、主要目标和发展重点。2008年以来，省委、省政府提出进一步完善中原城市群规划，着力构建以郑州为中心的"一极两圈三层"现代城镇体系，促进全省城市功能互补、向心发展、共同繁荣。2011年，河南省第九次党代会提出了强化新型城镇化引领,统筹城乡发展,推进城乡一体化,并把新型农村社区纳入现代城镇体系。这一时期,全省城镇化呈现加速发展态势,城市规划、建设和管理水平不断提高,城市基础设施建设投入不断加大,城市发展环境逐步得到改善,各项改革积极推进,城镇化体制性障碍逐步消除,2011 年,全省城镇化率达到 40.6%,比 2001 年提高了 16.2 个百分点,年均提高 1.6 个百分点,这一时期成为河南省历史上城镇化进程最快的时期。2012 年,河南省城镇化率达到 42.4%,较 2011 年增加了 1.8 个百分点,2013 年河南省城镇化率达到 43.8%,又较 2012 年增加了 1.4 个百分点,2014 年城镇化率 45.2%,2015 年河南省城镇化率 46.8%,2014—2015 年城镇化年均增加 1.5 个百分点。截至 2016 年年底,河南省城镇化率达 48.5%,比上年年末提高 1.65 个百分点。

(三) 安徽省城镇化发展历程

安徽省地处中部偏东南方位,自古以来,就具有得天独厚的自然地理条件,辖江扼淮控湖,具有承东启西的战略地位,历史上安徽文化多元、商业发达。安徽省总面积 13.96 万平方千米。安徽省是古皖文化发源地。中华人民共和国成立初期,安徽省有合肥、芜湖、安庆等若干个城市,其中,只有蚌埠一个城市人口超过 10 万。截至 2015 年,安徽省拥有 16 个地级市、6 个县级市、55 个县、44 个辖区和 55 个街道办事处、1249 个乡镇,其城市率达到 50.50%,城镇人口超过 3102.5 万。安徽省城镇化主要划分为以下五个阶段。

1. 低速发展阶段(1949—1957 年)

中华人民共和国成立初期,安徽省城市人口基数小,之后,国民经济开始恢复、发展,经济带动了城镇化发展,但是,城镇发展依然较慢。1953—1957 年人口城镇化率仅由 8.69% 上升到 8.96%,仅仅提高了 0.27 个百分点。

2. 高速城镇化到逆城镇化阶段(1958—1965 年)

"大跃进"运动直接导致大量农村劳动力向城市涌入,1957—1960 年的 3 年间,安徽省城市人口净增加 191 万,城镇化率由 8.96% 快速提高到 16.10%,翻了一番。1961—1965 年,中央开始调整冒进的政策,通过调整经济结构、精简城市人口,停建、缓建一大批建设项目,随之,城市人口也逐渐进入负增长阶段。到 1965 年,安徽省城镇化率下降 4.51 个百分点，下降到11.59%。

3. 徘徊停滞阶段（1966—1977年）

这个阶段受"文化大革命"的影响，安徽省的城镇化率仅上升了0.8个百分点，截至1977年，安徽省的城镇化水平仅为12.40%。

4. 城镇化快速推进阶段（1978—2011年）

这一时期的标志也是党的十一届三中全会的召开。党的十一届三中全会以来，安徽省的发展开始以"经济建设为中心"，工业化、城镇化快速推进，1978—2010年，安徽省城镇化率年平均增速接近1个百分点，为0.96%，到2010年年底，安徽省城镇化率达到43.20%。

5. 城镇化持续快速发展阶段（2011年至今）

2011年，安徽省常住人口城镇化率为44.8%，而同期全国、江苏、浙江、湖北、江西、湖南、河南、山西各省城镇化率依次是51.2%、61.9%、62.3%、51.3%、45.70%、45.1%、40.6%、49.68%，安徽省城镇化率仅高于河南省的城镇化率，在中部地区排名倒数第二，也显著低于全国平均水平。如果按照户籍人口城镇化率统计，安徽省2011年户籍人口城镇化率仅为22.93%，仅为常住人口城镇化率的一半，意味着半城镇化、伪城镇化问题严重。2012年，安徽省城镇化率比2010年提高了1.7个百分点，达到46.5%；2015年，安徽省城镇化率达到50.50%，城镇化速度不断加快。

（四）湖北省城镇化发展历程

湖北省地处我国中部长江中游地区，北接河南，东连安徽，南临江西、湖南，西连重庆，西北与陕西相邻，连接南北，承东启西，地理位置优越。湖北省东西长约740千米，南北宽470千米，全省总面积18.59万平方千米。湖北省始建于清朝。湖北省是中华民族渊源文明、灿烂文化的重要发祥地之一。湖北省是中部崛起的战略支点，是长江经济带的核心，交通枢纽发达，科教文卫实力雄厚。中华人民共和国成立初期，湖北省拥有武汉、沙市、宜昌3个城市。到2015年，湖北省拥有12个地级市、1个自治州、39个市辖区、24个县级市和37个县，常住人口城镇化率达到56.85%。湖北省城镇化主要划分为以下四个阶段。

1. 初步发展阶段（1949—1957年）

1949年，湖北省合并武昌、汉口、汉阳3个城区成立武汉市。同期，设立沙市市和宜昌市。国民经济的恢复和发展极大地推动了城镇化历程，随后增设襄樊市和黄石市，到 1957 年，湖北省城镇化率达 13.44%，城镇人口 411.69 万。

2. 起伏阶段（1958—1965 年）

这一时期湖北省受到"大跃进"运动的影响，部分城镇脱离农业实际基础，大力发展工业，致使农业劳动力大规模流向城市，造成城市人口极速增长。1960 年，湖北省增设了沙洋市和鄂城市，1960 年年末，湖北省建制镇达 362 个，城镇人口达到 560.76 万。之后，政策调整，1961 年开始全面调整经济结构，压缩城市人口，鄂城市和沙洋市先后被撤销，到 1965 年，建制镇缩减到 189 个，城镇化率为 13.84%，城市人口 485.06 万。

3. 停滞阶段（1966—1977 年）

"文化大革命"时期，大批城市人口、知识青年被迫上山下乡，延缓了城市发展，湖北省也出现典型的逆城镇化现象。在此期间，湖北省只增设了十堰市一个城市，到 1977 年，湖北全省城镇数量仅为 102 个，城镇化水平仅仅比 1965 年增长了 0.4 个百分点，为 14.24%。

4. 快速发展阶段（1978 年至今）

党的十一届三中全会以来的这个时期，党和国家确立"以经济建设为中心"的发展路线，城市经济发展速度加快，湖北省大中小各级规模的城市均得到较为全面的发展。2010 年，湖北省共设有 36 个市，其中拥有武汉等 12 个地级市、24 个县级市，相比 1978 年，建制市数量增加了 30 个，城镇化率为 49.72%。

2011 年，湖北省常住城镇化人口占总人口的 51.83%，比全国常住城镇人口 51.27% 的比重高出 0.56 个百分点。这也是经历相当长历史时期之后，湖北省城镇人口首次超过农村人口，意味着城镇化进入新的历史发展阶段。2015 年，湖北省城镇化率为 56.85%，是中部地区城镇化水平最高的省份。

（五）湖南省城镇化发展历程

湖南省地处长江中游南部方位，东临江西，西接重庆、贵州，南毗广东、广西，北与湖北相连，湖南省幅员辽阔，是中部地区的东南腹地，湖南省一直是中部地区经济活跃的省份之一。全省总面积 21.18 万平方千米，占全国国土面积的 2.2%，居第 10 位。湖南始建于 1723 年清朝世宗雍正元年。中华人民共和国成立初期，湖南省设有长沙和衡阳两个城市，全省城镇化率 7.90%，城市人口 235.95 万。到 2016 年，湖南省拥有 13

个地级州市、1个自治州、35个市辖区、17个县级市、63个县、7个自治县和1120个镇，湖南省城镇化率达到52.75%，常住人口6822万，城镇人口达到3598.6万。湖南省城镇化主要经历了以下五个阶段。

1. 缓慢起步阶段（1949—1957年）

这个阶段，湖南设有长沙和衡阳两个城市，全省城镇化率仅7.90%，城市人口235.95万。之后，随着国民经济的恢复、发展，城镇化进程加速发展，到1957年年底，湖北省有两个省辖市、7个地辖市，205个镇；1949—1957年，城镇化率升高了0.8个百分点，由7.9%上升到8.7%，城镇人口达到314.67万。

2. 起伏阶段（1958—1965年）

这个阶段受"大跃进"运动的影响，部分城镇脱离农业实际基础，大力倡导发展工业致使农业劳动力大规模流向城市，城市人口短期内快速增长。1959年，城镇化率上升到13.4%，城镇人口达到494.52万。1961年，随着国家政策开始调整经济结构，压缩和精减城市人口导致城镇化增速趋缓，相比于1957年，1965年的城镇化率仅增长了1.7个百分点，达到10.4%。

3. 停滞阶段（1966—1977年）

"文化大革命"时期，大量城市人口、知识青年上山下乡，城市发展原地踏步，甚至逆向增长。据统计，1977年，湖南省有3个省辖市、7个地辖市、163个镇，湖南省城镇化水平为11%，12年间仅比1965年城镇低水平仅增长了0.6个百分点。

4. 城镇化快速发展阶段（1978—2010年）

党的十一届三中全会之后，党和国家确立"以经济建设为中心"的发展路线，城市经济发展速度加快，湖南省工业化、城镇化进程得到快速发展，人口开始快速地流向城市，城镇化进程加快。到2010年，湖南省拥有14个地级市、16个县级市、72个县、1109个镇，湖南全省人口城镇化率达到43.30%以上，城镇人口突破3069.77万。

5. 城镇化加速发展阶段（2011年至今）

近年来，湖南省城镇化大力推进。2011年，全省城镇化率达到45.1%，2012年城镇化率为46.65%，2010—2012年年均增长两个百分点，城镇总人口年均增加100万以上，到2016年，湖南全省城镇化率达到52.75%，常住人口6822万，城镇人口达到3598.6万。初步形成了长株潭城市群、环长株潭城市群为主体形态，区域中心城市为依托，县城和中心镇为基础的大中小城市与小城镇协调发展的城镇体系。

（六）江西省城镇化发展历程

江西省地处我国东南部的长江中下游南岸，古称"吴头楚尾，粤户闽庭"，东临浙江、福建，南连广东，西靠湖南，北毗湖北、安徽而共接长江。江西省拥有16.69万平方千米的国土面积。中华人民共和国成立初期，江西设有4个城市，分别是南昌、景德镇、九江和赣州，城镇化率9.50%。到2015年，江西省拥有11个地级市、23个市辖区、11个县级市、66个县，城镇化率达到51.62%，城镇人口2356.78万。江西城镇化历程划分为以下三个阶段。

1. 缓慢起步阶段（1949—1957年）

中华人民共和国成立初期，江西省仅有南昌市1个地级市，有九江、赣州、景德镇3个县级市，城镇化水平仅为7.90%。之后由于国民经济的恢复与发展，江西城镇化进程明显加速，至1957年，增加抚州、吉安、上饶3个县级市，1949—1957年，城镇化率由7.9%上升到12.16%，城镇人口数量达到121.11万。

2. 起伏停滞阶段（1958—1978年）

这个阶段因为"大跃进"运动的影响，部分城镇脱离农业实际基础，大力倡导发展工业致使农业劳动力大规模流向城市，城市人口短期内快速增长。1959年，城镇化率达到13.4%，全省城镇人口达到494.52万。同样，服从全国的政策调整，1961年，江西省开始调整经济结构、压缩城市人口，之后又经历十年动乱，农村进入城市的劳动力数量也就大大减少，在城市人口、大批知识青年上山下乡的背景下，城镇化进程缓慢。仅增加了萍乡市。1978年，江西省有8个城市，城镇化率为16.75%，城镇人口达533.12万。

3. 城镇化快速发展阶段（1979年至今）

党的十一届三中全会以来，江西省经济社会走上了全面、健康的发展道路，工业化、城镇化进程进一步提速，大规模的农村人口流向城市，城镇人口进入快速增长期。到2010年，江西省有11个地级市、11个县级市、70个县，城镇化率超过44.06%，城镇人口数量超过1966.07万。

2011年，江西省新增城镇建成区面积80平方千米，新增城镇人口80万，城镇总人口突破2000万，城镇化率达45.7%，增长1.64个百分点。

2012年，江西省常住人口城镇化率达到47.51%，比2011年提高1.81个百分点。2013年，城镇化率进一步提高到48.87%，城镇化持续快速增长。2014年，城镇化率为50.22%，突破50%大关。2015年，城镇化率为51.62%，城镇人口2356.78万。

二 中部六省城镇化发展现状

中部六省各省份城镇化现状从纵向时间维度和横向空间两个维度进行分析，结合各省份统计年鉴的统计指标，时间维度选择2000年之后城镇人口及城镇化率指标，空间维度选择数据能获得的最新年份各省份地级市城镇化率、户籍城镇人口、常住城镇人口等指标。

（一）山西省城镇化现状

根据统计结果（见表3-19），2010年，山西省常住人口3574.11万，十年的发展，山西省常住人口比2000年增加了326.31万，增长了10%，10年间，运城市常住人口总量最多，太原市人口年均增幅最高。令人欣慰的是，2012年山西省城镇化率首次突破50%，达到51.26%，比2011年提高1.58个百分点，超过"十二五"期间年均增长速度。2012年年底，全省非农业人口1171.99万，实际城镇化率33.50%。

表3-19　　　　　　2000—2012年山西省人口和城镇化率情况

年份	总户数（万户）	常住人口（万）	非农业人口（万）	农业人口（万）	实际城镇化率（%）	城镇化率（%）
2000	885.55	3247.8	861.84	2334.34	26.96	35.88
2005	1008.04	3355.21	1010.46	2283.97	30.67	42.11
2006	1051.49	3374.55	1047.15	2292.73	31.35	43.01
2007	1094.72	3392.58	1078.65	2313.69	31.80	44.03
2008	1118.31	3410.64	1103.50	2319.60	32.24	45.11
2009	1159.14	3427.36	1124.16	2334.48	32.50	45.99
2010	1188.84	3574.11	1144.45	2329.18	32.95	48.05
2011	1233.13	3593.28	1162.44	2334.79	33.24	49.68
2012	1282.40	3610.83	1171.99	2326.73	33.50	51.26

2012年，山西省11个市中城镇化率超过50%的市有4个，分别是太原市、阳泉市、大同市和晋城市。在山西省城镇化进程中，太原市城市

化率最高，达83.35%，阳泉市城镇化率为61.61%，大同市城镇化率为56.49%，3个城市排名居前三位，城镇化率排名最后的三位分别是吕梁市39.84%、忻州市39.80%、运城市39.51%，三者的城镇化率均低于40%（见表3-20）。由此可见，山西省城镇化区域发展不平衡，城镇化率最高的太原市与城镇化率最低的运城市相差44个百分点，太原市城镇化遥遥领先、一枝独秀，成为城镇化中的"领头羊"，其城镇化率领先第二名阳泉市21.74个百分点。

表3-20　山西省各设区市常住人口、城镇人口和城镇化率情况（2012年年末）

地区	常住人口（人）	城镇人口（人）	城镇化率（%）
山西省	35932765	17853099	49.68
太原市	4235352	3530161	83.35
大同市	3339733	1886612	56.49
阳泉市	1374242	846670	61.61
长治市	3353632	1456482	43.43
晋城市	2285526	1205614	52.75
朔州市	1725617	826051	47.87
晋中市	3270025	1495707	45.74
运城市	5166767	2041386	39.51
忻州市	3085039	1227841	39.80
临汾市	4344986	1841843	42.39
吕梁市	3751846	1494732	39.84

（二）河南省城镇化现状

2010年，河南省常住人口9405万，10年时间，比2000年增加了146万，河南省常住人口数量位居全国第三，仅低于广东省和山东省。2000年，河南省城镇化率为23.2%，城镇人口2201万；2014年河南省城镇人口数量达到4819万，河南省城镇化率达到45.2%（见表3-21），虽然近年来河南省城镇化持续平稳推进，但是，城镇化依然在中部地区处于落后地位，城镇化水平在中部地区排最后一位。

表 3-21　　2000—2014 年河南省人口和城镇化率情况

年份	总人口数（万）	按城乡分		城镇化率（%）	常住人口（万）
		城镇（万）	乡村（万）		
2000	9488	2201	7287	23.2	—
2001	9555	2334	7221	24.4	—
2002	9613	2480	7133	25.8	—
2003	9667	2630	7037	27.2	—
2004	9717	2809	6908	28.9	—
2005	9768	2994	6774	30.7	9380
2006	9820	3189	6631	32.5	9392
2007	9869	3389	6480	34.3	9360
2008	9918	3573	6345	36.0	9429
2009	9967	3758	6209	37.7	9487
2010	10437	4052	6385	38.8	9405
2011	10489	4255	6234	40.6	9388
2012	10543	4473	6070	42.4	9406
2013	10601	4643	5958	43.8	9413
2014	10662	4819	5843	45.2	9436

　　2014 年，河南省城镇化率超过 60% 的仅有郑州市，城镇化率处于 50%—60% 的有洛阳市、鹤壁市、焦作市、三门峡市和济源市 5 个，城镇化率 40%—50% 的有开封市、平顶山市、安阳市、新乡市、许昌市、漯河市和信阳市。城镇化率低于 40% 的有濮阳市、南阳市、商丘市、周口市和驻马店市，其中，城镇化较为落后的主要是豫东地区和黄淮四市（见表 3-22）。

表 3-22　　河南省设区市人口和城镇化率情况（2014 年）

	总户数（万户）	总人口数（万）	常住人口（万）	按城乡分（万）		城镇化率（%）
				城镇	乡村	
全省	3178	10662	9436	4265	5171	45.2
郑州市	212	760	938	641	297	68.3
开封市	165	514	455	194	261	42.6

续表

	总户数（万户）	总人口数（万）	常住人口（万）	按城乡分（万） 城镇	按城乡分（万） 乡村	城镇化率（%）
洛阳市	212	696	668	340	328	51.0
平顶山市	155	541	496	237	259	47.8
安阳市	177	579	509	230	278	45.3
鹤壁市	48	162	160	86	73	54.1
新乡市	176	604	571	272	299	47.6
焦作市	100	369	352	188	165	53.2
濮阳市	120	390	360	139	221	38.5
许昌市	150	487	432	197	234	45.7
漯河市	79	277	260	119	141	45.7
三门峡市	73	228	225	113	112	50.4
南阳市	358	1177	999	395	604	39.6
商丘市	277	905	726	265	461	36.5
信阳市	277	865	641	263	378	41.1
周口市	332	1136	880	319	562	36.2
驻马店市	247	901	693	252	441	36.4
济源市	18	69	72	41	32	56.4

（三）湖北省城镇化现状

按照第六次全国人口普查数据，2010年，湖北省常住人口5723.77万，户籍人口6175.97万，比2000年户籍人口5935.99万，增长了239.98万人，增长了4.04%。2014年，湖北省城镇人口数量达3237.80万，城镇化率达到55.67%（见表3-23）。

表3-23　　　　2000—2014年湖北省人口和城镇化率情况

年份	人口数（万）	城镇人口（万）	乡村人口（万）	城镇化率（%）
2000	5646.00	2285.11	3360.89	40.47
2001	5658.00	2308.50	3349.50	40.80
2002	5672.00	2348.20	3323.80	41.40
2003	5685.00	2387.70	3297.30	42.00

续表

年份	人口数（万）	城镇人口（万）	乡村人口（万）	城镇化率（%）
2004	5698.00	2427.3	2466.7	42.60
2005	5710.00	2466.70	3243.30	43.20
2006	5693.00	2493.5	3199.50	43.80
2007	5699.0	2524.7	3174.3	44.30
2008	5711.00	2581.40	3129.60	45.20
2009	5720.00	2631.20	3088.80	46.00
2010	5723.77	2846.13	2877.64	49.72
2011	5758.00	2984.32	2773.68	51.83
2012	5779.00	3091.77	2687.23	53.50
2013	5799.00	3161.03	2637.97	54.51
2014	5816.00	3237.80	2578.20	55.67

从湖北省城镇化发展水平排位看，2010年城镇化率排在前面的依次是武汉市、鄂州市、黄石市、襄樊市、宜昌市、十堰市、孝感市、荆门市、咸宁市。其中，城镇化率超过50%的有武汉市、鄂州市、黄石市、襄樊市；在40%—50%的有十堰市、宜昌市、荆门市、孝感市、荆州市、咸宁市；在30%—40%的有黄冈市、随州市、恩施州。2014年，湖北省设区市常住人口和户籍人口情况见表3-24。

表3-24　湖北省设区市户籍人口和常住人口情况（2014年）

地区	户籍人口（万）	常住人口（万）
全省	6162.33	5816.00
武汉市	827.31	1033.80
黄石市	265.14	244.92
十堰市	346.97	337.27
宜昌市	400.40	410.45
襄樊市	595.45	560.02
鄂州市	110.18	105.88
荆门市	300.29	288.91
孝感市	525.72	486.13
荆州市	658.45	574.42

续表

地区	户籍人口（万）	常住人口（万）
黄冈市	741.43	626.25
咸宁市	296.46	248.92
随州市	257.11	218.38
恩施州	406.29	331.77
省直管单位	431.13	348.88

（四）安徽省城镇化现状

根据全国第六次人口普查数据，2010年，安徽省常住人口5957万，与2000年常住人口6093万相比，10年间共减少了136万，全省净流出到省外半年以上人数为1038万。2010年，安徽省户籍人口6827万，与2000年的6278万相比，增加了549万。近年来，安徽省城镇化率提升明显，2014年城镇化率提高到49.2%（见表3-25）。

表3-25　2000—2014年安徽省人口和流向省外半年以上的人数

年份	户籍人口 总数（万）	非农业人口比重（%）	常住人口 总数（万）	城镇人口比重（%）	流向省外半年以上的人数（万）
2000	6278	19.59	6093	28.0	433
2005	6516	20.99	6120	35.5	842
2006	6593	21.74	6110	37.1	934
2007	6676	21.98	6118	38.7	1005
2008	6741	22.23	6135	40.5	954
2009	6795	22.33	6131	42.1	992
2010	6827	22.71	5957	43.2	1038
2011	6876	22.93	5968	44.8	1199
2012	6902	22.89	5988	46.5	1157
2013	6929	22.92	6030	47.9	1130
2014	6936	22.69	6083	49.2	1053

表3-26的数据显示，安徽省城镇化率已经达到49.2%，但区域差异明显。城镇化水平较高的区域是芜蚌试验区和皖江示范区，其次是皖南地区，皖北地区城镇化水平较低。从各地市的情况看，铜陵市、合肥

市等9地市高于全省平均水平，其中，合肥市、淮南市、马鞍山市、芜湖市、铜陵市5个城市的城镇化率均超过60%，铜陵市最高，达到78.7%；黄山市、宿州市、阜阳市、滁州市、六安市、宣城市、安庆市、亳州市城镇化率低于全省平均水平，亳州市最低，为35.7%。

表3-26　安徽省各设区市户籍人口和常住人口情况（2014年）

地区	户籍人口 总数（万）	户籍人口 非农业人口比重（%）	常住人口 总数（万）	常住人口 城镇人口比重（%）
全省	6935.83	22.69	6082.9	49.2
合肥市	712.81	38.07	769.6	69.1
淮北市	215.30	41.96	215.9	59.8
亳州市	634.35	9.91	499.6	35.7
宿州市	642.32	12.86	548.6	37.4
蚌埠市	371.1	27.43	325.8	50.9
阜阳市	1051.42	12.03	782.3	37.5
淮南市	243.35	45.64	237.5	67.9
滁州市	449.61	21.63	398.5	47.8
六安市	720.51	13.24	572.5	41.4
马鞍山市	227.73	35.84	222.9	63.9
芜湖市	384.51	47.21	361.7	60.7
宣城市	279.84	18.13	257.4	49.3
铜陵市	73.78	58.34	73.8	78.7
池州市	160.64	18.13	143	50.1
安庆市	620.88	18.01	537.6	42.2
黄山市	147.69	24.84	136.3	47.0

（五）湖南省城镇化现状

第六次全国人口普查结果显示，2010年，湖南省常住人口为6568.3722万，十年共增加1288.449万，年增长率2%。2011年，湖南省城镇人口达到3218.16万，城镇化率45.10%，相较于2000年29.75%的城镇化率（见表3-27），11年间增加了15.35个百分点，城镇化水平和质量显著提升。

表 3-27　　　　　　　　2000—2012 年湖南省人口情况

年份	总人口（万）	人口分布（万）		人口分布（%）	
		市镇	乡村	市镇	乡村
2000	6562.05	1952.21	4609.84	29.75	70.25
2001	6595.85	2031.52	4564.33	30.80	69.20
2002	6628.50	2121.12	4507.38	32.00	68.00
2003	6662.80	2232.04	4430.76	33.50	66.50
2004	6697.70	2377.68	4320.02	35.50	64.50
2005	6732.10	2490.88	4241.22	37.00	63.00
2006	6768.10	2619.93	4148.17	38.71	61.29
2007	6805.70	2752.91	4052.79	40.45	59.55
2008	6845.20	2885.25	3959.95	42.15	57.85
2009	6900.20	2980.89	3919.31	43.20	56.80
2010	7089.53	3069.77	4019.76	43.30	56.70
2011	7135.60	3218.16	3917.44	45.10	54.90
2012	7179.87	3349.41	3830.46	46.65	53.35

湖南省各地市数据（见表 3-28）显示，城镇人口超过 300 万以上的城市有长沙市、衡阳市两个；城镇人口在 200 万—300 万的城市有株洲市、邵阳市、岳阳市、常德市 4 个；城镇人口在 100 万—200 万的城市有湘潭市、益阳市、郴州市、娄底市、怀化市、永州市 6 个。城镇人口不足 100 万的城市有两个，分别是张家界市和湘西州，最少的是张家界市，城镇人口不及 60 万，说明湖南省城镇化较发达的地区集中在长株潭城市群，湘西城镇化进程较慢。

表 3-28　　　　　2012 年湖南省设区市人口和城镇化率情况

地区	总人口（万）	城镇人口（万）	乡村人口（万）	城镇化率（%）
全省	6595.60	2974.62	3620.98	45.10
长沙市	709.07	485.64	223.43	68.49
株洲市	388.08	223.07	165.01	57.48
湘潭市	276.45	143.97	132.48	52.08
衡阳市	716.60	336.73	379.87	46.99

续表

地区	总人口（万）	城镇人口（万）	乡村人口（万）	城镇化率（%）
邵阳市	710.72	242.57	468.15	34.13
岳阳市	548.53	262.25	286.28	47.81
常德市	573.26	229.88	343.38	40.10
张家界市	149.01	58.34	90.67	39.15
益阳市	431.44	177.33	254.11	41.10
郴州市	460.52	199.41	261.11	43.30
永州市	521.25	197.76	323.49	37.94
怀化市	475.10	179.08	296.02	37.69
娄底市	379.32	142.25	237.07	37.50
湘西州	256.25	92.44	163.81	36.07

（六）江西省城镇化现状

表3-29显示，2001年，江西省常住人口为4185.7676万，城镇人口为1272.8919万，城镇化率为30.41%。2012年年末，江西省人口总量突破4500万，达到4503.9321万人，城镇人口达到2139.8181万，2012年比2011年新增城镇人口88.69万，城镇化率达到47.51%，比2011年提高了1.81个百分点。2013年年底，江西省常住人口4522.1468万，比2012年净增18.21万人，城镇化人口数量达到2209.9731万，比2012年净增70.155万，城镇化率达到48.87%。

表3-29　　　　　　　2001—2013年江西省人口情况

年份	总人口（人）	按城乡分（人）		以年末总人口为100	
		城镇人口	乡村人口	城镇人口（%）	乡村人口（%）
2001	41857676	12728919	29128757	30.41	69.59
2002	42224273	13596216	28628057	32.20	67.80
2003	42542255	14472875	28069380	34.02	65.98
2004	42835667	15240930	27594737	35.58	64.42
2005	43112439	15994715	27117724	37.10	62.90
2006	43391287	16783750	26607537	38.68	61.32
2007	43684125	17386282	26297843	39.80	60.20

续表

年份	总人口（人）	按城乡分（人）		以年末总人口为100	
		城镇人口	乡村人口	城镇人口（%）	乡村人口（%）
2008	44001038	18198829	25802209	41.36	58.64
2009	44321581	19138059	25183522	43.18	56.82
2010	44622489	19660669	24961820	44.06	55.94
2011	44884367	20512156	24372211	45.70	54.30
2012	45039321	21398181	23641140	47.51	52.49
2013	45221468	22099731	23121737	48.87	51.13

江西省11个设区市中，2014年，城镇化率超过60%的有4个，分别是南昌市、新余市、萍乡市、景德镇市，城镇化率处于50%—60%的有鹰潭市，其余的九江市、赣州市、吉安市、宜春市、抚州市、上饶市城镇化率均低于全省平均水平，城镇化率处于40%—50%。数据表明，江西省各设区市之间城镇化发展存在区域不平衡现象，具体表现是北高南低，省会南昌市城镇化率最高，超过70%，宜春市城镇化率最低，仅为43.28%。2014年，城镇化水平超过全省均值的仅有5个城市，尚有6个城市城镇化率低于全省平均水平（见表3-30）。

表3-30　　　　　　2014年江西省设区市人口情况

地区	总人口（人）	按城乡分（人）		以年末总人口为100	
		城镇人口	乡村人口	城镇人口（%）	乡村人口（%）
全省	45421607	22810731	22610876	50.22	49.78
南昌市	5240179	3713191	1526988	70.86	29.14
景德镇市	1629754	1015011	614743	62.28	37.72
萍乡市	1890005	1221132	668873	64.61	35.39
九江市	4806885	2360181	2446705	49.10	50.90
新余市	1160793	782723	378070	67.43	32.57
鹰潭市	1147587	622336	525250	54.23	45.77
赣州市	8507458	3742431	4765027	43.99	56.01
吉安市	4881151	2179434	2701717	44.65	55.35
宜春市	5493259	2377483	3115777	43.28	56.72
抚州市	3976568	1729807	2246761	43.50	56.50
上饶市	6687968	3067102	3620866	45.86	54.1

三 中部六省城镇化 SWOT 分析

当前，宏观经济环境复杂多变，政策不断出台，中部六省加快推进城镇化既面临历史机遇，又需要应对挑战，下面针对各自的优势、劣势、机遇和挑战进行分析。

（一）山西省城镇化 SWOT 分析

1. 山西省推进城镇化优势

（1）城镇化快速发展。近年来，山西省城镇化快速发展。山西省统计局的数据显示，截至 2012 年年底，山西省常住人口中的城镇人口为 1851.08 万，比上年增长 65.77 万人；乡村人口为 1759.75 万，比上年减少 48.22 万人，全省城镇化率超过 50%，在全国城镇化水平的位次由第 17 位上升到第 16 位，标志着城镇化进入了加速发展时期。

（2）城市群成为推动城镇化发展的主导力量。根据《山西省城镇体系规划》，要采取"中心集聚，轴线拓展，外围协作，分区组织"的非均衡发展策略，形成以太原为中心，以南北纵贯的大运高速公路、同蒲铁路及其沿线基础设施为主脉，向东西两翼地带拓展的交通基础设施为支脉的"叶脉型"城镇布局基本框架，以及由晋北、晋中、晋南、晋东南 4 个一级城市经济区和 13 个二级城市经济区组成的城镇空间组织体系。目前，"一核一圈三群"城镇体系基本定型：一核即太原都市区，一圈即太原都市圈，三群即晋北、晋南、晋东南城镇群。有人形象地比喻，"一核一圈三群"呈现"人"形布局，"人"的胸是太原都市圈，"人"的头是大同、朔州城镇群，"人"的双手是吕梁、阳泉，"人"的双脚是临汾、运城城镇群和长治、晋城城镇群。

（3）城乡一体化发展良好。早在 2005 年山西省就开始搞"村村通工程"，促进城乡一体化。2008 年，山西省又发布《城乡规划法》，努力改变城乡二元结构，实施城乡一体化发展战略。2012 年，山西省按照"发展绿色农业产业，确保农产品有效安全供给"的建议，创立了城乡一体化"安全农场"发展模式，努力建立现代绿色农业科技支撑体系，为山西城乡统筹发展提供了助力。

2. 山西省推进城镇化劣势

（1）城镇化基础薄弱，滞后于工业化进程。虽然 2012 年山西省城镇化率超过 50%，城镇化水平有了不小的提升，但是，仍旧低于全国平均水平，与发达省份相比，差距则更大。目前，山西省人均地区生产总值为 5327 美元，工业化水平为 52%，城镇化与工业化之比为 0.99%，仍低于国际公认的 1.4%—2.5% 的合理区间，城镇化明显滞后于工业化。同时，按照钱纳里的工业化与城镇化标准，人均 GDP 达到 1000 美元的地区，城镇化水平应在 60% 以上。所以，相较于山西省经济发展的水平，全省城镇化水平比较滞后。

（2）山西省城镇空间地域结构特殊。由于山西省城市经济结构的单一性，各地区资源开发及利用方式趋同，山西省城市空间结构聚集力不强，晋南地区和西安联系较多，大同地区紧密联系北京，晋东南地区与中原贸易往来密切。因此，在推进山西省城镇化进程中，难以形成大中小城市相互协调，且晋南、大同、晋东南相互促进的城镇化格局。山西省城镇空间地域结构的离散性，决定了山西不应走"一枝独大"的城镇化道路。

（3）城镇化内在的质量有待提高。在城市建设上，城市框架拉大，城市规模加大，城市容量扩大，但是，城市公共基础设施没有得到同步协调发展，中小学校、农贸市场、老年服务、社区医疗、幼儿教育、群众体育、污水处理、环卫设施等依然不能满足城市需求。与此同时，在城市建设中，不注意依托本地丰富的历史人文资源，一味地模仿和照搬他人的东西，失去了自身的城市特色和建筑风格，容易造成"文化缺失、文明断裂"的局面。更可悲的是，在推进城镇化建设中，许多有价值的历史文物和风景名胜逐渐被破坏。

3. 山西省推进城镇化机遇

（1）面临多种政策支持的特殊机遇。山西省正处在工业化、城镇化加速发展期，面临促进中部崛起战略深入实施、沿海地区产业加速转移、新型城镇化建设等重大机遇。面对新的发展机遇和诸多条件，山西省的城镇化必将进入一个更加快速的发展阶段。党的十八届三中全会明确提出，要完善城镇化健康发展机制，推动大中小城市和小城镇协调发展。推进新型城镇化，是新时代加快社会主义现代化建设、实现中华民族伟大复兴的中国梦的重大战略。全国各地都在积极稳妥地推进新型城镇化，推动经济持续健康快速发展，加快全面建成小康社会的步伐。因此，加快推进城镇化作为扩大内需和"四化"同步的重要一环，得到许多有利的政策支持。

（2）国家资源型经济转型综合配套改革试验区建设将为城镇化发展

提供强劲动力。2010年12月1日,经国务院同意,国家发改委正式批复设立"山西省国家资源型经济转型综合配套改革试验区",这是我国设立的第九个综合配套改革试验区,也是我国第一个全省域、全方位、系统性的国家级综合配套改革试验区。国家资源型经济转型综合配套改革试验区建设是实现山西省新型工业化的重大战略机遇,产业转型、生态修复、城乡统筹、民生改善四个方面的大改进为山西省城镇化的加速推进奠定了坚实基础。

(3) 省委、省政府对城镇化建设的高度支持。山西省委、省政府高度重视城镇化工作,把新型城镇化作为一项重要的战略来实施,早在2005年山西省政府就印发了《关于山西省城镇化发展纲要》,提出重点发展省会城市和区域中心城市,择优发展县城和中心镇,引导城镇重点布局地带、都市区、城镇组群整合发展,协调城镇建设与基础设施、资源环境、区域经济的关系,促进大中小城市与小城镇协调发展。2011年,山西省政府又发布了《山西省人民政府关于加快推进城镇化的意见》,作为山西省城镇化工作的指导性文件。2013年,山西省委、省政府又印发《山西省城镇化发展"十二五"规划》。这些推进城镇化的战略决策,为山西省进一步推进城镇化提供了重要政策保障。

4. 山西省推进城镇化挑战

(1) 产业支撑不足。以人为本的城镇化发展,在很大程度上取决于人口聚集和经济繁荣。反过来,城镇化发展的关键在于产业支撑。城镇化必须以产业为支撑,如果缺乏独特资源和实业支撑,城镇化就难以发展。山西省是我国能源大省,矿产资源丰富,具有资源优势,在经济社会发展中占有重要地位的矿产有煤、煤层气、铝土矿、铁矿、铜矿、金红石、冶金用白云岩、耐火黏土、水泥用灰岩、熔剂用灰岩、芒硝、石膏、硫铁矿13种,其中,煤炭保有资源储量2767.85亿吨,占全国保有资源储量的20.1%,故而有"煤乡"之称。随着山西省推进工业化,工业内部产值构成畸形,煤炭在经济中的比重居高,产业结构"单一化"明显,一旦煤炭等能源资源枯竭,产业将出现"空洞化",城镇将成为"空城",不利于城镇化的推进。

(2) 城镇环境污染严重。城镇化不是为了城镇化的目标而推进城镇化,而是为了最大限度地满足人们工作和生活的需要。山西省环境污染严重是尽人皆知的老问题。截至2013年,山西省100多名地方官员因环境污染被问责。长期以来，山西省经济发展和城市建设始终没有处理好资源、环境、经济、城市之间的协调发展问题，导致环境污染重和资源消耗高两大严重问题，既制约了经济可持续发展，也影响了城镇化进一步发展。

（3）体制机制不完善。山西省城镇化在不断推进中，城镇化改革也在不断探索中，如人口、土地、财税、金融、住房、公共服务、城市管理等重要领域需要深化改革。山西省城镇化建设的体制机制不完善，主要包括五个方面：一是户籍制度和社会保障制度有待改革，应消除城乡的歧视性差别。二是农村土地制度不合理，土地流转制度需改革。三是公共服务不完善，教育、医疗卫生等领域要改革。四是生态文明制度不全面，需严格节能环保。五是城市管理较落后，应改革城市管理体制。

（二）河南省城镇化 SWOT 分析

1. 河南省推进城镇化优势

（1）城镇化快速发展，城镇化水平显著提高。这些年以来，河南省城镇化水平得到了较大幅度提高。据河南省统计数据，2011 年，河南省共有 38 个城市，有 9 个 100 万以上市区人口的特大城市。2011 年城镇化率为 40.6%，2012 年城镇化率为 42.4%。2014 年，河南城镇化水平提升到 45.2%，相比 2012 年提升 2.8 个百分点，数据表明河南省城镇化发展的速度是相当快的。

（2）中原城市群发展壮大，成为推动城镇化发展的主导区域。2014 年公布的《国家新型城镇化规划（2014—2020 年）》明确提出，加快培育中原等城市群，使之成为推动国土空间均衡开发、引领区域经济发展的重要增长极。2012 年，中原经济区地区生产总值 4.6 万亿元，比上年增长 9.9%；规模以上工业增加值 2.2 万亿元，比上年增加 13.1%；全社会固定资产投资 3.3 万亿元，比上年增长 23.1%；地方公共财政预算收入 3146 亿元，较 2011 年增长 20.5%，五项指标的增速比全国平均增速分别高 2.1 个、3.1 个、2.8 个和 7.7 个百分点，作为全国重要经济增长板块的地位日益凸显。中原城市群在经济总量、人口密度、空间规模、辐射力度等方面都在中部六省城市群中名列前茅，在全国城市群中也是位居前列的，对河南省城镇化发展起到至关重要的支撑作用。

（3）城镇综合承载能力明显提升。随着河南省新型城镇化建设的不断推进，城镇基础设施建设加快，城镇公共服务进一步优化，城镇综合承载功能得到大幅度提升。例如,《河南省人民政府关于推进城乡建设加快城镇化进程的指导意见》强调,河南省以新型城乡、宜居中原建设为主题,把推进城乡一体化、加快城镇化进程作为区域社会经济发展的重大战略,实行"城乡建设三年行动计划",带动投资需求快速增长,提升城镇综合承载能力,着力打造新型城镇化格局,实现城镇化水平质的飞跃。

2. 河南省推进城镇化劣势

(1) 城镇化进程仍相对落后。河南省城镇化水平相比全国及其他省份仍处于较低水平。据河南省统计局数据分析,2011年,河南省城镇化水平为40.6%,与全国平均水平相差10.7个百分点,城镇化率在全国31个省份中排第27位,水平较低。河南省城镇化率在中部六省也处于末位,中部六省中城镇化率最高的湖北省为51.8%,比河南省高出11.2个百分点。并且,统计显示,2013年,河南省常住人口城镇化率达到43.8%,而户籍人口的城镇化率只有26.6%左右,这意味着有将近1635万农民没有实现市民化,处于半城镇化、伪城镇化状态。

(2) 城镇体系不合理。根据对城市规模的划分,在河南省38个城市中,特大城市、大城市、中等城市、小城市的数目分别为2个、7个、12个和17个,城市规模结构不合理。《河南省城市发展报告(2012)》指出:第一,核心城市辐射功能不佳。首位度较低的郑州市经济实力较弱,辐射能力不强,作为核心城市的郑州市对河南省经济发展的辐射作用还有所欠缺,在全国城镇体系中的等级地位有待提高。第二,中小城市规模普遍偏小。河南省中等层次的城市不多,一些地级市市域人口已超过1000万,反而中心城区人口却达不到100万,更有的甚至中心城区人口不足50万,有"大马拉小车"之嫌,规模结构不适中。第三,城市产业结构趋同化。各城市产业结构雷同现象严重,没有形成差异化发展,同时,城市间各自为政,缺乏互补,城镇体系不紧密,阻碍了全省经济和社会"一盘棋"发展进度。

(3) 小城镇基础设施建设滞后。基础设施的建立与完善对于小城镇的城镇功能提升、加快人口集聚和推进城镇化具有重要作用。但是,由于财政收入有限,融资渠道单一,基础设施建设资金急缺,公共服务来源不足,而小城镇化的发展促使人口增加和经济繁荣,基础设施和公共服务配套又滞后,制约着小城镇建设质量的提升。

3. 河南省推进城镇化机遇

（1）城镇化发展空间巨大。近些年来，河南省的国民经济持续保持平稳发展的良好态势，人均 GDP 已经超过 3000 美元，这是一个重要的经济发展转折期。根据国际上城镇化大量事例中的一般规律，当一个国家或地区的人均 GDP 超过 3000 美元时，城镇化进入了高速发展时期。随着未来新型工业化的不断推进，河南省城镇化发展的空间巨大。

（2）承接产业转移带来的机会。产业转移是区域经济差异化必然发生的趋势。伴随着全球范围内产业的分工合作和产业结构的优化调整，东部地区和发达国家的大量产业正在加速向中西部地区转移，承接东部沿海产业转移为河南省加快发展新型城镇化带来了良好的机遇。承接产业转移，能促进城市产业发展水平，形成产业集聚区，带动人口和生产要素向城镇集聚，进一步拓展城镇化发展的空间。河南省可以充分发挥资源优势、空间优势和劳动力优势，积极建设综合配套改革试验区，抓住产业转移的机遇，促进产业在区域空间上的不断聚集，从而推进新型城镇化加速发展。

（3）国务院和河南省的政策支持。国务院颁布的《关于支持河南省加快建设中原经济区的指导意见》指出，河南省应该充分灵活发挥中原城市群的辐射作用，加快形成大中小城市和小城镇协调发展的城镇化发展格局，走城乡统筹、社会和谐、生态宜居的新型城镇化道路，支撑和推动"三化"协调发展。2011 年，河南省颁布的《河南省国民经济和社会发展第十二个五年规划纲要》明确提出：把加快新型城镇化作为"三化"协调科学发展的引领，作为建设中原经济区的关键性、全局性战略举措，加快产业和人口向城镇集聚，强化中原城市群的支撑带动能力，构建现代城镇体系，走出一条"全面开放、城乡统筹、经济高效、资源节约、环境友好、社会和谐"的新型城镇化道路。2013 年 12 月 25 日，河南省又出台了《中共河南省委关于科学推进新型城镇化的指导意见》，强调要坚持以人口城镇化为核心，强化"一基本两牵动"，推进农业转移人口进得来、落得住、转得出；坚持因地制宜、合理布局，以中原城市群为主体形态，促进大中小城市和小城镇协调发展，提高城市综合承载能力。这些改革措施的出台为推进河南省城镇化建设提供了强大的政策保障。

4. 河南省推进城镇化挑战

（1）城镇化水平偏低，异地城镇化现象严重。据统计，河南省城镇化水平相比全国及其他省份仍处于较低水平。2012年，河南省城镇化率为42.4%，低于全国平均水平10个百分点，城镇化率在全国31个省份中排位靠后。河南省是全国外出务工人员输出的第一大省。截至2012年年底，全省农村劳动力转移就业总量已达2570万人，其中，省内转移1451万人，省外输出1119万人。目前，河南省外出务工人员已经流转向全国各地以及全球超过40个国家和地区，在总量上农村劳动力转移力度位居全国第一。

（2）资金制约显现，依靠土地财政支撑城镇化建设后劲不足。河南是地域广、财力弱，经济发展水平总体偏低的省份，缺乏财力对城镇建设的投入是一个长期存在的问题。城镇化建设所需资金基本上是围绕土地做文章，俗称"土地财政"。作为中国粮食主产区的河南，肩负"保耕地"的重任，土地开发受限，财政收入不足。例如，河南省开封市拟将该市老城区改造成近20平方千米的旅游区，重现北宋"汴京"。要实施该工程，十几万市民将在未来四年内从老城区搬离，仅拆迁费用就需1000亿元，而开封市的财政收入不到50亿元。依靠土地财政，肆意到处举债，不但占用大量的财政支出，最终也会形成巨大的资金赤字，阻碍城镇化的发展。

（3）农民工进城就业渠道过窄。河南省城镇规模普遍偏大，城镇人口集聚程度较高，但工业化对城镇化的支撑作用不明显，以产业带动就业的难度较大。同时，农民工教育水平较低、职业技能不高，就业意识单一，思想观念保守等造成就业困难、收入偏低、生活贫困。因此，不少农民工外出打工，造成农村"空心化"。《2014年河南省农民外出务工情况调查报告》显示，2014年，河南省85.1%的农村家庭有劳动力转移，户均劳动力转移人数为1.74人。外出务工群体的总体规模仍呈现增长态势。

（三）安徽省城镇化SWOT分析

1. 安徽省推进城镇化优势

（1）发展速度明显加快。统计数据表明，2001—2012年，安徽省城镇化率年均增长4.5%，高于全国3.4%的平均水平。2012年，全省5988万常住人口中，城镇人口2784万，占46.5%，根据衡量城镇化发展的诺罗姆曲线，安徽省处于快速城镇化时期，城镇人口步入快速增长轨道，预计今后可能以每年近两个百分点的速度不断提升城镇化率。

（2）城镇体系初步形成。安徽省中心城市的发展还是很迅速的，作为省会城市，2014年，合肥市的城镇化率为69.1%，全省排名第二。铜陵市的城镇化率为78.7%，全省排名第一，远高于其他城市。芜湖市的城镇化率为60.7%，淮南市的城镇化率为67.9%，马鞍山市的城镇化率为63.9%。沿江城市领先发展，江北、江南产业集中区蓬勃发展；皖北、皖西城市加速发展，安徽省已形成皖江城市带、合肥经济圈和皖北城市群各具特色、梯度有序的城镇化战略格局。

（3）城镇建设不断提升。安徽省的城市建设也在不断推进，各级政府正探索土地流转的各种方式，或与矿业权一起，通过招、拍、挂等方式，出让土地使用权，或建立专门的农村产权交易中心，处理土地流转事宜。安徽省不少城市（如蚌埠市）的旧城改造热火朝天，新区建设干劲十足，工业开发区质量提升，中心商务区功能完善，在城市进一步扩张的同时，城镇软硬环境建设也得到了进一步加强。

2. 安徽省推进城镇化劣势

（1）城镇规模偏小，区域差距大。安徽省统计局的最新调查报告显示，合肥市的城市首位度（GDP占全省GDP的比重）只有24.1%，低于中部地区的武汉市和长沙市。从某种意义上讲，地级市太多，资源分散。安徽省城镇化的一大问题就是水平总体滞后、区域差距大。根据统计数据，皖江城市带的城镇化率超过50%，但皖北城市群城镇化率只有40%左右，皖江和皖北两大城市群相差十来个百分点；四个大城市（合肥、芜湖、马鞍山和铜陵）的城镇化率超过了70%，而阜阳、宿州、亳州的城镇化率不到40%。

（2）缺少支柱产业支撑，发展后劲不足。农民进城就业和创业必须有一定的产业支撑体系，只有很好地就业，才能从根本上让农民在城市留下来、留得住。城镇化建设的目的是推动农村人口转移市民化。关键是靠第二产业和第三产业吸纳人口。产业兴，才能城市兴；商业旺，才能人气旺。但安徽省工业和服务业欠发达，产业层次不高，会导致农民工市民化后就业谋生的不稳定，产业体系和就业体系均比较脆弱。

（3）城镇建设资金短缺。安徽省城镇化建设所需资金是很大的，但来源不多，通过发行债券、发行股票、引入民间资本等方面的比例较低。

在现有的信贷规模控制和财政收入增长放缓的情况下，面对快速增长的城镇化建设资金需求，城镇化建设将面临极大的资金压力。县财政在财政方面实行垂直管理方法，没有多余资金可供乡镇政府投资于城镇建设，由于"僧多粥少"，使县级财政"心有余而力不足"。而省市财政也是"撒胡椒面"，难以全面顾及各地的城镇化建设。

3. 安徽省推进城镇化机遇

（1）处在城镇化快速发展的战略机遇期。安徽省工业化正处于快速发展阶段，人口加速从农村向城镇集聚，也是从农业转移到工业的过程，有力地促进城镇规模与工业规模同步扩张。《国家新型城镇化规划（2014—2020年）》提出，新型城镇化建设将坚持以人口城镇化为核心，以城市群为主体形态，以综合承载能力为支撑，全面提升城镇化质量和水平。在省委省政府的大力推动下，安徽省城镇化的进程将进入加速发展阶段，蕴含着巨大的发展空间和潜力。

（2）打好了快速城镇化的底子。按照安徽省城镇化规划，以区域中心城市为核心，以其他设区市为节点，以县城和中心镇为基础的现代城镇体系基本形成。到2030年，芜湖市中心城区城市人口为280万。未来几年，安徽省将有序、分类、稳步地推进新型城镇化，加快形成以中心城市和城市群为核心，以中小城市和小城镇为基础的现代城镇体系，构建以"一带一圈一群"为主体的城镇化战略格局，加快皖江城市带、合肥经济圈和皖北城镇群的城镇化步伐。

（3）国内需求深入拓展的前景广阔。未来一个时期，我国城乡居民消费结构处于不断升级过程中，城乡居民消费增长的潜力很大。同时，我国将处于城镇化加速推进期，农民工市民化使农民工及其家庭成为重要的消费力量：一方面，农民进城将对城市基础设施产生巨大需求，带动投资需求的增长；另一方面，收入提高刺激消费市场，促进消费需求的增长。国家坚持把扩大内需作为长期战略方针，有利于完善城镇功能和提升城镇质量；反过来，城镇化的不断推进也有利于刺激消费和拉动内需。

4. 安徽省推进城镇化挑战

（1）城市综合配套滞后。目前，在安徽省不少地方的城镇化过程中，重建设轻配套的现象十分严重。城市建设速度越来越快，建设规模越来越大，但城市的配套设施没有得到相应的发展，学校、医院、交通、卫生等依然不能满足城市需求,不仅是硬件设施捉襟见肘,软件环境更加落后。据测算,农民市民化的成本为 10 万/人,主要构成为义务教育、社会保障、住房保障、道路及公共基础设施、城市管理支出等。其中,教育和社会保障支出约占市民化成本的 85%。因此,农民工进城后反映比较多的问题包括子女如何上学、有没有医疗保险、能不能申请保障性住房等。

(2) 小城镇建设面临较多困难。小城镇作为"城之尾,乡之首",对加速城镇化、完善城镇体系和实现城乡一体化具有十分重要的作用,是城镇化建设的重要一环。然而,镇政府虽然是一级财政,但财政收入有限,不少镇基本上是吃饭财政,没有多余的钱搞小城镇建设,制约了小城镇的发展。

(3) 人口和资源环境的制约。从安徽省推进新型城镇化的结果来看,资源粗放利用、生态污染严重、环境承载薄弱等问题已成为安徽省城镇化建设的突出矛盾。安徽省每年至少有 100 万人口从农村转移到城市,势必引起更大的城市环境问题,这对资源环境的要求更高。安徽省必须全面规划好土地资源的利用,形成合理的空间格局,必须增强城市承载能力,通过绿色崛起推动快速城镇化地区的科学发展。

(四) 湖北省城镇化 SWOT 分析

1. 湖北推进城镇化优势

(1) 城镇化率快速提高。根据统计数据,2012 年,湖北省城镇化率达到 53.50%,比全国平均水平高 0.9 个百分点,比 2011 年年末的 51.83% 上升 1.67 个百分点,说明湖北省城镇化发展速度较快。湖北省 2012 年年末的城镇人口为 3091.77 万,比 2011 年年末的 2984.32 万人增长 107.45 万人,增长 3.60%;乡村人口为 2687.23 万,比 2011 年年末的 2773.68 万人减少 86.45 万人,下降 3.12%。特别是 2007 年 12 月 7 日,武汉城市圈经国务院正式批准成为"全国资源节约型和环境友好型社会建设综合配套改革试验区"。武汉城市圈集中了湖北省一半的人口和六成以上的 GDP 总量,是湖北省城镇化发展的核心区域。

(2) 城镇体系明显优化。按照湖北省城镇化规划,要加快形成和完善以武汉市为中心,以襄樊市、黄石市、宜昌市、荆州市、十堰市为骨干,以中小城市(镇)为纽带,辐射和带动全省社会经济发展的城镇格局。至 2011 年年底,按城镇规模分,湖北有特大城市和大城市 6 个,有中小城市40个，有3万人以上的建制镇46个。随着长江经济带的加速开放开发和长江中游城市群规划的批复，湖北省城镇发展空间将极大地拓展，武汉市作为中部地区的龙头作用凸显，全省城镇化布局有望得到进一步优化。

（3）城乡一体化建设加快。湖北省的城乡一体化建设做得还是比较突出的，鄂州等城乡一体化试点、仙洪新农村建设试验区和88个新农村建设乡镇试点等工作探索出一条具有湖北特色的城镇化路子和一条城乡一体化发展的路子，为城镇化建设提供了宝贵的经验。例如，鄂州市作为全省城乡一体化试点城市后，市委、市政府紧紧抓住试点机遇，围绕实现"两个率先"和建设"两型社会"的目标，统筹城乡发展，加快小城镇建设，城乡一体化工作稳步推进。确定并完善了以主城区为中心、以3座新城为支点、以10个特色中心镇为节点和以其他乡集镇和102个中心村（新社区）为基础的城镇功能及城乡一体化格局。

2. 湖北省推进城镇化劣势

（1）二级城市发展严重迟缓。按照特大城市、大城市、中等城市、小城市（含建制镇）人口规模分级，湖北省各级城镇人口所占的比重分别为20%、13%、16.5%、50.5%，这样的城镇规模分布结构是典型的"两头大、中间小"。湖北省城镇化格局是"一市（武汉）独大"，而湖北省的发展战略也鼓励支持"一市独大"。湖北省这些年的经济发展在资金、土地等优惠政策的支持上以及重大项目的放置上也向武汉市倾斜，这会形成一种极化效应，但不利于二、三级城市的发展，导致襄樊、宜昌、黄石、十堰等市的经济总量在中部六省的城市排位长期处在后面。

（2）小城镇建设主体作用发挥不够。湖北省作为区域发展不平衡的一个大省，小城镇建设相对较晚，发展较为缓慢，导致小城镇规模不大、环境不优。目前，湖北省共有建制镇739个，建成区总人口1398万，其中，县市区政府所在地建制镇45个，人口542万；一般建制镇694个，人口855.9万。长期以来，由于城乡二元经济结构的割裂，湖北省呈现"两极分化"现象，加上长期的"重城市、轻农村"的思想，使小城镇建设缺乏政策支持和资金扶持，相对于城市建设，小城镇建设的速度比较缓慢。

（3）城镇基础设施不全。随着城镇化建设的不断推进、城市规模的急剧扩大和日益增长的城镇人口，城市废气、废水、废渣大量排放，环境严重污染，生态破坏剧烈，居民的身体健康和生活品质受到不同程度的影响。根据《关于小城镇建设的成绩与问题调研报告》的资料，在湖北省建制镇中，有专门处理工业废水装置的城镇仅占33.7%，及时清运居民生活垃圾的城镇比例为49.4%。小城镇处理生活垃圾和工业"三废"的能力低，缺乏足够的城市污染处理设施，节能环保产业发展不到位，基础设施建设的历史性欠账较多，加重了小城镇生态环境的负担，不利于小城镇的发展。

3. 湖北省推进城镇化机遇

（1）先发优势为湖北省推进城镇化奠定良好基础。湖北省是我国实行市建制最早的省份之一，1926年设置湖北省第一个市建制城市——汉口市。自改革开放以来，湖北省城镇化总体水平不断提高。特别是近年来，武汉城市圈的打造引起各方关注，对湖北省的区域经济发展起到十分重要的支撑作用，上升到国家战略后，更成为中部地区崛起的重要战略支点。长江经济带的建设也将以湖北省作为核心地带，这些战略措施为湖北省走出一条具有特色的新型城镇化道路提供了坚实的基础。

（2）产业转型为湖北省城镇化提供了历史性的机遇。历史经验表明，经济危机往往催生新一轮科技革命，依靠科技创新培育新的增长点和增长模式，从而实现经济的复苏和繁荣。例如，世界主要国家推行"绿色新政"，把发展绿色能源作为刺激经济的重要手段，掀起了发展绿色能源和低碳经济的热潮，成为推动产业转型升级的重要力量，成为国际竞争的制高点。因此，世界各国加大对传统产业转型升级和战略性新兴产业发展的扶持，使之成为未来经济发展新的增长点。湖北省承东启西的区位优势便于承接产业转移，有利于产业转型升级，为加快全省工业化和城镇化的协调发展提供了十分难得的重大机遇。

（3）"中三角"战略对湖北省城镇化带来新的机遇和新的挑战。2012年2月，湖南、湖北、江西三省签署合作协议，确立构建以长沙、武汉、南昌为核心，涵盖长株潭城市群、武汉城市圈和环鄱阳湖区域30个城市的长江中游最大城市群——中三角。2013年10月12日，国家发改委组织鄂湘赣皖四省相关部门在武汉市召开长江中游城市群一体化发展规划前期工作会议，就推进一体化规划编制工作做部署。2014年，国家层面酝酿出台长江中游城市群总体规划。2017年党的十九大报告指出，要以共抓大保护、不搞大开发为导向推动长江经济带发展。长江中游城市群是我国区位条件优越、交通发达、产业基础好、科教资源丰富的区域之一，在未来空间开发格局中具有举足轻重的战略地位，作为长江中游城市格局中的龙头，对湖北省城镇化产生重大影响。

4. 湖北省推进城镇化挑战

（1）城镇化水平不断提高伴随着空间发展需求的压力。湖北省正处在城镇化的加速发展时期，由此带来城市建设用地持续增加。由于城镇化建设，各种土地（如商业用地、工业用地等）规模都急剧扩大，土地利用粗放、浪费的情况十分严重，造成土地利用缺口巨大和土地利用效率低下的现象。估计到2020年，湖北省城镇化建设用地缺口将达到11.5万公顷。同时，由于用地供需矛盾突出，地方政府在用地指标分配上一般倾向于中心城市而对小城镇限制较严，造成"劫贫济富"的现象。

（2）体制机制不完善。要加快新型城镇化建设，在户籍制度、公共服务、就业岗位、社会保障、城市管理等方面还有许多事要做，现行的体制机制仍然存在许多问题，进一步推进新型城镇化的速度受到束缚，尤其是农业人口转移的市民化成本负担机制尚未建立；农民工基本公共服务尚不完善，城市建设质量尚未提升。这涉及户籍、土地、财税、金融、教育、医疗、住房等诸多领域需要改革。

（3）城市基础设施滞后。城市基础设施历史性欠账较多，导致城市公共设施、基础设施水平相对滞后。例如，教育设施投入不足，医疗资源严重缺乏，停车场、公共绿地、公共厕所、公共广场、垃圾中转站等基础设施建设都严重滞后。这是一个老话题，也是一个从来没有解决的问题，各级部门热衷于搞"铁公基"建设，建了拆、拆了补，既浪费财力又影响市容，却没有从老百姓的切实需要出发，从如何支持城镇化的发展出发。例如，交通设施的规划建设经常短期化、私利化，新的道路尚未建成，旧的设施已经破坏，或者建好之后，发现已经不能满足新情况下的城市居民使用，需要重新扩建扩容。

（五）湖南省城镇化 SWOT 分析

1. 湖南省推进城镇化优势

（1）城镇化快速发展。近年来，湖南省城镇化发展速度很快，城镇人口急剧增加，城镇人口在200万人以上的市州超过半数。根据湖南省统计数据，2012年，全省14个市州中，城镇人口在300万以上的有两个，城镇人口占全省的27.14%；城镇人口在200万—300万的城市有6个，其囊括的城镇人口占全省的46.13%；城镇人口在100万—200万的城市有4个，其城镇人口占全省的21.60%；城镇人口在100万以下的城市有两个。与2011年比较，城镇人口在200万—300万的城市由4个增加到6个，城镇人口在100万—200万的城市由6个减少到4个，其余保持不变。

（2）城镇化格局基本形成。根据《湖南省推进新型城镇化实施纲要（2012—2020）》，湖南省按照省委、省政府的要求，着力以长株潭城市群为核心，以城市群为主体形态，以中心城市为依托，以县城和中心镇为基础，构建大中小城市和小城镇协调发展的新型城镇体系，基本形成构建"一核五轴"的城镇空间发展格局。"一核"即长株潭城市群；"五轴"即岳阳—郴州城镇发展轴、常德—永州城镇发展轴、石门—通道城镇发展轴、株洲—怀化城镇发展轴、长沙吉首城镇发展轴。湖南的"一核五轴"发展战略已成为中部地区的一个"样板"，受到学界和各相关部门的关注。

（3）城镇发展质量提高。近些年来，湖南省城镇化水平明显提升，城镇功能不断健全，生活环境逐渐改善，特别是在全国率先提出建设"两型社会"。2007年12月，国家批准长株潭城市群为全国资源节约型和环境友好型社会，并建设综合配套改革试验区。长株潭城市群作为全国"两型社会"建设综合配套改革试验区，为探索湖南特色的城镇化道路提供了经验。同时，长株潭城市群也在不断推进同城化，被《南方周末》评为"中国第一个自觉进行区域经济一体化实验的案例"，在经济区域与行政区划协调还不完善的情景下，通过省委、省政府的大力支持，建立交通一体化、通信一体化和金融一体化体系，长株潭为其他城市群做了榜样。

2. 湖南省推进城镇化劣势

（1）城镇化水平仍较低。湖南省统计局发布的决策咨询报告显示，湖南省城镇化率由2000年的29.75%提高到2012年的46.65%，但仍低于全国平均水平。按照湖南省2020年全面建成小康社会目标测算，城镇化率年均要提高1.7个百分点以上，才能实现发展目标。尤其是湘西、娄底、怀化、永州等城市的城镇化率还不到40%。落后的城镇化建设不仅限制了当地经济的发展，也限制了农村转移人口在城市就业的机会，需要认真分析、仔细研究、出台政策，推动城镇化加速发展。

（2）城镇体系尚未形成多极化格局。城镇化进程正在加快，城镇体系多极化正越来越成为新型城镇化的一个重要趋势。在此背景下，湖南省本欲以长株潭为主体、以中小城市为节点、以县城和中心镇为基础，形成以点带面的多极化格局，从而建立一个大中小城市和小城镇协调发展的城镇化体系。然而，现实情况是，湖南省除长株潭连为一体、城镇化率超过了全国平均水平外，其余城市均未达到全国的平均水平。从湖南省地图可以看出，即使是居于其次的岳阳（城镇化率为47.81%）、衡阳（城镇化率为46.99%）、郴州（城镇化率为43.3%）、益阳（城镇化率为41.10%）和常德（城镇化率为40.10%），均与长株潭地区紧密相连，而与长株潭距离较远的其他地区的城镇化率很低。由此可知，长株潭虽然形成单极独大的格局，但城镇化发展的区域失衡必然将极大地阻碍湖南省城镇化的进一步发展。

（3）城市发展品质还需提升。湖南省城镇化的"单极独大"现象比较严重，人口都聚集在少数大城市之中，环境污染、交通拥堵等问题突出，而城市管理又滞后于城市建设，带来农民工就业、子女入学等一系列社会问题。因此，城市发展对城市未来的管理造成更为严格的挑战，城市管理水平还有待提升，不仅"硬环境"需要着力完善，"软环境"更需加快优化。

3. 湖南推进城镇化机遇

当前，湖南省正处在一个城镇化加快发展的机遇期，许多发展机遇降临湖南省：一是从国际或者国内关于城镇化发展的规律来看，湖南省城镇化水平在2013年超过48%，进入理论意义上的城镇化加速发展阶段；二是从区域发展地理格局来看，经济转型升级已经渗入东部沿海地区，产业加速向内地转移，农民工开始返乡，要素开始回流，作为中部地区能够承接产业转移的湖南省，这些因素将进一步助推湖南省的城镇化发展；三是从国家宏观政策来看，城镇化进程被中央视为扩内需、稳增长的战略重点，对城镇化的政策支持力度将进一步加大，特别是打造长江中游城市群和融入长江经济带的国家战略，为湖南省快速推进城镇化进程创造优良的氛围；四是从内部条件来看，湖南省综合交通体系经过这些年的不断改造、持续完善，城镇时空距离逐渐缩小，同城化趋势进一步加快，为湖南省城镇化建设打下了坚实基础。并且国家区域发展战略大力扶持环长株潭城市群、大湘西、湘南"三大板块"，为推进新型城镇化创造了良好的条件。

4. 湖南省推进城镇化挑战

(1) 资源环境压力大。湖南省城镇化进程也出现了"冒进"现象：城镇化速度虚高，特别是"土地城镇化"的速度太快，给资源、环境带来了很大的压力，甚至造成巨大的破坏。2005—2012年，湖南省城镇化率迅速由37%上升到46.65%，而湖南省适度人口容量为4100万，临界人口容量为8500万，2012年人口为7100万，接近临界容量。城市人口的急剧膨胀，给城市环境带来了诸多问题：空气污染、水污染、固体废弃物污染和城市生活垃圾污染、噪声污染等对城市居民生活造成了负面影响。据国家环保部统计，2011年，湖南省废水排放量位居全国第九；废水中化学需氧量排放位居全国第七；废水中氨氮排放量位居全国第三，工业氨氮排放量位居全国第一。

(2) 城镇化建设财力有限。各级地方政府在推进城镇化建设中一个最大的困难就是"钱从哪来"。中国社会科学院发布的《城市蓝皮书》显示，目前，我国农业转移人口市民化的人均公共成本东部地区为17.6万元、中部地区为10.4万元、西部地区为10.6万元，全国平均成本每人13.1万元。该蓝皮书预计在2030年我国将达到68%左右的城镇化率，在2030年之前，我国大约有3.9亿农业转移人口需要完成市民化的转化。而3.9亿农民市民化需要约51.1万亿元政府公共成本。政府公共成本的巨额支出无疑将成为各级政府的财政负担，所以，必须找寻可持续的城市投融资机制。

(3) 土地资源供应紧张。高房价是我国新型城镇化所面临的一个重大问题，卖地收入被政府视为重要的财政收入来源，从而政府"看得见的手"一定程度上推高了房价，高房价使农村转移劳动力人口安居城镇受到限制，严重阻碍了城镇化的进一步推进。据新浪乐居数据整理，2013年，全国重点城市卖地排行榜出炉，上海、北京、杭州名列全国土地出让总金额排行榜前三位，长沙则以461亿居全国第12位。同时，在现有土地管理体制下，土地使用效率低下，土地供应数量不足，土地产权流转不畅，这对城镇化的进一步推进形成了制约。

(六) 江西省城镇化SWOT分析

1. 江西省推进新型城镇化优势

(1) 城镇化快速发展，城镇化水平显著提高。近年来，江西全省城镇化快速发展，城镇人口迅速增加。据统计，2012年年末，江西省常住人口总量突破4500万，达到4503.93万，比上年增长0.35%，城镇人口达到2139.82万，比上年新增88.6万人，人口城镇化率达到47.51%，比上年提高了1.81个百分点。《江西省新型城镇化规划》提出，到2020年，全省城镇化水平为60%左右，全省城镇人口为2900万左右。但2015年江西省城镇化率比全国平均水平低4.4个百分点。到2020年，要实现城镇化率达60%的小康目标，意味着今后几年江西省城镇化率年均增长必须达到1.6个百分点。未来江西省围绕"以人为本"，构建城镇结构体系，提升城市综合承载能力、促进中小城市的发展，加快县城和中心镇发展，推进农业转移人口市民化。

（2）"龙头昂起、两翼齐飞"不断凸显，成为推动城镇化发展的主导区域格局。2013年7月，江西省委十三届七次全会做出"做强南昌、做大九江、昌九一体、龙头昂起"的战略部署。2014年10月9日，《昌九一体化发展规划（2013—2020）》正式发布，强调：一是做强南昌，加快打造带动全省发展的核心增长极。二是做大九江，加快推进九江大开放大发展。三是昌九一体，加快促进鄱阳湖生态经济区"龙头昂起"。2013年8月23日，江西省政府出台了《关于支持赣东北扩大开放合作加快发展的若干意见》，提出建设以上饶市中心城区为核心，包括玉山、横峰、广丰、弋阳、铅山的信江河谷城镇群，努力建设内陆城镇化示范区。支持上饶构建赣浙闽皖四省交界区域中心城市。2013年12月23日，江西省政府正式印发《关于支持赣西经济转型加快发展的若干意见》，以沪昆线为主轴，新余、宜春、萍乡中心城区为主体，辐射带动周边城镇，构建"新宜萍"城镇密集带。鼓励丰城、樟树、高安、奉新、靖安融入南昌大都市区。"龙头昂起、两翼齐飞"的区域发展格局基本形成，这为江西省新型城镇化发展提供巨大的平台。

（3）政策支持力度不断加大，成为推动城镇化发展的重要力量。2010年6月，江西省政府出台了《关于加快推进新型城镇化的若干意见》，提出，到2020年，江西省城镇化率水平将达到58%左右；江西省拥有南昌一个300万城区常住人口以上的特大城市，九江、赣州两个100万—150万人口的特大城市，景德镇、抚州、萍乡、上饶、新余、吉安、鹰潭、宜春8个50万—100万人口的大城市，28个人口为20万—50万的中等城市，37个人口为10万—20万的城市，14个人口为5万—10万的城市。2012年5月29日，江西省政府又出台《关于进一步加速城镇化发展的实施意见》，按照"龙头昂起、两翼齐飞、苏区振兴、绿色崛起"的区域发展格局，以鄱阳湖生态经济区为依托，以沿沪昆线和京九线为主线，聚集优势产业，提高规模效应，着力培育和发展以南昌市为核心的南昌大都市区，加快发展赣州都市区、九江都市区，构筑"一群两带三区"为主骨架的省域城镇空间结构体系，促进大中小城市和小城镇协调发展。2013年4月22日，《江西省城镇体系规划（2012—2030年）》向社会公告，征求意见。根据规划，江西省2030年城镇人口将达到3500万左右，构筑"一群两带三区"省域城镇空间发展总体结构，建设"五纵五横"的高速公路网，同时加密地方高速公路连接线；构筑"五纵五横"的铁路网和"两纵三横"的高速铁路（客专）网。2014年7月，江西省政府出台《江西省新型城镇化规划（2014—2020年）》，提出，到2020年，户籍人口城镇化水平达到40%左右，常住人口城镇化水平力争接近或完成60%，户籍人口城镇化水平与常住人口城镇化水平差距缩小2个百分点左右，争取完成630万左右的农业转移人口和其他常住人口在城镇落户。城镇化政策集中、频繁地公布，彰显了江西省委、省政府对推进城镇化建设的高度重视。

2. 江西省推进城镇化劣势

（1）城镇化发展不迅速。改革开放之初，江西省城镇化率与全国平均水平基本相当，但进入20世纪80年代以后，与全国其他省份的差距逐步拉大，直到进入21世纪才奋起直追。据统计调查，2000年以来，江西省城镇化水平连续五年以近两个百分点的速度增长；到2013年年底，全省城镇人口已突破2200万，城镇化率达49.21%，在中部六省中，城镇化发展速度位居第一。虽然这几年，江西省城镇化进度显著加快，但和全国城镇化率平均水平还存在不少差距。2012年，江西省与全国城镇化率差距达5.1个百分点，城镇化率在全国名列第20位。到2020年，江西省城镇化率要达到全国平均水平，面临的压力不小。

（2）城镇体系不合理。根据《江西省新型城镇化规划（2014—2020年）》，2012年，按城市市辖区城镇人口分组，江西省400万以上的城市没有1个，200万—400万城市只有1个，100万—200万城市"断档"，50万—100万城市才5个，与中部其他省份差距较大。中心城市数量偏少，规模不大，人口和产业集聚能力有限。与此同时，2012年，全省11个区市中只有5个设区市人口城镇化率高于全省平均水平，只有3个设区市的人口城镇化率超过60%。

（3）城乡统筹不到位。城乡基本公共服务不到位、基础设施建设比较滞后，产业协调发展、要素优化配置、城乡共同发展、环境综合治理等体制机制不健全，制约城镇化的进一步推动和城市质量的进一步提高。另外，新农村建设的不到位也使城乡发展不协调，要实现城乡一体化还需更多的努力。

3. 江西省推进城镇化机遇

（1）处在城镇化快速发展的战略机遇期。根据诺瑟姆曲线，当城镇化水平达到10%时，就表明城镇化进程开始启动，该阶段城市人口占区域总人口的比重低于25%，城市发展水平还比较低，速度还比较慢；当城市人口占区域总人口的30%以上时，城镇化速度开始加快，农村人口大量涌入城市，城市规模不断扩大。当城市人口占区域总人口的70%以上时，城市人口增长处于较为稳定的发展阶段，城乡差别逐渐缩小，并有可能出现逆城镇化现象。目前，江西省的城镇化率为49%，正好位于城镇化发展的"S"形曲线的中期，也意味着进入了城镇化的加速发展阶段，这也正是城镇化和工业化互动发展的"黄金时期"。

（2）产业支撑城镇化的快速发展。江西省的工业增加值从2001年的603.23亿元增长到2012年的5854.6亿元，增长近10倍，而同期GDP翻了6倍。工业增加值多年来保持近20%的增长率，远高于GDP的增长速度。与此同时，工业占GDP的比重由2001年的27.7%上升到2012年的48.4%，占据江西省经济的"半壁江山"。其中，2012年，江西省十大战略性新兴产业工业增加值达1932.38亿元，占江西省规模以上工业的39.6%；实现销售产值8217.97亿元，占规模以上工业销售产值的39.8%。工业园区是江西省工业增长最具活力的载体。江西省工业园区有94个（含国家级18个），各市区工业园区的发展重点有所侧重，其中，南昌（8个，含国家级5个）、九江（12个，含国家级2个）、赣州（16个，含国家级2个）三地的工业园区发展水平较高。据统计，2012年，全省工业园区完成工业增加值3465.6亿元，占整个工业增加值的59.2%。截至2013年4月，江西省主营业务收入过百亿元人民币的工业园区已有12个，比2012年同期增加3个。工业的快速健康发展强有力地支撑了江西省城镇化建设。

（3）江西省和国务院的政策支持。江西省"十二五"规划中明确提出：实施城镇化和主体功能区战略，统筹城乡规划、产业布局、基础设施和公共服务，逐步形成区域经济优势互补、主体功能定位清晰、国土空间高效利用、人与自然和谐相处的区域发展格局。2011年6月9日编制完成的《江西省"十二五"新型城镇化规划》提出，以建设鄱阳湖生态经济区为龙头，以加快人口和产业集聚为重点，以机制体制创新为动力，以提高集聚力和辐射力、城镇综合承载力为核心，坚持绿色发展、生态立省战略，全力扶持区域中心城市做大做强，努力发展中小城市和小城镇，构建沿京九线和沪昆线城镇带，着力培育以南昌市为中心的鄱阳湖生态城市群，促进协调大中小城市和小城镇发展。2014年编制完成的《江西省城镇化发展规划（2013—2020年）》提出，走以人为本、集约紧凑、绿色低碳、四化同步的新型城镇化道路。特别是中央城镇化工作会议的召开和《国家新型城镇化规划（2014—2020年）》的出台，构成了中国城镇化发展的一个重要里程碑，为江西省新型城镇化发展注入了强大的动力。

4. 江西省推进城镇化挑战

（1）农民进城意愿不高。根据江西省发改委在江西省贵溪市调研的情况，农村居民进城就业经商务工的热情高，但在城镇落户的积极性不高。截至2012年年末，贵溪市总人口61.1万，其中，农业人口50.33万，占总人口的80.8%。贵溪市农村劳动力以外向输出为主，年轻、文化素质较高的大多数流向广东、江浙、福建的相对发达城市，当前分布在全市的农民工总数才12563人，其中，47%的农民工在城市居住不足一年，流动性较大。从调研的情况来看，这个现象在江西省其他地区均不同程度地存在。因此，新型城镇化发展中的首要问题不是农民能不能进城，而是农民愿不愿进城。

（2）城镇建设资金不足。城镇化建设中最直接也最显著的便是资金困境。一方面，镇政府虽然也算一级财政，但财政收入太少，基本属于吃饭财政，没有能力出资搞小城镇建设；另一方面，为保障农业转移人口市民化而在公共服务、社会保障、基础设施等方面新增的财政支出十分巨大。2010年，国务院发展研究中心课题组对重庆市、武汉市、郑州市和浙江省嘉兴市的市民化成本进行了调研，测算出一个农民工如果成为市民需要增加政府的支出约为8万（2009年不变价）。很显然，这样大的资金缺口，政府财政提供不了，必须建立多元化的投融资机制。

（3）产业支撑力度不够。农民进城就业创业必须有一定的产业支撑，没有产业就没有就业岗位，只有妥善地就业，才能解决农民的短期利益和长期诉求问题。江西省工业和服务业欠发达，特别是服务业比重过低，产业层次不高，会导致农民工市民化后就业困难且不稳定，而就业保障体系又比较脆弱。比如鹰潭市，随着工业的进一步发展，工业产值构成趋于单一，产业结构较为畸形，铜等有色金属产业在国民经济中的比重越来越高，其他产业在工业中的比重相对下降，推动鹰潭市城镇化的产业动力不足，其他产业（如旅游、休闲等服务业）发展缓慢，就业需求较低，不足于支持城镇化的快速推进。

四 基于SWOT分析的中部六省城镇化建议

（一）山西省城镇化建设的对策建议

1. 改革城镇化体制机制

40年来，我国取得的巨大成就得益于体制改革，现在我国的城镇化仍需改革来提供强大推动力。城镇化的发展涉及许多重要的改革，如户籍改革、土地流转改革、财政体制改革、城镇行政管理体制改革。户籍制度改革就是剥离户口上附着的"特权"，推动实现城乡公共服务一体化和全民社保待遇均等化；土地流转改革就是在保护耕地基础上保障农民的土地权利，提高土地的利用效率；城镇行政管理体制改革就是调整一切束缚城乡发展的条条框框，建立和完善与城镇化相适应的管理新体制；财税体制改革就是财政转移支付制度规范化，逐步完善地方基本财力保障机制。山西省城镇化改革必须设计好路线图，制定好时间表，逐步稳定地推进各项内容的改革。

2. 提高城镇化管理水平

城市管理水平的高低直接影响城镇化质量的好坏。李克强总理说，质量是城镇化的命脉，城镇化既要做"面子"，更要做"里子"。推进城镇化，不能一味地追求速度，更要注重品质。所以，在城镇化发展过程中，要逐步从量的扩张转变为质的提升，更加注重发展的可行性、有效性和契合性。城市是城镇化的最主要的载体和平台，推进城镇化发展，首先必须着力解决城市建设中存在的各种问题，提高城镇化管理水平。当各地热衷大搞建设，沉迷于"大拆大建大手笔，高楼大厦平地起"的时候，不少城市却患上了严重的城市病：人口膨胀、交通拥堵、雾霾密布、环境恶化、住房紧张、就业困难，越来越威胁到人们的生活质量，这些问题应该在城市管理中努力避免。因此，提高城镇化管理水平就是提高城镇化建设的质量。

3. 推进农业转移人口市民化

推进农业转移人口市民化，一是进一步放宽落户条件，大城市有选择地放开，小城市应完全放开，实行城乡统一的户口登记制度，促进人口的合理流动和有序转移。二是完善农村劳动力就业创业体系，千方百计地提供就业机会，真心实意地提供上岗培训，要让农民工不仅进得来，而且留得住。三是建立农业转移人口市民化和财政转移支付制度的挂钩机制，多元化筹措资金，不断消化和分担农业转移人口市民化的公共成本。四是要切实保护农民的土地权益，创新土地产权制度，无论是承包地换户口，还是宅基地置换，都要遵守公平、自愿的原则。

4. 促进公共服务均等化

公共服务均等化的内容主要包括：加快推进学校建设，增加教学资源，提高教学质量，妥善解决农民工子女的就学问题，关心和爱护留守儿童，推进城乡教育均衡发展。加快城市医疗机构建设，增加医疗机构人员，推进药品采购、管理和新农合付费方式等改革，切实解决农民工看不起病、看病难的问题，建立城乡一体的医疗保险体系。创新居民养老管理模式，落实国务院发布的《加快完善居民养老服务体系的实施意见》，完善以居家为基础、机构为支撑、社会为依托，规模适度、功能完善、覆盖城乡的养老服务体系。同时，出资多建廉租房，鼓励落户企业建设新市民公寓、结合工业园区建设公租房等多种举措，构建"保基本、多层次、广覆盖"的住房保障体系。

（二）河南省城镇化建设的对策建议

1. 做好科学规划

进一步增强城镇化规划的科学性、合理性、前瞻性，并根据发展的需要，分步实施。合理全面的规划在城市建设中有着巨大的贡献，河南省要做好全面规划，要明确一个思路，要走"集约紧凑"的发展模式，不能大搞政绩工程、形象工程。要遵循城市规划的理念，寻求本地特色的城镇化建设道路。规划必须科学合理、因地制宜，根据河南省的城镇结构，分类、分区、分层次地提速城镇化，切忌"一刀切"。规划的实施，应充分考虑发展阶段，分步骤实施，切实提高利用率，尽可能避免资源长期闲置，造成成本浪费。

2. 促进产城融合

产业作为城市发展的支柱和动力，城市则作为产业发展的载体和基础。河南省要积极稳妥地推进新型城镇化，必须走产城融合的路子，将产业功能和城市功能融为一体，构成工业化和城镇化良性互动的生动局面，否则，又将大量流失劳动人口。要学习苏州工业园区的模式，融新加坡国际化理念和苏州传统文化底蕴于一体，较为有效地实现了"产城融合"。但值得我们注意的是，随着工业化的推进，发达国家的城镇化出现了更多依靠非工业支撑的现象，例如，瑞士的达沃斯就以一年一度的世界经济论坛而闻名于世，值得我们借鉴。

3. 多渠道筹措资金

按照"政府主导、市场运作、社会参与"的原则，不断深化城镇化投融资体制改革，拓宽筹措渠道，搭建投融资平台，形成多元化的城镇化融资新格局。一是加大国家财政转移支付力度，逐步提高小城镇建设的财政支出比重，建立城镇化建设专项资金，专款专用，支持城镇公用基础设施和公共服务设施建设。二是做大做强城市建设投资公司，按照POT、BOT等市场化运作方式，对城市土地等资源进行资本运作，实现城市资产保值增值。按照PPP的模式实现政府和企业、政府和社会资本的合作，服务于城市建设和区域发展。三是大力发展直接融资，充分利用间接融资，完善股权市场、产权市场等多层次资本市场，积极吸引社会资本、民间资本和私人资本，以"四两拨千斤"的形式筹措城市建设资金。

4. 优化社保和就业政策

要调整完善参保单位、参保个人的缴费及待遇领取政策，削弱救助性，强化福利性，扩大参保范围，将农民工参保列入民生工程考核指标；要将失业保险由单纯的保障失业人员的基本生活向既保障失业人员的基本生活，又更好地促进就业转变，做到"标本兼顾"；要鼓励创业，实施创业扶持计划和创业激励政策，加大对农民工的扶持力度；要不断促进经济的发展，振兴工业实体和繁荣商业虚体，开辟更多的就业岗位；要进一步加强劳动力市场制度建设，规范职业中介机构，健全就业服务网络，提供就业信息，降低就业成本。

（三）安徽省城镇化建设的对策建议

1. 统筹土地流转，保障农民市民化的经济利益

与全国其他省份一样，安徽省城镇化建设应推进土地管理制度改革，

统筹城乡土地流转，建立归属清晰、权能完整、流转顺畅的农村土地产权流转制度。可借鉴江西省鹰潭市出台的《关于加强小城镇建设用地供需缺口的意见》，对符合建房条件且自愿放弃在农村建房的农村居民，可在集镇使用乡镇集体或村委会集体所有土地建房，或购置乡镇集体土地建设的套房，允许宅基地、集体建设用地抵押贷款；对有进城意愿及同意放弃农村宅基地的，按等价原则在建制镇集中安置，所置换出的宅基地和农村建设用地，用于增减挂钩试点。

2. 坚持以产业为支撑，加快县域经济发展

进一步壮大优势产业，改造传统产业，招引高端产业，培育新兴产业，构造以新型工业为主体，现代农业和服务业为两翼的新格局。要以产城融合为重点，充分依托城乡布局和产业分布，按照"工业进园区、商业进社区、农业进郊区"的原则，培育各具特色的工业强镇、商业重镇、农业大镇，进一步做大做强县域经济，扶持发展商贸、物流、咨询、文化、休闲、旅游等产业，形成与工业相适应的产业分工体系，着力打造产业互补、商贸繁荣、居住优美的现代化新城镇。

3. 因地制宜，提倡就近城镇化

结合安徽省的省情，就近城镇化是一条可行、有效，符合实际的路子。要大力发展小城镇特色产业，形成一批文化型、旅游型、商贸型特色小城镇，为农业转移人口就地、就近城镇化创造条件，鼓励小城镇的发展。要出台一系列税费优惠政策，鼓励外来投资者、本地个体户等就近创业。要以城市为中心，以县镇为节点，以乡村为末梢，不断完善城乡接合部的道路交通、供水排水、邮电通信、医疗卫生、城镇绿化等基础设施，提升城镇承载能力。同时，统筹规划、合理布局，使小城镇与中心城市在产业布局上互补，在资源配置上共享，让小城镇切实变成城市的新组团。

4. 逐步推进城市管理体制改革

城镇化是经济基础，城市管理体制是上层建筑。当前，在安徽省城市管理中，"缺位"与"越位"的现象较为普遍，实际工作中，职能交叉、职责不明、管理多头、督办不力等"疑难杂症"时有发生。城市管理确实涉及方方面面，但如何杜绝各部门之间的推诿、扯皮和不作为等问题需要认真思考。一是要强化基层意识，努力改进基层工作。基层是"战斗的堡垒"，要逐步下放城镇管理权限，强化街镇和社区公共服务职能。二是要强化管理意识，着力建立激励机制。推进城市管理科学化、

标准化和精细化，实现城市管理工作提速、提效。三是要强化服务意识，大力提升服务水平。实现由重"城镇管理"向重"城镇服务"转变，完善城镇综合服务功能。

（四）湖北省城镇化建设的对策建议

1. 结合主体功能区规划，优化全省城镇布局

在国家的要求下，各省都公布了其主体功能区规划，要严格按照全省主体功能区定位来推动城镇化。根据主体功能区规划，湖北省按开发方式将国土空间分为三大类，分别是重点开发区域、限制开发区域和禁止开发区域；按开发具体内容分为农产品主产区、城镇化地区和重点生态功能区；按层级分为国家和省级两个层面。要根据不同区域的经济发展水平和资源环境承载能力，因地制宜地推进城镇化：重点开发区域，要加快推进城镇化；限制开发区域，要适度推进城镇化；禁止开发区域，要限制推进城镇化。

2. 强化城镇产业支撑

没有产业，就没有就业；没有就业，就没有城镇化。在城镇化建设过程中，要加快新型工业化发展，大力发展战略性新兴产业，加快改造传统产业，积极发展现代农业和服务业，为城镇化的发展提供强大的产业支撑。湖北省要重点培育和发展节能环保产业、新一代信息技术产业、生物产业、高端装备制造产业、新能源产业、新材料产业和新能源汽车产业七大产业，为工业转型升级和推进城镇化发展提供有力支撑。同时，要以工业园区为载体，按照"建设一个园区，集聚一批企业，形成一片城镇，发展一方经济"的要求，努力实现产城融合，以产兴城。

3. 推进城镇化体制机制改革

统筹推进人口、土地、财税、金融、行政、公共服务等重点领域和关键环节的改革，形成有利于新型城镇化发展的良好制度环境。具体而言，一是改革人口管制制度。调整现有人口管理制度的不合理之处，逐步消除城乡之间、城市之间户籍制度壁垒，促进人口有序流动和合理分布，逐步取消居民身份证使用制度。二是改革土地管理制度。按照"管住总量、控制增量、盘活存量"的原则，创新土地管理制度，优化土地利用结构，提高土地利用效率，为进一步推进城镇化建设提供必要的土地保障。三是改革完善财税体制和融资机制。加大财政转移支付的力度，改善财政预算制度，开发税源，积极探索PPP模式，鼓励社会资本进入

公共服务领域，建立低成本、多元化、可持续的城镇化资金保障机制。

（五）湖南省城镇化建设的对策建议

1. 统筹推进户籍制度改革

深化户籍制度改革，必须以取消城乡差别和农村人口自由迁移为目标，根据城市的规模和层次，加快剥离户口所附着的"特权"，恢复户籍制度的原本功能，按照《全国主体功能区规划》的要求，流入地经济社会发展总体规划应该把流动人口管理和服务纳入其中，为人口流动迁移创造良好的政策和制度环境，暂住人口登记制度应该得到进一步完善，逐步在全范围内实行居住证制度。同时，加快推进基本公共服务均等化，使城市居民和外来务工人员享受同等待遇，逐步缩小居民与非居民的生活水平差距。同时，取消嵌入户籍制度之中的其他"限制性"制度，改革土地流转、劳动就业、社会保障等的配套制度。

2. 深化土地管理制度改革

在坚守四条底线（土地公有制性质不能变，耕地红线不能破，群众利益不能损，粮食产量不能下降）的前提下，按照党的十八届三中全会对土地征用制度改革的要求，试点先行，因地制宜，逐步推进。一是切实保护农民合法土地权益。要以保护农民土地权益为目标，完善和落实"三权分置"的农地产权制度，建立农村土地确权机构，完善与土地产权相关的法律和法规。二是努力完善征地和流转制度。深入研究和推进以农村承包土地、宅基地使用权流转为基础的农村产权流转业务。以省产权交易中心为依托，建设农村产权交易所，积极试点并推进农村土地流转，促进土地流转有理、有序、有效。按照"确权是基础，流转是核心，护农是目的"的发展思路先行先试，加速城镇化进程。三是集约利用城镇化进程中的土地资源。制定科学的城镇化发展规划和土地利用总体规划，重视两个规划相辅相成，遵循城镇"集约式"发展思路，切忌搞大拆大建，应高效率利用土地。

3. 深化财税金融体制改革

改革财税金融体制，进而形成推动城镇化健康发展的完整体系。主要有以下思路：一是调整财政支出结构，加大中央财政转移支付力度，强化基层政府基本公共服务供给的责任和义务，探索农民工市民化的成本分担机制以及同财政转移支付的挂钩机制；二是加快地方税收体系建设，培育稳定的地方收入来源，进一步推进"营改增"，研究加快开征环境资源税和房产税，增强地方政府推进新型城镇化的积极性；三是根据城镇的实际情况和基础条件的不同，建立多元化、多渠道的资金筹措模式。要研究制定政策性金融专项支持政策，设置城市住宅、城市基础设施政策性金融机构，提供成本合理、规范透明、期限匹配的融资服务给保障性安居工程和城市基础设施建设。要激活民间资本投资，形成一种"财政先行—商业跟进—民间随后"的资金链连锁反应机制，通过债券融资、股权融资、项目融资等方式，鼓励民营资金参与城镇化建设。

4. 优化城镇空间布局

未来的竞争是城市群的竞争。例如，美国经济的67%集中在大纽约区、五大湖区和大洛杉矶区三大城市群。城市群对区域经济发展的影响力比单个城市更大，主导着地区城镇化的发展，提升区域的"城市性"，从而优化城镇空间布局。要以城市群为主体形态，以长株潭城市群为核心，以中心城市为依托，以县城和中心镇为基础，努力构建大中小城市和小城镇协调发展的新型城镇体系。争取到2020年，建成特大城市6个（长沙、衡阳、株洲、湘潭、岳阳、常德），大城市6个（郴州、益阳、永州、邵阳、娄底、怀化）。

（六）江西省城镇化建设的对策建议

1. 引导大中小城市协调发展

城镇化发展不仅是做大城市规模和发展特大城市，也不仅是做好农村建设和打造镇村联动，而是要逐步引导大中小城市协调发展。一方面，按照"龙头昂起、两翼齐飞、苏区振兴、绿色崛起"的区域发展格局，着力打造"一群两带三区"："一群"为鄱阳湖生态城镇群，"两带"为沿沪昆线城镇发展带和沿京九线城镇发展带，"三区"为南昌大都市区、九江都市区和赣州都市区；另一方面，发展壮大中小城镇，支持工业重镇、商业强镇、文化古镇、旅游名镇等重点镇建设。在推进城镇化建设中，合理定位、分工布局，努力实现大中小城市协调发展。

2. 推动农业转移人口市民化

中央城镇化工作会议指出：推进农业转移人口市民化，要坚持自愿、分类、有序，充分尊重农民意愿，因地制宜，制订具体办法，有序引导增量；协调开放县城、中等城市、大城市以及特大城市关于落户条件限制并合理控制人口规模，制定合理的户籍政策，着力解决农业转移人口的落户问题；要提供全面的基本公共服务，让城里的农民工享受与城镇居民同等的住房保障、子女就学、医疗卫生、社会保障待遇。这三个方面是推动农业转移人口市民化的根本政策。江西省在实际操作中要注意以下三个问题：一是比较客观地估计到 2020 年江西省每年农业转移人口的规模；二是比较科学地测算支持农业转移人口市民化每年需要多少资金；三是比较有效地建立起农业转移人口市民化同财政支出的挂钩机制。

3. 坚持"以人为本"的城镇化

"以人为本"的城镇化应该体现在以下三个方面：

一要合理放宽城镇户籍限制，使农业转移人口能够"无障碍"地在城镇就业并最终安定下来，现在中央已决定逐渐消除户籍制度。

二要逐步完善社会保障制度，既要进得来，又要留得住，使留在城镇的农业转移人口能和城市居民一样，在教育、医疗、养老和社会保险等方面享受同等待遇。

三要积极探索农村土地流转制度，建立农村土地流转交易市场，由国土部门统一负责城乡房产的登记和交易鉴证工作，或组建土地股份合作社，将土地承包权、经营权置换成土地股份合作社股权，自由流转，或建立"双置换"的机制，促进实施农村住宅置换安置房、农村土地置换社会保障等。

4. 推进机制创新，深化行政区划改革

江西省原有行政区划的设立和调整主要依据地理区位的特征和行政管理的需要，这种行政区划设置跟不上城镇化发展的要求。因此，在推进城镇化建设的同时，要适度调整行政区划。打破各城镇间的地域行政界限，用统筹、协调的观念来规划区域内资源的开发利用，将是有效地增强区域之间的联合力量，减少和避免产业重复建设，提升工业化水平和城镇化质量的有效途径。具体而言，要优化中心城市辖区结构，市、县同城的要撤县（市）设区，例如，九江县撤县设区后设立九江市江州区；要根据城市发展需要，通过撤县（市）设区，增加建制区数量，例如，南康市撤县设区后设立赣州市南康区；要选择有条件的县进行省管县，例如，江西省明确在共青城市、瑞金市、丰城市、鄱阳县、安福县、南城县 6 个县（市）启动省直接管理县（市）体制改革试点；将经济发展较快、区位优势明显、达到设镇标准的乡改为建制镇，例如，都昌县撤乡并镇。

第三节 中部地区城镇空间布局

本节分别描述了中部六省的城镇空间格局，山西省的"一核一圈三群"布局、安徽省近期的"一圈一带一群五区"和远期的"两圈一群两带五区"城镇布局、河南省的"一极、两圈、三层、两带四轴"的城镇空间布局、湖北省的"一圈两区、两轴两带"、湖南省的"一核四轴五心"、江西省的"一群两带三区"。围绕中原城市群、太原都市圈、武汉城市圈、皖江城市带、长株潭城市群和环鄱阳湖城市群六大城市群分析了各自的战略定位、空间范畴，以及中部六省各自城镇体系的结构。

一 中部六省城镇空间布局

空间布局是中部六省省域推进城镇化的重要手段，空间布局是总体发展战略定位、基础设施与公共设施、产业发展以及生态空间保护的集成与全面体现，既要回应现实空间发展存在的问题及特征，又要呼应未来的发展战略、产业定位、基础与公共设施以及生态空间保护等内容。

（一）山西省城镇空间布局

山西省主要布局是"一核一圈三群"，"一核"指的是太原都市区，是山西省的增长极核；"一圈"即以太原都市区为核心、太原盆地城镇密集区为主体的太原都市区，是山西省域经济社会最发达的核心区域和最重要的城镇密集区；"三群"即晋南中部城镇群、晋北中部城镇群和晋东南中部城镇群，是区域经济增长的核心区域。

（二）安徽省城镇空间布局

安徽省近期的城镇空间布局是"一圈一带一群五区"，远期布局是"两圈一群两带五区"。"一圈"是指合肥经济圈，"一带"为沿江城市带，"一群"为沿淮城市群。"五区"为皖北片区、皖中片区、皖南片区、皖西片区和沿江片区。远期的"两圈"是指合肥经济圈和芜马经济圈；"一群"是指皖北城市群，通过大力发展县域经济，实现以点带面、点面结合的城镇空间格局；"两带"为沿江城市带和淮合芜宜城市带，是安徽省推进城镇化的重要空间；"五区"为皖中片区、皖西片区、沿江片区、皖北片区和皖南片区。

(三) 河南省城镇空间布局

河南省是"一极、两圈、三层、两带四轴"的城镇空间布局。一极是指在郑汴新区建设的基础上，构建带动河南省经济社会发展的核心增长极，即"郑汴都市区"，包括郑州和开封两市区域。两圈包括内圈和外圈，内圈是指由南太行、伏牛东、商丘—周口等发展轴围合的半小时时空圈，依托高速铁路和城际快速轨道交通为连接纽带，实现以郑州为中心，半小时通达开封、平顶山、洛阳、新乡、许昌、焦作、漯河、济源8个城市，形成中原城市群9个城市间密切的经济联系。外圈是指由运城—襄樊、长治—泰安、宁西、京九等发展轴围合而成的一小时时空圈，依托高速铁路，围绕中心城市郑州市形成快速交通格局在一小时之内通达中原城市群周边9个城市，缩短豫西、豫西南、豫北和黄淮地区与城市群核心紧密层的时间和空间距离。三层即中原城市群核心层、紧密层和辐射层。核心层是指郑汴一体化区域，区域范围包括郑州、开封两市市区以及"郑汴新区"。紧密层区域范围包括洛阳、焦作、新乡、许昌、漯河、平顶山、济源7个城市。安阳、鹤壁、信阳、三门峡、南阳、商丘、濮阳、周口、驻马店周边9个省辖市被纳入辐射层区域范围。两带四轴中的"两带"是指京广发展带和陇海发展带，陇海发展带是由横穿全省东西方向的陇海铁路、连霍高速公路、310国道叠加形成的城镇—产业带；京广发展带是指纵贯全省南北方向的京广铁路、京珠高速公路、107国道叠加形成的城镇—产业带。两带纵横交错构成城镇—产业发展带"十"字形。"四轴"是指围绕铁路和高速公路，以郑汴都市区向外辐射的郑州—南阳—重庆城镇—产业发展轴、郑州—濮阳—济南城镇—产业发展轴、郑州—焦作—太原城镇—产业发展轴和郑州—周口—上海城镇—产业发展轴。[①]

(四) 湖北省城镇空间布局

湖北省的空间布局简称"一圈两区、两轴两带"，"一圈"即武汉城市圈；"两区"即宜昌—荆州都市区和襄阳都市区；"两轴两带"是指由京广轴和长江城镇密集发展带组成的"一级轴带"和由汉十城镇发展轴和襄荆城镇发展轴组成的"二级轴带"。

---

① 《河南省城镇体系规划（2009—2020年）》。

（五）湖南省城镇空间布局

湖南省的城镇空间布局简称"一核四轴五心"。长株潭都市区称"一核";常—永城镇发展轴、岳—郴城镇发展主轴、石—通城镇发展轴和株—怀城镇发展轴4条城镇发展轴合称为"四轴";衡阳、常德、岳阳、怀化和邵阳五个区域中心城市称为"五心"。

（六）江西省城镇空间格局

"一群两带三区"是江西省的空间格局的简称。鄱阳湖生态城镇群为"一群",沿京九线城镇发展带和沿沪昆线城镇发展带是"两带"。赣州都市区、九江都市区和南昌大都市区合称"三区"。

通过分析中部六省的城镇空间结构发现,中部六省的城镇体系空间布局同质性较强:一是核心突出,主要以省会城市或以省会城市为中心的城市群作为增长极的核心区域;二是龙头强化,旨在实现都市圈更大范围化;三是轴线辐射,发展轴和城镇发展带依托交通线带动,点轴结合、阶段推进、辐射发展。

同时,单极带动向多极带动转变成为中部六省空间结构的又一特征,其中,湖北省正在着力打造襄阳都市区和宜昌—荆州都市区两大增长极,山西省坚定建设晋东南、晋北和晋南中部城镇群,省域发展不平衡的状态通过次要空间增长极的培育可以有效弱化,使空间结构趋向平衡发展。

二 中部六省城市群空间结构

（一）中部地区城市群发展定位

目前,中部地区有中原城市群、太原都市圈、武汉城市圈、皖江城市带、长株潭城市群和环鄱阳湖城市群六大城市群。中部崛起的支柱是城市群,国家大力支持中部崛起,将中部崛起的重点明确为:支持发展城市群重点区域,打造新的经济增长极。这些年来,重视区域发展中城市群的支柱、引领、带动作用已在中部六省中得到体现,将城市群作为区域发展的龙头,城市群规划以及推进城镇化的发展战略在各省编制（见表3-31）。

表3-31　　　　　　中部六省城市群战略部署

城市群	政策部署	战略定位
太原城市圈	《太原都市圈规划（2011—2030年）》	目标是建设具有国际影响力的国家级都市圈,实现山西特色的城镇化、产业化和生态化耦合,探索出中部崛起的山西路径

续表

城市圈	政策部署	战略定位
长株潭城市群（"3+5"城市群）	《湖南省"3+5"城市群城镇体系规划》	以长株潭城市群为核心扩展形成"3+5"城市群，构建国际新型城市群，实现湖湘文化和"两型社会"的耦合发展，并以此为特色，依托新型城镇化、新型工业化、体制机制创新、区域营销、文化基础设施与绿色基础设施五大战略实现统筹发展
皖江城市带	《皖江城市带承接产业转移示范区规划》	建设好皖江城市带承接产业转移示范区，推进其联动发展和跨江合作，加快形成产业密集区
武汉都市圈	《武汉都市圈总体规划（2007—2020年）》	作为全国"两型社会"建设的示范区，目标是建设成为重要的先进制造业基地、现代服务业中心、优质农产品生产加工基地、高新技术产业基地和综合交通运输枢纽，形成区域性中心城市
中原城市群	《关于支持河南省加快建设中原经济区的指导意见》（2011年）	作为工业化、城镇化和农业现代化协调发展的三化协调示范区，作为国家重要的粮食生产和现代农业基地，率先在城乡一体、区域统筹等体制机制上创新，提升辐射带动力和整体竞争力
环鄱阳湖城市群	《鄱阳湖生态经济区规划》	目标是建设鄱阳湖生态经济区，大力构建生态环境保护系统、能源供应系统、水利保障系统和综合交通系统，打造建成"三区一平台"

中部六省城市群发展战略定位表明，城市群已经成为中部六省"提质"发展的主要战场。城市群在战略定位中被视为模范示范区和重要试点，各省围绕城市群发挥优势，追寻契合自身城镇化发展的道路，例如，太原都市圈大力建设清洁能源生产和技术创新基地，引领探索山西省特色新型城镇化道路；湖北省依托武汉都市圈实现在节能减排、自主创新、优化结构等关键领域的突破式发展，探索"两型社会"建设示范区；皖江城市带率先探索建设承接产业转移示范区；湖南省以长株潭城市群为核心，打造"3+5"城市群，着力实现"两型社会"与湖湘文化的耦合和协同；中原城市群着力

探索河南省城乡一体化发展的新模式。显然，中部六省旨在依托建设城市群，充分发挥城市群的示范、辐射作用，进而提升自身省域的全面发展。

（二）中部地区六大城市群的空间结构

战略定位之后，中部六省纷纷围绕城市群进行了相应的空间格局，主要是以省会城市为中心规划、完善城市群的空间结构，围绕城市群中部六省的空间结构更趋合理，省域内空间协调发展的互动以及耦合效应得到强化。

目前，中部六大城市群的空间结构规划仍主要是轴线形发展格局的状态，依托于重大基础设施和中心城市，各城市之间的社会经济联系逐步增强，充满活力的城镇经济发展轴线正在形成，城市群空间结构与中部六省省域空间布局有类似之处。我国较成熟的城市群，比如珠三角和长三角的空间结构，轴线型发展阶段已经渡过，正在形成"网格型"空间结构布局。应紧抓产业转移、经济结构调整等中部六大城市群面临的重大机遇，努力实现轴线型向网格型状态的发展演变，使省域空间的布局更合理，发展模式更健全。

1. 山西省太原都市圈

山西省太原都市圈的空间布局是以太原盆地为中心，东迎西拓，南展北引，带动、联合、辐射周边城市，初步形成"一区两轴四组群"的城市群发展格局。一区是指太原都市区，太原都市区包括晋中市区、阳曲县、清徐县城，是山西省实现经济转型发展的增长极，截至2015年，太原都市区城镇人口总量为465万。两轴包括大运发展轴和新兴的省际的石太—太中银发展轴，这两条轴线包括太原都市圈重要的城镇，是区域间联系的重要通道，是都市圈的产业集聚带。四个组群是阳泉（阳泉市区与盂县、平定县城）、忻定原（忻州市区、定襄县城、原平市）、离柳中（吕梁市区、柳林、中阳县城）和孝汾平介灵（孝义、汾阳、介休、平遥、灵石），这四个城镇组群恰好形成太原都市圈城镇体系的四大战略支点，在山西省经济社会发展与转型中发挥着次级增长极的作用。[1] 太原都市圈范围统计情况如表3-32所示。

---

[1] 中国经济信息网：《太原都市圈"十二五"规划》，2013年11月13日，http://libzhong jingwang. bjut. edu. cn/defaultsite/s/article/2013/11/13/4af0c791 - 4244fac8 - 0142 - 50ac13e2 - 4076_ 2013. html? referCode = ghbg&columnId = 4028c7ca - 37115425 - 0137 - 115606de - 001b。

表3-32　　　　　　　　太原都市圈范围统计情况

名称		范围内市县名称	核心城市
太原都市圈		太原市区、清徐县、阳曲县、晋中市区、太谷县、祁县、平遥县、介休市、文水县、交城县、孝义市、汾阳市、忻州市区、定襄县、原平市、阳泉市区、平定县、寿阳县、吕梁市区、柳林县、中阳县、古交市、盂县	太原市区、晋中市区、忻州市区、阳泉市区、吕梁市区
其中	太原都市区	太原市区、晋中市区、阳曲县、清徐县	太原市区
	太原盆地城镇密集区	太原市区、清徐县、阳曲县、晋中市区、太谷县、祁县、平遥县、介休市、文水县、交城县、孝义市、汾阳市	太原市区

2. 安徽省皖江城市带

安徽省皖江城市带的空间布局是"一轴双核两翼",沿江产业带是"一轴",沿江由东向西依次涵盖5个沿江市,分别是安庆市、池州市、铜陵市、芜湖市、马鞍山市,合肥市和芜湖市是皖江城市带的"双核",滁州市和宣城市分别是皖江城市带的"两翼"。皖江城市带的范围概括如表3-33所示。

表3-33　　　　　　　　皖江城市带的范围

	地级市	包括的县级市
皖江城市带（包括8个地级市以及六安市金安区）	合肥市	庐阳区、瑶海区、包河区、蜀山区、肥西县、肥东县、长丰县、庐江县、巢湖市
	芜湖市	鸠江区、弋江区、三山区、镜湖区、无为县、繁昌县、南陵县、芜湖县
	马鞍山市	雨山区、花山区、博望区、当涂县、和县、含山县
	安庆市	迎江区、大观区、宜秀区、怀宁县、潜山县、岳西县、太湖县、宿松县、望江县、桐城市
	铜陵市	义安区、铜官区、郊区、枞阳县
	滁州市	琅琊区、南谯区、天长市、明光市、凤阳县、定远县、来安县、全椒县
	池州市	贵池区、青阳县、东至县、石台县
	宣城市	宣州区、泾县、广德县、郎溪县、旌德县（不含绩溪县）
	六安市	金安区、舒城县

3. 河南省中原城市群

2006年，《中原城市群总体发展规划纲要》在河南省批准实施，确定了中原城市群从空间上包括的9个中心城市；2008年，中原城市群规划进一步完善，提出了构建"一极两圈三层"的现代城镇体系目标；2015年，河南省的城市群空间格局进一步明确为"一极三圈八轴带"，目标是加快推进中原城市群一体化协同发展。"一极三圈八轴带"中的"一极"是郑州都市区，将郑州都市区打造成为中原城市群的核心增长极；"三圈"是依托高铁和城际铁路网等现代交通体系，围绕郑州市形成空间上的三个圈层，第一圈层是以郑州为中心，覆盖新乡、开封、许昌、洛阳、平顶山、漯河、焦作、济源8个省辖市的"半小时"核心圈，第二圈层是涵盖其余安阳、鹤壁、商丘、濮阳、周口、信阳、驻马店、南阳、三门峡9个省辖市的"一小时"紧密圈，第三圈层涵盖中原经济区其他中心城市的"一个半小时"合作圈；"八轴带"也是建立在综合运输体系上，依托现代交通形成"米"字形辐射八方的城镇产业发展轴带，带动产业集聚和人口集中，壮大提升节点城市。

4. 湖北武汉都市圈

武汉是中部地区以及湖北省最大的城市，武汉都市圈以武汉为中心，覆盖黄冈、仙桃、黄石、咸宁、孝感、天门、鄂州、潜江8个大中型城市。武汉都市圈中心城市是武汉，武汉都市圈副中心城市是黄石。武汉城市圈土地面积不及湖北省国土面积的1/3，却聚集了湖北省多达60%的GDP和全省2/3的人口。武汉都市圈已经不单单是湖北经济发展的支柱和核心区域，也是我国实现中部崛起的重要战略支点。2007年，国务院批准长株潭城市群和武汉都市圈成为全国资源节约型和环境友好型社会建设综合配套改革试验区。获国家发改委批复的《武汉城市圈区域发展规划（2013—2020年）》进一步致力于将武汉都市圈建设成为全国"两型社会"建设示范区、全国重要的先进制造业和高技术产业基地、全国自主创新先行区、全国重要的综合交通运输枢纽、中部地区现代服务业中心和促进中部地区崛起的重要增长极。并提出构建"一环两翼"区域保护格局和"一核一带三区四轴"区域发展格局。一环是指环绕武汉主城区周边50千米左右的环状生态区域，两翼是指以幕早山脉、大别山脉为主体的两大生态区域。一核是指武汉都市发展区，一带是鄂州黄石黄冈组群，三区是仙桃潜江天门、孝感应城安陆、咸宁赤壁嘉鱼3个城镇密集发展区。

5. 湖南长株潭城市群("3+5"城市群)

长株潭城市群主要包括长沙、株洲、湘潭3个城市,是湖南省经济发展的核心区域和第一增长极。长沙、株洲、湘潭3个城市空间结构紧凑,沿湘江呈"品"字形分布,城市两两之间的距离不足40千米。2007年,长株潭城市群被批准为全国资源节约型和环境友好型社会建设综合配套改革试验区。长株潭城市群的一体化发展堪称是中部地区城市群建设的先行者和示范者,面对城市间行政区划、经济区划均不协调的现实状况,长株潭城市群在区域经济一体化上积极探索,大力推进体制机制的创新,其城市群一体化发展的经验值得中部地区、西部地区及全国借鉴。之后,湖南省实施"3+5"城市群建设,"3"指的是长沙、株洲、湘潭3个中心城市,"5"包含岳阳、常德、益阳、娄底、衡阳5个城市,距离长株潭中心城市一个半小时通勤半径,加快推进"3+5"城市群建设,进一步推动湖南省区域经济的协调发展,有利于加快形成特大城市、大中小城市和小城镇不同规模城市间协调发展的新型城市体系。

湖南"3+5"城市群提出"一区三圈一带四轴"的空间格局。"一区"是指长株潭大都市区,以长株潭城市群带动整合周边具有功能与空间一体化发展潜力的市、县(市),形成更大的城乡空间,进而形成交通体系与功能定位高度一体化的区域,从而成为"3+5"城市群中强大的区域中心。一区中又分为大都市区核心圈层和扩展圈层,大都市区核心圈层基本以长沙主城区为中心形成45分钟通勤圈,面积为8000—9000平方千米,地域上涵盖长沙主城区、湘潭市区、株洲市区、宁乡、星沙、望城城区,以后将辐射到浏阳市区和益阳市区;第二圈层是大都市区扩展所形成的圈层,主要是以长沙市主城区为圆心的45—90分钟通勤圈,涵盖娄底市区以及长沙、株洲、湘潭部分县市。加上扩展圈层的话,长株潭大都市区面积达到1.2万平方千米。以岳阳、常德、娄底、衡阳为核心,带动周边具有实现功能与空间一体化发展能力的地域,支持发展衡阳、岳阳、常德3个城市圈及娄底城市带。以衡阳为中心,整合衡南、衡阳、衡山、衡东的城市圈;以岳阳为中心,整合临湘、岳阳的城市圈;以常德为中心,整合汉寿、桃源、临澧的城市圈;以娄底为中心,整合冷水江、涟源、新化一线的城市带,将娄底城市带打造成"3+5"带动辐射中部的重要发展轴线和湖南中西部发展的空间支柱。"四轴"即长沙—衡阳、长沙—岳阳、长沙—常德和长沙—娄底 4 条对外轴线。

6. 江西省环鄱阳湖城市群

环鄱阳湖城市群以鄱阳湖为核心，鄱阳湖是我国最大的淡水湖，江西省环绕鄱阳湖形成城市群。环鄱阳湖城市群有广义和狭义两种含义。"大环鄱"即广义的环鄱阳湖城市群的简称，地域上覆盖南昌、鹰潭、景德镇 3 个城市，以及新余、吉安、宜春、上饶、抚州、九江的部分县（市、区）地域，总量是 38 个县（市、区）。"小环鄱"是狭义的环鄱阳湖城市群的简称，主要覆盖江西省 5 个环鄱阳湖城市，分别是南昌、上饶、九江、鹰潭、景德镇，总量为 30 个县（市、区）。

三 中部六省城镇体系结构

中部六省城镇体系规划中均对现有的城镇规模结构做了进一步优化和调整（见表 3-34），目标是在"十三五"规划期末形成特大、超大、大中小城市等级规模合理的城镇网络体系。

表 3-34　　　　　　中部六省城镇体系结构　　　　　　单位：个

	年份	山西省	安徽省	河南省	湖北省	湖南省	江西省
超大城市	2010	—	—	—	1	—	—
	2020	1	1	1	1	1	1
特大城市	2010	1	—	1	—	1	1
	2020	1	7	1	2	4	2
大城市	2010	1	3	3	3	6	—
	2020	4	6	7	12	7	8
中等城市	2010	2	6	6	6	7	4
	2020	11	43	14	24	18	28
小城市	2010	18	13	25	25	18	16
	2020	41	20	30	31	19	37

资料来源：郭玲：《中部六省城镇化发展战略与政策比较研究》，硕士学位论文，华中科技大学，2013 年。

第四章 西部地区城镇化发展现状

本章首先将西部城镇化历程划分为抗日战争爆发至中华人民共和国成立阶段、中华人民共和国成立至改革开放阶段、改革开放至实施西部大开发战略阶段、实施西部大开发战略至今四个阶段。总体上说,西部地区城镇化快速推进,非农人口比例上升,产业结构进一步优化,城市规模和数量增加,新兴城市群逐步崛起,城镇基础设施建设日趋完善。用单一指标法和复合指标法测度了1980—2010年30年间西部地区的人口城镇化、经济城镇化、空间城镇化和社会城镇化指数,并进行了横向和纵向比较。指出西部地区城镇化发展存在的生态环境资源压力大、城镇功能差、发展底子薄弱、经济实力总体较弱、人口分布和素质等制约因素,提出了西部地区快速城镇化中存在的诸如城镇化水平滞后且发展不均衡、城镇结构体系不合理、城镇化发展缺乏产业动力、城镇化发展特色不突出、城镇生态环境破坏严重、城乡二元格局明显、城镇化总体规划不完善、政府主导过多,市场作用发挥不足等问题。从空间布局上分析了成渝城市群、关中城市群、北部湾城市群、呼包鄂城市群、酒嘉玉城市群、宁夏沿黄城市群、兰州—西宁城市群、滇中城市群、黔中城市群的空间布局和定位,比较了十大城市群的总体规模、产业结构、经济总量和社会发展综合状况、城镇化水平、城市首位度,提出城市群发展存在的问题和机遇。

第一节 西部地区城镇化发展历程与现状

历史是现实的镜子,只有不断地总结和归纳历史的经验教训,才能稳步实现现实的健康发展。本节对西部地区城镇化的历史演进、发展历程进行了回顾和分析,这有助于西部地区抓住新的发展机遇,进一步全面顺利地推进城镇化。

一 西部地区城镇化发展历程

（一）抗日战争爆发至新中国成立阶段（1937—1949 年）

1937 年抗日战争的全面爆发，改变了我国的历史进程，对城市的发展也产生了巨大影响，这一时期是西部地区城镇化曲折发展的时期。

抗日战争期间，由于战争的特殊原因，我国总人口和城市人口几经变化，到中华人民共和国成立之前，虽然总人口略微上升，但是，城镇化水平有所下降。抗日战争爆发前的 1936 年，全国总人口约 46962 万，其中，城市人口约 5281 万，城镇化率为 11.2%[1]；到中华人民共和国成立时，1949 年全国总人口约 54167 万，其中城市人口约 5765 万，城镇化率为 10.6%。[2]

1937 年抗日战争阶段，由于华夏大地东部及中部地区自北向南均遭到日寇铁蹄践踏，为坚持抗战，国民政府在西部地区的经济建设方面投入了大量的人力、物力和财力。此时，为躲避战乱，我国华东、华中、华北、华南地区的一大批文教机构、重点企业和现代化工厂纷纷内迁至西部，相当数量的军工、能化及装备加工工业等也迁至西部城镇。至此，经济落后、基础设施薄弱的西部地区在城镇化发展方面有显著改观。一时间，重庆作为陪都，川、滇、黔、湘等成为大后方，陕西的宝鸡、蔡家坡等一跃成为工业重镇。与此同时，人口大规模由东部地区向西迁移，进一步加速了西部地区城市的发展。如成都市，在抗战中后期，由于东来人口与资金的注入，其在城市工商业、文化教育事业方面有较大的发展，1941 年，成都城市人口较 1939 年增加了 13.6%，1942 年年初又较 1941 年增加了 6.4%，1942 年年末又较上年增加了 20.8%。[3]

抗战进入相持阶段以后，由于我国沿海地区遭到日寇的全面封锁，世界各国输送的援华抗日物资唯有通过西部的滇、新边境才能运达内地。因此，西部地区成为抗日战争的基本支援和大后方，其公路、铁路等基础设施也随之得以强化和上台阶。在此期间，陇海铁路西安至宝鸡段建

---

[1] 赵文林、谢淑君：《中国人口史》，人民出版社 1988 年版，第 481 页。

[2] 中国社会科学院人口研究中心：《中国人口年鉴（1985）》，中国社会科学出版社 1986 年版，第 8 页。

[3] 何一民：《变革与发展：中国内陆城市成都现代化研究》，四川大学出版社 2001 年版，第 586 页。

成通车，宝鸡至天水段开工修建并于1945年通车。1927—1937年，我国的公路主要集中在华东、华北、华中和华南地区，而西部地区11省（区）的公路通车里程仅为28370千米，只占全国公路总里程的26%。抗日战争爆发后，由于大量军用、民用物资的运输需由公路承担，因此，当时的国民政府交通部开始在大后方加快了大规模的公路建设，期间修建了川湘公路、滇缅公路、汉渝公路、汉白公路、天双公路、川康公路、河岳公路、川滇公路、内乐公路、黔桂公路、湘黔公路、黔滇公路、甘新公路、西祥路、乐西路、垒畹路、中印路和甘川路，在陕甘修建了宝平公路、韩宜公路等。到1944年，川、康①、滇、黔、陕、甘、青、宁、新、藏、桂11个省（区）的公路通车总长度为42703千米。铁路方面，在西南、西北地区，1927—1945年共修建了长约1900千米的铁路。作为东西大通道的陇海铁路，于1913年5月开工，以汴洛铁路为基础向东西方向展筑，至1945年12月，西段修至甘肃天水，后于中华人民共和国建立后的1952年10月通车，全长1750千米。

（二）中华人民共和国成立至改革开放阶段（1949—1978年）

中华人民共和国成立标志着我国近现代真正意义上城镇化开始。中华人民共和国成立以后，由于地域自然禀赋的差异以及历史原因，西部地区与中部、东部地区相比，发展基础比较薄弱、发展速度相对缓慢，加之国家战略布局调整和经济社会发展中几次较大的波动，西部地区的城镇化发展经过了一个曲折迂回而又持续上升的艰难过程，其城镇化与全国平均水平的差距逐步缩小，大体经历了以下三个发展阶段。

1. 1949—1957年正常发展时期

"经济恢复"时期（1949—1952年）。这一时期为国民经济恢复发展的时期，我国城镇的经济结构表现为一种混合体——国营经济、私营经济与个体经济并存的局面，经济实现了繁荣发展。农村土地改革快速推进，造就了庞大的农业个体经济局面。由于经济发展处于恢复阶段，国家发展的主要任务是将"消费型城市"转变为"生产型城市"。在当时的情况下，虽然我国城镇的发展拥有了较好的工业基础，但是，由于第三

---

① 西康省，简称康，为中华人民共和国曾经设置过的行省，所辖地主要为现四川甘孜藏族自治州、凉山彝族自治州、攀枝花市、雅安市及西藏东部昌都市、林芝地区等，基本相当于藏文化中的康区，多数地区是以藏族为主的少数民族聚居地，中华人民共和国成立后不久被撤销。

产业萎缩、城镇服务功能弱化、基础设施建设缓慢，以及农村人口向城镇流动相对较少，所以，农村市镇逐步衰落，城镇公共服务等基本功能严重落后。

其间，由于自身经济基础落后，西部地区的城镇化停滞不前，大部分区域的城市为消费型城市，工业型城市缺乏。尽管如此，西部地区的城镇人口数量总体上仍有所增加，在1949—1952年的短短几年间，此西部地区的城镇人口数量从281.80万增加到452.97万，年均增长率达到17.1%。

"一五"计划时期（1953—1957年）。"一五"计划期间，我国城镇化的进程明显加快，工业的发展，以及大中城市、小城镇的不断扩大和增多促进人口向市镇大量集中。全国市镇人口由1952年的7163万增加到1957年的9949万，城镇人口占总人口的比重由1952年的12.5%上升至1957年的15.4%。① 五年中，城镇人口比1952年增长了38.9%，年均增长8个百分点，是中华人民共和国历史上市镇人口增长最快的时期之一。这一时期，西部地区的城市数量虽有所减少，但其与全国一样，城镇人口的增长表现出以迁移增长为主、自然增长为辅的特征，并不断有组织地迅速向市镇聚集。西部地区的城镇人口数量，由1949年的281.80万增加到1952年的452.97万，年均增长率达17.1%。② 随后，西部地区的城市数量与1952年相比减少两个，到1957年只剩下30个。但是，由于西部地区域大力推进建设工业项目，所以，城镇人口规模有较大幅度的提高，由1952年的452.97万人增加到1957年的737.76万人，年均增长率达10.2%。

第一个五年计划期间，我国大力推进西部地区工业化，在不放松上海、武汉和东北等老工业基地建设的同时，发挥社会主义制度集中力量办大事的优势，将人力、物力和财力资源纷纷聚集于中西部地区，并开展资源开发和项目建设。陕、川、甘等地的关中、成渝、兰银等地一时成为工业项目落地的热门地区。全国8000个限额以上的新项目中，有508个分布在中部、西部地区，其中，384个分布在西部少数民族聚居

---

① 陆学艺、李培林：《中国社会发展报告》，辽宁出版社1991年版，第284页。
② 李善同、刘勇：《西部大开发中城镇化道路的选择》，《城市发展研究》2001年第3期。

区。① 这一时期，随着大规模工业化的实践，城镇化得到长足发展，催生了一批新兴的工业型城市。中华人民共和国版图上的城镇空间布局也为之改观，逐步呈现出由东向西转移的趋势，西部地区以工矿业发展为主要动力，城市数量快速增长。在这次工业化进程中，诸如兰州、乌鲁木齐、包头和成都等新兴的工业型城市迅速崛起。在第一个五年计划时期，伴随着奠定国家工业体系的由 156 个重大建设项目、限额以上的 694 个建设单位组成的一系列工业项目投资建设的相继开展，广大西部地区的工业化和城镇化也随之获得了前所未有的发展机遇：新建了一批工矿业城市；扩建和改造了一批重点城市；围绕保障工矿企业建设、生产人员生活，由企业健全基础设施、完善服务功能，建设了一批工业型小城镇；由重大项目带动，中部、西部地区迅速出现了一批依托矿业和工业项目而兴起的新型城市和城镇，例如，四川的绵阳市，甘肃的兰州市、白银市、玉门市，内蒙古的包头市，新疆的乌鲁木齐市，陕西的铜川市等城市，以及西安市的纺织城、电工城、军工城、航工城等重要工业区。

这一时期，由于城镇增长的速度超过了城镇建设的速度，城镇建设出现了住宅、文化生活设施和市政设施紧张的状况。例如，当时兰州市的西固区已有 10 万居住人口，但只设有临时的商店，小学、门诊部、托儿所、理发店和澡堂等基础设施大部分尚未建成。②

2. 1958—1965 年大起大落时期

"大跃进"时期（1958—1961 年）。从 1958 年以大炼钢铁为主的全面工业化建设开始，受"左"倾思想的影响，我国城镇化进入了盲目冒进的发展阶段，职工人数和城镇人口大量增加。全国职工人数于 1960 年达到 5969 万，比 1957 年增加 2868 万人；城镇人口于 1960 年达到 13000 万，比 1957 年增加 3124 万人③；1957—1960 年，城镇人口净增加 31.4%，城镇化水平由 15.4% 迅速上升到 19.7%。同时，全国农业劳动者人数由 1957 年的 19310 万人急剧下降到 1958 年的 15492 万人，占工农

---

① 中国统计局工业交通物资统计局：《中国工业经济统计资料（1949—1984）》，中国统计出版社 1985 年版，第 137—138 页。

② 董志凯等：《中华人民共和国经济史（1953—1957）》，社会科学文献出版社 2011 年版，第 922 页。

③ "当代中国"丛书编辑部：《当代中国的劳动力管理》，中国社会科学出版社 1990 年版，第 10 页。

劳动者人数的比例从93.2%降至77.8%。①

这一时期，由于全国工业化建设的推动，西部地区涌现出了一大批以钢铁冶炼为主的产业型城镇，地方政府主办的工业企业和小型的加工配套型企业，吸引了大量的人口，城镇规模随之膨胀。同时，随着一些交通基础设施的加快建设，兰新、宝成、黔贵和包兰等铁路相继建成通车，改善了西南、西北地区内陆的交通，对于市镇的发展起到了重要的推动作用。

"经济调整"时期（1961—1965年）。经过"大跃进"时期的盲目冒进，我国工业化发展远远超过了当时的国力，因此，在"经济调整"时期，从1961年下半年开始，由于国家实行了"调整、巩固、充实、提高"的方针，大量的工业项目开始下马。为了缓解城镇人口剧增的压力，动员城镇人口下乡，国家采取了提高城镇的设置标准、撤销部分市镇建制等应急措施，积极纠正了冒进的错误，城市数量及城镇人口急剧减少。

经过"大跃进"和"经济调整"之后，我国的城市数量和城镇人口呈现出先增后降的趋势，这次波动堪称大起大落，是中华人民共和国成立以来城镇化进程以及经济发展中幅度最大的。其间，全国城镇人口和城市数量双双出现了负增长：1961—1965年，城镇人口年均迁出率53.5%，而年均迁入率仅为35.9%，迁出率比迁入率高17.6个百分点；1965年城镇人口进一步下降到9885万，相比于1960年减少了3100多万人；城市数量减少到169个，与1957年相比也少了7个；② 1960—1965年，城镇化水平由19.8%下降到17.9%。

1957—1960年，西部地区城市数量从30个快速增加到44个，但到1964年就很快下降到31个，之后1965年又增长到34个。经历八年时间的徘徊与起伏，西部地区城市数量最终仅增加了4个。在此阶段，西部地区城镇人口也发生了巨大的变化，1957—1961年，从737.76万人迅速增长到958.09万人，到1963年又下降到888.08万人，1965年又增长到947.56万人。西部地区在这八年时间里城镇人口年均增长率仅为3.2%。此段时期内，西部地区城镇化发展的速度远远低于1949—1957年的发展

---

① 国家统计局：《建国三十年全国农业统计资料（1949—1979）》，中国统计出版社1980年版，第5页。

② 顾朝林、邱友良、叶舜赞：《建国以来中国新城市设置》，《地理科学》1998年第4期。杨立勋：《城镇化与城市发展战略》，广东高等教育出版社1999年版。

速度。

3. 1966—1978 年缓慢发展时期

1966 年开始的"文化大革命"严重破坏了城镇建设体系，全国范围内停止城建工作，撤销城建机构，下放城镇干部和居民，城镇人口缩减，城镇功能急剧衰退。1967—1976 年，我国总人口增长迅速，增长 19175 万人，但城镇化水平却是徘徊不前的，全国城镇人口由 1966 年的 1.33 亿增至 1978 年的 1.72 亿，年均增长率仅 2.2 个百分点，同期城镇化率仅提高了 0.06 个百分点，从 17.86% 提高到 17.92%。同期城市数量的增长也极为缓慢，全国城市总数从 1966 年的 171 个增加到 1977 年的 190 个，十多年的时间里仅增加了 19 个城市。其间，企业招工增长也极为缓慢，全国范围内增加职工共 3475 万人，年均增长率仅 5.3%，制约了城镇人口的快速增长。

虽然如此，西部地区在此阶段依托"三线"建设项目，推进建设了一批"靠山、分散、进洞"的工业点和工业基地，一定程度上促进了区域城镇化的发展。

"三线"建设是根据我国地理区域，将沿海地区划分为一线、中部地区划分为二线、后方地区划分为"三线"，以战备为重点所进行的经济建设。"三线区域"包括云、贵、川全部或大部的西南"三线"，以及陕、甘、宁、青全部或大部的西北三线两大片，西部地区大部分省份属于"三线"区域。"三线"建设期间，一线、二线区域的重要工厂、重点高等院校和科研机构部分或全部搬迁到"三线"区域，同时，"三线"区域还新建了部分铁路交通、大量企业、院校和科研机构。这一时期，修建了沟通西南西北，连接成都与昆明、株洲与贵阳、襄樊与重庆的成昆、湘黔、襄渝、贵昆、焦枝，以及南疆、青藏等铁路交通主干线，攀枝花、包头和酒泉等成为钢铁生产骨干企业所在地。成都无缝钢管厂、西北铝加工厂、西南铝加工厂、中国第二重型机器厂和刘家峡水电站等重点企业相继建成，其他一大批军工、仪器仪表、电子、航空航天、化工和核工业等重点核心企业也相继投产，带动了西部地区市镇的布局和发展。经过十几年的发展建设，"三线"区域钢铁、机械、煤炭、电力、石油、交通、有色金属、化工、电子、建材等工业部门的生产科研能力得到显著提高，军工部门也有相当规模，并形成了 30 多个新兴城市。

"三线"建设时期，以保障企业为中心，由企业主导形成了一批工业城镇，由企业办社会，健全基础设施和完善教育、医疗、文化等公共服务，带动人口向市镇聚集。如贵州的遵义、水城、盘县、六枝，陕西的西安、渭南、汉中，甘肃的酒泉，四川的成都、攀枝花、达州、万源等，这些都是因钢铁、重机、煤炭、电子、航天、航空等工业项目形成的工业集镇和新兴城市。这一时期，西部地区的城市数量从1965年的32个增加到1976年的38个，年均增长率为1.6%。同时，城镇人口也有所增加，1965—1975年，西部地区的城镇人口由947.56万增至1148.38万，年均增长率达到1.9%。

（三）改革开放至实施西部大开发战略阶段（1978—1998年）

以1978年年底党的十一届三中全会为标志，改革开放和现代化建设实践在我国大地迈开新的历史步伐。国家以经济建设为中心，现代化事业突飞猛进。同时，以家庭联产承包责任制为主体的农村改革，极大地激发了广大农民的生产积极性，在解决了我国粮食问题的基础上，农业领域大量劳动力呈现出富余状态。与此同时，城镇工业化的快速推进也为农业剩余劳动力开辟了广阔的就业空间。大量农业剩余劳动力以"民工潮"的形式，爆发式地涌入城镇，从事非农产业，就业于各类工厂企业。此间，2000多万"上山下乡"的知识青年返城就业，大批城镇居民和干部回城，"三线"企业回迁中心城市和建制镇，使人口在城镇大量聚居，产业在城镇快速兴起，带来了服务业等要素在城镇的壮大和聚集，一大批城镇如雨后春笋般成长于华夏大地。全国城镇总人口从1978年的17248万迅速增长至1984年的24017万，年均增长5.67个百分点，城镇人口的增长率较之于同期全国总人口1.36%的年均增长率，明显增长很快；1978年的城镇化水平是17.92%，而1984年城镇化水平达到23.01%，年均增长0.85个百分点；1978年城市数量为193个，1984年城市数量达到300个。为顺应城镇化的发展大潮，中央提出了积极发展小城镇的战略，明确要求把小城镇当作大问题来看待和解决。1984年，国家批准了《民政部关于调整建制镇的标准》，各地撤乡建镇的积极性得到了极大的激发，一定程度上加快了全国城镇化速度。在大力扶持推进特大城市、大城市、中等城市建设的同时，建制镇、小城镇也开始积极发展起来。1986年，国家又调整了设市标准，进一步促进了城镇化的顺利发展。城市数量由1984年的300个增加到1992年的517个，年均增加27.1个；建制镇由6211个增加到11985个，年均增加721.8个，明显快于前一阶段。同时，全国市镇总人口由 1984 年的 24017 万增加到 1992 年的 32372 万，年均增长 3.80%；城镇化率由 23.01% 提高到 27.63%，年均增长 0.58 个百分点。1993 年，国家进一步调整和完善了有关城镇化的政策，推动了城镇化的新发展，城镇人口进一步增加，城镇化率进一步上升。全国市镇人口由 1992 年的 32372 万增加到 1996 年的 35950 万，年均增长 2.7%；城市数量由 517 座增加到 1997 年的 668 座，年均增加 30.2 座；建制镇数量由 11985 个增加到 1996 年的 17770 个，年均增加 1446.3 个；城镇化率由 1992 年的 27.63% 增加到 2002 年的 39.09%，增长 11.46 个百分点。到 20 世纪 90 年代末，全国城镇人口急剧增加，具有中国特色的城镇体系不断发育、臻于成形。[①]

伴随着全国城镇化的推进，西部地区城市与农村之间的壁垒开始松动并逐渐被打破，在国民经济高速增长和国家的利好政策下，西部地区城镇化快速发展，城镇化增长水平远高于改革开放前的 20 年，西部地区的城市数量增加了两倍，从 40 个快速增加到 120 个，城市数量占全国的 18.1%；1998 年，建制镇数目占全国建制镇总数的 28.2%，达 5067 个。同期，西部地区城镇人口数量也持续增加，1978—1998 年从 1303.84 万增加到 3233.63 万，年均增长率比改革开放前提高了约 1 个百分点，达 4.6%。[②] 这一阶段，西部地区的城镇化发展取得了很大的成就，但总体上说，城镇化率仅 20.7%，落后于全国 30.4% 的平均水平近 10 个百分点。

（四）实施西部大开发战略至今（1998 年至今）

随着第一轮西部大开发战略实施，国家将经济发展的战略重心由东部、中部向西部地区转移，为西部地区发展注入了强劲动力，加快了西部地区工业化的进程，推动了城镇化的发展。从党的十六大开始，国家依据科学发展观的要求及全面发展战略的需要，逐渐明确和强化了积极推进城镇化的发展思路，为西部地区城镇化的发展提供了政策支持。

2010 年 6 月，随着《中共中央国务院关于深入实施西部大开发战略若干意见》的公布，我国开启了新一轮西部大开发的征程。国家不断加大对西部地区的投入，为西部地区城镇化提供了坚实的物质保障。2012

[①] 刘勇：《中国城镇化战略研究》，经济科学出版社 2004 年版，第 7—10 页。
[②] 李善同、刘勇：《西部大开发中城镇化道路的选择》，《城市发展研究》2001 年第 3 期。

年党的十八大又将推进新型城镇化上升为国家发展战略，为西部地区的城镇化发展提供了良好机遇。这一时期，西部各地已将推进城镇化的又好又快发展纳入重要的建设日程，城镇化取得了丰硕的成果。城市数量由1999年的120个增加到2012年的171个，增加51个；城镇数量由1998年的5734个增加到2012年的7275个，增加1541个；西部地区的城镇人口由1998年的3233.63万增加到2012年的16298万，年均增长12.2%；城镇化率由1998年的20.74%增至2012年的44.93%，十余年间增加24.19个百分点。

二 西部地区城镇化发展成果

改革开放和现代化建设实践，推动西部地区迈上了发展的新台阶，西部大开发战略的不断深入，使其经济建设和社会进步进入了更加令人瞩目的发展阶段。截至2012年年末，西部地区12个省份的生产总值（GDP）合计达到68425.38亿元，比西部大开发初期2000年的16537.16亿元增长3.14倍，年均增长10.0%。西部地区经济增长速度不仅远远高于西部大开发以前的增长速度，而且也高于全国平均水平。同期，西部地区GDP总量占全国的比重由17.0%提高到19.6%。在经济快速增长的基础上，西部地区的城镇化进程也取得了巨大的成就，保持了平稳较快的发展趋势，城镇化水平从1998年的20.74%提高到2012年的44.93%，年均增长1.73个百分点。城镇化已成为西部地区推进新型工业化、解决就业、扩大内需的重要举措，城镇化发展取得的成就促进了经济发展、社会进步和繁荣，推动了西部地区综合能力的提升。本部分侧重对西部地区城镇化已取得的成果进行分析，突出城镇化对于西部地区经济、社会发展的支撑和引领作用。

（一）西部地区城镇化快速推进，与东部地区差距缩小

随着西部大开发战略的实施，西部地区城镇化进入快速发展时期。截至2012年年末，除西藏以外，西部其他各省份均已实现30%以上的城镇化率。按城镇化发展所处的水平，2012年，西部地区可划分为三个梯队：第一梯队的城镇化水平已达到50%以上，包括内蒙古（57.70%）、重庆（56.98%）、宁夏（50.67%）和陕西（50.20%），2006—2012年，这4个省份的城镇化水平基本保持在西部地区前五名之内，特别是内蒙古和重庆，不仅比整个西部地区平均44.93%的城镇化率高出12个百分点以上，而且远高于全国52.57%的平均水平；第二梯队的城镇化水平为

30%—50%，包括贵州（36.40%）、甘肃（38.75%）、云南（39.31%）、四川（43.53%）、广西（43.53%）、新疆（44.00%）和青海（47.44%），这些省份的城镇化水平虽与第一梯队相比有明显的差距，但与其自身纵向相比有很大的提高，增幅最低的新疆2012年也比2006年提高了6.06个百分点；第三梯队为西藏，城镇化水平只有22.75%。

截至2012年年末，西部地区城镇人口总计1.62亿，城镇化率为44.74%，与2000年相比，提高16个百分点，年均增长1.33个百分点。其中，2000—2005年西部地区城镇化率年均提高1.17个百分点，2006—2012年年均提高1.50个百分点，这说明2005年以后西部地区城镇化的发展呈现加快态势。与东部、中部地区比较来看，尽管西部地区的城镇化率仍低于东部地区和中部地区，但2005年以后，西部地区的城镇化水平与全国和东部地区的差距略有缩小（见表4-1）。

表4-1　　　　我国东部、中部、西部地区城镇化率对比　　　单位:%

年份	东部地区	中部地区	西部地区
2005	53.61	39.10	34.52
2006	54.86	40.39	35.69
2007	55.72	41.64	37.00
2008	56.68	43.03	38.48
2009	57.59	44.18	39.66
2010	60.02	45.31	41.44
2011	61.01	46.99	42.99
2012	62.16	48.49	44.74
2013	63.09	49.66	45.98

（二）非农人口比重上升，劳动力向城市转移

西部地区非农人口比重从2003年的25.2%上升到2012年的31.05%，并在2008年达到了高点34.72%，十年间非农人口比重增长了5.85个百分点，这说明西部地区在推进城镇化的过程中劳动力由低生产率部门向高生产率部门转移。

（三）产业结构进一步优化，特色产业显著发展

产业发展与城镇化建设是一个相互协调、相互促进的过程，注重产

城互动、强化产业引领是城镇化健康发展的重要内涵。产业发展与城镇化建设密不可分，城镇的发展壮大为产业要素的聚集奠定了广阔的空间和坚实的平台，产业发展为城镇化提供了支撑动力和发展内容。因此，推进城镇化的首要任务是发展人类赖以生存和依托的产业。

近年来，西部地区各省份依托城镇资源禀赋和区位优势，在优化产业结构方面取得了有效的成果。2012年，西部地区第一、第二、第三产业分别实现增加值14252.17亿元、56861.36亿元和42090.24亿元，分别同比增长12.3%、11.9%和16.6%。同时，西部地区的产业结构不断得到优化，第一、第二、第三产业的比重由2000年的21.12%、43.01%、35.87%调整为2012年的12.59%、50.23%、37.18%，第二产业和第三产业在产业结构中的比重出现明显增长，其中，第二产业对GDP的贡献最大（见表4-2和图4-1）。

表4-2　　　　2000—2012年西部地区三次产业产值比重　　　　单位：%

年份	第一产业	第二产业	第三产业
2000	21.12	43.01	35.87
2001	20.96	40.85	38.19
2002	20.01	41.48	38.77
2003	19.37	42.99	37.65
2004	19.45	44.47	36.08
2005	17.68	42.92	39.40
2006	16.17	45.37	38.46
2007	15.97	46.45	37.58
2008	15.56	48.22	36.21
2009	13.73	47.57	38.71
2010	13.14	50.10	36.76
2011	12.74	51.02	36.24
2012	12.59	50.23	37.18

资料来源：《中国统计年鉴》和《中国西部经济发展报告》。

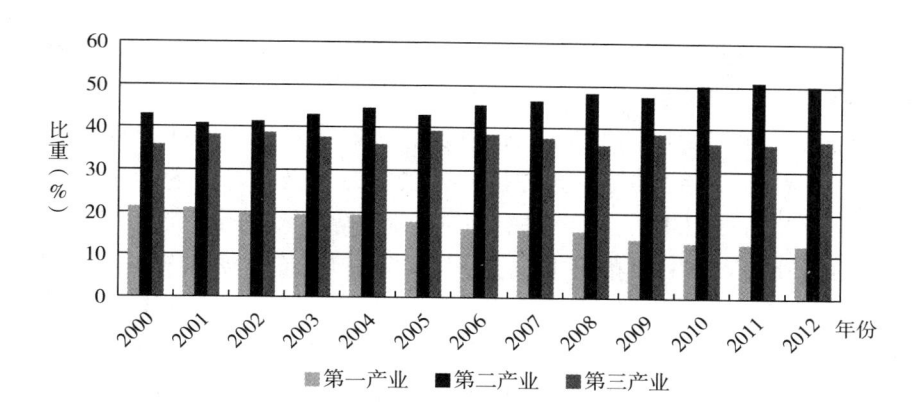

图 4-1　2000—2012 年西部地区三次产业产值比重

改革开放和现代化建设为西部地区发展创造了前所未有的机遇，西部大开发战略的实施使西部地区的经济建设和社会发展上升到国家战略层面。伴随着西部地区工业化的快速推进，其城镇化发展不断跨上新台阶。其间，西部地区在产业发展方面，积极立足资源禀赋、依托独特优势，使特色优势产业获得了长足发展，其主要产业有能源工业、有色冶金工业，化工工业，农牧产品加工工业和旅游业，航空航天、装备制造业和高新技术产业。

（1）能源工业。"西电东送""西气东输"，以及国家大型能源煤炭基地工程等重大项目，如新疆、青海、陕甘宁、川渝等石油天然气生产基地，黄河上游、长江上游等水电基地，以及陕北、蒙西、宁夏和云贵等煤电基地，这些都在国家能源保障体系中具有举足轻重的地位。

（2）有色冶金工业。云南省和甘肃省在铅锌开采、冶炼加工方面，四川省在钒钛矿采掘和加工方面，以及以稀土资源出名的内蒙古自治区在其开采方面，都跨上了新的台阶。

（3）化工工业。以柴达木盐矿闻名的青海钾肥项目、以磷矿为支撑的云南磷肥项目，极大地提升了我国钾肥和高浓度磷肥的自给率，为我国化肥生产建立了新的功勋。

（4）农牧产品加工工业。以优质棉、果蔬闻名的新疆特色农产品加工，和以乳业、羊绒闻名于世的内蒙古畜牧产品加工，已经分别发展为这两个自治区的主要支柱产业。此外，传统优势产业，如烟草、制糖等均已在云南和广西两地区中，实现了新的跨越。

(5) 旅游业。文化旅游业历来是西部地区极具发展潜力和特色优势的产业，西部地区具有历史文化悠久深厚、宗教文化丰富多彩、民俗文化绚丽独特和民族风情神秘瑰丽，以及自然山水雄伟壮阔的特点。西部各地区各展所长，已进行了全方位、多层次的积极开发。近年来，西部地区旅游产品层出不穷，富有地方特色和文化意蕴的生态游、休闲游、探险游格外引人注目。陕西省的兵马俑和壶口瀑布、贵州省的黄果树、四川省的九寨沟、云南省的香格里拉，以及新疆的吐鲁番和喀纳斯、广西的桂林山水、内蒙古和宁夏的草原与大漠风光等举世闻名的旅游胜地，更加光彩夺目。此外，陕北的红色游、青藏的雪域高原游，以及"丝绸之路"等著名旅游品牌，越来越为世人所瞩目。

(6) 航空航天、装备制造和高新技术产业。西安、重庆和成都等地在这些领域中，均取得了不俗的业绩，堪称业内典范。

(四) 城市规模和数量增加，城镇空间拓展

空间结构是城镇的基础，主要体现为城市的产业分布、要素聚集格局和城市功能聚集结构等方面的空间组织形式。积极推动城市的产业结构调整，能够有效地实现城市空间结构的重塑与再构。西部地区三次产业的比重关系从2000年的21.12%、43.01%、35.87%变化为2012年的12.59%、50.23%、37.18%，第二产业和第三产业在产业结构中的比重出现明显增长。西部地区对于城镇产业结构的调整升级，促使新的工业开发区、商务中心的崛起；对于城镇老城区的改造，提升了其发展层次和服务功能，城镇郊区的土地和周边农村随之实现了城镇化，成为城镇的建成区，拓展了城镇的空间。西部地区城镇建成区面积从2003年的555.86平方千米上升为2012年的876.5平方千米。

(五) 新兴城市群逐步崛起，辐射带动功能增强

城市群作为城镇化的一种高级形态，是一个地域内大中小城市构成体系、辐射带动、相互作用的桥梁纽带，是城镇化发展到一定阶段的必然产物。城市群共同形成的服务功能和经济带动力量，是独立和单一的城市难以望其项背的。在城镇化发展的实践中，培育壮大和支持鼓励城市群的成长发展，是加快城镇化步伐、提升城镇化水平和质量的普遍手段。

西部地区在改革开放和现代化建设，特别是西部大开发实践的过程中，积极开拓、不断进取，推动城镇化不断迈上新的台阶，城市群建设

的步伐不断加快。在国家政策的支持和所在省份的具体推动下，城市群已成为西部地区经济发展格局中最具活力和潜力的核心地区，是推进国家西部大开发战略实施的核心支撑和重要节点，是实现东部、中部、西部地区经济社会协调发展的必然选择，是保障全面建成小康社会、实现广大人民群众共同富裕的必经之路，是加强民族团结、巩固国家边防安全的重要屏障。因此，西部地区要奋发有为，努力建设，积极壮大西部城市群。

当前，西部城市群已初现雏形，其主要由以重庆和四川成都为核心的成渝城市群、以陕西西安为核心和以宝鸡为副核心的关中天水城市群、以广西南宁为核心的南北钦防城市群、以新疆乌鲁木齐为核心的天山北坡城市群、以银川为核心的银川平原城市群、以贵阳为核心的黔中城市群和以昆明为核心的滇中城市群，以及呼（呼和浩特）包（包头）鄂（鄂尔多斯）城市群、兰（兰州）白（白银）西（西宁）城市群和酒（酒泉）嘉（嘉峪关）玉（玉门）城市群共十个城市群组成，其中，大部分处于快速发育阶段，应注重培育和积极开发。

在西部地区众多的城市群当中，最具发展潜力的是成渝城市群和关中天水城市群。成渝城市群的优势在于，依托我国第四大、中西部地区唯一的直辖市——重庆市，以及西部地区的巨型城市——成都，凭借人口众多的特点，发挥经济力量、文化科技实力雄厚的优势，立足富饶的成都平原，是长江经济带的龙头型开发区域，将会成为我国继京津冀城市群、上海长三角城市群和广州珠三角城市群之后的又一重要都市圈。

关中天水城市群的优势和潜力在于其地域广阔，覆盖陕西的宝鸡、咸阳、铜川、渭南和商洛，以及甘肃的天水等城市，其核心西安以国际化大都市为发展目标，科技、文化实力领先全国，特色产业优势明显，拥有国家唯一的陆港口岸，西咸新区更是肩负着国家新型城镇化路径创新的重任。关中天水城市群的陕西部分聚集了陕西大约65%的人口，创造了陕西70%以上的产值。此外，这一城市群还是国家"丝绸之路经济带"和"海上丝绸之路"建设的核心区域和重要支撑。因此，关中天水城市群极富发展优势和发展潜力。

以广西南宁为核心的南北钦防城市群，区位优势独特，发展势头迅猛。它地处我国西南、华南两大经济区的交叉点上，是"海上丝绸之路"的重要支撑，是我国与东盟连接的重要纽带，在中国—东盟自由贸易区区域合作发展中居于重要位置。

天山北坡城市群以新疆乌鲁木齐为核心，人口分布相对集中，特色产业优势明显，其以石化为代表的能源化工工业，以棉纺、毛纺为主的轻纺工业，以及以果蔬、肉乳加工为主的食品工业，特色突出。此外，这一城市群的边贸、物流和文化旅游产业也闻名全国。所以，天山北坡城市群在西部大开发、"丝绸之路经济带"建设中的地位和作用无可替代，其优势和潜力不容忽视。

以银川为核心的银川平原城市群位于黄河上游和河套平原的交界地带，具有煤炭资源密度高、水能资源丰富和矿藏量大的资源优势，同时，银川平原城市群还享有"黄河金岸、塞上明珠"的美誉，其发展风格极具回族特色，是我国面向伊斯兰国家的经济文化交流中心，发展潜力不可小觑。

以贵阳为核心的黔中城市群具有较好的交通和经济基础，其处于全国"两横三纵"城镇化战略格局中沿长江通道横轴和包昆通道纵轴的交汇地带，国家规划的多条高速铁路穿区而过，加之高速公路的建设，整个区域将逐步形成较完整的交通路网。因此，黔中城市群是我国西南地区重要的节点城市群。

以昆明为核心的滇中城市群区域内资源富集、产业基础扎实，它不仅是云南省最主要的产业聚集区，而且是我国面向东南亚区域合作的重要城市群。

呼包鄂城市群不仅拥有1000多亿吨的煤炭、7000多亿立方米的天然气、逾亿吨的稀土保有储量和60多亿立方米的黄河配给水量的资源优势，以及距离北京约500千米、距离天津出海口约600千米、毗邻俄罗斯和蒙古国的区位优势，而且聚集了全区60%以上的科研机构和75%左右的科研人员。这一城市群的资源和区位特点，虽自古有之，但其优势真正得以发挥，从而在城镇化竞相发展的大格局中傲立群雄，在于它积极抓住了国家西部大开发战略的重要机遇，依托资源禀赋，不断开拓进取，积极推进煤炭深加工和能源化工工业，打造国家能源接续地，使特色优势产业迅猛发展，实现了经济建设和社会发展的重大跨越。所以，呼包鄂城市群是国家新型城镇化过程中包茂通道城镇群的重要节点和基础。

兰州—西宁城市群是我国西陇海、兰新经济带的重要支撑，是这一地区产业发展的重要基地。兰州—西宁城市群能够在西部地区特别是西北地区崭露头角，其竞争优势和发展潜力令人瞩目。这一城市群产业优势明显，农副产品生产及其深加工业、有色金属开采及其冶炼业、盐化工工业、装备制造业、能源化工业、新型能源业、文化旅游业等，是兰白西城市群重要的发展支撑，服务业特别是现代服务业发展不断向好。这一城市群区位独特，其地处祖国的中心，是东中西部的连接地，是"丝绸之路经济带"建设的咽喉通道，是我国和亚欧大陆沟通的重要桥梁，地缘上居于东西南北贯通连接的重要位置。这一城市群连接农耕文化和游牧文化，包容佛教和伊斯兰教等宗教文化，区域内汉、蒙、藏、维、回等民族相互交融、相互团结，文化交融特色突出。

酒嘉玉城市群发展特色明显，定位科学、准确。国家航天城酒泉市，将商贸、旅游定位为支柱产业，以打造河西走廊区域性中心城市和具有古城风貌的旅游目的地为己任；现代化钢铁工业城市嘉峪关市，以建设西北最大的不锈钢城、旅游会展城、商贸城为目标，将成为戈壁明珠城；老工业基地玉门市以新兴石油工业为基础，将成为西陇海、兰新经济带中段的新兴工业城市；敦煌市以生态旅游、沙漠旅游、文化旅游和民族风情旅游为主要目标，将成为具有国际知名度的生态旅游文化名城。

（六）城镇基础设施建设日趋完善，城镇承载能力增强

城镇基础设施是为城镇生产生活服务和提供保障的公共设施，是城镇赖以生存和运转的前提及平台。它主要包括道路设施、公共交通、邮电通信、给水排水、供电供气、园林绿化和环境保护等市政公用工程设施，以及商业服务、科研技术、文化教育和卫生事业等公共生活服务设施。城镇基础设施是实现城镇经济效益、社会效益和环境效益相统一的基础，是保障城镇正常生产生活的重要支撑，既是城镇产生聚集效应的基础和前提，又是城镇聚集效应的重要结果。下大力气努力推进城镇基础设施建设，是完善城镇功能、提高城镇综合承载能力、保障城镇产业发展、改善城镇人居环境和提升城镇文明水平的重要基础性工作。

近年来，西部地区各省份坚持基础先行，形成了适度超前、功能配套、安全高效的现代化城镇基础设施体系，切实提高了城镇基础保障能力。随着城镇化步伐的加快，西部地区城镇基础设施建设水平得到了较大提升。公路通车总里程迅速增加，由2000年的55.39万千米增至2013年的173.73万千米，13年间增长213.65%，其中，高速公路通车总里程由2000年的3677千米增加到2013年的3.38万千米，2013年高速公路的

通车总里程是 2000 年的 9.2 倍；铁路建设发展迅猛，2013 年西部地区的铁路通车总里程相比 2000 年提高 79.19%，达到 3.96 万千米，是 2000 年铁路通车总里程（2.21 万千米）的 1.8 倍；城市公共交通迅速发展，由 2000 年的 41605 辆，占全国城市公共交通车辆总数的 18.41% 增长到 2013 年的 93297 辆，占全国的 20.24%，提高 1.83 个百分点；城市市政道路面积不断扩大，2000 年，西部地区的城市市政道路面积为 31539.16 万平方米，2013 年迅速扩大到 124650 万平方米，是 2000 年的 3.95 倍，占全国的比重由 2000 年的 16.57% 提高到 2013 年的 19.35%，增加 2.78 个百分点；城市供水显著增加，西部地区的生产生活供水总量由 2000 年的 79.08 亿吨增到 2013 年的 95.53 亿吨；城市天然气覆盖人口不断增多，由 2000 年的 1048.46 万扩大到 2013 年的 5193.5 万，增长 3.95 倍。

与此同时，西部地区的城镇承载能力显著增强。生态环境建设成效明显，2000 年西部地区的森林覆盖率仅为 10.32%，2013 年增长到 17.05%，比 2000 年提高 6.73 个百分点；城市绿地面积扩大迅速，由 2000 年的 172785 公顷扩大到 2013 年的 464073 公顷，是 2000 年的 2.69 倍，2000—2013 年西部地区的城市绿地总面积增加 168.58%，年均增加 12.04%；城市建成区面积增长迅速，2000 年西部地区的城市建成区面积总计 4764.67 平方千米，2013 年增长到 10569 平方千米，是 2000 年的 2.22 倍，占全国城市建成区总面积的 22.09%，高于 2000 年（21.23%）0.86 个百分点；城市废水排放量略有降低，西部地区城市废水排放总量占全国的比重由 2000 年的 20.16% 减少至 2013 年的 20.07%，缩小 0.09 个百分点。经过多年的建设和发展，西部地区城镇的人居环境和生态环境得到明显改善，城镇综合能力不断增强。

（七）城乡居民人均收入快速提升，城乡收入差距有缩小趋势

随着西部地区城镇化的不断推进，城乡居民的收入水平也得到了明显提升，城乡收入差距拉大的势头得到了有效遏制。2004 年，西部地区城镇居民人均可支配收入为 7996.1 元，农村居民人均纯收入为 2135.78 元，城乡收入比为 3.74∶1，同期，全国城乡收入比为 3.21∶1。2008 年，西部地区城镇居民人均可支配收入提升为 12741.78 元，农村居民人均纯收入提升为 3481.26 元，城乡收入比缩小到 3.66∶1。到 2013 年，西部地区城乡居民人均收入进一步提高，城镇居民人均可支配收入增长到 13624.31 元，比 2004 年提高 70.39%；农村居民人均纯收入增长到

6816.81元，比2004年提高219.17%；城乡收入比降为2∶1，同期，全国城乡收入比为2.06∶1。2004—2013年，西部地区城乡收入差距大幅缩小，且与全国平均城乡收入的差距也有所缩小。

三 西部地区城镇化发展测度

（一）城镇化发展水平的测度方法

城镇化发展水平的测度方法主要有单一指标法和复合指标法两种，单一指标法主要测度城镇化某一个方面的发展程度或所处水平；复合指标法主要测度城镇化总体上的综合发展程度或水平，本节借鉴已有学者的研究，先后使用单一指标法和复合指标法测度西部地区的城镇化发展水平。

单一指标法的优点是指标较客观，容易量化，数据具有可获得性，缺点是测度指标片面。城镇化的相关研究文献中，单一指标法中经济指标和人口指标最常用。经济指标常用非农产业产值比重表征，人口指标通常用常住人口城镇化率或户籍人口城镇化率表征。复合指标法是综合各方面的指标，建立指标体系，运用主成分分析法、层次分析法、熵值法确定最终的结果。因为城镇化是一个经济社会相互作用和发展的过程，因此，复合指标法能够进行系统化的计算和测度，得出综合的全面的结果。本节主要采用层次分析法。从经济城镇化、人口城镇化、空间城镇化和社会城镇化四个层面建立指标体系，具体指标体系及其表征的指标值见表4-3。

表4-3　　　　　　　　　　具体评价指标

类别	具体评价指标
经济城镇化	人均GDP，第二、第三产业产值占GDP比重，人均工业总产值，第三产业与第二产业产值比，税收占地区GDP比重
人口城镇化	城镇人口比重，第二、第三产业就业人口占总就业人口比重，非农业人口比重，建成区人口密度
空间城镇化	城镇居民人均住房建筑面积、人均公共绿地面积、人均道路铺设面积、建成区绿化覆盖率
社会城镇化	城镇居民人均可支配收入、每万人拥有电话数、每万人拥有医生数、每万人拥有床位数、每万人拥有在校大学生数、人均政府财政科技支出、人均社会消费品零售总额

构建模型之前，需要对指标进行分类及标准化处理，分类发现，本节所选的 20 个指标中，不包括负向指标，有 18 项正向指标和建成区人口密度、税收占 GDP 比重两项适中型指标。选取东部地区指标的标准值作为参照，将西部地区 2001—2011 年的数据进行无量纲化处理，最终按照层次分析法确定指标权重，最终算出各省份城镇化综合水平，具体计算公式为：

$$U_{ct} = 1 + \sum_{i=1}^{18} \frac{(U_{it} - S_i)}{S_i} W_i - \sum_{j=1}^{2} \frac{|U_{jt} - S_j|}{S_j} W_j$$

式中，U_{ct} 表示 t 时间点的城镇化综合水平，U_{it} 表示正向指标值，U_{jt} 表示适中指标值，W_i 表示正向指标值的权重，W_j 表示适中型指标权重，S_i 表示正向指标的标准值，S_j 表示适中型指标的标准值，i 和 j 分别表示正向指标和适中型指标的序号（$i = 1, 2, \cdots, 18; j = 1, 2$），$t$ 表示时间（$t = 1, 2, \cdots, 11$）。

（二）单一指标评价结果

尽管单一指标法在测度城镇化水平上存在一些不合理的地方，比如，把城镇化仅仅理解为城镇人口的增加或城镇经济比重的增大，但单一指标法能够将地区某一方面的城镇化发展状况直观地呈现出来，具有直接明了的优点。因此，单一指标法的测度结果依然具有重要的参考价值。

1. 西部地区人口城镇化水平

人口指标是测度城镇化水平的原始指标，学界认为，城镇化主要体现在人口城镇化上，并且人口指标能最直接、最客观地体现某地区城镇化水平。本部分内容对人口城镇化的测度方法：选取 1980—2010 年全国各省份各产业的就业人口比重数据，计算出非农产业就业人口比重，并统计出各省份在 1980—2010 年间非农产业就业人口比重数据中的最低值、最高值、中位数和平均数，计算出各个地区相应指标的平均值（见表 4-4）。

表 4-4　1980—2010 年全国各省份人口城镇化指标（非农就业人口比重）　单位：%

地区	最低值	最高值	中位数	平均数
北京	75.64	95.06	88.60	87.51
天津	78.26	85.59	80.81	81.57

续表

地区	最低值	最高值	中位数	平均数
河北	24.93	61.96	48.60	45.02
山东	21.17	64.55	45.60	43.58
上海	70.98	96.07	88.70	87.48
江苏	29.55	81.33	57.20	56.65
浙江	30.24	84.11	57.30	57.42
福建	27.07	70.82	49.22	48.27
广东	29.32	74.32	58.80	54.01
海南	20.50	50.18	38.70	35.26
东部地区（平均）	40.76	76.40	61.35	59.68
河南	18.72	55.12	35.90	35.75
湖北	26.84	70.46	48.90	46.36
湖南	22.94	53.40	38.94	37.20
山西	37.67	61.67	53.30	52.80
安徽	18.71	60.01	39.30	37.60
江西	22.30	62.40	44.30	42.31
中部地区（平均）	24.53	60.51	43.44	42.00
重庆	41.50	66.91	51.21	52.03
四川	19.07	57.14	36.90	35.73
贵州	17.12	50.37	26.30	28.88
云南	14.97	40.60	23.17	24.43
西藏	22.80	88.68	46.87	58.42
陕西	27.30	56.15	40.50	40.84
甘肃	19.79	48.91	40.40	36.99
青海	31.20	58.05	40.03	42.54
宁夏	29.51	60.64	41.10	41.95
新疆	29.99	48.94	42.30	41.20
内蒙古	34.03	51.90	45.55	44.53
广西	16.99	46.66	33.60	31.31
西部地区（平均）	25.35	56.25	38.99	39.90
辽宁	58.58	68.90	65.62	64.62
黑龙江	49.00	63.90	55.74	56.51
吉林	49.30	57.97	53.64	53.32
东北地区（平均）	52.29	63.59	58.33	58.15

从表4-4中可以看出，东部、中部、西部地区的城镇化水平呈现出阶梯式下降的趋势。西部地区人口城镇化平均水平比中部地区约低两个百分点左右，西部地区人口城镇化平均水平比东部地区约低20个百分点。与东部地区相比，西部地区城镇化水平起点低，发展速度相对较慢，因而与东部、东北地区的差距较大。从三个地区的人口城镇化指标数据综合来看，全国的人口城镇化发展速度基本一致，经过近三十年的发展，各地区各指标的差距基本保持不变。这说明，虽然近些年来我国的户籍制度改革工作已经有了很大的进展，但实行多年的城乡户籍制度对城镇化的影响依然存在。严格的户籍管理政策是造成全国人口城镇化水平几乎以相同的速率向前发展的原因之一。从各地区平均数的最低值与最高值来看，西部地区的人口城镇化速度低于东部地区，但近年来的发展活力要强于中部地区。

通过对比分析我国东部、东北、中部、西部地区的人口城镇化指标，可总结出我国西部地区的城镇化水平有如下特点：第一，我国西部地区城镇化水平起点低，发展速度相对较慢；第二，我国的户籍政策对城镇化水平影响极大，从人口指标来看，全国城镇化步伐基本一致，发展速度受政策影响较大；第三，虽然西部地区城镇化起点低，发展慢，但近些年来发展活力有超过中部地区的趋势；第四，近三十年来，西部地区的城镇化水平总体上比中部地区约低两个百分点，比东部地区约低20个百分点。

2. 西部地区经济城镇化水平

主要采用某地区非农产业产值占总产值（GDP）比重来衡量该地区在经济维度的城镇化水平。为了尽可能宏观上把握西部地区城镇化发展的整体情况，从历年《中国统计年鉴》和各省份统计年鉴收集了1980—2010年各省份各产业的产值比重数据，计算出非农产业产值。

从表4-5可以看出，近三十年来，我国中部、西部地区的城镇化水平差距不大，但西部地区的城镇化水平明显低于东部地区。从中部、西部地区的平均水平看，非农产业比重的最低平均值与最高平均值基本一致；但从中位数的平均值来看，西部地区的城镇化水平整体偏低；从平均值的平均数来看，西部地区的城镇化水平比东部地区大约低10个百分点。说明西部地区城镇化发展的起点比较低，且多年来城镇化水平远低于东部地区。从平均数的最高值来看，虽然西部地区的指标值约低于东部地区5个百分点，但西部地区城镇化水平与东部地区的差距在缩小（我国城镇化水平随时间不断发展进步，故最高值能更准确地反映出现阶段的城镇化水平,而最低值则反映样本选取区间初期的城镇化水平)。

表4-5 1980—2010年全国各省份经济城镇化指标(非农就业人口比重)单位:%

地区	最低值	最高值	中位数	平均数
北京	90.96	99.03	95.44	95.40
天津	89.91	98.40	96.97	94.40
河北	63.95	87.40	79.89	78.63
山东	59.64	90.80	79.61	77.68
上海	95.58	99.30	97.61	97.49
江苏	65.36	93.90	83.53	81.58
浙江	63.73	95.10	84.54	82.45
福建	62.45	90.70	77.93	77.12
广东	65.24	95.00	85.43	82.73
海南	50.02	73.90	64.61	64.09
东部地区(平均)	70.68	92.35	84.56	83.16
河南	56.25	85.90	75.04	72.56
湖北	57.88	86.60	72.16	73.30
湖南	53.56	85.50	68.74	69.62
山西	73.19	95.60	85.32	86.37
安徽	48.13	86.00	71.23	69.72
江西	52.29	87.20	68.79	69.59
中部地区(平均)	56.88	87.8	73.55	73.53
重庆	59.23	91.40	74.33	75.16
四川	54.45	85.60	72.84	70.14
贵州	52.93	86.40	65.00	68.57
云南	56.20	84.70	75.99	72.06
西藏	39.42	86.50	58.14	62.50
陕西	65.32	90.33	79.39	79.34
甘肃	69.78	85.72	77.10	78.12
青海	71.89	90.07	78.06	79.96
宁夏	68.16	90.60	79.79	79.38
新疆	56.91	83.60	72.33	71.20
内蒙古	64.26	90.60	72.04	75.84

续表

地区	最低值	最高值	中位数	平均数
广西	51.10	82.50	69.96	67.82
西部地区（平均）	59.14	87.33	72.91	73.34
辽宁	80.16	91.20	86.76	86.57
黑龙江	71.51	88.92	82.93	82.49
吉林	62.21	87.90	74.85	76.27
东北地区（平均）	71.29	89.34	81.51	81.78

3. 城市建设类指标[①]

第一，城市建设用地面积以及城市人口密度可以体现出各省份的城镇化差距。城镇化不仅要看有多少人住进了城市，更要看城市为市民提供了多少基础设施，市民如何享受这些"城市福利"。四川省人口较多，但城市人口密度仍处于较低水平，每平方千米1902人。城市人口密度最大的省份是陕西省，达到每平方千米4031人，是西藏城市人口密度的2.3倍左右。

第二，完善的交通设施是城市健康有序运行的重要保证。西部地区独特的地理环境、地形条件限制了其交通发展。2010年年末，道路长度最长的是四川省，达9584.2千米；西藏最短，仅为340.6千米。四川省城市桥梁达1573座，重庆市城市桥梁达1136座。众多的桥梁为贯通西部地区提供了极大的便利，成为西部交通的一大特色。在公共交通方面，西部省份的公共交通车辆运营数差异很大，四川（15288辆）几乎达到了重庆（7660辆）的两倍，这与重庆市庞大的城市人口数量极为不相适应。另外，西藏、青海和宁夏只有2000多辆公共交通车辆，而其他省份均有4000—7000辆不等。

第三，城市排污能力和道路照明情况也体现出城市的发展建设水平。西部地区的城市排水管道长度参差不齐，四川的城市排水管道最长，达到14498千米；西藏最短，只有293千米。城市道路照明灯数量最多的仍是四川，有近70万盏；其次是内蒙古（60万盏）和陕西（50万盏）。

第四，生活用水是保证居民生活质量的关键，公用厕所的建设也关

[①] 所用数据均来自《中国统计年鉴》，为2010年我国城市建设指标数据。

系着市民生活的便利程度。西部地区各省份的城市用水率基本能达到95%以上,只有内蒙古在90%以下。从每万人拥有的公用厕所数量来看,最多的是西藏、青海、宁夏和内蒙古,均达到4个以上,而最少的是重庆,平均每万人只有1.5个。

第五,城市生态环境体现着居民生存环境质量的好坏。从西部地区各省份人均拥有绿地面积的数据来看,多数省份在10%左右,最多的宁夏达到16.18%,最少的西藏只有5.78%。除了自然气候因素的影响,人口较为稀少的省份的绿地面积仍然十分匮乏。

(三) 复合指标法测度结果及分析

首先,建立的城镇化综合评价指标体系,划分为目标层A、准则层C和指标层P,构建目标层下各准则层之间两两比较判断矩阵和准则层下各指标层两两比较判断矩阵(见表4-6)。

其次,运用层次分析法,使用软件Yaahp5.3计算出各准则层和指标层的权重。

再次,以各指标的标准值为参照,对西部各地区各年的指标进行标准化处理。

最后,根据各指标值的权重和标准化处理后的数据,计算出2001—2011年的城镇化综合水平。[1]

表4-6 城镇化综合评价指标体系层次划分

目标层A	准则层C	指标层P
城镇化综合水平	经济城镇化	人均GDP(元)
		人均工业总产值(元)
		第二、第三产业占GDP比重(%)
		第三产业与第二产业产值比
		税收占地区GDP比重(%)
	人口城镇化	城镇人口比重(%)
		非农人口比重(%)
		第二、第三产业就业人口占总就业人口比重(%)
		建成区人口密度(人/平方千米)

---

[1] 姚慧琴、徐璋勇等:《中国西部经济发展报告(2014)》,中国人民大学出版社2015年版,第49—61页。

续表

目标层 A	准则层 C	指标层 P
城镇化综合水平	空间城镇化	城镇居民人均住房建筑面积（平方米）
		人均道路铺设面积（平方米）
		人均公共绿地面积（平方米）
		建成区绿化覆盖率（%）
	社会城镇化	城镇居民人均可支配收入（元）
		每万人拥有医生数（人）
		每万人拥有床位数（张）
		每万人拥有电话数（部）
		每万人拥有在校大学生数（人）
		人均社会消费品零售总额（元）
		人均政府财政科技支出（元）

1. 西部地区城镇化综合水平及发展变化情况

根据表4-7中的数据，作折线图以直观地反映各省份的城镇化发展变化情况，如图4-2所示。

表4-7　　　　　　西部地区城镇化综合水平测度结果

地区	2001年	2002年	2003年	2004年	2005年	2006年	2007年	2008年	2009年	2010年	2011年
重庆	0.3614	0.4021	0.4337	0.4583	0.4872	0.5237	0.5494	0.5895	0.6264	0.6767	0.7461
四川	0.3714	0.3769	0.4207	0.4373	0.4574	0.4877	0.5075	0.5356	0.5670	0.5953	0.6417
贵州	0.3216	0.3495	0.3595	0.3726	0.3860	0.3972	0.4256	0.4461	0.4718	0.4964	0.5270
云南	0.3669	0.3642	0.3722	0.3842	0.4084	0.4178	0.4497	0.4816	0.5072	0.5347	0.5779
广西	0.3811	0.3912	0.3969	0.4193	0.4396	0.4577	0.4742	0.5032	0.5342	0.5605	0.6030
西藏	0.3782	0.4231	0.4032	0.4391	0.4474	0.4854	0.5105	0.5268	0.5428	0.5554	0.5957
陕西	0.3901	0.4087	0.4267	0.4459	0.4776	0.5103	0.5413	0.5811	0.6255	0.6738	0.7271
甘肃	0.3936	0.4088	0.4293	0.4338	0.4856	0.4618	0.4801	0.5085	0.5321	0.5619	0.5968
宁夏	0.4103	0.4231	0.4576	0.4772	0.5026	0.5413	0.5732	0.6136	0.6553	0.6755	0.7313
内蒙古	0.4498	0.4612	0.4850	0.5181	0.5581	0.5907	0.6369	0.7016	0.7551	0.8105	0.8840
新疆	0.4762	0.4838	0.4813	0.4919	0.5233	0.5447	0.5578	0.5785	0.5957	0.6511	0.7078
青海	0.3889	0.4103	0.4211	0.4316	0.4485	0.4661	0.4906	0.5417	0.5699	0.5945	0.6405

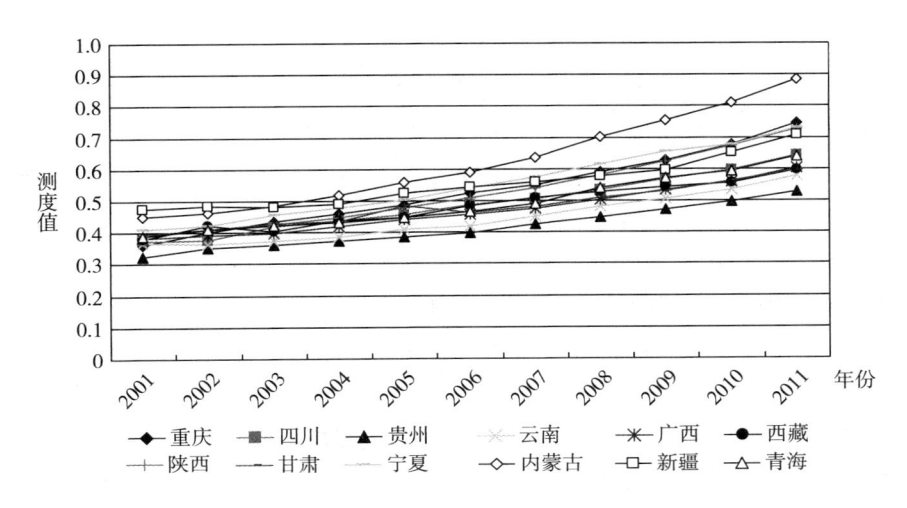

图 4-2　2001—2011 年我国西部地区城镇化综合水平变化情况

根据表 4-7 和图 4-2 可以看出，2001—2011 年西部地区城镇化进程较快，且呈现加速推进趋势。然而，西部地区各省份之间城镇化综合水平发展不均衡的现象也逐渐凸显出来。2001 年，西部地区各省份城镇化综合水平的最高值比最低值高 0.1546；到 2006 年，极差增加到 0.1935；2011 年，西部地区城镇化综合水平的极差进一步扩大至 0.357。这说明，随着西部地区城镇化综合水平的提高，不同省份之间城镇化综合水平的差异也日益扩大。在西部地区各省份中，城镇化综合水平上升最快的是内蒙古和重庆。内蒙古矿产资源极为丰富，近年来经济增长速度长期位居西部地区第一，2011 年人均 GDP 在全国 31 个省份中排名第六，超过多个东部沿海省份，且该年其他多项城镇化衡量指标均超过东部地区；重庆作为西部地区唯一的直辖市，其经济社会发展具有较多的政策优势，而且自身经济和城镇化基础较好，因此，城镇化综合水平提升迅速。2011 年，重庆城镇化综合水平比 2001 年提高了 0.3847，并且从 2010 年开始，该地区城镇化综合水平便跃居西部地区第 2 位。西部地区城镇化综合水平提升较慢的省份是甘肃、贵州、云南和西藏，这些地区的自然条件和区位条件较差，交通不便，使当地经济发展也较为缓慢，同时城镇化发展也受到经济、地形等各种条件的限制。因此，2011 年城镇化综合水平仅比 2001 年城镇化综合水平提高了 0.2 左右。

2. 西部地区城镇化综合水平区域差异

为了更直观地反映西部地区城镇化综合水平的区域差异,就两个时间点分别确立城镇化综合水平等级。由于 2001 年的城镇化综合水平差异较小,因此,将这一时点的城镇化综合水平分为 4 个等级:低于 0.35 的为低城镇化水平,处于 0.35—0.40 的为较低城镇化水平,处于 0.40—0.45 的为中等城镇化水平,处于 0.45—0.50 的为较高城镇化水平。而到 2011 年,城镇化综合水平差异相对较大,因此将该时点的城镇化综合水平分为 5 个等级:低于 0.60 的为低城镇化水平,处于 0.60—0.65 的为较低城镇化水平,处于 0.65—0.70 的为中等城镇化水平,处于 0.70—0.75 的为较高城镇化水平,处于 0.75 以上的为高城镇化水平。可以看出,目前西部地区城镇化综合水平仍比较低。从与东部的对比上看,2001 年,西部地区城镇化综合水平平均值约为 0.3908,表明 2001 年西部地区城镇化综合水平大约仅为 2001 年东部地区城镇化综合水平的 39.08%;2011 年,西部地区城镇化综合水平平均值约为 0.6649,表明 2011 年西部地区城镇化综合水平大约只是同时期东部地区城镇化综合水平的 66.49%。从西部地区内部城镇化综合水平差异来看,2001 年,西部地区有 10 个省份处于低城镇化水平和较低城镇化水平,处于中等城镇化水平和较高城镇化水平的省份仅有两个;2011 年,西部地区有 7 个省份处于低城镇化水平和较低城镇化水平,没有省份处于中等城镇化水平,有 4 个省份处于较高城镇化水平,有 1 个省份处于高城镇化水平,而且处于低城镇化水平和较低城镇化水平的 7 个省份无论是国土面积、经济总量还是人口规模,均在整个西部地区占相当大的比重。

总体来说,内蒙古和西北地区的城镇化水平高于西南地区的城镇化水平,西部地区整体呈现出北高南低的特点,并且随着时间推移,这一特点表现得越来越明显。与此同时,这种南北差异也呈现出逐年扩大的趋势。同时,随着西部地区城镇化综合水平的提高,西部地区城镇化综合水平不同等级省份的数量比也发生了变化。2001 年,较高城镇化水平、中等城镇化水平、较低城镇化水平和低城镇化水平省份数量比为 1∶1∶9∶1,2011 年,高城镇化水平、较高城镇化水平、中等城镇化水平和较低城镇化水平和低城镇化水平省份数量比为 1∶4∶0∶3,可以看出,不同城镇化综合水平等级省份数量的分布由不均衡趋向均衡,这是城镇化综合水平提高的结果。

3. 西部地区城镇化综合水平及各子系统城镇化水平平均值

西部地区各年城镇化综合水平的平均值以及城镇化各子系统水平的平均值如表4-8所示。

表4-8　　西部地区城镇化综合水平及其子系统水平平均值

年份	2001	2002	2003	2004	2005	2006	2007	2008	2009	2010	2011
城镇化综合水平	0.3908	0.4086	0.4239	0.4424	0.4685	0.4904	0.5164	0.5506	0.5819	0.6155	0.6649
经济城镇化水平	0.4421	0.4592	0.4512	0.4601	0.4688	0.4809	0.4871	0.5144	0.5432	0.5755	0.6303
人口城镇化水平	0.4421	0.4592	0.4512	0.4601	0.4688	0.4809	0.4871	0.5144	0.5432	0.5755	0.6303
空间城镇化水平	0.5311	0.5726	0.6160	0.6464	0.7092	0.7409	0.7791	0.8145	0.8564	0.8782	0.9142
社会城镇化水平	0.2287	0.2370	0.2602	0.2870	0.3203	0.3523	0.4028	0.4577	0.4995	0.5450	0.6087

注：表中"经济城镇化水平"和"人口城镇化水平"的两个指标相同，实际上，前者的水平低于后者，是原始数据错误所致。

从表4-8和图4-3可以看出，近年来，西部地区城镇化呈快速发展趋势。2011年，西部地区各省份城镇化综合水平的平均值比2001年增长了0.2741，其中，2006年城镇化综合水平平均值比2001年增长了0.0996，2011年城镇化综合水平平均值又比2006年增长了0.1745。因而可以看出，2006—2011年西部地区城镇化综合水平增速几乎是2001—2006年城镇化综合水平增速的两倍。

同时，西部地区城镇化各子系统中，空间城镇化水平平均值最高，人口城镇化水平平均值其次，接着是经济城镇化水平，而社会城镇化水平平均值最低。2011年，西部地区空间城镇化水平平均值达到0.9142，非常接近东部地区空间城镇化水平，这主要是因为，相对于东部地区而言，西部地区人口密度较低，进行城镇化建设具有空间优势。而西部地区较低的社会城镇化水平，则主要是由于其经济发展水平较低造成的。并且从图4-3中可以看出，随着西部地区经济城镇化水平平均值的不断提高，其社会城镇化水平平均值也迅速提高。

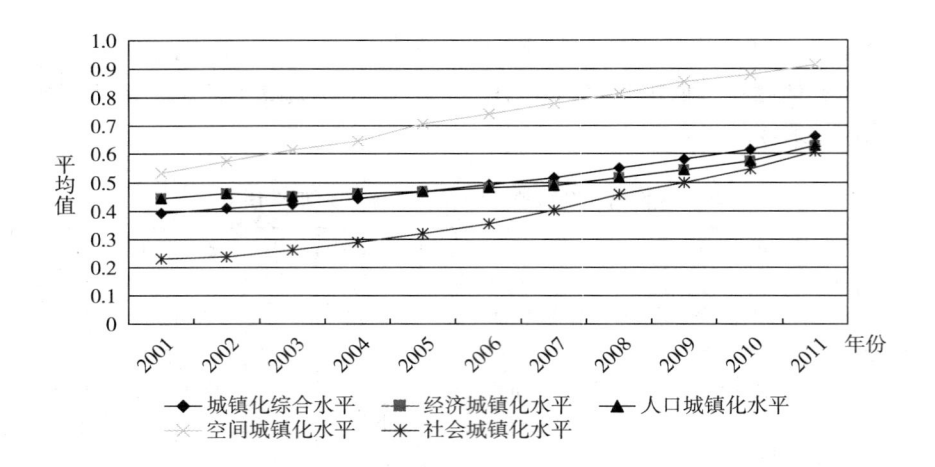

图 4-3　西部地区城镇化综合水平和城镇化各子系统水平平均值变化

在图 4-3 中，空间城镇化水平平均值始终高于城镇化综合水平平均值，且两者之间的差值较大，但是，由于空间城镇化权重较小，因此，对城镇化综合水平的影响并不明显；经济城镇化、人口城镇化水平平均值与城镇化综合水平平均值差异不大，且变化较为一致；社会城镇化水平平均值始终低于城镇化综合水平平均值，而社会城镇化由于其对城镇化质量具有十分重要的意义，因此，权重较大，一定程度上成为制约城镇化综合水平提高的最主要因素。从图 4-3 中还可以看出，随着城镇化综合水平的提高，西部地区城镇化综合水平平均值、经济城镇化水平平均值、人口城镇化水平平均值和社会城镇化水平平均值之间的差异越来越小，逐渐趋于一致，说明随着时间的推移，西部地区经济城镇化、人口城镇化和社会城镇化三者之间发展越来越协调。

第二节　西部地区城镇化发展的制约因素和存在的问题

西部地区独特的地域环境、多元的人文条件和不平衡的发展层次决定了西部地区的城镇化发展不可能照搬照抄中部、东部地区的既有模式，必须根据自身的特点，从实际出发，积极探索，不断开拓出一条适宜自身发展的城镇化道路。本节将从分析制约西部地区城镇化发展的各种因素入手，归纳其在发展过程中出现的各种问题，为西部地区进一步推进新型城镇化提供现实依据。

一 西部地区城镇化发展的制约因素

改革开放和现代化建设推动西部地区实现了长足发展，西部大开发更使其经济建设、社会进步迈上了新的台阶，人们的生活发生了前所未有的巨大变化，生活质量、生活水平飞速提升，城镇建设发展迅猛，市容市貌也有了巨大的改观，但城镇化发展水平相比中部、东部地区来说，仍处于较低层次。西部地区一些欠发达省份甚至可以算是落后地区，其城镇化建设才刚刚起步，还受到自然环境、经济实力、人文素质和思想观念方面的制约，存在不少困难和诸多问题。本部分将从多方面剖析制约西部地区城镇化的诸多主客观因素，探究其城镇化发展所面临的不同于中部、东部地区的特殊条件，为进一步构建西部地区城镇化的科学路径提供现实依据。

（一）生态环境资源压力大

作为当代经济社会重要转型实践的城镇化，在速度推进和规模扩张方面，必须以资源环境承载能力为基础，科学规划和估算发展密度、发展潜力，统筹规划人口分布、经济布局和土地开发等因素，严格遵循国家主体功能区的规划要求。在现行国家主体功能区的规划中，国土空间按照重点开发、优化开发、限制开发和禁止开发四类形式划分，西部地区大部分区域都处于限制和禁止开发范围，因此，尽管西部地区地域辽阔，面积达到686.7万平方千米，占全国总面积的71.5%，但其中一半以上是高原、丘陵、沙漠、戈壁等地带，不仅不适宜人类居住，而且作为生态脆弱地区，还必须要为其生态环境的保护与改善付出大量的财力、物力和精力。根据国家环境保护部2008年发布的《全国生态脆弱区保护规划纲要》，西部地区12个省份均覆盖生态脆弱的地区，具体包括：①分布于大兴安岭山地和燕山山地森林外围，与草原接壤的过渡区域，行政区域包括内蒙古在内的东北林草交错生态脆弱区；②分布于北方干旱、半干旱的草原区，行政区域包括内蒙古、宁夏、陕西、甘肃等地在内的北方农牧交错生态脆弱区；③分布于河套平原及贺兰山以西、新疆天山南北的广大绿洲边缘地区，行政区域包括新疆、青海、甘肃、内蒙古等地的西北荒漠绿洲交错生态脆弱区；④分布于西南石灰岩岩溶山地区域，行政区域包括四川、云南、贵州、重庆、广西等地的西南岩溶山地石漠化生态脆弱区；⑤分布于青藏高原向四川盆地过渡的横断山区，行政区域包括四川阿坝、甘孜、凉山等州，云南省迪庆、丽江、怒江以及黔西北六盘水等40余个市（县）的西南山地农牧交错生态脆弱区；⑥分布于雅鲁藏布江中游高寒山地沟谷地带、藏北高原和青海三江源地区的青藏高原复合侵蚀生态脆弱区。[①]

西部地区的上述区域特征明显，一是环境脆弱，需要给予加倍的保护；二是地位独特，在我国整个生态体系中居于牵一发而动全身的重要位置，是华夏大地的水塔，肩负着维系中华大地水资源安全的使命和重任；三是矿藏资源丰富，既是区域和整个西部地区开发、发展的重要增长极，也是城镇化发展的主要空间。开发和保护的双重任务、开发和生态脆弱的双重悖论，是西部地区在城镇化推进过程中必须解决的难题，其城镇化必须要在维系生态、保护环境的前提下进行。所以，作为中华大地生态屏障的西部地区，生态环境因素对其快速城镇化发展形成了很大的制约。

（二）城镇功能差、发展底子薄弱

作为经济欠发达的西部地区，城镇服务功能和基础设施远远落后于中部、东部地区，主要体现在：城镇功能欠缺，基础设施薄弱，公共服务不完善、不健全，特别是产业落后和人口聚集度过低，导致城镇规模普遍偏小，加上崇山峻岭、荒漠高原等恶劣的地理条件，以及狂风暴雪等不利的气候环境，进一步加大了水、电、路、气、通信等基础设施的建设成本，增加了建设投资和日常运营维护成本，从而对西部地区城镇化的发展构成了障碍。

（三）经济实力总体较弱

城镇化是经济社会发展的必然趋势，是工业化发展到一定阶段的必然产物。从全球发达国家和我国最先发展起来的东部、中部地区的发展历程来看，经济越发达，城镇化发展就越快；工业化水平越高，城镇化水平就处于一个相对较高的层次。西部地区城镇化发展速度缓慢，发展水平、发展质量不高，其中的一个主要制约因素，就是经济发展相对滞后，工业化水平比较低。

2012年，西部地区各省份的生产总值进入全国前15名的只有两个省份，为四川（2.38万亿元）和内蒙古（1.60万亿元）；进入全国前20名的有4个省份，为四川、内蒙古、陕西（1.46万亿元）和广西（1.30万

[①] 环境保护部：《全国生态脆弱区保护规划纲要》，中国发展门户网，2008年10月10日。

亿元）；西部地区的生产总值和其占全国的比重仅分别为11.39万亿元和19.76%，而东部地区的生产总值和其占全国的比重分别达到32.05万亿元和55.60%，西部地区的生产总值仅为东部地区的35.54%，占全国的比重比东部地区低35.84个百分点。

西部地区的工业化水平与东部地区和全国平均水平相比，也处于一个较低的层次。学者研究综合计算数据显示，2010年，全国和东部、中部、西部各区域的工业化进程指数分别为0.4766、0.8061、0.3055、0.3307，相较于东部地区和全国平均水平，西部地区的工业化进程指数分别低0.4754个和0.1459个百分点，仅占东部地区的41%和全国平均水平的69.4%，大致与中部地区水平相当。[1] 西部地区经济发展水平滞后、投资乏力、城市基础设施投入力度不够，造成了其城市功能不健全、服务不到位的现象，加上西部地区工业化水平较低，产业结构相对单一，大中型企业少，已存在的企业也多为劳动密集型的小企业，这些因素都制约了其城镇化的发展质量。

此外，工业化严重滞后的西部农牧区，其产业发展具有典型的初级性特征，无法为工业化、城镇化发展提供充足的劳动力、原材料和资本等发展要素，无法提供要素交换所需的广阔市场。这种情况表明，西部农牧区缺乏城镇化发展的原始动力，不利于促进社会分工的进一步深化，导致第三产业难以成长，这从根本上制约了城镇就业和需求的增长。

（四）人口分布和素质的制约

城镇化的主要内容和最终结果是人口向城镇的大量聚集，因此，一个区域的人口分布状况和人口素质高低，对于城镇化进程和水平来说具有重要影响。影响西部地区城镇化状况的人口因素，明显具有有别于东部、中部地区的特征，主要包括以下三个方面：

1. 地广人稀，人口密度低，人口分布特别分散

西部地区人口密度低于东部、中部地区。早在20世纪30年代，胡焕庸先生就通过研究发现，以瑷珲—腾冲为界线，中国人口分布表现为东南和西北截然不同的两个半壁，东南为人口稠密区，西北为人口稀少区。发展至21世纪初的今天，这种状况仍然没有根本改观。2013年年末，地

---

[1] 杨少华、张景亚：《我国工业化进程中的区域不平衡性分析》，《商业时代》2012年第29期。

处我国东部地区的江苏省国土面积为10.26万平方千米，人口数量为7939.49万，平均每平方千米有773.83人，而地处西部地区的青海省国土面积远远超过江苏省，为69.67万平方千米，但人口数量却只有577.79万，平均每平方千米仅仅拥有8.29人。西部不少地理和气候特别恶劣的高原和大漠地区，更是荒无人烟。人口分布密度过小和严重的不均衡，极大地影响了西部地区农牧业富余劳动力向非农牧产业领域的转移，制约了人口向城镇的集聚。

2. 人口素质、技能和劳动力资源有待提升

城镇化以工业化为基础和主要内容，而职工的工作技能和基本文化水平是工业等非农牧产业对劳动力的基本要求。在广大的西部地区，农牧民接受职业技能培训的条件极其有限，基本文化水平也相当低下，不少地方文盲半文盲还占区域总人口相当高的比重。2010年全国第六次人口普查的结果显示，西部地区15岁及以上的人口有29218.28万，其中，文盲达1940.95万人，文盲人数占6.64%，相比同年全国4.88%的文盲率平均水平高出了1.76个百分点。[①] 与此同时，西部地区接受高等教育的人数也偏少，2012年，西部地区高等学校在校生人数为566.86万人，而同年全国高等学校在校生人数共有2391.32万人。此外，劳动力资源素质的低下，导致了西部地区在产业结构调整升级、国有企业改革改制过程中，大量富余人员陷入失业半失业状态，甚至形成了城镇中新的困难群体，这也对西部地区推进城镇化造成了极大的制约。

3. 受传统思想观念和生活方式的禁锢严重

西部地区的农牧业文明历来发达，农牧文化和思想观念深入人心，工业文明观念薄弱，市场经济的意识不强，安土重迁、安贫守旧思想严重，加上这些地方又是高度聚居的少数民族地区，民俗文化独特，宗教传统深厚，经济社会生活单一，导致新的文化元素进入困难。因此，进入城镇，由农牧民嬗变为从事非农牧产业的城镇居民，对于长期生活在农牧区的人群而言，不仅面临着就业技能、生活环境的挑战，而且面临着城镇充满竞争性的经济生活、多样化的社会生活，以及复杂的人文环境等诸多考验。所以，要推进西部地区人口向城镇聚集，就必须不断提升人口素质，转变

---

① 国务院人口普查办公室、国家统计局人口和就业统计司：《中国2010年人口普查资料》，北京数通电子出版社2010年版。

广大群众的思想观念,培养广大群众进入城镇谋生、就业的基本职能。

二 西部地区城镇化发展存在的问题

西部地区虽然拥有广阔的疆域、丰富的物产资源,但其存在人口密度偏低、自然资源利用效率不高等问题,总体来看,西部地区是我国经济欠发达、需要加大开发力度的地区。尽管其在城镇化发展过程中已取得了明显的成效和进步,但是,与东部、中部地区和国家新型城镇化发展的要求相比,还存在一些亟待解决的问题。稳中有忧、进中有难是西部地区城镇化进程中所面临的、值得关注的压力和挑战。本部分就西部地区城镇化进程中存在的城镇化发展滞后且发展不平衡、城镇结构体系不合理、发展缺乏产业动力、城镇特色不突出、城镇生态环境破坏严重、城乡二元格局明显、城镇化总体规划不完善,以及政府主导过多,市场作用发挥不足等问题进行深入研究与分析,从而为西部地区新型城镇化的推进提供现实支撑。

(一) 城镇化水平滞后且发展不均衡

1. 城镇化水平总体相对较低

近年来,西部地区积极推进城镇化实践,城镇化发展无论是在数量上还是在质量上,都获得了长足进展。但是,与全国比较,目前西部地区城镇化水平依然落后。国家统计局的统计数据显示,截至2013年年末,全国城镇化率53.7%,东部地区城镇化率63.09%,中部地区城镇化率49.66%,西部地区城镇化率45.98%。由此可以看出,全国城镇化发展不平衡。对于西部地区而言,其发展层次与东部、中部地区以及全国的平均水平都有明显的差距。

2012年,我国西部地区的人均 GDP 为31538元,城镇化率达到44.93%。按照发展经济学家钱纳里的分析标准,根据世界银行20世纪80年代末各国发展的数据计算,按人均国内生产总值划分各国的城镇化水平:低收入国家、中等收入偏下国家、中等收入国家、中等收入偏上国家和高收入国家的城镇化水平应分别为35%、56%、58%、62%和78%。[①] 虽然西部地区的人均 GDP 已经远超过了低收入国家的经济发展水平,但西部地区的城镇化水平却显著低于中等偏下收入国家的城镇化水平,低11.07个百分点。这说明,西部地区的城镇化水平和自身工业化

---

① "工业化与城镇化协调发展研究"课题组:《工业化与城镇化关系的经济学分析》,《中国社会科学》2002年第2期。

发展程度严重不相适应。因此，西部地区的城镇化发展水平，不仅严重落后于全国平均水平，落后于东部、中部地区，而且与其自身的经济发展水平相比较，也落后于其工业化发展水平。

2. 城镇化发展水平不均衡

（1）城镇化率差距较大。2015年的有关数据（见表4-9）显示，西部地区各省份大致可以划分为三个层次：第一层次的是内蒙古和重庆，城镇化率均超过60%，重庆城镇化率达到60.94%，内蒙古达到60.3%，居西部地区之首，均超过全国56.6%的平均水平；第二层次的是陕西、青海、宁夏，城镇化率分别达到53.92%、50.30%和55.23%，虽低于全国56.6%的平均水平，但均超过西部地区48.22%的平均水平；第三层次的是广西、四川和新疆，城镇化率分别是47.06%、47.69%、47.23%，尽管这三个省份的城镇化率低于西部地区城镇化的平均水平，但均在45%以上；城镇化发展水平较低的省份有云南（43.33%）、甘肃（43.19%）、贵州（42.01%）和西藏（27.44%），这四个省份的城镇化率均低于45%。其中，城镇化率最高的重庆（60.94%）与城镇化率最低的西藏（27.44%）相比，两者相差达33.5个百分点。这说明，西部地区区域内城镇化发展不均衡的问题极为突出。

表4-9　　　　　　　　2015年西部地区各省份的城镇化情况

区域	省份	人口（万）	城镇人口（万）	城镇化率（%）
全国		137462	77116	56.10
西部地区 （平均城镇化率为48.22%）	重庆	3017	1838	60.94
	四川	8204	3913	47.69
	贵州	3530	1483	42.01
	云南	4742	2055	43.33
	西藏	324	90	27.44
	陕西	3793	2045	53.92
	甘肃	2600	1123	43.19
	青海	588	296	50.30
	宁夏	668	369	55.23
	新疆	2360	1115	47.23
	内蒙古	2511	1514	60.3
	广西	4796	2257	47.06

续表

区域	省份	人口（万）	城镇人口（万）	城镇化率（%）
中部地区 （平均城镇化率为51.95%）	山西	3664	2016	55.03
	安徽	6144	3103	50.5
	江西	4566	2357	51.62
	河南	9480	4441	46.85
	湖北	5852	3327	56.85
	湖南	6783	3452	50.89
东部地区 （平均城镇化率为68.38%）	北京	2171	1878	86.5
	天津	1547	1278	82.64
	河北	7425	3811	51.33
	上海	2415	2116	87.6
东部地区 （平均城镇化率为68.38%）	江苏	7976	5306	66.52
	浙江	5539	3645	65.80
	福建	3839	2403	62.60
	山东	9847	5614	57.01
	广东	10849	7454	68.71
	海南	911	502	55.12
东北地区 （平均城镇化率为60.49%）	辽宁	4382	2952	67.35
	吉林	2753	1523	55.31
	黑龙江	3812	2241	58.8

（2）城镇化速度区域失衡。在西部地区，各省份之间的城镇化发展速度快慢各异，呈现出了极其不平衡的状态。从2000—2012年西部各地城镇人口所占比重及其变化情况来看，城镇化发展速度最快的当数重庆和宁夏，两者的城镇化率分别达到1.99%和1.52%，分别超出全国平均水平（1.36%）0.63个和0.16个百分点，发展水平在西部地区中独领风骚。与全国城镇化平均速度大致相当的是陕西和四川，为1.48%和1.40%。发展水平处于中间状态的是云南、广西、内蒙古和甘肃，分别为1.33%、1.28%、1.26%和1.23%，虽然与西部地区平均水平基本持平，但低于全国平均速度。青海、贵州、新疆和西藏的城镇化发展水平滞后，增速明显较慢，分别为1.06%、1.05%、0.85%和0.32%。城镇化率增速最慢的为西藏，与重庆相差达1.67个百分点。

3. 城市群、核心城市发展水平落后

西部地区城市群、核心城市的发展落后于东部地区。城市群发展方面，2013 年，东部地区苏锡常城市群实现生产总值 2.55 万亿元，是西部地区关中—天水城市群同期生产总值（1.05 万亿元）的 2.42 倍。核心城市发展方面，2013 年，东部地区核心城市南京市的生产总值达到 8011.78 亿元，是西北地区第一大城市西安市同期生产总值（4884.13 亿元）的 1.64 倍；江苏省苏州市的生产总值达到 13015.7 亿元，是青海省省会西宁市同期生产总值（978.53 亿元）的 13.3 倍。此外，2013 年，南京市的城镇化率为 80.23%，高出同期西安市（72.05%）8.18 个百分点；苏州市的城镇化率为 72.3%，高出同期西宁市（66.8%）5.5 个百分点。

西部地区区域内核心城市间的发展差距同样明显。经济总量方面，2013 年，陕西省西安市的生产总值为 4884.13 亿元，是新疆乌鲁木齐市同期生产总值（2400 亿元）的两倍多；陕北榆林市的生产总值为 2846.75 亿元，是陕南商洛市同期生产总值（510.88 亿元）的 5.57 倍。城镇化水平方面，2013 年，西安市的城镇化率为 72.05%，高于同期乌鲁木齐市（70%）2.05 个百分点；榆林市的城镇化率为 52.8%，高出同期商洛市（47.5%）5.3 个百分点。[1]

（二）城镇结构体系不合理

1. 城市数量偏少

西部地区城市数量与全国特别是中部地区、东部地区相比，较明显偏少。按照行政级别划分，2016 年，我国共有地级及以上城市 295 个，其中，89 个分布于东部地区 10 个省份，34 个分布于东北地区的 3 个省份，东部和东北地区地级及以上城市数占全国地级及以上城市的 41.69%；80 个分布于中部地区 6 个省份，占全国地级以上城市的 27.12%；西部 12 省份地级及以上城市数量仅 92 个，占全国地级及以上城市的 31.19%。截至 2015 年，全国县级及以上城市数量 656 个，其中，西部地区 184 个，占全国县级及以上城市的 28.05%；中部地区县级及以上城市数 168 个，占全国县级及以上城市的 25.61%；东部地区、东北地区县级及以上城市数量分别是 216 个和 88 个，分别占全国县级及以上城市的 32.93% 和 13.41%，东北和东部地区合计占全国县及级以上城市的 46.34%。全国 4

---

[1] 姚慧琴、徐璋勇等主编：《中国西部经济发展报告》，中国人民大学出版社 2015 年版，第 80—87 页。

个直辖市中，重庆位于西部地区，北京、上海、天津均位于东部地区。全国 15 个副省级城市中，西部地区有西安和成都两个，中部地区有武汉 1 个，东部地区有广州、深圳、南京、济南、青岛、杭州、宁波、厦门 8 个，东北地区有沈阳、大连、长春、哈尔滨 4 个。与此相比，国土面积占全国 71.5%、人口数量占全国 27.33% 的西部地区，县级及以上、地级及以上城市数量是偏少的，与所包括的省份、省域面积是不相称的。

按照国务院 2014 年 11 月发布的《关于调整城市规模划分标准的通知》规定，按照城市城区常住人口这一标准将城市划分为五类，超大城市是指城区常住人口 1000 万以上的城市；特大城市是城区常住人口 500 万—1000 万的城市；大城市是城区常住人口 100 万—500 万的城市；中等城市为是城区常住人口 50 万—100 万的城市；小城市是城区常住人口 50 万以下的城市。根据数据的可获得性，本书以市辖区户籍人口替代城区常住人口，且县级市市辖区人口难以获得，因此，主要统计东部、中部、西部、东北 4 个地区地级及以上城市不同城市规模的数量。表 4-10 显示，截至 2015 年年底，我国 295 个地级及以上城市中，市辖区人口超过 1000 万的超大城市全国有 4 个，西部地区有 1 个，重庆市市辖区户籍人口 2129.09 万，是西部地区人口规模最大的城市，也是我国人口规模最大的城市；东部有上海（人口 1375.74 万）、北京（人口 1345.20 万）、天津（人口 1026.90 万）3 个。我国市辖区人口规模在 500 万—1000 万的特大城市有 9 个，西部地区 2 个，分别是成都（人口 698.14 万）和西安（人口 621.38 万）；中部地区仅有武汉 1 个特大城市，市辖区户籍人口 515.82 万；东部地区有 4 个，分别是南京（人口 653.40 万）、杭州（人口 532.86 万）、广州（人口 854.19 万）、汕头（人口 542.89 万）；东北地区有沈阳（人口 529.86 万）和哈尔滨（人口 548.72 万）两个特大城市。市辖区人口 100 万—500 万的大城市全国有 134 个，其中，西部地区 34 个，占全国大城市总数的 25.37%；中部地区 35 个，占全国大城市总数的 26.12%；剩余的 48.51% 为东部和东北地区所有。其中，东部地区大城市 58 个，占全国大城市总数的 43.28%；东北三省的大城市 7 个，占全国大城市总数的 5.22%。人口规模 50 万—100 万的中等城市全国共 92 个[①]，其中，西部地区占据 24 个，占全国中等城市总数的 26.09%；中部

---

① 因为计算过程中的四舍五入，各分项百分比之和，有时不等 100%。下同。

地区中等城市有 33 个，占全国中等城市总数的 35.87%；东部地区有 17 个，占全国中等城市总数的 18.48%；东北地区有 18 个，占全国中等城市总数的 19.57%。全国地级及以上城市中人口规模小于 50 万的小城市，全国共有 56 个，其中，西部地区有 31 个，中部地区有 11 个，东部地区有 7 个，东北地区有 7 个，占全国小城市总数的比重分别是西部占 55.36%，中部占 19.64%，东部占 12.5%。东北占 12.5%。从以上结果发现，西部地区城市规模偏小，中等城市、小城市所占比重高，大城市、特大城市严重缺乏。总体上看，全国共有人口 100 万以上的大城市级别及以上的城市 147 个，其中，西部地区有 37 个，占全国的 25.17%；中部地区有 36 个，占 24.28%；东部地区有 65 个，占全国的 44.21%；东北地区有 9 个，占全国的 6.12%。全国地级及以上城市中，中等城市及小城市数量共 148 个，其中，西部地区有 55 个，占全国的 37.16%；中部地区有 44 个，占全国的 29.72%；东部地区仅有 24 个，仅占全国的 16.22%；东北地区有 25 个，占全国的 16.89%。由此可见，西部地区中等城市、小城市数量多，东北三省地广人稀的特征也表现在其中等城市、小城市数量偏多，西部、东北、中部地区与东部相比，均存在一定的差距。[①]

表 4-10　　　　　2015 年全国、东部、中部、西部城市
　　　　　　　　规模结构（地级及以上城市）　　　单位：个

区域	省份	地级及以上城市合计	超大城市（1000 万以上）	特大城市（500 万—1000 万）	大城市（100 万—500 万）	中等城市（50 万—100 万）	小城市（50 万以下）
全国	合计	295	4	9	134	92	56
西部地区	重庆	1	1	—	—	—	—
	四川	18	—	1	12	5	—
	贵州	6	—	—	3	1	2

---

① 需要再次强调的是，考虑数据的可获得性，书中主要分析全国 295 个地级以上城市中城市规模和比例，没有分析全国 361 个县级市的人口规模及城市等级。书中显示的城市人口数据依据的是《中国城市统计年鉴（2016）》中市辖区户籍人口数来近似表征城区常住人口数。常住人口与户籍人口是有差别的，通常情况下，城市级别越高，规模越大，常住人口越是超过户籍人口，因此，本书认为，以市辖区户籍人口代替城区常住人口是保守的。比如，北京市 2015 年市辖区户籍人口仅 1345.20 万，而其实际常住人口 2170.5 万。

续表

区域	省份	地级及以上城市合计	超大城市（1000万以上）	特大城市（500万—1000万）	大城市（100万—500万）	中等城市（50万—100万）	小城市（50万以下）
西部地区	云南	8	—	—	1	3	4
	西藏	4	—	—	—	—	4
	陕西	10	—	1	2	6	1
	甘肃	12	—	—	3	3	6
	青海	2	—	—	—	1	1
	宁夏	5	—	—	1	—	4
	新疆	3	—	—	1	—	2
	内蒙古	9	—	—	3	2	4
	广西	14	—	—	8	3	3
	合计	92	1	2	34	24	31
中部地区	山西	11	—	—	2	7	2
	安徽	16	—	—	9	5	2
	江西	11	—	—	5	4	2
	河南	17	—	—	9	6	2
	湖北	12	—	1	4	6	1
	湖南	13	—	—	6	5	2
	合计	80	0	1	35	33	11
东部地区	北京	1	1	—	—	—	—
	天津	1	1	—	—	—	—
	河北	11	—	—	5	6	—
	上海	1	1	—	—	—	—
	江苏	13	—	1	12	—	—
	浙江	11	—	1	5	4	1
东部地区	福建	9	—	—	5	2	2
	山东	17	—	—	16	1	—
	广东	21	—	2	14	3	2
	海南	4	—	—	1	1	2
	合计	89	3	4	58	17	7

续表

区域	省份	地级及以上城市合计	超大城市（1000万以上）	特大城市（500万—1000万）	大城市（100万—500万）	中等城市（50万—100万）	小城市（50万以下）
东北地区	辽宁	14	—	1	3	9	1
	吉林	8	—	—	2	3	3
	黑龙江	12	—	1	2	6	3
	合计	34	0	2	7	18	7

资料来源：国家统计局：《中国城市统计年鉴（2016）》，中国统计出版社2016年版。

2. 规模结构畸形

从城市规模结构来看，西部地区的城市大多为中小型城市，超大城市和大城市极其缺乏。2016年，西部地区不同规模的城市在全国城市总量中所占比重相对较低，市辖区人口在1000万以上的超大城市、500万—1000万的特大城市和100万—500万的大城市分别为1个、2个和34个。这三类城市类型占全国城市总量的比重较小。由此可见，东部地区巨型城市、超大城市、特大城市和大城市的数量，以及各类城市在全国城市总数量中所占比重，均超出了西部地区。西部和东部地区城市规模的差距主要体现在超大城市和大城市方面。在中等城市和小城市的数量方面，西部地区则多于东部地区。

城市市辖区人口在100万以上的城市涵盖大城市、特大城市、超大城市，2016年，其数量在本地区城市总数中所占比重，分别为：西部地区为40.22%，东部地区为73.03%，中部地区为45%，东北部地区为26.47%；人口在100万以上的城市数量占全国城市总数的比重，西部地区为25.17%，东部地区为44.22%，中部地区为24.49%。可见，无论是从区域内看还是从全国看，西部地区100万人以上的城市的数量所占比重与东部相比较都偏低，很难承担起成为区域经济发展和社会进步引擎的重要作用。

总之，从西部地区来看，其城市规模整体呈畸形状态，各级城市之间经济联系松散、发展水平差距明显，尤其是中等城市在经济规模、服务功能和辐射对接等方面，与大城市差距很大，既不能得到大城市的辐射带动，又无力带动周边地区的发展进步，导致城镇群的整体功能不能得到有效发挥。

3. 空间布局不完善

从城市空间布局来看,西部地区存在城市分布不平衡和空间结构失调问题。由于西部地区城市之间距离遥远,各级城市在一定程度上呈分散化的自我发展状态,所以,城市之间的吸引力和辐射能力大幅度降低,缺乏联动效应,城镇化的聚集效应和辐射效应难以释放。例如,贵阳、南宁和昆明3个省会城市两两之间的距离都达到500千米左右;从乌鲁木齐到新疆各城市的距离最近为18千米,最远达1509千米,平均距离为540千米。而具有较强集聚和辐射能力的经济核心区一般都在100—200千米的区域范围,甚至还应更小。除省会城市以外,特大城市在西部地区没有分布,这在一定程度上阻碍了城乡经济一体化发展。此外,个别省份的大城市孤立发展,缺乏次级和更低一级城市发展的支撑,大城市的辐射功能难以扩散到小城镇,这势必会阻碍工业化进程。西部地区城市布局分散,没有形成强大的城市连绵区。目前,尽管西部地区已有5个经济区雏形初现,即长江上游经济区、南贵昆经济区、黄河中游经济区、新疆经济区和黄河上游多民族经济区,但是,由于这些区域幅员过于辽阔,其中心城市的带动功能低下,同时,具有较强集聚和辐射能力的经济核心区远未形成,因此,难以发挥中心城市的增长极作用。此外,西部地区城市之间的辐射带动和吸引承接能力低,经济交流、文化沟通不畅,既对城市自身的发展构成了制约,又减弱了中心城市对周围非城区的辐射带动作用。

(三) 城镇化发展缺乏产业动力

根据国际经验,城镇化与工业化的互动发展可划分为三个阶段:一是起步期,以工业化为主体,三次产业结构之间的关系表现为第一产业的产值大于第三产业和第二产业;二是成长期,工业化与城镇化两者同步共进,第二产业的产值明显高于第一产业和第三产业;三是成熟期,工业化已经完成,城镇化成为主体,产业结构方面,第三产业的产值占生产总值的比重大于第二产业和第一产业。当前,西部地区的城镇化发展尚处于第二阶段,虽然工业的快速崛起已成为推动城镇化的主要动力,但与此同时,西部地区的三次产业还存在以下四个问题。

1. 农业基础不牢,城镇化缺乏初始动力

西部地区虽然地域辽阔,面积占国土总面积的七成以上,但其中一大半地区是高原丘陵、沙漠和戈壁等地带，还有十分不适宜人类居住的自然环境与生态气候。由于地广人稀，受地理、气候、交通等条件的限制，长期以来，大量的农业剩余劳动力滞留在西部地区有限的农耕土地上，这既严重制约了农业人口收入的增加，又造成了农业效益普遍低下、农业产值总量难以较大幅度增长的困境。此外，西部地区农业发展还存在现代化水平低、专业化组织较少、产业化经营程度较低、生产与管理方式粗放、抵御和防范风险的能力较弱等问题。可见，西部地区的城镇化发展缺乏必要的农业基础。

西部地区除第一产业产值过低、农业现代化程度不高以外，生产力发展水平低的历史原因加上地理条件差的自然因素制约，致使西部地区农业与农村的发展总体滞后，表现为西部地区农村居民人均纯收入与全国平均水平相比，还存在较大差距。20世纪90年代以来，广西、贵州、云南、陕西、青海等省份的农村居民人均纯收入与全国平均水平的差距，不但没有缩小，反而还在不断地拉大。这种现状导致了西部农业和农村不能为城镇化提供大规模的农产品、必要的支撑要素以及广阔的市场空间，从而制约了其城镇化发展的速度和规模。

2. 工业底子薄弱，城镇化缺乏核心动力

工业化是推动城镇化进程的根本动力，工业、非农产业对城镇化的拉动效应极为明显。世界各国城镇化的发展实践证明，城镇化是同工业化相伴而生的，是工业化发展的重要载体和必然结果，城镇化是随着产业聚集而形成的人口聚集和资源聚集现象。工业化是城镇化的龙头和引擎，工业化由于持续创新，极大地提高了劳动生产率，推动了生产力的不断进步，吸纳和聚集了劳动力进入非农产业领域，从而以规模经济的巨大效应，推动了资源和生产要素向城镇的集聚和集中，由此促进了城镇化的不断向前发展。

不过，还必须看到，我国快速推进的工业化与积极发展的城镇化都还存在不少矛盾和问题。就工业化而言，自主创新能力较弱，服务业发展滞后，区域工业化进程不平衡，产业结构和区域布局不够合理，资源环境约束日趋严重；就城镇化而言，土地城镇化快于人口城镇化，农业转移人口进入城镇后的市民化进程缓慢，城乡发展一体化有待加强；就工业化和城镇化相互促进而言，或者工业化滞后于城镇化、产城脱节现象严重，或者城镇化滞后于工业化，城镇承载功能不强、服务功能低下问题突出。以上这些问题极大地制约了我国工业化与城镇化的推进速度与质量。

根据中国社会科学院陈佳贵等的研究,从区域差异看,我国东部10个省份的工业化综合指数已经达到78,进入工业化后期的前半阶段;东北三省的工业化指数为45,进入工业化中期的前半阶段;中部六省的工业化综合指数为30;西部12个省份的工业化综合指数仅为25,尚且处于工业化初期的后半阶段。改革开放以前,西部地区是我国重要的能源和重化工业基地,过分强调重工业优先发展,导致了产业结构重型化,轻工业和服务业严重滞后;过分强调所有制结构公有化,造成了所有制结构单一、产业结构单一的现象,这极大地制约了产业结构和所有制结构的合理配置。由于重化工业高资本、高技术构成的特质,其吸纳劳动力的能力有限,造成了西部地区农业富余劳动力在非农产业领域的就业空间异常狭窄,延缓了农业转移人口向城镇的聚集。而且随着我国国有企业改革的不断深化,不少国有大中型企业产业升级和转型发展困难重重,加上西部地区还存在需求不足、招商引资难度大和下岗工人就业困难等问题,所有这些都成了西部地区城镇化发展的制约因素。

3. 第三产业比重小且发展缓慢,城镇化缺乏后续动力

第三产业的发展壮大和不断升级,是与工业化同步相伴的,是工业化演进的重要结果,同时也为工业化的进一步推进奠定了服务环境和发展基础。第三产业既是城镇化发展的内容,又是城镇化发展的首要成果,同时,第三产业还为城镇化第二阶段的发展提供了产业基础。西部地区第三产业发展迟缓。《中国服务业发展报告(2013)》显示,中部、西部地区服务业竞争力的整体水平远不及东部地区,西部地区人均服务业增加值约是东部地区的1/3。[①]

由学者对我国生产性服务业数据的定量分析发现,从总体上看,生产性服务业的发展水平呈现出从东部沿海向西部内陆由高到低递减的趋势。从分行业看,交通运输和仓储业呈现出东部沿海和南部省份的弧形状分布;金融保险业表现为东部沿海地区孤立点状分布;房地产业则大

[①] 中国社会科学院财经战略研究院:《中国服务业发展报告(2013)》,中商情报网,2013年8月28日。

多集中于财富积累最多、最快的区域。从各省份生产性服务业的竞争力排名看，西部地区各省份基本处于全国靠后的位置，西部地区的生产性服务业发展与东部沿海地区相比存在较大差距。[①] 当前，西部地区服务业的主导产业，主要是传统型的餐饮、宾馆等生活性服务业，现代意义上的生产性服务业，以及金融、法律等现代型服务业较少，致使其服务业存在技术含量低、附加值不高，以及产业间的配套性、兼容性不够的问题。因此，西部地区的服务业发展总体上落后于全国平均水平，影响了区域城镇化的发展。

4. 产城脱节现象比较突出

西部一些地区人口城镇化和土地城镇化的进程脱节现象严重，有些地区通过先造城再招商引资的方式发展产业，导致土地城镇化快于人口城镇化，城镇土地面积扩张的速度几乎是非农人口增长的三倍，致使城镇规模形成以后，缺乏基本的产业支撑，造成城镇难以吸引人、留住人的局面，导致了城镇规模不断扩大、基础设施逐步完善，而城镇人口稀少的窘境，出现了许多"空城""鬼城"和"睡城"。据统计，2013年，我国共出现了12座"鬼城"，其中西部地区的内蒙古就占据4个（鄂尔多斯康巴什、呼和浩特清水河、巴彦淖尔和二连浩特）。

（四）城镇化发展特色不突出

城镇不仅是生产要素聚集的平台，是城镇居民生活的空间，更是人类精神文化的基本载体和重要家园。城镇化作为产业发展和经济转型的关键依托，不仅表现为产业聚集、资源聚集和人口聚集，更是人类生活方式、生产方式以及社会转型的巨大变革。一个城镇的文化和历史元素，是城镇作为人类精神家园的重要基础。在推进城镇化的过程中，必须统筹谋划、一体化推进产业发展、资源承载、环境保护和文化传承等诸多方面的各项因素，城镇的建设必须遵循从当地实际出发、尊重历史沿革和突出文化传承的原则。作为城镇的功能载体和标志的建筑物，其结构、布局和风格是特色文化传统和历史符号的重要体现。因此，城镇化过程中，必须切实突出富有特色的文化和历史要素，从而使生活于其间的人们能够记得住乡愁、感觉得到乡情。然而，在西部地区的城镇化

---

① 赵曦：《中国西部大开发战略前沿研究报告》，西南财经大学出版社2010年版，第176页。

发展过程中，真正做到这一点的区域很少，本来西部地区的城镇拥有丰富的历史文化资源、绚丽多彩的民族文化资源和雄伟壮丽的山水文化资源，但许多地方在城镇化推进过程中，却忽视了对这些资源的尊重、传承和开发利用，造成了"千城一面"现象，城镇极其缺乏风格，没有特色；不少地方城镇建设贪大求快，"快餐式"和"兵营式"建筑随处可见；有的地方在城镇化建设中过于追求标新立异，致使许多体量不小、耗资巨大的地标性建筑不时被称为"最丑建筑"；还有很多区域的旧城改造简单追求"高大上"，对富有民族文化特色和历史传承符号的古老街区、建筑一拆了之，新的建设缺乏对历史应有的传承，缺乏民族文化特色。上述种种现象，都给西部地区城镇的精神家园造成了无法挽回的损失。

（五）城镇生态环境破坏严重

西部地区属于发展滞后、亟须大规模开发的地域，而同时，西部地区的生态环境又极端脆弱，开发发展过程中极易对环境造成扰动和破坏。在西部地区城镇化发展过程中，不少地方由于保护不力、产业污染，导致人口和产业发展规模大大超出了环境的承载能力，生态环境面临的压力越来越大，生态"红灯"频频出现。从综合环境指数来看，2000—2010年西部地区平均环境综合指数为95，与2000年相比，西部地区的环境质量有恶化的趋势。

生态环境是人类社会生产生活的基础平台和首要条件。西部地区城镇化过程中造成的生态环境总体恶化，不仅对本区域经济社会的发展、广大老百姓的繁衍生息构成了严重威胁，同时也无法支撑和保障西部地区城镇化的持续推进。因此，生态环境已经成为西部地区城镇化顺利发展必须高度重视和科学解决的首要任务。

1. 自然生态环境不断恶化

西部地区地处干旱和半干旱地区，地理条件恶劣，荒原大漠、崇山峻岭是其主要地貌，历史上对天然林资源的过度砍伐和对天然草原的过度放牧等造成了环境被严重破坏的局面，导致西部地区水资源短缺、水土流失、荒漠化加剧和草场退化等诸多生态难题，且这些难题在短时间内很难根本改观。随着城镇化过程中城镇建设用地的不断扩大，城镇开发导致既有植被面积萎缩、水土涵养能力减弱，以及荒漠化、石漠化趋势加重，甚至自然灾害频发的现象越来越严重，使西部地区本来就比较脆弱的生态环境雪上加霜。

随着城镇的扩张，由于人为的不合理开发、环保设施建设的相对滞后，西部地区生态环境面临巨大的威胁，城镇周边大量良田不断消失，水土流失、土地荒漠化、草场退化的面积逐年扩大。2000—2010年，西部地区草原面积减少约400万公顷。西部地区水土流失面积占全国的70%—80%；西部地区土地荒漠化面积占全国的90%以上。

2. 生产生活使环境污染加剧

西部地区不合理的产业结构也对生态环境保护造成了巨大的压力。西部地区的主导产业大多是高能耗、高污染、高排放的"三高"产业，其产能过剩、技术落后，尚存大量需要淘汰的产业和企业。西部地区生产生活的能源消费以煤炭等化石能源为主，热能利用效率低，环境污染严重，加之西部地区在环境保护意识、环境保护基础设施投入和环境保护法规制度建设等方面也相对滞后，致使西部地区环境保护和污染治理工作任重道远。

西部地区的环境问题，首先表现为水体污染。城镇化的快速推进，促使人口在城镇大量聚集，城市生活污水和生产废水排放随之不断增加，由于不少城镇污水处理设施建设滞后，许多生活污水和工业废水或者未经任何处理，或者虽经处理但未能达标，就排向河流等地表水体或引入农田灌溉渠，更恶劣者甚至直接将污水排向沙漠深处，造成了地表水体污染并进而导致了地下水质量恶化的结果。其次表现为大气污染。在城镇化过程中，随着经济发展和城镇居民生活水平的提高，城镇机动车辆拥有量急剧增加，汽车尾气排放和煤炭燃烧产生的废气对空气造成了极大的污染。2011年，西部地区二氧化硫排放量、氮氧化物排放量、烟（粉）尘排放量占全国总排放量的比重分别为36.48%、28.22%和30.31%，远高于其生产总值占比。例如，甘肃省兰州市，由于多年来工业化发展过程中大量排放废气，该地区的空气质量极差，空气污染指数常年居全国前列。乌鲁木齐、兰州、重庆、银川、贵阳等城市的空气污染指数也曾经在全国排名前十。

2015年西部地区主要城市废水排放情况和废气中主要污染物排放情况分别见表4-11和表4-12。

表4-11　　　　2015年西部地区主要城市废水排放情况　　　　单位：万吨

主要城市	废水排放总量	工业废水排放量	城镇生活污水排放量	一般工业固体废弃物产生量
呼和浩特	17543	3111	14432	1165.2
南宁	40434	7198	33236	256.89
重庆	149642	35524	114118	2827.99
成都	124089	11454	112635	293.07
贵阳	28668	2700	25968	1200.98
昆明	53534	3917	49617	2396.90
拉萨	2839	368	2471	331.53
西安	64552	5204	59348	235.55
兰州	18324	4138	14186	607.75
西宁	9976	2200	7776	469.70
银川	13254	4874	8380	803.32
乌鲁木齐	22231	3521	18710	778.46

表4-12　　　2015年西部地区主要城市废气中主要污染物排放情况　　　单位：吨

主要城市	工业二氧化硫排放量	工业氮氧化物排放量	工业烟（粉）尘排放量	生活二氧化硫排放量	生活氮氧化物排放量	生活烟（粉）尘排放量
呼和浩特	67279	86282	37983	13987	4777	17987
南宁	30678	26156	26008	8748	1068	4631
重庆	426800	159085	196416	68991	5051	5382
成都	37224	33299	20607	6686	2398	1226
贵阳	57192	27657	23545	46365	2774	3133
昆明	74017	39199	24533	5574	668	1967
拉萨	954	2670	4486	614	56	270
西安	38691	22364	16444	53586	16713	15563
兰州	61240	54079	45209	8575	2831	5569
西宁	57696	39163	61783	8348	3552	22261
银川	64883	60491	18795	8685	1748	7867
乌鲁木齐	58978	68015	45969	7551	2218	5439

此外，西部地区传统的粗放式、外延型城镇化模式，以及一些城镇为了追求一时的发展速度，忽视环境保护和污染治理，导致西部地区不少城镇人口、资源与环境三者之间的矛盾日益突出。加上增量不断上升的城镇废水废气、交通拥堵、垃圾围城和资源枯竭等一系列传统的城镇痼疾，造成了城镇生态环境污染严重的局面。由于这些问题和城镇运转相生相伴、如影随形，所以，彻底治理这些问题非一时之功所能为。如果不重视科学规划开发，那么随着西部地区城镇化建设的步伐越来越快，生态环境的恶化必将严重制约其城镇化发展。

（六）城乡二元格局明显

城镇化是缩小城乡差距、实现城乡发展一体化的重要路径和根本选择，在城镇化过程中，必须把统筹城乡共同发展作为题中应有之义。但是，以传统型、粗放式发展模式为主体的西部地区城镇化所造成的城乡差别问题却依然比较突出。同时，受到经济发展因素和政治因素双重制约的我国西部地区城镇化，自中华人民共和国成立以来西部地区城镇化发展的空间布局经历了一个曲折、复杂的推进过程。

1. 城乡分割现象严重

中华人民共和国成立以后，为了在一个工业化基础极其薄弱，甚至可以说一穷二白的国度中独立自主地推进工业化，国家在城镇化建设实践中，采取了城乡二元分治的发展方略，在发展资源的制度安排方面，坚持一切偏向城市的原则，这是由当时的历史环境所决定的，是迫不得已的办法。此外，这一时期，中华人民共和国面临着政治上被孤立、经济上被封锁的严峻形势，党和政府实施了优先发展重工业的战略，导致城乡关系简单地沦落到农村支援城市、通过剥夺农业来发展工业的地步，"城市—工业偏向"的非均衡情形成为常态。在计划经济时代，依凭户籍、劳动就业、社会保障、粮油供应等制度樊篱，构筑起城乡二元格局，人民公社体制和统购统销制度直接导致农村大量人口长期困于农村，农业和农村长期处于落后状态。

西部地区属于经济欠发达地区，长期的城乡"二元"结构致使本区域不仅城镇不富裕、农村非常贫困，而且城乡差距十分明显。在城镇化发展的过程中，一些地区没有很好地把土地、户籍、基础设施、产业发展、劳动就业、公共服务、社会保障等城乡要素统筹考虑，而是为发展城镇化而发展城镇化，致使城乡分离发展现象严重，城镇没有发展起来，农村也没有带动起来,城乡发展依然是"两张皮",一些地区的城乡发展差距不但没有缩小,反而有所扩大,这在很大程度上影响了本地区的城镇化进程。

2. 城乡收入差距依然显著

随着西部地区城镇化进程的不断推进,城乡居民的收入差距也在不断扩大(见表4-13)。1980年,西部地区农村居民人均纯收入为133.6元,城镇居民人均可支配收入为343.4元,城乡居民的收入比为2.59∶1。1993年,城乡居民的收入比已上升为3.39∶1;到2008年,城乡居民的收入比已达3.85∶1;虽然2012年西部地区城乡收入差距扩大的趋势有所缓解,城乡收入比为3.39∶1,但城乡差别依然很大。

表4-13　　1980—2012年西部地区城镇化率与同期城乡收入比

年份	1980	1982	1986	1990	1993
城镇化率(%)	16.92	17.73	23.28	24.60	26.01
城乡收入比	2.59∶1	2.23∶1	2.53∶1	2.59∶1	3.39∶1
年份	1997	2000	2004	2008	2012
城镇化率(%)	28.64	29.22	32.64	38.3	48.5
城乡收入比	3.16∶1	3.47∶1	3.77∶1	3.85∶1	3.39∶1

3. "被动城镇化"现象突出

所谓"被动城镇化",是指违背农村居民的主观意愿,以各种外在力量强迫其放弃原有的生活方式和生产方式,最终以裹挟的形式使其进入城镇,以非农产业谋生,被动地以城镇方式生活的过程。由于从农村进入城镇、从农业转向非农产业,并非农民自愿,其在主观和客观方面都对城镇化有所抵触,所以,农村居民的市民化过程也将甚为艰巨和困难。

无论从何种意义上讲,伴随着工业化产生的城镇化都是人类经济快速发展的重要载体、人类社会转型进步的重要成果,城镇化总体上是一种较之乡村生活更为文明便捷、更加有效率的社会生活方式。即使在现代化的农村,也以其居民生活方式是否达到城镇化的层次作为衡量其文明进步与否的标志。但是,城镇化是一个自然历史过程,对于推进城镇化的人来说,要有历史耐心,切不可凭借简单粗暴的外力,强制推动主观和客观上均未达到城镇化条件的农村居民被动地进入城镇就业生活。

因此，被动的城镇化不仅无益于城镇化的增速提质，反而会为城镇化建设埋下祸根。"被动城镇化"问题存在于我国各地，但西部地区显得尤为严重，其对经济发展、对城镇化建设造成的负面影响远远大于东部和中部地区。

（1）农民成为城镇新的弱势群体。改革开放以后，随着农业转移人口大量进城，城镇化水平快速提升，这虽然极大地瓦解了城乡发展严重失衡的二元格局，但农业转移人口并没有真正融入城镇，还在城镇形成了新的城市二元结构。由于已取消了在计划经济条件下长期实行的偏重于城镇的就业保障等多项福利性政策，"农转非"带来的种种优惠待遇也于无形中被取消，一大批失地农民不是基于对期待就业领域变换、增加劳动收入、改善生活质量的预期进入城镇，而在很大程度上是非自愿地、"被动"地进入城镇，城镇化对于这些失地农民而言，已不一定意味着收入的提高、生存条件的改善和生活质量的提升。因此，城镇化在很大程度上仅能算是一种单纯的城镇人口比重提高的"数量型城镇化"。在城镇化推进过程中，大量失地农民在缺乏专业劳动技能及创业资本的情况下被迫流入城镇，由于城镇不能为这部分被迫进入城镇的农业人口提供相应的就业岗位，加之城镇社会保障制度的不健全，这些"新市民"很快便会沦落为"种田没有土地、就业缺乏技能、生活未进低保"的"三无"城镇边缘人，成为城镇的贫困弱势人口中的新群体。

（2）"城中村"问题严重。"城中村"，一是指我国在计划经济体制时期实行城乡二元分治造就的"都市里的村庄"，即处于城市建成区的按照人民公社体制治理的农村的生产大队和生产小队（身处闹市却按农村治理方式管理，居民是农民身份并从事农业生产）；二是指当前"被动城镇化""快速城镇化"，以及只求土地城镇化而不顾人口城镇化等传统的粗放式城镇化的特殊产物，在这类"城中村"中生活的居民大多是来自外地的打工一族，"城中村"的基础设施大多与城镇建成区主体脱节，导致其虽然身居闹市，但生活设施却如同乡村的局面。

在西部地区，许多"城中村"普遍的景象是，街道混乱、道路狭窄、建筑过密、电信水气布局杂乱、公共绿化空间缺乏、消防排水等基础设施不完善，这不仅造成了传统村落和谐人居空间严重不足的问题，而且也导致了"城中村"与现代化城镇面貌格格不入的现象。目前，"城中村"已成为城镇规划和建设的难点，"城中村"廉价的租金和混乱的管理，致使其居民素质良莠不齐，严重影响着城镇的社会治安。此外，"城中村"的土地、房租收益还容易在"土著"居民中滋生游手好闲、好逸恶劳、不务正业的食利群体，恶化和败坏城镇社会风气。

（七）城镇化总体规划不完善

1. 规划布局缺乏前瞻性

西部地区的自然条件有较明显的优势，但劣势也很突出，如山地多、平地少，土地荒漠地带多、人口密度小。由于地形地貌错综复杂，其对城镇的发展定位，要么仅仅停留在小范围的既有可建设用地上，存在规模狭小、功能缺失的问题，无法实现城镇的承载功能；要么不顾城镇的地理条件在规划建设中主观任意，使城镇既丧失了文化和地域特色，又埋下了发生地质灾害的祸根；要么在城镇建设中"只图建设、不重管理，只管投入、不讲收益"，没有形成市场化经营的理念，致使城镇发育缓慢且功能不全，城市群数量较少、规模不大，且发展滞后。

2. 建设理念不科学

西部地区一些城镇在建设中奢华浮夸，一味地追求宽马路、大广场；片面地注重地面建筑，忽视地下管网建设；玻璃幕墙和一些没有实际意义的城镇雕塑随处可见，过度追求标新立异的地标式建筑与城镇整体文化和建筑风格格格不入。城镇化建设中的这些"面子工程"，既劳民伤财，又使城镇建设陷入破坏文化传承和历史风貌及周边地区生态环境的恶性循环之中。如果不解决好这些问题，城镇化的健康持续发展将受到极大的制约。

3. 开发思路片面单一

西部地区一些城镇在城镇改造的过程中，打着所谓"经营城镇"的旗号，不顾文化特色和历史传承，对旧的街区肆意拆迁，对街道马路盲目拓宽，赶时髦，随大流；建马路，盖大厦，致使一些公共设施以及房屋建设没有与当地的生态环境、地形地貌相映衬，单纯追求高楼林立，其结果只是住宅层数不断增多。一些城镇在拓建新城的过程中，不注意规划的科学性，或不按规划办事，一味地扩大规模，"摊大饼式"发展，不注意集约利用土地，致使本已紧张的建设用地严重不足，造成土地被大量占用且浪费、低效利用的现象。

（八）政府主导过多，市场作用发挥不足

城镇化过程本来是一个自发的、渐进式的过程，必须遵循市场规律，发挥市场配置资源的决定性作用，但是，由于我国目前正处于社会主义初级阶段，经济发展水平还比较低，城镇化必须发挥政府的主导作用，但不应也不能忽视市场的推动作用。政府的主导只能是有限主导，只能发挥协调和宏观调控的作用，应该把主要力量交给市场。西部地区在城镇化发展过程中，不少地区全力发挥政府主导的作用，市场机制运用得很不充分，在城镇化的规划、农村人口的非农化、城镇的投资建设方面处处都有政府的参与，严重忽视甚至排斥市场作用的发挥。不少地方先城镇化后工业化，先造城后招商，由政府大包大揽，改造旧城，拓建新城，盲目新增基础设施，千方百计招商引资发展产业，激进式地快速推动农村居民进城落户，结果事与愿违。现实中，产业因缺乏特色和市场竞争力而难以发展，城镇因无支柱产业而难以吸引更多的人口进城生产生活，加之公共服务没有完善配套，导致"造城运动"比较普遍，最终造成产城脱节、"有城无市""有城无业"和农民"被城镇化"等现象不断出现，也给政府带来了因前期盲目建设而大肆举债，最终无法偿还的空前压力。

第三节 西部地区城镇化发展的空间布局

城市群是城镇化和经济发展的一种地域单元或空间形态。城市群的产生和发展有着深厚的历史基础、现实基础和产业基础，能够为城镇化发展提供重要的支撑和动力。"十二五"规划强调，在西部有条件的地区培育壮大若干城市群，培育新的经济增长极；2013年中央城镇化工作会议指出，推进城镇化要优化城镇化的布局和形态，要把城市群作为主体形态。由此可以看出，城市群在城镇化进程中的功能和作用日渐清晰。西部地区城镇化的发展要以城市群为依托，城市群日渐成为推进西部地区城镇化发展的主要途径和重要载体，或者说西部地区城镇化发展的空间优化集中表现为城市群的发展。通过城市群的发展，实现西部地区资源、产业、人才、资本等要素的集约化发展，实现城镇化发展的空间优化，进而带动城市群周边地区的发展，最终促进西部地区整体城镇化发展水平的提高。

一 西部地区城市群发展现状

《国家主体功能区规划（2011—2020年）》提出，将北起内蒙古鄂尔多斯，南至贵州、云南的我国西部地区的几大城市群纳入全国性城市群规划中，在我国两横两纵的城市群规划格局上形成一条新的南北纵轴，首次提出打造全国"两横三纵"的城镇化战略格局。"两横"是指沿长江通道和陆桥通道两条东西向轴线，"三纵"是指沿海、京哈京广和包昆通道三条南北向轴线，并以沿线主要的城市群为支撑发展城镇化战略格局。

新增的南北向纵轴北起呼包鄂城市群（鄂尔多斯、呼和浩特、包头），沿着铁路和高速公路向南经宁夏沿黄城市群（以银川为中心）、关中城市群（以西安为中心）、成渝城市群（以重庆和成都为中心），再到滇中（以昆明为中心）和黔中城市群（以贵阳为中心），贯穿我国西部地区，将绝大部分西部地区发展较好的城市串联成轴线。除此之外，西部地区还有天山北坡城市群、兰州—西宁城市群、北部湾城市群等几大典型的城市群。本书根据《国家新型城镇化规划（2014—2020年）》《国家主体功能区规划（2011—2020年）》和《中国城市群发展报告》，结合学者方创琳、姚士谋、朱英明等对西部地区城市群的研究，主要分析西部地区12个省份所涵盖的十大城市群发展状况。西部地区的十大城市群出现明显的两极化趋势，成渝城市群和关中城市群是两个规模比较大的城市群，其余八个规模相对比较小。十大城市群在发展中各有特点、功能定位和发展方向，也面临着资源、环境、制度方面的共性问题。

（一）成渝城市群

成渝城市群是以成都和重庆两个城市为中心的区域，涵盖了四川的14个地级市（自贡市、绵阳市、资阳市、宜宾市、雅安市、广安市、内江市、德阳市、眉山市、乐山市、遂宁市、泸州市、南充市等）和渝西经济走廊所涉及的县市等。从城市等级体系来看，除成都和重庆为特大城市以外，大城市为南充市、绵阳市、自贡市，小城市为资阳市、雅安市，其他城市为中等城市。这个城市群是全国重要的高新技术产业、先进制造业和现代服务业基地，也是西部地区重要的人口和产业密集区。这一区域四季分明、日照充足、雨量充沛、水资源较丰富、土壤类型多样。

1. 成渝城市群形成的特点

（1）历史方面。四川和重庆都位于四川盆地，且自古以来就是一个整体，只是到了 20 世纪 90 年代才被分割为两个不同的行政区划。两者同处于巴蜀文化区域内，具有相似的文化背景和历史传统，为成渝城市群的形成奠定了历史基础。

（2）政策方面。首先，国家西部大开发战略的实施有利于成渝城市群的形成。中央在《关于深入实施西部大开发战略的若干意见》中明确提出，要扎实推进成渝等重点经济区发展，建成具有全国影响力的经济增长极。其次，2007 年 6 月，国务院批准重庆市和成都市设立国家统筹城乡综合配套改革试验区，成渝国家统筹城乡综合配套改革试验区的设立是中央政府对成渝统筹城乡工作的一种肯定，将会推动成渝城乡统筹工作的进一步深化和发展。2011 年 5 月，国务院批准通过《成渝经济区区域规划》，并且在 2013 年 3 月的全国"两会"期间，重庆和四川代表团又分别提出了内容基本一致的关于将成渝城市群建设成为引领西部地区发展的国家级城市群的建议。2015 年 1 月，成渝城市群被列为国家级城市群。以上种种措施都从制度与政策上给予了成渝城市群很多的优惠以及发展机会。

（3）交通方面。成渝城市群的交通四通八达，无论是空运还是铁路、公路都非常便利，城市群内部有重庆江北机场和成都双流机场两大国际机场联通世界各地，有成渝铁路、渝万城际、成绵城际等铁路连接其他地区和城市群内部各个城市，还有渝蓉高速、渝昆高速、厦蓉高速等高速公路。国务院发布的《长江经济带综合立体交通走廊规划（2014—2020 年）》明确指出，建设成渝城市群城际交通网络，实现城市群内中心城市之间、中心城市与周边城市之间的快速通达，完善城市公共交通和农村交通网络，促进新型城镇化有序发展，打造以重庆、成都为中心的"一主轴、放射状"城际交通网络，交通的发达大大促进了成渝城市群的发展。

2. 成渝城市群发展存在的问题

虽然成渝城市群的形成有历史、政治以及交通等方面的优势，但是，在发展过程中仍然面临着一些问题。

（1）城镇规模结构不合理。按照城市规模理论，城市群的规模结构应合理有序，目前成渝城市群中城市规模结构不合理，作为中心城市的成都和重庆的两极化效应过于明显，集聚了成渝城市群大部分资源，这不利于城市群内部其他城市的发育和成长。虽然成都和重庆的极化效应明显，但是，其辐射效应并没有跟上，附近的城市发展远没有被两者带动起来。

（2）政府统筹管理困难。本来，成渝城市群和关中城市群一样，是省内的城市群，但是，由于重庆变成了直辖市，成渝城市群就由省内城市群变成了跨省市的城市群，这就大大增加了政府统筹与协调的难度和成本。经济区划和行政区划的不一致不利于城市群内部的协调与发展，川东北地区发展的落后在很大程度上就是由此造成的。在重庆还未成为直辖市的时候，川东北地区一直受重庆的辐射，与成都的经济联系并不紧密。重庆成为直辖市后，逐渐把经济发展中心移到自己的区域内，对川东北地区的辐射强度就开始减弱。同时，由于离成都较远，以前又未与成都有过多的经济往来，因此，川东北地区的经济发展失去了重要的推力，再加上城市之间缺乏有效的协调机制，其发展速度十分缓慢。

（3）产业趋同，分工不明。由于缺乏有效的沟通与统筹安排，成渝城市群内部城市对各自的功能定位基本上都是以自己为核心，缺乏城市群各城市之间的协调过程，从而出现了各个城市无论在产业发展上，还是在功能定位上都显现出趋同现象，缺失合理的分工职能体系。多样化城市和专业化城市界线模糊，各个城市建成了"大而全、小而全"的产业体系，城市功能定位也多向综合性城市方向发展。没有合理化协调的重复建设甚至同质竞争势必引发资源的极大浪费，阻碍了城市群整体的协调健康发展。

（二）关中城市群

关中城市群的空间开发格局是以西安—咸阳为核心，以宝鸡、咸阳、渭南、铜川、杨凌、商洛示范区为支撑的格局，其功能定位主要是全国重要的先进制造业和高新技术产业基地、西北地区重要的科技创新基地、西部地区重要的经济中心。

1. 关中城市群发展特点

（1）关中城市群的历史。习惯上，我们把陕西分为陕北、关中与陕南三个部分。从历史来讲，关中城市群内各城市具有一样的历史发展脉络，同属于关中文化区，区域内人们的价值观念、文化风俗都基本一致。区位上，关中城市群位于渭河平原（又称关中平原），地理位置优越，人称"八百里秦川"。由于渭河流经此地，土壤肥沃，灌溉方便，因此，自周秦始便有城市建立于其上，从秦至唐，有十几个朝代建都于此，围绕着中心城市西安，周边其他城市也陆续发展起来。

（2）关中城市群的资源。首先，农业资源丰富。关中地区沃野千里，土地资源丰富，农产品门类齐全，粮食产量、水果产量和经济作物产量均居全国前列，为关中城市群的发展提供了基础的物质支撑和原料来源。其次，关中地区的矿产资源也十分充足。煤、钼、金、铅、锰、地热等矿产储藏量也居全国领先地位，陕北地区丰富的煤以及陕南地区大量的有色金属、贵金属、黑色金属和非金属矿产也能有效地支持关中地区的发展。最后，旅游资源丰富。关中地区历史悠久，保存下来了大量的物质文化遗产和非物质文化遗产，目前旅游产业及其周边产业已经成为西安乃至关中地区的一大支柱产业。

（3）关中城市群发展的相关政策。首先，从提出西部大开发战略开始，国家就确立了重点发展西安的战略，从宏观政策角度把包括关中城市群在内的西部地区的发展上升到国家战略层面。其次，《国家新型城镇化规划（2014—2020年）》也明确提出"培育发展中西部地区城市群"的意见，这又为关中城市群的发展确立了保障。另外，陕西省政府也高度重视关中城市群的发展，于2013年正式启动《关中城市群核心区总体规划》的编制工作，号召全省各地区紧抓千载难逢的历史机遇，发挥自身区位条件和资源优势，不断拓展发展空间，全面提升城镇建设水平。最后，关中城市群位于关中—天水经济区内，区位优势显著。

（4）关中城市群的交通。外部方面，咸阳机场是中国西北地区最大的空中交通枢纽之一，是中国排名前列的大机场，吞吐量排名全国前十位，为关中城市群和全国乃至世界其他地方的经济、文化、政治交流提供了交通保障；陇海线贯穿关中城市群，为关中城市群加强与中东部地区的联系和交流提供了便利的渠道，全国多条高速公路也从关中城市群穿过。内部方面，目前已经建成以西安为中心的"米"字形立体交通网络，公路交通尤为便利，为人力流、物质流、技术流、资金流和信息流提供了保障和支撑。2014年7月，陕西省发改委称，国家发改委正式批复《关中城市群城际铁路规划》，同意建设以西安为中心、宝鸡—西安—渭南为主轴、覆盖20万人口以上城镇的城际铁路网，加快大西安的发展步伐，加速关中地区的城镇化进程，促进"丝绸之路经济带"的建设。这势必会带来关中城市群交通便利性的极大提升与飞跃。

2. 关中城市群现存的问题

(1) 空间结构不合理。城市群发展不是简单的各个城市发展之和，而是各个城市之间相互依存、彼此协作，在发挥自身优势的基础上，实现区域化的产业关联。可见，城市群的发展关键是形成合理的结构，因此，一个城市群要想健康地发展，首先应该在空间上形成合理的结构。

关中城市群在空间结构上存在的问题是：城市群总规模较小，经济和人口容量偏小，城市规模等级体系不完善，城市等级层次不具有连续性，缺乏大城市，中等城市数量偏少且发展水平有限，小城镇发展滞后，专业化城镇缺少。[1] 关中城市群空间结构的不合理从根本上制约着城市群的发展。

(2) 产业层次低、关联度低、单一且不可持续。城市群优于单个城市发展的最根本之处就在于，城市群内部形成了相关产业的分工与协作，由此能够实现各种资源要素在空间内的最优配置，最终形成产业链。关中城市群在产业方面面临着以下困境：首先，产业层次低。产业推动是关中城市群建设的根本动力，然而，关中地区地处西北内陆，受历史文化、区位因素和资源交通等因素制约，其产业发展层次相对较低，与其他东部地区的城市群相比，关中城市群第二、第三产业产值占国民经济的比重偏低。其次，产业关联度低。城市群作为一个整体，要想获得更好、更快地发展，必须要在城市群内部对各个城市进行合理的产业分工，这样，才能使城市群的内部资源达到最优的配置，取得"1 + 1 > 2"的效果。从目前关中城市群的功能结构的现状分析来看，城市群中各个城市之间的职能分工不明显、结构雷同，具有趋同化特征，并由此导致了各个城市发展各自为政，缺乏分工协作和经济联系。最后，产业单一且不可持续。目前，关中城市群各个城市的职能主要集中在工业和旅游上，产业单一，没有形成一条全方位的产业链和一个以同构相关多样化为主、兼有广域相对多样化的产业体系[2]，面临着产业发展不可持续的危机。

(3) 水资源约束。水资源是一个地区生活和生产必不可少的因素，随着人口的增长、工农业生产的不断发展，世界范围内都出现了水资源供需

---

[1] 任保平：《以西安为中心的关中城市群的结构优化及其方略》，《人文地理》2007 年第 5 期。

[2] 曹刚：《建设关中城市群如何创新理念》，《西安日报》2014 年 6 月 2 日。

矛盾日益加剧的情况,水资源短缺的问题全国皆有,关中尤甚。陕西省水资源总量少,人均水资源只有全国平均水资源的1/8。并且地区分布极端不平衡。陕南地区拥有全省1/5的耕地,却占全省2/3的水资源;而关中地区,耕地面积约占全省的4/5,水资源却只占全省的1/3,水资源不足的问题相当突出,关中地区人口密集,生活用水和生产用水量都非常大,水资源的短缺与匮乏将成为未来关中城市群发展的一个重要的制约因素。

(4)人口结构约束。人力资源是一个地区发展最根本、最重要的因素。目前,关中地区在人口结构方面面临着以下问题:首先,人口老龄化严重。研究发现,在陕南、关中和陕北三个地区,关中地区的少儿人口比重最低,劳动人口比例高,老龄化程度居中,但是,随着城镇化的发展,预计居住在城镇里的老年人口所占比重将会继续增加,居住在农村的老年人口所占比重将进一步减少,这样,关中城市群的人口老龄化问题会更加紧迫。其次,人口受教育程度偏低。数据显示,关中地区受教育程度在大专及以上的人口占6岁及以上人口的比重为14.14%,虽然大幅度领先于陕南(6.04%)和陕北(8.67%),但是,仍然要远落后于东部地区其他城市群。最后,人才流失严重。虽然关中城市群的核心城市西安市内高校云集,但是,其中的优秀学子很大一部分选择了去国外或者北京、上海、广州、深圳等城市发展,只有少数愿意留在西部地区,由此导致了关中城市群的发展缺少智力支持。

(三)天山北坡城市群

2012年年底,国务院批复了《天山北坡经济带发展规划》,这一规划界定的天山北坡城市群与之前有所区别,东起乌鲁木齐,西至伊宁,主要包括10个市、9个县和2个国家级口岸。在2013年的中央城镇化工作会议上,天山北坡城市群也被列为国家重点培育的7个西部地区城市群之一。该城市群承担着联通西亚和中亚地区的通道,打造西北产业集聚区的重任,作为新疆经济最为发达的地区辐射带动全区。其总面积占整个新疆地区总面积的5.7%,大约为9.54万平方千米。天山北坡城市群的功能定位主要为全国重要的能源基地,是我国进口资源的国际大通道,石油天然气化工、煤电、煤化工、机电工业以及纺织业工业基地,也是我国向西对外开放的交通枢纽。

(四)北部湾城市群

北部湾城市群又称为南北钦防城市群,位于我国广西壮族自治区区域内，主要以南宁为中心城市，由北部湾经济区内北海、钦州、防城港、玉林等地级市和部分县级市组成。这一城市群是我国西部地区城市群中唯一一个沿海城市群，是我国与东盟海陆连接的区域。南北钦防城市群最大的优势就在于其优越的地理位置和良好的区位优势，于东部、中部、西部分别相连，地处东盟经济圈和我国西南经济圈的结合部，占据了北部湾约1600千米的海岸线，是我国与东盟进行经贸合作的重要接口区域。最大的劣势就是人口规模小、基础设施落后以及中心城市规模偏小。作为西部的沿海地区，南北钦防城市群的渔业资源丰富、水产品产量不断提高；第三产业整体发展缓慢，服务业比重整体比较低，这是由其出口导向型经济所导致的。

南北钦防城市群目前在产业发展方面有如下问题：产业结构相似度较大；产业特色不鲜明；资源配置效率低；四个城市的产业结构不协调。

（五）呼包鄂城市群

呼包鄂城市群位于我国"两横三纵"城镇化战略布局中包昆通道纵轴的北端起点，是联通西北和华北的关键枢纽。呼包鄂榆城市群以呼和浩特、鄂尔多斯、包头为核心城市。根据国务院2012年印发的《全国主体功能区规划》，呼包鄂城市群作为国家层面的重点发展区域，其功能定位是全国重要的能源、煤化工基地，农畜产品加工基地和稀土新材料产业基地以及北方地区重要的冶金和装备制造业基地。这个城市群的空间开发格局是以呼和浩特为中心，以包头和鄂尔多斯为支撑。因此，这三个城市在发展过程中有着不同的功能定位：呼和浩特要发挥其首府城市的功能，形成具有鲜明的民族特色的区域性中心城市；包头和鄂尔多斯主要是依托其优势资源，促进特色优势产业的升级，以此来带动城市群的发展。

呼包鄂城市群的土地资源相对丰富，太阳能、风能等清洁能源和矿产资源的储量均位于全国前列，产业及城市发展具有一定的基础。但是，降水较少，水资源短缺，生态环境脆弱。所以，其主要发展方向就是合理开发并有效保护能源和矿产资源，发展新兴产业，将资源优势转化为经济优势。

呼包鄂城市群发展中存在的主要问题有：城乡居民收入严重不均衡，城乡发展水平不均，不利于城市群整体发展水平的提高和进一步发展，也不利于城乡一体化的进程和社会的和谐与稳定；从整个城市群的社会消费品零售总额来看，其居民的消费能力不足，消费水平不高，不利于以消费促进城市群经济的发展；进出口总值比较低，在内蒙古的进出口总值中所占的比重也比较低，其对外贸易水平和开放程度有待提高。

（六）酒嘉玉城市群

酒嘉玉城市群是河西走廊城市分布最密集、经济实力最强的城市区域。其中，酒泉是河西走廊以制糖、食品和机械工业为主的综合性城市，嘉峪关和玉门的矿产资源比较丰富。酒嘉玉城市群位于西北干旱区，生态环境极度脆弱，水资源短缺。

根据《甘肃省循环经济发展总体规划》，酒嘉玉城市群的发展方向是成为重要的国家航天基地，其中，酒泉与嘉峪关的定位是成为清洁能源与冶金新材料循环经济基地，玉门的定位是成为新兴石油工业城市。酒嘉玉城市群在发展中存在的问题主要有：财政收入不足，不能为城市群经济和社会事业的发展提供足够的资金保证和支持，城市群发展的动力不足；社会消费品零售总额比较低，2012年仅为176.71亿元，表明该城市群居民的消费能力不足；生产总值和全社会固定资产投资总额也较低，城市群发展的总体规模与西部地区其他城市群相比处于较低水平。

（七）宁夏沿黄城市群

宁夏沿黄城市群位于我国"两横三纵"城镇化战略布局中包昆通道纵轴的北部，是以银川为中心城市，沿着包兰铁路线和黄河流域连接吴忠市、中卫市和石嘴山市及周边区域的部分县级市形成的带状型城市群。2009年，沿黄河城市建设启动大会中提出该城市群的建设提议，该城市群占宁夏国土面积的43%，集聚了宁夏人口的57%。其功能定位主要是全国重要的能源化工、新材料基地，清真食品和穆斯林用品以及特色农产品加工基地，是区域性商贸物流中心。

宁夏沿黄城市群在发展中存在的主要问题有：与西部地区其他城市群相比，其产业结构中第二产业所占比重较大，第三产业所占比重较小，服务业发展程度不够，不利于满足本城市群居民的社会生活服务需求，不利于吸引和留住外来人口，不利于发挥第三产业在城市群经济发展中的重要作用；社会消费品零售总额比较低，2012年仅为486.38亿元，表明该城市群居民的消费能力不足。

（八）兰州—西宁城市群

兰州—西宁城市群的空间开发格局是以甘肃的兰州和青海的西宁为

中心，以白银、定西、临夏、海东等城市为支撑的格局，其功能定位主要是全国重要的新能源、水电、盐化工、石化、有色金属和特色农产品加工产业基地，是区域性新材料和生物医药产业基地。该区域的优势是：具有丰富的自然资源，其中水资源、天然气、矿产资源等均位居西部地区前列；城镇相对集中，人口较为稠密，具有丰富的劳动力资源，农业基础条件也较好；交通便利，交通体系较完善，已经形成向东南、西北、东北、西南、南向五条经济辐射带。

兰州—西宁城市群在发展中存在的问题主要有：土地面积和人口规模与其他城市群相比较少，导致城市群发展的空间和城市群发展的消费动力不足；生产总值和全社会固定资产投资总额比较低，与西部地区其他城市群相比，该城市群发展的总体规模处于较低水平。

（九）滇中城市群

滇中城市群的空间开发格局是以昆明市为中心，以曲靖、玉溪、楚雄为支撑的格局，其功能定位主要为全国重要的烟草、旅游、文化、能源、商贸物流基地，以化工、冶金、生物为重点的区域性资源精深加工基地，也是我国连接东南亚和南亚国家的陆路交通枢纽。云南省《滇中城市群修编（2007—2025年）》指出，将以滇中城市群为基础，到2020年进行一核、两轴、三圈、四极、五通道的空间发展布局。

滇中城市群发展中存在的主要问题有：土地面积相对比较小，人口规模相对比较小，城市群发展的空间不足；与西部地区其他城市群相比，三次产业结构不合理，第一产业在生产总值中所占比重较大，第二产业和第三产业在生产总值中所占比重较低。

（十）黔中城市群

黔中城市群的空间开发格局是以贵阳为中心，以遵义、安顺、都匀、凯里等为支撑的格局，其功能定位为全国重要的能源原材料基地、以航天航空为重点的装备制造基地、烟草工业基地、绿色食品基地和旅游目的地，是区域性的商贸物流中心。黔中城市群的优势是：处于我国"两横三纵"的城镇化战略格局中包昆通道纵轴与沿长江通道横轴的交会区域，有多条铁路和国家级的高速公路，交通体系发达，该城市群在整个贵州省的经济社会中的辐射带动力日益增强，在贵州省布局中占重要的战略地位，具有广阔的发展前景；位于乌江流域，水资源丰富。城市群的劣势是：这个区域大部分地区位于山间平地，可利用的土地资源较少；

生态系统比较脆弱。

黔中城市群在发展中存在的问题主要有：城镇居民的人均可支配收入和农村居民的人均纯收入在西部地区城市群中处于比较低的水平，且城乡居民收入差距比较大，表明该城市群内部城乡经济发展水平不平衡；与西部地区其他城市群相比，其社会消费品零售总额、财政预算内收支比较低，表明城市群内部的消费能力不足，对整个西部地区的经济发展的贡献度不高。

西部地区主要城市群的功能定位归纳如表 4-14 所示。

表 4-14　　　　　　　西部地区主重要城市群的功能定位

城市群	功能定位
成渝城市群	国家城乡统筹综合配套改革试验区；全国重要的高新技术产业、先进制造业和现代服务业基地；区域金融中心、商贸物流中心和综合交通枢纽；西南地区科技创新基地；西部地区重要的经济、人口密集区
关中城市群	中国新亚欧大陆桥中段重要的节点城市；全国重要的历史文化基地；西北地区重要的科技创新基地；西部地区重要的经济中心、商贸中心和综合交通枢纽；全国重要的先进制造业和高新技术产业基地
呼包鄂城市群	北方地区重要的冶金和装备制造业基地；全国重要的煤化工、能源产业基地；重要的稀土新材料产业基地；全国重要的农畜产品加工基地
黔中城市群	西南地区重要的节点城市群；区域性商贸物流中心；全国重要的能源原材料基地；全国重要的航天航空装备制造业基地；全国重要的烟草工业基地；旅游和绿色食品基地
滇中城市群	以化工、生物、冶金产业为重点的区域性资源精深加工基地；全国重要的旅游、文化和商贸物流基地；面向东南亚开放合作的重要城市群；连接南亚、东南亚国家的重要交通枢纽
兰州—西宁城市群	西北地区商贸物流中心和交通枢纽；区域性新材料和生物医药产业基地；黄河上游多民族地区核心城市群；全国重要的循环经济示范区；国家重要的新能源和特色农产品加工产业基地
宁夏沿黄城市群	我国面向伊斯兰国家开放合作的特色城市群；重要的新材料基地和特色农产品加工基地；全国重要的清真食品和穆斯林用品基地；区域性商贸物流中心
北部湾城市群	区域性商贸物流基地和信息交流中心；面向东盟国家对外开放的重要门户；中国—东盟自由贸易区海湾型城市群；中国—东盟自由贸易区前沿地区和桥头堡

续表

城市群	功能定位
天山北坡城市群	我国面向中亚五国开放合作的陆桥型城市群；面向中亚地区开放的重要门户和陆路交通枢纽；全国重要的进口资源国际通道；西北地区重要的国际商贸中心和物流中心；重要的纺织业基地和石油化工业基地
酒嘉玉城市群	重要的国家航天基地；清洁能源与冶金新材料循环经济基地；建设新兴石油工业城市

二 西部地区十大城市群发展现状比较

目前，西部地区主要形成了十大城市群，这些城市群在总体规模、产业结构、经济总量和社会发展综合状况、城镇化水平、城市首位度等方面均存在差异。

（一）城市群总体情况比较

1. 总体规模比较

总体规模主要涉及土地面积、人口数量、生产总值、全社会固定生产总额等指标，接下来将对西部地区十大城市群进行总体规模方面的比较（见表4-15）。

表4-15　2012年西部地区十大城市群的土地面积和人口规模

城市群（指标）	土地面积（平方千米）	占所在省份比重（%）	年末总人数（万人）	占所在省份比重（%）
成渝城市群	227290.95	39.98	10232.6	92.85
关中城市群	55565	27.03	2358.2	62.84
天山北坡城市群	64551.64	3.88	533.97	23.92
北部湾城市群	42646	17.95	1364.9	26.05
兰州—西宁城市群	41909	3.68	695.7	23.11
滇中城市群	69713	17.69	1446	31.04
黔中城市群	120063	68.17	1528.3	43.87
呼包鄂城市群	131973	11.16	605.9	24.33
酒嘉玉城市群	210405	49.41	134.6	5.52
宁夏沿黄城市群	38156	73.44	435	67.21

从土地面积看，空间是一个城市群发展最基础的因素，通过表4-15的数据我们可以看出，十大城市群的土地面积差距很大，从面积最小的宁夏沿黄城市群（38156平方千米）到面积最大的成渝城市群（227290.95平方千米），后者是前者的6倍左右。因为每个城市群形成的历史与现实条件不尽一样，所以，除对绝对土地面积进行比较外，还要对比相对值，即城市群面积占所在省份面积的比重，发现宁夏沿黄城市群的这一比重最大，原因在于宁夏是我国面积最小的内陆省份之一。天山北坡城市群的土地面积虽然要远远大于宁夏沿黄城市群，但是，由于新疆是我国国土面积最大的省份之一，所以，其占所在省份的比重仅为3.88%。

总之，从土地面积上对比，无论是绝对值还是相对值，十大城市群均差别很大，土地面积仅能从一个很小的侧面反映出城市群的规模，而想要全面地反映城市群的规模，必须要结合人口、产业等因素来看。

从人口规模来看，最值得关注的当属成渝城市群，其总人口是十大城市群中唯一一个过亿的，并且其人口总数占四川与重庆两省份人口总数的九成多，结合土地面积来看，成渝城市群以不到四川和重庆两省份四成的土地，吸纳了占两省（市）九成多的人口，其人口承载力在所有城市群中位居首位。人口最少的城市群为酒嘉玉城市群，134.6万的人口仅相当于东部发达地区一个县的人口，其占该省份总人口的比重也是十个城市群之中最小的，但是，酒嘉玉城市群的土地面积约占其省份面积一半左右，说明其还具备很大的发展空间。除去川渝城市群和酒嘉玉城市群这两个最大值和最小值，余下的八个城市群的人口总数相差并不十分大，除了宁夏沿黄城市群和关中城市群两个城市群的人口数占其省份总人口数的比重基本一致，都为60%多，其他六个城市群的这一比重均在30%左右。

总之，从人口规模来看，成渝城市群凸显了区域人口聚集的优势，相较而言，酒嘉玉城市群则稍显薄弱，其他八个城市群中宁夏沿黄城市群和关中城市群为第一梯队，其他六个为第二梯队。无论是从生产总值的相对值看还是从其绝对值看（见表4-16），成渝城市群都遥遥领先，它的生产总值在其所在省份的生产总值中占比超过了九成。在十大城市群中，它是唯一一个生产总值过万亿元的城市群，并且它的生产总值约为排名第二的关中城市群的3.5倍。十大城市群中酒嘉玉城市群的生产总值仍然最低，占所在省份的比重也最低，但是，其以5.52%的人口比重贡献了17.24%的生产总值，人均回报率是十大城市群中最高的。另外，值得注意的是宁夏沿黄城市群，其生产总值虽然位于十大城市群里面的倒数第二，但是，其占所在省份的比重却仅次于川渝城市群，这反映出，虽然在十大城市群中宁夏沿黄城市群的生产总值处于末尾，但是，对宁夏而言，它的作用却是至关重要的。其他七个城市群的生产总值在绝对数量上的差别也很悬殊，从2848.67亿—9221.52亿元不等，占所在地区的比重则相差不大，多数在50%左右。

表4-16　　　2012年西部地区城市群生产总值和固定
资产投资总额占所在省份的比重

城市群	固定资产投资额（亿元）	固定资产投资额占所在省份比重（%）	生产总值（亿元）	生产总值占所在省份比重（%）
成渝城市群	24953.4	94.16	32122.08	91.04
关中城市群	9038.199	70.39	9221.52	63.8
天山北坡城市群	8621.689	34.13	8808.62	53.53
北部湾城市群	4513.52	35.72	4268.58	32.75
兰州—西宁城市群	2195.047	27.67	2848.67	37.81
滇中城市群	3535.761	45.15	5981.5	58.02
黔中城市群	3618.241	63.28	3699.863	53.56
呼包鄂城市群	6406.21	48.86	9541.87	59.68
酒嘉玉城市群	1048.604	17.44	973.9563	17.24
宁夏沿黄城市群	2086.42	98.9	2246.271	80.12

从固定资产投资总额来看，其大小、比重的比较结果与生产总值的比较结果基本相同，均相差不大，仍然是成渝城市群以绝对优势领先于其他九个，只是占所在省份的比重被宁夏沿黄城市群超过了4个百分点左右。酒嘉玉城市群仍然位列最后。

2. 产业结构比较

从产业结构来看（见表4-17），十大城市群2012年的第一产业生产总值的绝对数量存在巨大的悬殊，最小的为酒嘉玉城市群（81.50亿元），它也是唯一一个不到百亿元的城市群，最大的为成渝城市群（3396.56亿元），它也是唯一一个过千亿的城市群。但是，从相对比重来看，十个城市群的第一产业产值占生产总值的比重却相差不多，除呼包鄂城市群、兰州—西宁城市群和北部湾城市群三个极值之外，其他七个都在10%左右。

表4-17　　2012年西部地区十大城市群的三大产业结构比较

城市群	第一产业产值（亿元）	占生产总值比重（%）	占所在省份比重（%）	第二产业产值（亿元）	占生产总值比重（%）	占所在省份比重（%）	第三产业产值（亿元）	占生产总值比重（%）	占所在省份比重（%）
成渝城市群	3396.56	10.57	80.16	16985.48	52.88	92.77	11740.04	36.55	92.17
关中城市群	906.81	9.83	66.18	4638.9	50.31	57.46	3676.81	39.87	73.39
天山北坡城市群	827.41	9.39	14.44	4476.30	50.82	78.63	3504.91	39.79	62.93
北部湾城市群	678.30	15.89	31.22	1787.21	41.87	28.61	1803.08	42.24	39.07
兰州—西宁城市群	124.38	4.37	12.99	1432.80	50.30	38.81	1261.59	44.29	39.07
滇中城市群	652.91	10.92	39.46	2984.89	49.90	67.54	2343.70	39.18	55.33
黔中城市群	323.24	8.81	36.24	1568.04	42.73	58.56	1778.22	48.45	54.17
呼包鄂城市群	300.36	3.15	20.75	5000.93	52.41	55.37	4240.58	44.44	76.98
酒嘉玉城市群	81.50	8.37	10.44	613.19	62.96	23.58	279.16	28.66	12.30
宁夏沿黄城市群	143.71	6.40	60.57	1348.54	60.03	91.05	750.39	33.41	70.82

从第二产业来看，十大城市群第二产业产值的绝对数量相差很大，成渝城市群仍大幅度领先其他九个城市群，产值达到16985.48亿元，是排名第二的呼包鄂城市群的3倍左右，也是唯一一个产值超过万亿元的城市群。同样，酒嘉玉城市群的第二产业产值最少，还未突破千亿元。但是，十大城市群第二产业产值占生产总值的比值却相差无几，多数为50%左右，只有两个城市群在60%左右。

从第三产业来看，情况和第二产业基本相同，成渝城市群居首位，并且远超第二名呼包鄂城市群，酒嘉玉城市群居末位，仅279.1581亿元，占生产总值的比重最低，仅为28.66%。其他九大城市群的第三产业产值占生产总值的比重相差不大，均为38%左右，浮动幅度约为6%。

3. 经济贡献比较

衡量城市群对经济贡献的指标主要包括城镇居民人均可支配收入、农村居民人均纯收入、财政预算内收入、财政预算内支出、社会消费品零售总额和进出口总值。

西部地区十大城市群对整个西部地区的经济发展有很大的贡献，其中，这十大城市群的财政预算内收入和财政预算内支出占西部地区总和的比重分别为 34.78% 和 44.14%，说明城市群对整个西部地区的财政贡献度比较大；社会消费品零售总额占整个西部地区总和的 71.29%，说明城市群极大地带动了整个西部地区的消费能力；进出口总值占整个西部地区的 71.17%，说明西部地区的城市群整体的对外贸易能力强，拉动了整个西部地区外贸经济的发展（见表 4-18）。

表 4-18　2012 年西部地区十大城市群各指标总和及其占西部地区的比重

指标	财政预算内收入（万元）	财政预算内支出（万元）	社会消费品零售总额（亿元）	进出口总值（亿美元）
西部地区十大城市群总和	60336636.77	113492305.3	26435.23439	1682.3196
西部地区总和	173466075	257138598.1	37081.25	2363.78
西部地区十大城市群总和占西部地区总和的比重	34.78%	44.14%	71.29%	71.17%

注：关中城市群的财政预算内收入和财政预算内支出中不包括杨凌示范区。

从居民收入来看（见表 4-19），呼包鄂城市群的城镇居民人均可支配收入最高，除缺失数据的城市群外，其他城市群相差不是很大，说明西部地区城市群中除了呼包鄂城市群外，城镇居民人均可支配收入水平基本持平；西部地区各城市群的农村居民人均纯收入也基本相差不大。但是，各个城市群的城镇居民和农村居民的收入差距不平衡，城乡发展不平衡，其中，差距最大的是呼包鄂城市群，关中城市群次之。

表 4-19　各城市群居民收入、社会消费品零售总额及进出口情况

城市群	农村居民人均纯收入（元）	城镇居民人均可支配收入（元）	社会消费品零售总额占西部城市群总和比重（%）	社会消费品零售总额占所在省份比重（%）	进出口总值（亿美元）	进出口总值占所在省份比重（%）
成渝城市群	8010.26	20359.07	46.73	94.13	1120.522	99.75
关中城市群	8476.02	25863.18	13.16	79.34	145.31	98.19

续表

城市群	农村居民人均纯收入（元）	城镇居民人均可支配收入（元）	社会消费品零售总额占西部城市群总和比重（%）	社会消费品零售总额占所在省份比重（%）	进出口总值（亿美元）	进出口总值占所在省份比重（%）
天山北坡城市群	11609.3	—	4.41	64.79	—	—
北部湾城市群	7170.75	21891.5	6.47	37.88	148.898	50.52
兰州—西宁城市群	—	—	4.48	50.36	48.5876	48.27
滇中城市群	6545.67	19666.22	7.95	59.37	153.72	73.18
黔中城市群	—	—	4.92	64.20	—	—
呼包鄂城市群	11399.33	33090.33	9.37	54.61	42.237	37.52
酒嘉玉城市群	10322	21033.94	10.67	9.41	—	—
宁夏沿黄城市群	7935.66	—	1.84	88.62	23.0459	94.75

注：兰州—西宁城市群、黔中城市群城镇、农村居民人均可支配收入数据缺失；天山北坡城市群和宁夏沿黄城市群城镇居民人均可支配收入数据缺失。天山北坡城市群、黔中城市群、酒嘉玉城市群数据缺失。

社会消费品零售总额反映的是城市居民的消费能力。从社会消费品零售总额来看，西部地区十大城市群在这一指标上差异比较大。成渝城市群的社会消费品零售总额在西部地区十大城市群中所占比重最大，2012年的总额为1231.91亿元，占西部地区十大城市群社会消费品零售总额总和的46.73%，远远超过西部地区其他城市群，而且成渝城市群的该指标占四川省和重庆市该总额总和比重更是达到94.13%。

此外，社会消费品零售总额占西部地区十大城市群总和比重由高到低依次是成渝城市群、关中城市群、酒嘉玉城市群、呼包鄂城市群、滇中城市群、北部湾城市群、黔中城市群、兰州—西宁城市群、天山北坡城市群和宁夏沿黄城市群，它们的社会消费品零售总额虽然在西部地区十大城市群的总和中所占的比重较低，但是，它们对自身所在省份的社会消费品零售总额所做的贡献都比较大。

比如，宁夏沿黄城市群的该指标值虽然比较低，但是，其在宁夏的社会消费品零售总额中所占的比重却达到88.62%。

从进出口总值来看（见表4-19），除天山北坡城市群、黔中城市群和酒嘉玉城市群数据缺失外，成渝城市群的进出口总值远远高于西部地区其他城市群，反映出成渝城市群对外贸易水平高、对外开放的程度高；滇中城市群、北部湾城市群和关中城市群的进出口总值相差不大，但与滇中城市群和关中城市群相比，北部湾城市群的进出口总值在广西的进出口总值中所占的比重较低；兰州—西宁城市群、呼包鄂城市群和宁夏沿黄城市群的进出口总值与西部地区其他城市群相比较低，其中，宁夏沿黄城市群的进出口总值虽然最少，但是，其在宁夏的进出口总值中所占比重达到94.75%。

从财政预算内收支来看（见表4-20），西部地区十大城市群中成渝城市群内收入与支出中所占比重均超过50%，说明成渝城市群对西部地区的财政贡献度大；呼包鄂城市群、滇中城市群、关中城市群的财政预算收支水平次之，这几个城市群的财政预算收支占所在省份比重都在50%左右，表明该城市群对所在省份的经济发展的贡献度大；酒嘉玉城市群的财政预算收支水平在西部地区十大城市群中处于最低水平。

表4-20　西部地区十大城市群2012年财政预算内收入和支出的比较

城市群	财政预算内收入（亿元）	占所在省份比重（%）	占西部地区十大城市群总和比重（%）	财政预算内支出（亿元）	占所在省份比重（%）	占西部地区十大城市群总和比重（%）
成渝城市群	3174.28	95.31	52.61	6269.37	90.30	55.24
关中城市群	607.03	56.91	10.06	1351.74	53.92	11.91
天山北坡城市群	413.44	45.48	6.85	537.66	19.77	4.74
北部湾城市群	339.98	29.16	5.63	662.49	22.19	5.84
兰州—西宁城市群	127.83	2.31	2.12	315.46	9.79	2.78

续表

城市群	财政预算内收入			财政预算内支出		
	财政预算内收入（亿元）	占所在省份比重（%）	占西部地区十大城市群总和比重（%）	财政预算内支出（亿元）	占所在省份比重（%）	占西部地区十大城市群总和比重（%）
滇中城市群	612.77	45.79	10.16	1127.25	31.55	9.93
黔中城市群	391.69	60.99	6.49	800.31	52.97	7.05
呼包鄂城市群	739.91	47.65	12.26	1049.68	30.64	9.25
酒嘉玉城市群	36.78	0.71	0.61	122.37	5.93	1.08
宁夏沿黄城市群	196.99	7.46	3.26	464.65	72.46	4.09
西部地区十大城市群总和	6033.66	—	—	11349.23	—	—
西部地区总和	17346.61	—	—	25713.86	—	—

注：关中城市群的财政预算内收入和财政预算内支出不包括杨凌示范区。

（二）城市群城镇化状况比较

1. 西部地区各城市群的城镇化发展水平

与全国相比较而言，西部九个城市群（酒嘉玉城市群数据缺失）中天山北坡城市群、兰州—西宁城市群、关中城市群、呼包鄂城市群等的城镇化水平（以城镇化率表征）都高于全国平均水平，其中，天山北坡城市群、关中城市群的城镇化率分别达到86.98%和85.26%；与西部地区相比，除黔中城市群和北部湾城市群外，其他七个城市群的城镇化率都在西部地区45.98%的平均城镇化率之上。这说明黔中城市群、北部湾城市群的成长刚刚起步，城市群中个别城市的城镇化水平较高，大部分城市的城镇化率过低拉低了整个城市群的水平，随着城镇化进程的推进，黔中城市群和北部湾城市群的城镇化率提升空间较大。其中，川渝城市群的城镇化率没有想象的高，原因可能是该城市群覆盖数量较多的中小城市，一部分中小城市城镇化基础不好，拉低了整个城市群城镇化平均水平。

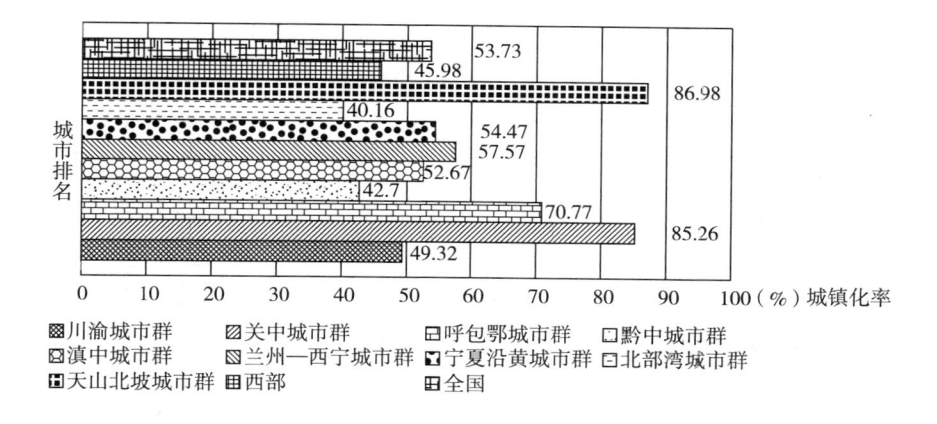

第四章 西部地区城镇化发展现状 / 219

图 4-4 西部各城市群城镇化率

2. 各城市群城镇化率和工业化率的比较

表 4-21 各大城市群工业化率与人均 GDP 的正向变化关系明显，凡是工业化率高的城市群，其人均 GDP 也比较高。几大城市群中，呼包鄂城市群的人均 GDP、工业化率最高，人均 GDP 达到 124546.56 元，工业化率为 56.74%。这也反映了工业对 GDP 的重要贡献。

表 4-21　　　　各城市群城镇化率和工业化率的比较

城市群	城镇化率（%）	工业化率（%）	人均 GDP（元）
川渝城市群	49.32	52.88	31897.41
关中城市群	85.26	50.12	32109.81
呼包鄂城市群	70.77	56.74	124546.56
黔中城市群	42.70	43.00	23749.19
滇中城市群	52.67	50.73	38792.00
兰州—西宁城市群	57.57	48.60	30967.14
宁夏沿黄城市群	54.47	54.84	42276.73
北部湾城市群	40.16	42.24	25635.81
天山北坡城市群	86.98	54.79	95287.00

从图 4-5 可以看出，城镇化率与人均 GDP 之间的相关性不强，城镇化率高的城市群，工业化率反而比较低，城市群城镇化率在 40%—55%

时，城镇化与工业化的相关性比较明显，且通常工业化率高于城镇化率；城市群城镇化率超过 55% 的，虽然其城镇化率远高于平均水平，但是，工业化率却并非明显超过其余城市群，比如，关中城市群的城镇化率高达 85.26%，但其工业化率仅 50.12%。这一结果说明工业化和城镇化的关系在城镇化发展的不同阶段是不同的，城镇化发展的初级阶段，工业化对城镇化的拉动作用强；城镇化发展到一定程度，进入高级阶段后，城镇化可能抑制工业发展，原因在于城镇化的发展水平和发达程度更加体现或推动第三产业的发展。

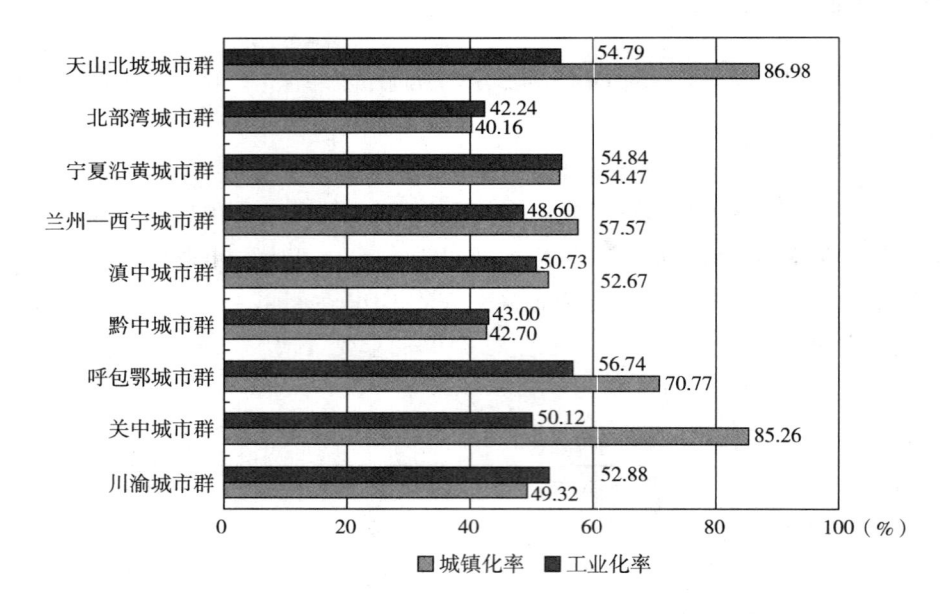

城市群	工业化率	城镇化率
天山北坡城市群	54.79	86.98
北部湾城市群	42.24	40.16
宁夏沿黄城市群	54.84	54.47
兰州—西宁城市群	48.60	57.57
滇中城市群	50.73	52.67
黔中城市群	43.00	42.70
呼包鄂城市群	56.74	70.77
关中城市群	50.12	85.26
川渝城市群	52.88	49.32

图 4-5　西部各城市群城镇化率与工业化率对照

3. 各城市群的城市首位度

城市首位度作为区域经济学中的一个基础概念，1939 年由美国学者杰斐逊（Jefferson）在研究美国城市规模分布时提出。他将城市首位度定义为某一区域中人口规模最大的城市与人口规模第二大城市的人口数量之比。之后，城市首位度逐渐成为衡量城市规模和城市分布的重要指标，用以测度某一国家或地区城市体系规模结构的合理性和均衡性，反映城镇化的地区差异。

本书选取西部地区各大城市群内人口数量最多的城市与人口数量排名第二的城市的人口比值作为该城市群的城市首位度,其计算公式为:$S = P_1/P_2$;计算西部主要城市群的首位度见表4-22。

表4-22　　　　　　　　西部各城市群的城市首位度

城市群	城市首位度
川渝城市群	2.850
关中城市群	1.409
呼包鄂城市群	1.627
黔中城市群	2.060
滇中城市群	1.173
兰州—西宁城市群	1.085
宁夏沿黄城市群	1.181
北部湾城市群	1.031
天山北坡城市群	6.856

城市首位度的高低受到地理、区位、历史、城镇化发展战略等因素的影响。非均衡发展战略的重点是培育和壮大大城市,因此,城市首位度较大;均衡发展战略将不同等级城市进行不同的分工和定位,注重大中小城市协调发展,通过城市间的合作协同实现整个区域发展,力争使大城市发挥知识和技术创新能力等较高等级的辐射作用,中小城市发挥生产制造能力,通常均衡发展战略的城市首位度较小。城市首位度大,说明城镇体系是首位结构型,该区域城市的规模等级差异大;城市首位度较小,说明该地区的城镇化体系属于序列结构型,区域城市的规模等级差异不大。

西部各城市群中兰州—西宁城市群、宁夏沿黄城市群、北部湾城市群、滇中城市群、关中城市群和呼包鄂城市群的城市首位度均低于2,且有的城市群城市首位度接近于1,说明这些城市群属于序列结构型城镇体系,城市群内不同城市根据自身的比较优势,合理分工、协同发展。天山北坡城市群的首位度最高,达到了6.856,川渝城市群的城市首位度为2.85,这两大城市群内有规模显著大于其他城市的首位特大城市,基本属于首位结构型,通过发展首位城市辐射带动周边区域或其余城市的发展，川渝城市群的首位城市是重庆，天山北坡城市群的首位城市是乌鲁木齐。但是，如果首位大城市过度发展，也会出现交通过于拥堵、生活成本较高等负面效应，造成城市衰退和人口流失，其他小城市发展不足，其与大城市的差距加大，以致难以顺利承接区域内大城市的产业转移和技术扩散，最终影响城市群的可持续发展，在城市群的发展中，天山北坡城市群要注意其他城市和乌鲁木齐市的协调发展，以达到合理的城市首位度。①

三 西部地区城市群发展中存在的问题与机遇

（一）西部地区城市群发展中存在的问题

学者的相关研究指出，西部地区城市群发展中目前存在的问题主要有：城市群的整体发展水平比较低，紧凑度不足，城市群的结构体系不完善，空间结构不够稳定，城市群投入产出效率偏低，城市群整体上经济发展水平较低，城市群的产业结构关联度低，没有实现城市群内部的产业分工和高度协作。②

结合现有的研究以及对西部地区城市群的现状和特点的描述，认为西部地区城市群现阶段发展面临的主要问题是产业的分工与协作不足、产业同构现象严重。长期以来，西部地区城市群和城镇化主要依靠对当地传统资源的开发，由于各大城市群之间以及城市群内部各城市之间没能实现良好的产业分工与协作，不能发挥各自在资源和产业方面的比较优势，使各种资源要素没能在区域间实现自由的流动。这种产业同构现象，不仅不利于资源和生产要素在区域间的合理配置，而且会在一定程度上造成资源的浪费，不利于城市群内部以及整个西部地区城镇化的发展。

（二）西部地区城市群发展面临的机遇

1. 丝绸之路经济带

"丝绸之路经济带"是国家主席习近平提出的中国经济发展和外交事业的一个重要构想，是在"古丝绸之路"概念的基础上形成的以中亚为核心、连接亚太经济圈和欧洲经济圈的一个新的经济发展区域，被认为

---

① 张慧：《西部重要城市群新型城镇化发展水平评价研究》，硕士学位论文，兰州大学，2015年，第15—20页。
② 吴闫：《我国西部地区城市群发展策略研究》，《福建金融管理干部学院学报》2014年第1期。

是世界上最长、最具有发展潜力的经济大走廊。这一重要构想的提出有其战略意义，其中之一就是复兴"丝绸之路"以带动经济实力较为薄弱的西部地区，以开放促进新一轮的西部大开发，为西部地区城镇化的发展提供新的机遇。西部地区城镇化的发展主要是以城市群发展为依托的，因此，"丝绸之路经济带"这一构想也为西部地区的城市群带来了前所未有的发展机遇。

西部地区城市群应该努力抓住这一机遇，结合本地区的实际情况，制定出"丝绸之路经济带"规划，逐步调整产业结构，增强城市群的整体竞争力，使有产业特色支撑的城市群发展成为促进西部地区城镇化进程以及带动西部地区整体发展的重要推动力。

2. 东部地区的产业转移

过去，我国人口流动的方向主要是从中西部地区向东部沿海地区流动，这也极大地带动了我国的经济发展。随着经济的进一步发展，东部沿海地区的产业不断集聚，当这种集聚效应达到一定程度后，东部沿海地区的生产要素成本就会居高不下，使一些厂商失去了竞争优势，这一趋势客观上要求我国把东部沿海地区的部分产业转移到中西部地区。区域之间的产业转移符合产业发展的规律，也是实现区域之间协调互动和统筹发展的重要路径。

李克强总理指出，东部地区的产业转移要遵循市场规律，在政府引导下，有序地向中西部地区转移。在转移过程中，政府、企业以及社会组织要共同努力，为中西部地区具备相应的承接能力创造良好的环境和基础配套设施，并且要确保中西部地区的环境不被污染。

西部地区各大城市群要把握好产业转移这一机遇，不断整合和利用本城市群的资源优势，调整和优化产业结构，提高本城市群的吸引力和竞争力，以积极的姿态承接东部地区的产业转移。这样做，有利于改善城市群的产业结构，有利于享受国家和政府提供的产业转移和承接的优惠政策和措施，有利于引进和留住人才，有利于依托城市群的发展带动整个西部地区的城镇化进程。

3. 我国与东盟的战略伙伴关系

我国与东盟建立战略伙伴关系已达十余年，李克强总理曾在访问缅甸时指出：中国愿意向东盟国家提供100亿美元优惠性质的贷款，在2013年的基础上再向其提供5000万元人民币的无偿援助，并且愿意与东盟共同努力建设好中国—东盟自由贸易区。

我国西部地区的各大城市群尤其是位于北部湾经济区的南北钦防城市群，也应该抓住这一机遇，结合资源和产业优势，加强与东盟各国的经济往来，促进区域间的物流、资金流和信息流的通畅，提高本城市群的竞争力和发展水平。

(三) 西部地区城市群发展应采取的主要途径

西部地区城市群，作为城镇化发展空间优化的支点，其在未来的发展中要逐步提升竞争能力，实施以城市群为核心的区域发展战略，使城市群成为新一轮西部大开发的战略基点，成为西部地区城镇化发展的新的增长极。为了进一步促进西部地区城市群的发展，可以从以下六个方面入手。

第一，城市群发展要注重可持续性和科学性，促进西部地区城镇化的可持续发展，要求产业的发展要结合本地区的优势。城市群在发展的过程中不能一味地追求经济效益的最大化，而是要注重与当地的资源、环境、文化传统等相结合，实现经济、社会、文化、生态方面的可持续发展，避免在经济发展过程中造成资源的浪费和生态环境的破坏，大力发展循环经济，走可持续发展之路。西部地区的城市群各自都具有相对优势的资源，在调整产业结构过程中，各大城市群要发挥各自在资源和产业方面的比较优势，使各种资源要素在区域间实现自由流动，提高资源和生产要素的使用效率。

此外，要注重政府推动和市场引导相结合，不能过度强调自上而下的政府规划的推动力量，忽视自下而上的市场配置资源的力量，避免城市群的发展陷入造城运动之中，使城市发展面临不可持续的危机。

第二，规划优先，适度控制城市群的规模。目前，西部地区十大城市群中，成渝城市群和关中城市群是规模比较大且发展比较成熟的城市群，其他八个城市群的发展规模和水平都相对较低。在发展城市群过程中，不能认为城市群的规模越大越好，而是要在适合发展城市的地方发展城市，适度控制和扩大城市群的规模，增强城市群的辐射效应，带动周边中小城镇的协调发展。也就是说，城市群的发展并不意味着简单的城市组合和简单的城市扩张，而是一个或多个中心城市与其他支撑城市和地区在产业互补与基础设施共享的基础上的联动发展。因此，政府在规划、发展和建设城市群过程中，要充分考虑到各种因素，规划好、定位好城市群的发展规模、产业结构和发展方向等,预见到可能出现的问题和危机,并提前做好预案。

第三,依靠创新带动城市群的发展,重视技术的创新。改革创新是我们的时代精神,创新精神和能力不仅是单独的个体应该具备的能力和素质,而且是在发展城市群过程中应该遵循和倡导的重要的精神力量和指导思想。在城市群发展过程中,政府应该发挥主要引导作用,并为城市群的发展创造良好的环境和基础设施条件,城市群的发展主要依靠市场力量,市场主体就是各种类型的企业。因此,政府要引导和鼓励企业提高自主创新能力,尤其是科技创新能力,创造性地利用本地区的优势资源和生产要素,提高资源的使用效率和生产力水平,依靠创新带动城市群的经济发展,推动经济和社会协调发展。

第四,中央和各级地方政府要加强对西部地区城市群发展的金融支持。资金不足是制约西部地区城市群发展的因素之一,为了提高西部地区各城市群在未来的竞争能力和发展水平,中央和地方政府应该加强对这些地区的金融支持。一方面,可以在财政上直接给予转移支付和财政补贴,为市政建设和企业的发展提供资金支持和保障;另一方面,可以通过税收优惠政策间接给予资金支持,增加用于发展的资金。此外,还可以为企业的创立、发展和个人的创业提供优惠贷款政策,鼓励企业和个人发挥创新精神和创造能力,与政府一起形成推动城市群发展的各种社会力量的合力。

第五,加大对基础设施的建设和投入。促进城市群的发展还应该加大对当地基础设施的建设和投入,包括交通、通信、文化设施等方面的投入。因为这些基础设施是影响城市群发展的重要因素和硬性环境,也是城市群发展的内在支撑和动力。城市群的发展如果只是城市规模的扩大和人口规模的增加,而没有与之相配套的基础设施的支撑和配合,那么,城市群的经济发展和人民日益多元化的需求就得不到相应的满足,最终不利于城市群的可持续发展。

因此,政府应该加大对西部地区的基础设施和配套设施的投入和建设力度,不断提高其公共服务水平。具体而言,一是要完善城市群之间的综合交通运输网络,构建城市群内部的综合交通运输网络,发挥交通运输网络对城镇化格局的支撑和引导作用;二是要完善邮政、电信和互联网业务,为加强城市群内部和城市群之间的沟通交流以及与其他地区的互动和交流提供便利条件；三是要加强文化站、博物馆、图书馆、电影院、广播台、艺术团体等文化设施的建设，为丰富人民的闲暇生活、提高西部地区的整体文化水平创造平台。

第六，着力提高人口素质。新型城镇化就是以人为核心的城镇化，正是人口的不断集聚，才促进了城镇化的发展，因此，以城市群为依托促进西部地区城镇化的发展要把人的全面发展摆在首位，注重以人为本，不断满足人民日益增长的物质和文化需求。人既是城镇化的主体，又是城镇化的客体。作为城镇化发展的主体，人口的素质在很大程度上决定着城镇化发展的质量、速度和可持续性。因此，在以城市群为依托促进西部地区城镇化发展的过程中，要着力提高人口的素质，发挥人口的主观能动性和创造性，为城镇化的发展提供不竭的动力。这需要多方力量共同努力。就政府而言，一方面，要切实完善我国现在的教育体系，加大对教育的投入力度，并且要对在城镇化过程中出现的特殊人群给予极大的关注，如农民工子女；另一方面要大力发展与西部地区城市群发展所需要的相关职业技术人员的培训和培养。就社会组织而言，一方面可以结合自己的专业和资源优势承接政府转包的服务，为人民提供形式多样的教育资源和活动，提高人民的素质，丰富人民的文化生活；另一方面，可以发挥自己的资源链接功能，实现西部地区教育资源与其他地区教育资源的对接，切实为提高西部地区人口的综合素质贡献自己的力量。就人自身而言，要有提高自己综合素质的意识，善于把握和利用政府、社会组织提供的资源和机会，严格要求自己，不断提高自己各方面的素质和能力，并主动积极地参与到城镇化建设当中去。

第五章　中西部快速城镇化地区生态—环境—经济耦合协同发展评价

本章首先判定了中西部快速城镇化地区，介绍了数据包络分析的评价方法，建立了耦合协同发展效度公式和评价指标体系。其次，以省域作为决策单元，依据中西部地区各省份进入30%快速城镇化阶段后的发展历程，选取2000年中西部地区平均城镇化率在30%左右以及2015年中西部地区平均城镇化率在50%左右的两个节点年份，反映生态，环境、经济系统的输入输出指标，评价中西部地区各省份生态—环境—经济耦合协同发展状况。最后，根据数据的可获得性，主要以中西部地区快速城镇化省域中的各地级市为决策单元，评价中西部地区省份各地级及以上城市生态—环境—经济系统间耦合协同发展程度。

第一节　区域界定和方法介绍

本节主要依据城镇化水平年均提高率、建设用地年均增长率和经济增长速度三个标准，以省域数据为单元，衡量快速城镇化地区。研究认定中部六省全部为快速城镇化地区，西部地区除内蒙古、青海、西藏、新疆之外的广西、重庆、四川、贵州、云南、陕西、甘肃、宁夏8省份均为快速城镇化地区。中部六省所涵盖的地级及以上城市，西部八省份中云南省邵通市截至2015年城镇化水平低于30%，城镇化率仅为22.59%，除邵通市之外的其余城市在节点处全部处于快速城镇化截面，属于快速城镇化地区。同时，进一步介绍了数据包络分析方法，建立了耦合协同发展效度公式和评价指标体系。

一　中西部快速城镇化地区筛选

（一）省级层面

中西部地区各省份是否属于快速城镇化地区的判定，采用区间测度法，分别找到各地区城镇化率达到30%的时间节点，再找到截至2015年年底的时点其城镇化率，测度这一区间内其城镇化率的平均增速、经济增长的平均增速、建成区面积的平均增速。按照城镇化水平年均提高1.2个百分点及以上、建设用地年均增长3%以上、经济增长速度维持在10%及以上三个标准以省域数据为单元，衡量快速城镇化地区。中部、西部、东部、东北部区域城镇化增长率、建设用地增长率、经济增长率、各省份进入快速城镇化阶段的时间节点及对应的主要指标见表5-1。

表5-1　　　各省份快速城镇化节点及主要衡量指标

区域	省份	城镇化率30%的时间节点（年份）	城镇化率50%的时间节点（年份）	城镇化率70%的时间节点（年份）	2015年年底的城镇化率（%）	城镇化年均增长率（百分点）	期间建设用地年均增长率（百分点）	期间经济增长平均增速（%）
中部地区	山西	1995	2012	—	55.03	1.25	4.73	10.61
	安徽	2002	2015	—	50.50	1.52	5.31	11.79
	江西	2001	2014	—	51.62	1.52	6.07	11.77
	河南	2005	2017	—	46.85	1.60	5.41	11.51
	湖北	1995	2011	—	56.85	1.28	4.12	11.19
	湖南	2001	2015	—	50.89	1.44	2.99	11.52
西部地区	内蒙古	1984	2007	—	60.30	0.57	6.66	12.45
	广西	2003	—	—	47.06	1.35	5.77	11.93
	重庆	2001	2009	—	60.94	1.66	9.26	12.07
	四川	2001	—	—	47.69	1.20	5.44	11.89
	贵州	2010	—	—	42.01	1.64	6.05	12.57
	云南	2006	—	—	43.33	1.43	8.52	11.47
	西藏	未达到	—	—	27.74	0.69	12.11	15.21
	陕西	1997	2012	—	53.92	1.31	5.57	12.09
	甘肃	2005	—	—	43.19	1.14	4.84	10.96
	青海	1984	2015	—	50.30	0.59	3.32	10.79
	宁夏	1994	2012	—	55.23	1.10	6.50	10.54
	新疆	1983	—	—	47.23	0.52	6.65	10.55

第五章　中西部快速城镇化地区生态—环境—经济耦合协同发展评价 / 229

续表

区域	省份	城镇化率30%的时间节点（年份）	城镇化率50%的时间节点（年份）	城镇化率70%的时间节点（年份）	2015年年底的城镇化率（%）	城镇化年均增长率（百分点）	期间建设用地年均增长率（百分点）	期间经济增长平均增速（%）
东部地区	北京	数据缺失	1978年已超出	1990	86.50	0.85	2.34	10.57
	天津	数据缺失	1978年已超出	2000	83.64	0.54	5.22	13.48
	河北	2002	2015	—	51.33	1.50	3.89	10.59
	上海	数据缺失	1978年已超出	1994	87.60	0.75	0.13	11.03
	江苏	1998	2005	—	66.52	2.06	5.75	11.78
	浙江	1993年前	2001	—	65.80	1.19	4.27	12.17
	福建	1993年前	2006	—	62.60	1.27	7.64	12.61
	山东	1993年前	2011	—	57.01	1.05	5.58	12.30
	广东	1993年前	2000	—	68.71	0.96	5.24	12.33
	海南	1994	2011	—	55.12	1.17	10.94	9.84
东北地区	辽宁	1978年前	2000	—	67.35	0.96	3.73	9.97
	吉林	1979年前	2005	—	55.31	0.67	4.75	10.43
	黑龙江	1978年前	1992	—	58.80	0.62	2.15	8.68

注："—"表示这样的时间节点尚未到达，"数据缺失"表示现有统计资料中未找到相关统计数据；"城镇化年均增长率""期间建设用地年均增长率""期间经济增长平均增速"分别由各省份的年度数据计算得出。西藏的城镇化率截至2015年年底为27.74%，未进入快速城镇化阶段，其城镇化年均增长率、期间建设用地年均增长率、期间经济增长平均增速取的是2005—2015年的数据。表5-1中的数据由附录1计算得出。

中部六省各省份快速城镇化阶段的城镇化率，平均增速均高于1.2个百分点，建设用地年均增长率最低的是湖南，达到2.99个百分点，这里需要指出的是，建设用地年均增长率数据是缺失的，能够在《中国统计年鉴》中找到的只有2005年以后的数据，因此，各省份对应选取2005—2015年的建设用地年均增长率，中部地区湖南省也近似等于3个百分点，经济平均增速在快速城镇化阶段均高于10%的增长率，因此，认定中部六省均为快速城镇化地区。

西部12个省份中，内蒙古、青海、新疆3个省份快速城镇化阶段的城镇化平均增长速度分别为0.57个、0.59个、0.52个百分点，明显低于1.2个百分点的城镇化率年均增长速度。内蒙古、青海、新疆3个省份进入城镇化率30%的快速城镇化阶段后，增长乏力，长期徘徊在30%—40%的城镇化阶段。比如，新疆早在1984年城镇化率就已经达到30.44%，15年之后的1999年城镇化率仅提高到35.25%，之后2001年，城镇化率再次下降到33.75%，直到2010年其城镇化率才超过40%，到2015年其城镇化率也仅为47.23%。内蒙古1984年城镇化率已达到42.5%，1989年其城镇化率提高到49.75%，之后1990年迅速下降，其城镇化率下降到36.12%，下降13.63个百分点，之后城镇化率开始稳步提升，截至2015年，内蒙古城镇化率达到60.30%，在西部处于领先水平，因为其在进入30%的快速城镇化阶段之后经历了较长时间的徘徊期，因此，按照城镇化增长率的指标约束不认定其为快速城镇化地区。青海省早在1984年城镇化率就达到32.03%，1992年青海城镇化率达到34.13%，之后下降，直到2000年，城镇化率又恢复到34.76%，进入稳定增长期，截至2015年年底，青海省城镇化率达到50.30%。内蒙古、青海、新疆3个省份的共同特点是城镇化进入30%的时间节点较早，但是，陷入一个阶段的徘徊期，最终快速城镇化阶段的城镇化平均增长率较低，低于1.2%的增速，因此不能认定为快速城镇化地区。

西藏截至2015年的城镇化率仅为27.74%，仍未进入快速城镇化阶段，因此认定西部地区除内蒙古、青海、西藏、新疆之外的8个省份（广西、重庆、四川、贵州、云南、陕西、甘肃、宁夏）为快速城镇化地区。东部地区和东北地区不是本书的主要研究对象，东部、东北地区的数据主要起到对比作用。东北三省整体的城镇化速度缓慢，均低于快速城镇化地区城镇化率年均增速1.2个百分点的标准，辽宁、吉林、黑龙江快速城镇化阶段的城镇化平均增长率依次为0.96个百分点、0.67个百分点、0.62个百分点，均属于非快速城镇化地区。东部地区的北京、天津、上海城镇化率按照能够找到的数据显示，北京市1978年城镇化率就达到54.96%，1990年北京市城镇化率超过70%；天津市1993年城镇化率已经达到70.8%；上海早在1978年城镇化率就已经达到58.7%，1994年上海市城镇化率超过70%，3个直辖市基本上在20世纪90年代已经进入城镇化饱和阶段，城镇化率平均增速明显放缓。东部地区的江苏、浙江、

第五章　中西部快速城镇化地区生态—环境—经济耦合协同发展评价 / 231

广东3个省份截至2015年年底的城镇化率分别是66.52%、65.80%、68.71%，在五年内将进入城镇化饱和阶段，城镇化率超过70%，其余的河北、福建、山东、海南等未来相当长一段时间内仍是快速城镇化地区，但本书针对东部的省份不再做主要分析评价，主要分析认定中西部快速城镇化地区及其存在的生态、环境、经济问题。

（二）城市层面

除需要判定省域层面是不是快速城镇化地区之外，各省份的城市作为城镇化的主要载体，也需要判定其是否属于快速城镇化地区，考虑到中西部地区各省份城市数量巨大，且各省份进入快速城镇化阶段的时间节点不同，其区间数据获取的难度较大，因此，本部分主要取中西部地区已经认定为快速城镇化地区的省份，取其主要地级以上城市的截面数据，旨在通过城镇化率等指标检验，进一步界定省域层面认定的快速城镇化地区的相关结论，也便于不同省份不同城市之间、同一省份不同城市之间的比较。

从中西部17个省份（西藏数据缺失）城镇化率等指标来看，中部六省中湖南省的13个地级及以上城市、河南省的18个地级及以上城市（包括济源市）、安徽省的16个地级及以上城市、湖北省的12个地级及以上城市、江西省的11个地级及以上城市、山西省的11个地级及以上城市全部处于快速城镇化地区，结合省域层面城镇化率、城市建设用地增长率、经济增长率的判定，认为其均属于快速城镇化地区。

西部省份中，新疆、内蒙古、西藏、青海在省域上已经认定为非快速城镇化地区，因此，其所属的地级及以上城市也认定为非快速城镇化地区。此外，重庆、广西的14个地级及以上城市、贵州的6个地级及以上城市、云南的8个地级及以上城市、陕西省的10个地级及以上城市、甘肃省的12个地级及以上城市、宁夏回族自治区的5个地级及以上城市、四川省的18个地级及以上城市中，云南省邵通市截至2015年城镇化水平低于30%，城镇化率仅为22.59%，其余城市在节点处全部处于快速城镇化截面，结合省域层面城镇化率、城市建设用地增长率、经济增长率的判定，认为其均属于快速城镇化地区。详见附录二。

二　数据包络分析方法

（一）数据包络分析方法简介

将快速城镇化地区生态、环境、经济分别视为子系统，那么，某一快速城镇化地区生态—环境—经济子系统之间耦合则形成复合系统。数据包络分析方法（Data Envelopment Analysis，DEA）正是针对复合系统、复杂的巨系统进行评价的有效、快捷的方法。

美国著名的运筹学家查尼斯和库珀（Charnes and Cooper）于1978年提出数据包络分析方法，用于进行系统分析与评价，DEA方法的基础是相对效率评价，通过比对进而评价同类型决策单元（Decision–Making Units，DMU）的有效性，该方法具有多输入、多输出的特点，能够有效地弥补工程效率概念只针对单输入、单输出的不足。同时，DEA方法主要运用数学规划模型比较多输入、多输出系统或单位的相对效率，通过模型构建出生产前沿面结构，依托DMU的观察数据进而考察待评价的决策单元是否处在生产可能集前沿面上，属于非参数统计估计方法。因为DEA方法无须进行参数估计，所以，有效地避免了赋权方式、算法选择导致的主观性误差，将DEA方法运用在多输入、多输出的系统评价上具有一定的优越性。

DEA方法评价依据的是最优化的思想，如果DEA方法有效则意味着经济上产出与投入处于最佳状态，只有通过增加一种或多种投入，才能实现产出增加；只有通过减少其他种类的产出来减少投入。DEA方法评价中西部快速城镇化地区生态—环境—经济耦合协同发展具有以下优势：首先，不需要人为确定评价模型中评价指标的权重，模型运算得出权重，减少了赋权过程中人为因素引起的偏差，使结果更具有客观性，输入和输出指标的不同单位也不会影响评价结果，无须进行数据无量纲处理，也避免了数据处理引发的误差。其次，无须事先人为给出决策单元的输入输出函数，只需将决策单元DMU按时间排列就可以得到时序性评价结果。最后，DEA方法的有效生产前沿面中仅包括有效评价单元，非有效评价单元已被剔除，降低了有效生产前沿面中的统计误差，同时，DEA方法评价结果还能够针对非有效评价单元指出指标调整的方向及调整值。

运用DEA方法评价中西部快速城镇化地区生态—环境—经济耦合协同发展时，横向层面，将某个快速城镇化地区的生态、环境、经济子系统作为DEA方法的决策单元；纵向层面，将同一快速城镇化地区的不同时间作为DEA方法的决策单元。DEA方法在中西部快速城镇化地区生态、环境、经济系统中的应用大致如图5–1所示。

第五章　中西部快速城镇化地区生态—环境—经济耦合协同发展评价 / 233

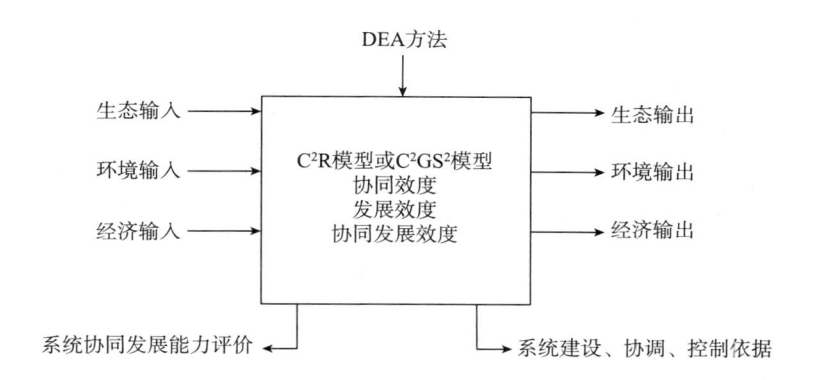

图 5-1　快速城镇化地区生态—环境—经济耦合协同发展的 DEA 方法

DEA 方法评价生态—环境—经济耦合协同发展的步骤见图 5-2。如果 DEA 方法评价得出某一区域生态—环境—经济耦合协同发展度高则表示该区域在快速城镇化过程中生态、环境、经济系统间合作、协调、同步程度高，运行稳定、有序、良好。

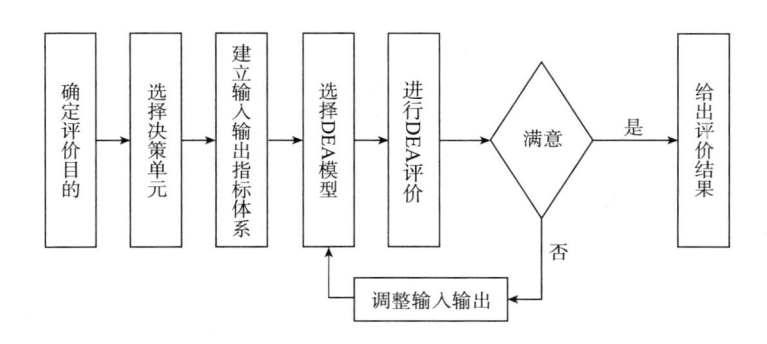

图 5-2　DEA 方法评价步骤

DEA 方法有多个模型，本章主要运用 C^2R 模型和 C^2GS^2 模型，C^2GS^2 模型评价决策单元的技术有效性；C^2R 模型评价决策单元的综合有效性。根据项目的研究需要，同时运用 C^2R 模型和 C^2GS^2 模型两种模型评价一个决策单元，首先评价得出系统综合有效性和技术有效性，通过简单的计算得出决策单元的规模有效性，对比计算得出各子系统内部、子系统之间的耦合协同发展度。

(二) 耦合协同发展评价的 DEA 模型

1. C²R 模型

快速城镇化地区生态—环境—经济耦合协同发展的评价从纵向和横向两个层面进行。纵向是指时间序列上同一系统的不同年份运行状态的评价,决策单元是系统各年份的资料数据,有几个年份的数据就有几个决策单元;横向是指某一相同年份下不同区域空间耦合协同发展状况,决策单元是某一相同年份不同区域的资料数据。各决策单元的输入及输出情况见图 5–3。

$$
\begin{array}{c}
\quad\quad 1 \quad 2 \quad \cdots \quad n \quad\quad \text{决策单元} \\
\text{输入指标}\left\{
\begin{array}{l}
v_1 \quad 1 \rightarrow \\
v_2 \quad 2 \rightarrow \\
\vdots \quad \vdots \quad \vdots \\
v_m \quad m \rightarrow
\end{array}
\right.
\begin{bmatrix}
x_{11} & x_{12} & \cdots & x_{1n} \\
x_{21} & x_{22} & \cdots & x_{2n} \\
\vdots & \vdots & \cdots & \vdots \\
x_{m1} & x_{m2} & \cdots & x_{mn}
\end{bmatrix}
\end{array}
$$

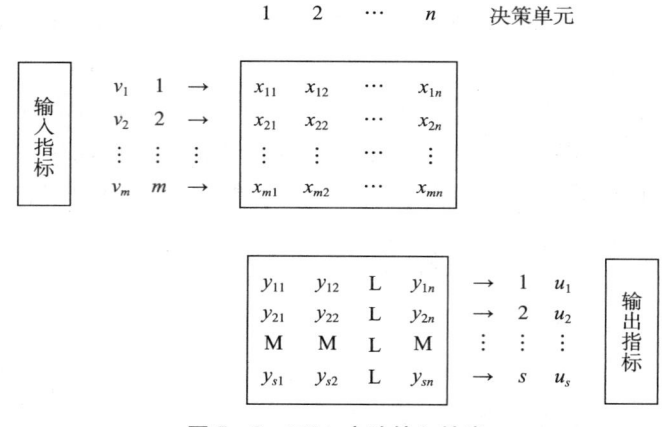

$$
\begin{bmatrix}
y_{11} & y_{12} & L & y_{1n} \\
y_{21} & y_{22} & L & y_{2n} \\
M & M & L & M \\
y_{s1} & y_{s2} & L & y_{sn}
\end{bmatrix}
\begin{array}{c}
\rightarrow 1 \quad u_1 \\
\rightarrow 2 \quad u_2 \\
\vdots \quad \vdots \\
\rightarrow s \quad u_s
\end{array} \quad \text{输出指标}
$$

图 5–3 DEA 方法输入输出

图 5–3 中,每个决策单元 DMU 有 m 种类型的输入,输入表示该单元耗费的资源,每个 DMU 有 r 种类型的输出,表示该单元的工作绩效,$i = 1, 2, \cdots, m$;$r = 1, 2, \cdots, s$;$j = 1, 2, \cdots, n$,设 X_j 和 Y_j 分别代表决策单元 DMU_j 的输入、输出指标,记 $X_j = (x_{1j}, \cdots, x_{mj})^T$,$Y_j = (y_{1j}, \cdots, y_{sj})^T$,$j = 1, \cdots, n$。其中,$x_{ij}(i = 1, \cdots, m)$ 为第 j 个决策单元的第 i 种类型输入的投入量;$y_{kj}(k = 1, \cdots, r)$ 为第 j 个决策单元的第 k 种类型输出的产出量,可用 (X_j, Y_j) 表示第 j 个决策单元的 DMU_j。v_i 是第 i 种类型输入的权重;u_r 是第 r 种类型输出的权重。

决策单元的评价中,需要对各个 DMU 的输入和输出进行组合,将其转化为总体输入和总体输出,需要确定各输入、输出的权重以反映系统各输入和输出的不同作用,假设 v_j 是 x_j 的权重,u_k 为 y_k 的权重,$1 \leq j$,$k \leq n$。输入、输出指标数据间存在复杂的相互关系和信息结构,模型不事先确定 DEA 方法输入、输出权向量，而是将其当作可变向量运用在具体的分析过程中，并按照一定的原则进行确定。

决策单元 DMU_j 的效率评价指数定义为：

$$h_j = \frac{u^T y_j}{v^T x_j} \quad j = 1, 2, \cdots, n \tag{5-1}$$

以所有决策单元的效率指数为约束，以决策单元 j_0 的效率指数为目标（$1 \leq j_0 \leq n$），在相对有效性的基础上建立 DMU_j 的 C^2R 模型。

$$\begin{cases} Max h_0 = \dfrac{u^T y_0}{v^T x_0} \\ s.t. \ \dfrac{u^T y_j}{v^T x_j} \leq 1 \quad j = 1, 2, \cdots, n \\ u \geq 0; \ v \geq 0 \end{cases} \tag{5-2}$$

式中，$x_j = (x_{1j}, x_{2j}, \cdots, x_{mj})$；$y_j = (y_{1j}, y_{2j}, \cdots, y_{sj})$；$v = (v_1, v_2, \cdots, v_m)$；$u = (u_1, u_2, \cdots, u_s)$。

假设 $t = 1/v^T x_0$，$\omega = tv$，$\mu = tu$，将式（5-2）转化为等价的线性规划模型：

$$\begin{cases} Max h_0 = \mu^T y_0 \\ s.t. \ \omega^T x_j - \mu^T y_j \geq 0 \\ \omega^T x_0 = 1 \\ \omega \geq 0, \ \mu \geq 0 \end{cases} \tag{5-3}$$

式中，$\omega = (\omega_1, \omega_2, \cdots, \omega_m)$，$\mu = (\mu_1, \mu_2, \cdots, \mu_s)$。

线性规划式（5-3）的对偶形式为：

$$\begin{cases} \theta^0 = \min \theta \\ s.t. \ \sum\limits_{j=1}^{n} \lambda_j x_j + s^- = \theta x_0 \\ \sum\limits_{j=1}^{n} \lambda_j y_j - s^+ = y_0 \\ \forall \lambda_j \geq 0, \ j = 1, 2, \cdots, n; \ s^+ \geq 0; \ s^- \geq 0 \end{cases} \tag{5-4}$$

式中，s^+、s^- 为松弛变量，将 s_{ij}^- 与对应指标 x_{ij} 的比值确定为投入冗余率，该投入指标潜在的可节省程度以投入冗余率来反映；产出不足率是 s_{ij}^+ 与对应指标 y_{ij} 的比值，该指标潜在的可提升程度可以用产出不足率来反映。以上两项指标可以动态反映该系统纵向时间层面、横向区域层面待改善的方向和可能提升的程度。

2. C^2GS^2 模型

C^2R 模型的建立需要以一定的假设条件为前提：锥性、无效性、最小性和凸性是满足生产可能集所必需的因素，根据锥性条件在给定输入、输出点的情况下找到最有效的 DMU。但事实上，锥性需满足相应的客观条件才可成立。鉴于 C^2R 模型的此项不足，查尼斯和库伯等于 1985 年在建立 DEA 方法的 C^2GS^2 模型时并没有将生产可能集锥性这一条件考虑在内，C^2GS^2 模型的线性规划形式为：

$$\begin{cases} \text{Max} h'_0 = \mu^T y_0 + \mu_0 \\ \text{s.t.} \ \omega^T x_j - \mu^T y_j - \mu_0 \geq 0, \ j=1, 2, \cdots, n \\ \omega^T x_0 = 1 \\ \omega \geq 0, \ \mu \geq 0 \end{cases} \quad (5-5)$$

式（5-5）对偶规划形式为：

$$\begin{cases} \sigma^0 = \min\theta \\ \text{s.t.} \ \sum_{j=1}^{n} x_j \lambda_j + s^- = \sigma x_0 \\ \sum_{j=1}^{n} y_j \lambda_j - s^+ = y_0 \\ \sum_{j=1}^{n} \lambda_j = 1 \\ \forall \lambda_j \geq 0, \ j=1, 2, \cdots, n; \ s^+ \geq 0; \ s^- \geq 0 \end{cases} \quad (5-6)$$

3. 模型有效性

C^2R 模型中某一决策单元的 DEA 方法有效的意义是：投入与产出之间的量已经是最优化状态，除非增加一种或多种投入来增加产出，或者减少某种产出从而减少投入量；对输出可能集而言，在投入不变的情况下，无法再增加任何产出量。当产出维持不变且投入没有减少的可能性时，则可认为该生产过程是技术有效的。

假设在一定技术条件下，最大产出量与任何一组投入量的函数关系式为 y = f(x)。当生产中存在浪费现象时，函数式中 y 是 x 的增函数，生产可能集具有无效性。y 与 x 之间增函数的性质仅仅定性地指出，对应 x、 y 具有相对不减性,未能定量地描述出投入增量比率与产出增量比率两者之间的关系。本书中针对这一问题以单输入、单输出为例子进行解释。如图 5-4 所示,y = f(x) 的生产函数的图形为折线 PBAQ。给定增量 Δx,可以得到 Δy 增量,即:

$$\alpha = \frac{\Delta y}{y} \bigg/ \frac{\Delta x}{x} = \frac{\Delta y}{\Delta x} \bigg/ \frac{y}{x} > 1 (= 1, < 1) \tag{5-7}$$

其中,α 表示对应投入增量而言的产出效益增量程度。图 5-4 中,BA 段上点规模效益不变,即 α = 1;AQ 段上所有的点规模效益递减,α < 1;PB 上的所有点规模效益递增,α > 1。换句话说,对于 x_0 投入规模点而言,投入大于 x_0 时,规模效益递减;投入小于 x_0 时,规模效益递增;从规模效益角度看,大于 x_0 和小于 x_0 都不是最佳状态;只有 DMU 位于坐标 [x_0, f(x_0)] 时规模有效,此时 C^2R 模型中的有效性为综合有效性,它是由技术有效性和规模有效性的乘积得到的。

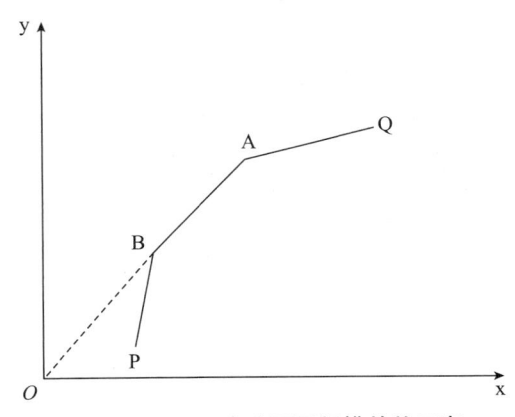

图 5-4 DEA 方法不同规模效益示意

引入式(5-8)以说明综合有效、技术有效、规模有效之间的关系:

$$\begin{cases} \rho^0 = \min\rho \\ \text{s.t.} \sum_{j=1}^{n} x_j \lambda_j + s^- = \rho x_0 \\ \sum_{j=1}^{n} y_j \lambda_j - s^+ = y_0 \\ \sum_{j=1}^{n} \lambda_j \leq 1 \\ \forall \lambda_j \geq 0, j = 1, 2, \cdots, n; s^+ \geq 0; s^- \geq 0 \end{cases} \tag{5-8}$$

DMU₀ 的规模有效性可以通过式（5-4）、式（5-6）、式（5-8）中的 θ^0、σ^0、ρ^0 三个量来衡量。其中：

$$S^0 = \frac{\theta_0}{\sigma^0} \qquad (5-9)$$

当 $S^0 = 1$ 时，规模收益不变；当 $S^0 < 1$ 且 $\sigma^0 = \rho^0$ 时，规模收益递减；当 $S^0 > 1$ 且 $\theta^0 = \rho^0$ 时，规模收益递增。

以规模有效性与技术有效性的乘积 θ^0 来表示 C^2R 模型下的 DMU₀ 综合有效性；C^2GS^2 模型下的有效性 σ^0 为单纯的技术有效性；S^0 为单纯的规模有效性。若决策单元 DMU₀ 在 C^2R 模型下有效，则兼具技术有效和规模有效，用公式表示：当 $\theta^0 = 1$，则必有 $\sigma^0 = 1$ 且 $S^0 = 1$。而双方的充分条件并不是 DMU₀ 的技术有效与规模有效。

图 5-5 描述了单输入单输出的情况，有 A、B、C、D、E 五个 DMU，其中，C^2R 模型下 DEA 有效前沿面为 OBE：点 B 和点 E 为综合有效。而 C^2GS^2 模型下纯技术有效的前沿面为 ABEC。除图中点 D 以外，其他决策单元 DMU 均有效。事实上，从图中容易看出，C^2GS^2 模型前沿面上处于 AB 段的点是规模收益递增的；C^2GS^2 模型前沿面上 EC 段的点是规模收益递减的；C^2GS^2 模型前沿面上 BE 段上的点规模收益不变，同时也位于 C^2R 模型前沿面上。非前沿面上的 DMU 的规模效益将其投影到 C^2GS^2 模型前沿面上而确定。

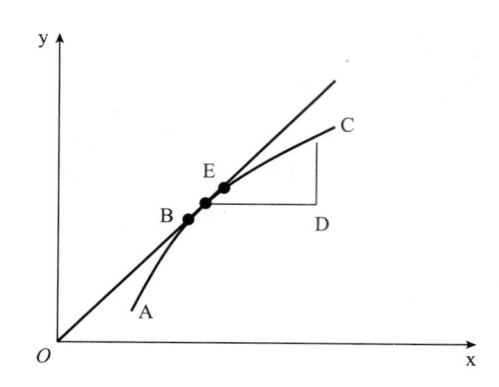

图 5-5 C^2R 模型、C^2GS^2 模型与规模收益示意

三 耦合协同发展效度

（一）子系统内协同发展效度

1. 协同有效

当各生产要素处于经济层面的最优配置时，则我们称为决策单位技术有效性。即当某种产品投入一定并且产出数量一定时，在所有决策单元中具有有效性的 DMU 消耗的各种生产要素的配比技术系数是最佳的，处于函数生产前沿面上，因此，技术有效性可以用来反映系统的结构比例。对于快速城镇化地区生态—环境—经济系统而言，指的是各系统内部各要素间或子系统间要素配合比例恰当，衡量了系统内部各要素间及子系统间的协同程度，同时，借鉴学者已有的研究成果，本书将系统内部各要素间或系统间的技术有效定义为协同有效。协同有效性用协同效度来衡量，协同有效的含义也就是协同效度的数值为 1。

2. 发展有效

决策单元投入产出之间对应的变化关系用规模有效性表征，生态—环境—经济系统的规模有效是指要素投入与产品产出间的相对效率达到了经济层面的最佳状态；规模有效是指产品产出与要素投入的相对效率达到了经济上的最优状态。任何系统投入的变化都会导致与该系统相关的其他系统的产出发生同方向、等比例的变化。当子系统内部或者各子系统之间达到了最适的发展规模时称为规模收益不变。因此，本书将发展有效界定为生态—环境—经济子系统内或系统间的规模有效。

3. 协同发展有效

协同发展有效要求同时满足规模有效和技术有效，即综合有效，综合有效性有两层含义：第一层含义是系统内或系统间要素配比达到最佳状态，第二层含义是决策单元处于有效前沿面上，系统投入与产出之间处于理想的规模状态。总体上看，发展与协同的关系是相互促进和互为前提的，忽视发展而单纯地追求协同是没有实际价值的，发展的顺利实现是以协同为前提的。因此，生态—环境—经济的"协同发展综合有效"从系统的角度来看，是协同有效与技术有效的乘积，同时也是两者共同作用的结果。

具体到中西部快速城镇化地区生态—环境—经济系统 DEA 评价中，系统的发展效度和协同效度可以分别用规模效率和纯技术效率来表示，用规模效率和纯技术效率的乘积来表示系统协同发展的综合效度。字母

F_i、X_i、Z_i 分别代表着系统的发展效度、协同效度和系统协同发展的综合效度：$Z_i = X_i \times F_i$。在具体的模型测算中，C^2R 模型评价是否综合有效，决策单元实现综合有效时一定同时实现了协同有效和发展有效；C^2GS^2 模型评价纯技术有效，此时决策单元协同有效；如果某一决策单元综合有效，则意味着该决策的综合效度（综合效率）数值 =1、协同效度（纯技术效率）数值 =1 以及发展效度（规模效率）=1，就说明系统同时实现了协同、发展、协同发展的有效性；如果系统的某一决策单元综合非有效，则存在以下三种情况：发展有效但协同无效；协同有效但发展无效；协同和发展均无效。

（二）子系统间协同发展综合效度

依据决策单位在 DEA 方法中的不同评价，可以将生态—环境—经济系统协同发展的评价分为两个大类：一个是生态—环境—经济各个子系统内部评价，另一个是两个及三个子系统之间的评价。

如果式（5-1）中的分母和分子分别是某一子系统内部要素的输入组合及产品输出组合，则用 C^2R 模型计算出系统内协同发展的综合效度。子系统内部各要素之间发展与协同的状态能够用发展以及协同有效来反映。

如果将式（5-1）和式（5-1）中子系统1的输入组合为分母、子系统2或若干子系统的输出组合为分子，不同子系统之间以及子系统外部发展与协同的状态能够用子系统间的协同发展综合效度来说明，并且这一效度可以通过 C^2R 测度出来。

通常情况下，生态与环境两个词紧密相关，生态子系统与环境子系统之间也具有统一性，考虑到计算的简单和明了，本书测度快速城镇化地区生态—环境—经济系统中认为区域生态与环境是一体的，也就变成了生态环境和经济子系统之间的耦合协同与发展问题，系统评价中包括生态环境和经济两个子系统内部以及子系统之间的协同发展效度。

系统间发展效度用 F_e 表示，协同效度用 X_e 表示，协同发展综合效度表示为 Z_e：$Z_e = X_e \times F_e$。某一子系统之间的有效性评价步骤为：建立子系统之间交叉的输入输出数量关系表，这种交叉输入输出表的输入和输出指标不变，所对应的 DMU 必须满足 DEA 方法评价决策单元任务、目标、外部环境相同的特征。例如，在对 A、B 两子系统间的效度进行评价时，A 系统的输入、B 系统的输出分别采用图 5-1 中的输入、输出指标数据,于是系统 A 对系统 B 综合效度评价的交叉输入输出表就形成了。

(1)系统 A 对系统 B 的协同效度、发展效度和协同发展综合效度如下:

系统 A 的输入和系统 B 的输出分别表示 C^2R 模型中的分母与分子,则系统 A 对系统 B 的协同发展综合效度 $Z_e(A/B) = \theta_e^0(A/B)$,见式(5-10):

$$\begin{cases} \theta_e^0(A/B) = \min\theta_e(A/B) \\ s.t. \sum_{j=1}^{n} x_{A_j}\lambda_{A/B_j} + s^- = x_{A_0}\theta_e(A/B) \\ \sum_{j=1}^{n} y_{B_j}\lambda_{A/B_j} - s^+ = y_{B_0} \\ \forall \lambda_{A/B_j} \geq 0, j=1,2,\cdots,n; s^+ \geq 0; s^- \geq 0 \end{cases} \quad (5-10)$$

同理,系统 A 的输入和系统 B 的输出分别表示 C^2GS^2 模型中的分母与分子,则系统 A 对系统 B 的协同效度 $X_e(A/B) = \sigma_e^0(A/B)$,见式(5-11):

$$\begin{cases} \sigma_e^0(A/B) = \min\sigma_e(A/B) \\ s.t. \sum_{j=1}^{n} x_{A_j}\lambda_{A/B_j} + s^- = x_{A_0}\sigma_e(A/B) \\ \sum_{j=1}^{n} y_{B_j}\lambda_{A/B_j} - s^+ = y_{B_0} \\ \sum_{j=1}^{n} \lambda_{A/B_j} = 1 \\ \forall \lambda_{A/B_j} \geq 0, j=1,2,\cdots,n; s^+ \geq 0; s^- \geq 0 \end{cases} \quad (5-11)$$

系统 A 对系统 B 的发展效度为:

$$F_e(A/B) = S_e^0(A/B) = \theta_e^0(A/B)/\sigma_e^0(A/B) \quad (5-12)$$

$0 \leq F_e(A/B) \leq 1$,$F_e(A/B)$ 越接近 1 表明系统 A 对系统 B 的发展效度越来越好;同理,$0 \leq X_e(A/B) \leq 1$,$X_e(A/B)$ 越接近 1 表明系统 A 对系统 B 的协同效度越好;当 $X_e(A/B) = F_e(A/B) = Z_e(A/B) = 1$ 时,系统 A 对系统 B 既实现了协同有效,又实现了发展有效和综合有效,相比之下,系统 A 对系统 B 的效率是最优的,说明系统 A 对系统 B 所具有的输入输出匹配量是最合适的。

同理，系统 B 对系统 A 的综合、协同、发展的效度可以求出，分别表示为 $Z_e(B/A)$、$X_e(B/A)$、$F_e(B/A)$。如果式（5-1）中的分母是系统 A 的输入数据，分子是系统 B 输出数据和系统 C 输出数据的组合，则系统 A 对系统 B、系统 C 的协同发展综合效度 $Z_e(A/B, C)$ 即可求出，按照上述方法，协同效度 $X_e(A/B, C)$ 和发展效度 $F_e(A/B, C)$ 即可顺次求得。

（2）用以下计算公式分别表示子系统两两之间的协同效度、协同发展综合效度以及发展效度。

$$X_e(A, B) = \min\{X_e(A/B), X_e(B/A)\}/\max\{X_e(A/B), X_e(B/A)\} \tag{5-13}$$

$$Z_e(A, B) = \min\{Z_e(A/B), Z_e(B/A)\}/\max\{Z_e(A/B), Z_e(B/A)\} \tag{5-14}$$

$$F_e(A, B) = Z_e(A/B)/X_e(A/B) \tag{5-15}$$

（3）用以下计算公式依次表示三个子系统之间的协同效度、协同发展综合效度以及发展效度：

$$X_e(A, B, C) = \frac{X_e(A/B, C) \times X_e(B, C) + X_e(B/A, C) \times X_e(A, C) + X_e(C/A, B) \times X_e(A, B)}{X_e(B, C) + X_e(A, B) + X_e(A, C)} \tag{5-16}$$

$$Z_e(A, B, C) = \frac{Z_e(A/B, C) \times Z_e(B, C) + Z_e(B/A, C) \times Z_e(A, C) + Z_e(C/A, B) \times Z_e(A, B)}{Z_e(B, C) + Z_e(A, B) + Z_e(A, C)} \tag{5-17}$$

$$F_e(A, B, C) = Z_e(A, B, C)/X_e(A, B, C) \tag{5-18}$$

（4）k 个子系统间协同效度、协同发展综合效度和发展效度计算公式分别为：

$$X_e(1, 2, \cdots, k) = \frac{\sum_{i=1}^{k} X_e(i/\bar{i}_{k-1}) \times X_{ek-1}(i/\bar{i}_{k-1})}{\sum_{i=1}^{k} X_{ek-1}(\bar{i}_{k-1})} \tag{5-19}$$

$$Z_e(1, 2, \cdots, k) = \frac{\sum_{i=1}^{k} Z_e(i/\bar{i}_{k-1}) \times Z_{ek-1}(i/\bar{i}_{k-1})}{\sum_{i=1}^{k} Z_{ek-1}(\bar{i}_{k-1})} \tag{5-20}$$

$$F_e(1, 2, \cdots, k) = Z_e(1, 2, \cdots, k)/X_e(1, 2, \cdots, k) \tag{5-21}$$

式中，子系统的数目用 k 表示，并且 $k \geq 3$，式（5-20）中，i_{k-1} 表示子系统 i 除外的其他任意 $k-1$ 个子系统的组合，$Z_{ek-1}(\overline{i}_{k-1})$ 表示 $k-1$ 个子系统间的综合效度；$Z_e(i/\overline{i}_{k-1})$ 表示子系统 i 对其他任意 $k-1$ 个子系统的综合效度。

四 指标选取

（一）指标设置的原则与步骤

DEA 方法评价的首要任务就是构建输入和输出指标体系。输入和输出指标体系直接影响评价结果。指标体系的构建需要遵循以下原则：第一，输入、输出指标必须科学反映评价目标及内容；第二，尽量避免强相关关系的指标同时作为输入或输出指标，必须事前对指标在技术上做相关性分析；第三，由于指标的多样性、简明性、可获得性的特征，需综合考虑，因此，指标无须太过烦琐或简单。指标体系过少或过多都会影响评价结果的客观性。

总体上看，指标体系的选择应统筹考虑可操作性与理论性、科学性与现实性。中西部快速城镇化地区生态—环境—经济耦合协同发展范围很广，既要使经济、生态环境子系统内部各要素实现共同发展，又要关注子系统间复杂的耦合机理与协同机制。耦合协同发展指标需要涉及区域生态环境、经济等领域，既要力求理论层面的全面、详尽，也应注意指标的代表性与可获得性。

DEA 方法评价中指标选择的方法是围绕总体评价目标进行的，首先构建多个输入、多个输出的指标集，进行 DEA 方法评价，对各指标体系的输出结果进行比较分析，找出影响程度较大的指标作为输入或输出因素。当然，与评价目标关联度高，生态环境、经济含义直观、明显的指标无须评价也可以直接确定为输入（输出）指标。指标的确定步骤如下：

第一步，初选指标。依据梳理已有文献、分析相关理论、统计出现频度等方法，对于指标的选择须遵循以下原则：科学易得、含义明确、普遍适用。在此原则的基础上，对指标体系的评价进行确定。

第二步，根据咨询专家法和小组讨论法，进一步选取指标，并向有关专家和学者同行咨询看法。考虑指标与研究目标之间的关联度、指标之间的重复性与相关性，将初选出来的指标进行进一步筛选，通过此步骤建立一般的指标体系。

第三步，对指标进行确定。结合区域生态环境特征、经济发展状态，充分考虑数据的可获得性，对指标进行梳理、进一步筛选以及归纳时，可采用等量化的分析方法，本方法包括相关性分析、主成分分析、独立性分析等。在此基础上使评价指标体系得以最终确立。本书通过图 5-7 呈现了评价指标体系的建立程序。

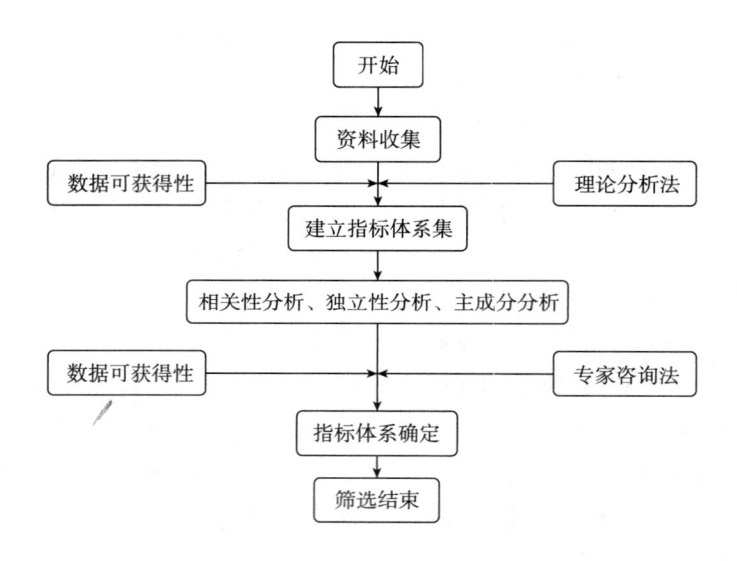

图 5-6 指标筛选程序

快速城镇化地区生态环境等方面的统计数据受管理者行为、参与主体行为、阶段性目标行为等影响，若完全照搬数理统计中如主成分分析、相关性分析等方法进行处理有不完善之处，应将客观上的定量分析方法与研究者的主观判断相结合。

（二）确定输入指标集和输出指标集

按照快速城镇化地区生态环境和经济各组成子系统，指标集可被分成两大子集：区域生态环境系统和区域经济系统两大指标子集，将输入指标和输出指标确定为各子系统的评价指标，具体各子系统输入、输出指标集确定如表 5-2 和表 5-3 所示。

表 5-2　　　　　　　　　生态环境子系统指标集

投入指标	产出指标
"三同时"环保投资：反映环境资本投入（环境资本的投入，本书用"三同时"环保投资进行呈现）	工业三废达标排放率：反映环境净化度
	工业废水达标排放率：反映环境净化度
	工业固体废弃物综合利用率：反映环境净化度
"三同时"执行率：反映环境执行力情况	
污染治理项目完成投资：反映环境资本投入情况	城市污水垃圾处理率：反映环境净化度
环保资金占 GDP 比重：反映环境资本投入率情况	环保产业产值：反映循环利用产值
工业企业专职环保人员：反映环境人力投入情况	三废综合利用产值：反映循环利用产值
区域环保系统人员数：反映环境人力投入情况	人均绿地面积：反映生态环境状况
能源消费总量：反映资源投入情况	人均居住面积：反映生态环境状况
万元 GDP 能耗：反映资源利用率情况	城市人均住房面积：反映生态环境状况
工业废水产生量：反映循环利用投入情况	森林覆盖率：反映生态环境状况
工业废气排放量：反映循环利用投入情况	草场覆盖率：反映生态环境状况
工业固体废弃物产生量：反映循环利用投入情况	水土流失治理面积比例：反映生态环境状况

表 5-3　　　　　　　　　经济子系统指标集

投入指标	产出指标
全社会固定资产投资额：反映物质投入情况	人均 GDP：反映经济规模
	经济增长率：反映发展速度
全社会从业人员数：反映人力投入情况	第三产业占 GDP 比重：反映经济结构
外商直接投资：反映外资投入情况	利用外资占 GDP 比重：反映经济竞争力
	居民消费支出/反映消费实力

在对 DEA 方法进行实证分析时，如果仅考虑表中所列举的经济不同系统的输入、输出指标和生态环境的输入、输出指标，得出的结果会比较片面。具体分析中还应考虑横向时间序列、纵向空间层面不同决策单元的性质，同时还要依据现有可获得的统计数据进行相应的调整。比如，某一省份生态环境纵向时间序列变化的指标可以用草原覆盖率、森林覆盖率指标进行反映，这两项指标却不易作为中西部地区多个省份、自治区横向空间层面比对与评价的指标，原因是所处的空间地域不同，地貌、气候、自然条件有别，草原覆盖率和森林覆盖率不具有区域间客观上的

可比性。同理，经济比较富裕的城市由于人口数量庞大而得出人均单位住房面积也比较小的推论。而处于西部地区的小城镇由于地广人稀的缘故，人均单位住房面积相对会大一些，因此，不同区域决策单位的指标进行对比时，如果仅采用人均单位住房面积，得出的结论也会不准确。

第二节 中西部省级层面生态—环境—经济耦合协同发展评价

本节主要评价中西部快速城镇化省份的生态—环境—经济耦合协同发展状况。以省份作为决策单元，依据中西部地区各省份进入30%快速城镇化阶段后的发展历程，选取中西部地区平均城镇化率在30%左右以及平均城镇化率50%左右最新的城镇化率两个节点年份反映生态环境、经济子系统的输入输出指标，评价中西部地区各省份生态—环境—经济耦合协同发展状况，同时对协同发展评价模型的构建进行有效性和可行性的检验。相应数据分别来源于相应年份的《中国统计年鉴》以及各个省份的统计年鉴，鉴于研究的需要，对本书出现的有些数据做了必要的处理。

一 各省份快速城镇化起始点评价

我国整体上的城镇化率首次超过30%的时间节点是1996年，考虑到中西部地区快速城镇化阶段起步相对晚于东北和东部地区。因此，选取2000年这一时间节点，近似地认为，中西部地区在这一年份进入快速城镇化30%的起点。事实上，中西部地区进入快速城镇化阶段，城镇化率超过30%的时间节点是不同的，处于不同年份，不同年份的数据获取较为困难，同时不便于横向比较，因此，这里近似地选取2000年作为中西部快速城镇化地区的起始时间节点。

（一）基础数据及指标选取

1. 各省生态环境子系统的输入和输出指标数据

输入指标：资源消耗投入以能源消费总量、用电总量、用水总量反映；在《中国统计年鉴（2001）》中各省份的能源消耗总量、用电总量缺失，因此，用城市用水总量近似地替代能源消耗。生态环境系统资本投入以污染治理项目本年完成投资反映；用工业烟尘、工业废水排放量以及工业固体废弃物产生量加总来作为投入指标,反映循环经济、资源再利用情况,测度变废为宝、资源再利用效率。数据见表5-4。进入DEA方法评价的有城市供水总量、"三废"产生量和污染治理项目本年完成投资。

表5-4 中西部地区各省份2000年生态环境子系统数据(输入指标)

区域	省份	城市供水总量(万吨)	"三废"产生量(万吨)	工业废水排放量(万吨)	工业固体废弃物产生量(万吨)	工业粉尘(烟尘)排放量(吨)	污染治理项目本年完成投资(万元)
中部地区	山西	89836	40151.41	32406	7695	504133	97845
	安徽	20015	65949.5	63106	2815	284977	56470
	江西	131816	46786.34	41956	4796	343351	26190
	河南	191706	112916.8	109210	3625	817734	80553
	湖北	298256	109592	106733	2818	410286	85238
	湖南	282357	114982	112563	2355	639667	54462
西部地区	重庆	60946	85671.01	84344	1305	220127	33524
	四川	198400	121749	116979	4714	559794	84116
	贵州	45931	22910.62	20598	2272	406234	23671
	云南	52323	38316.28	35117	3187	122818	68593
	陕西	67062	33565.72	30903	2625	377287	44053
	甘肃	74326	25513.63	23795	1704	146347	64347
	宁夏	25471	11434.28	10942	479	132781	18541
	广西	135826	83735.77	81571	2108	567717	73659

资料来源:《中国统计年鉴》。

输出指标:生态环境的美化程度以人均占有公共绿地面积(也称人均占有公园绿地面积);环境治理输出效果、循环经济、资源再利用的绩效以"三废"综合利用产品产值反映。其中,还选择环境污染破坏事故次数和污染直接经济损失两个指标,这两项指标是逆向指标,不再进入DEA系统进行评价,仅仅作为指标表征各省份的环境污染情况。进入DEA评价系统的有人均公共绿地面积和"三废"综合利用产品产值(见表5-5)。

表 5-5　中西部地区各省份 2000 年生态环境子系统数据（输出指标）

区域	省份	人均公共绿地面积（平方米）	"三废"综合利用产品产值（万元）	环境污染破坏事故次数（次）	污染直接经济损失（万元）
中部地区	山西	4.64	62338	33	139.6
	安徽	6.97	74921	66	802.1
	江西	5.86	40456	122	147.5
	河南	6.07	196527	21	21.1
	湖北	9.54	128351	30	28.9
	湖南	5.1	116153	317	763.9
西部地区	重庆	2.58	59593	34	57.6
	四川	4.75	236510	470	753.4
	贵州	8.24	46457	54	39.8
	云南	9.1	70088	139	193.0
	陕西	4.22	41792	79	236.7
	甘肃	4.00	42862	114	3414.4
	宁夏	4.57	17926	9	45.6
	广西	7.97	84856	242	568.2

资料来源：《中国统计年鉴》。

2. 各省经济子系统的输入和输出指标数据

输入指标：经济子系统资本投入以固定资产投资额反映；经济子系统的人力资源投入以从业人员数反映；外资投入以实际利用外商直接投资反映（见表 5-6）。

表 5-6　中西部地区各省份 2000 年经济子系统数据（输入指标）

区域	省份	固定资产投资额（亿元）	从业人员数（万人）	实际利用外商直接投资（万美元）
中部地区	山西	548.16	1419.1	22472
	安徽	803.97	3372.9	31847
	江西	516.08	1935.3	22724
	河南	1377.74	5571.7	56403
	湖北	1339.20	2507.8	94368
	湖南	1012.24	3462.1	67833

第五章 中西部快速城镇化地区生态—环境—经济耦合协同发展评价 / 249

续表

区域	省份	固定资产投资额（亿元）	从业人员数（万人）	实际利用外商直接投资（万美元）
西部地区	重庆	572.59	1636.5	24436
	四川	1418.04	4435.8	43694
	贵州	396.98	2045.9	2501
	云南	683.96	2295.4	12812
	陕西	653.67	1812.8	28842
	甘肃	395.40	1182.1	6235
	宁夏	157.52	274.4	1741
	广西	583.34	2530.4	52466

输出指标：包括经济规模与经济结构。其中，经济规模用人均 GDP 进行说明；经济结构用国内生产总值中第三产业比重进行说明；经济活力以居民消费支出反映（见表 5-7）。

表 5-7　中西部地区各省份 2000 年经济子系统数据（输出指标）

区域	省份	人均 GDP（元）	居民消费支出（亿元）	第三产业比重（%）
中部地区	山西	5137	651.84	38.7
	安徽	4867	1615.43	33.2
	江西	4851	989.20	40.8
	河南	5444	2084.08	30.4
	湖北	7188	1699.45	34.9
	湖南	5639	1782.77	39.1
西部地区	重庆	5157	760.02	40.8
	四川	4784	2059.20	34.0
	贵州	2662	600.07	33.7
	云南	4637	1066.77	34.6
	陕西	4549	743.07	39.1
	甘肃	3838	444.22	35.6
	宁夏	4839	125.69	37.5
	广西	4319	1019.36	37.2

(二) 各子系统内协同发展评价结果

依据本章第一节区域生态—环境—经济耦合协同发展的方法及各子系统内发展效度、协同效度、协同发展效度的计算公式，在 Excel 中输入各省份生态环境、经济子系统的输入指标数据和输出指标数据，并运用 DEA Excel Sover 插件，即可求得对应的各省份生态环境、经济、社会子系统的协同效度、发展效度、协同发展总效度。评价结果如表 5-8 和表 5-9 所示。

表 5-8　　2000 年各省份生态环境子系统协同发展评价结果

区域	省份	协同发展总效度	协同效度	发展效度	规模效应
中部地区	山西	0.766	0.776	0.986	递减
	安徽	1.000	1.000	1.000	不变
	江西	0.738	0.863	0.855	递增
	河南	0.893	1.000	0.893	递减
	湖北	0.615	1.000	0.615	递减
	湖南	0.808	0.842	0.960	递增
中部均值		0.803	0.914	0.885	—
西部地区	重庆	0.754	0.876	0.861	递增
	四川	1.000	1.000	1.000	不变
	贵州	1.000	1.000	1.000	不变
	云南	1.000	1.000	1.000	不变
	陕西	0.614	0.631	0.974	递增
	甘肃	0.828	0.841	0.985	递增
	宁夏	1.000	1.000	1.000	不变
	广西	0.538	0.621	0.867	递减
西部均值		0.842	0.871	0.961	—

表 5-9　　2000 年各省份经济子系统协同发展评价结果

区域	省份	协同发展总效度	协同效度	发展效度	规模效应
中部地区	山西	0.858	0.923	0.929	递减
	安徽	1.000	1.000	1.000	不变
	江西	1.000	1.000	1.000	不变
	河南	0.765	1.000	0.765	递减
	湖北	1.000	1.000	1.000	不变
	湖南	0.977	1.000	0.977	递减

续表

区域	省份	协同发展总效度	协同效度	发展效度	规模效应
	中部均值	0.933	0.987	0.945	—
西部地区	重庆	0.876	1.000	0.876	递减
	四川	0.934	1.000	0.934	递减
	贵州	1.000	1.000	1.000	不变
	云南	1.000	1.000	1.000	不变
	陕西	0.764	0.768	0.995	递减
	甘肃	0.842	0.844	0.997	递增
	宁夏	1.000	1.000	1.000	不变
	广西	0.902	0.908	0.993	递增
西部均值		0.915	0.940	0.974	—

根据表5-4和表5-5的输入指标数值和输出指标数值,利用Excel和DEA Excel Solver插件,便能得到如表5-8所示的结果。假如决策单元DMU的技术效率为1,即我们通常所说的技术有效,则表明DMU生产要素处于经济层面的帕累托最优状态。假如DMU的规模效率=1,即DMU正处于规模有效性,则表示系统投入与产出间的相对效益处于经济层面的帕累托最优状态,系统产出与系统投入将发生同方向等比例变化,即实现了有效率发展;当DMU的纯技术效率值等于1且规模、综合效率都不大于1时,则表明系统协同有效率而系统发展无效率,在耦合协同角度上系统要素配合比例得当,综合无效原因在于投入和产出规模未达到最佳,从而需要增加或减少规模。运用以上方法对之后的各子系统进行评价,评价结果直接在表中显示。

中西部快速城镇化省域生态环境系统的DEA方法评价发现(见表5-8),中部六省中,安徽省生态环境系统协同效度、发展效度、协同发展效度为1,协同有效、发展有效、协同发展综合有效。协同发展总效率依次是河南、湖南、山西、江西、湖北,湖北省生态环境协同发展总效率最差。河南省和湖北省协同发展总效率差的原因主要是发展效率差,属于典型的协同有效、发展无效。西部快速城镇化地区的10个省份中,四川、贵州、云南、宁夏属于协同有效、发展有效、协同发展综合有效的省份,说明西部地区这4个省份生态环境系统整体运行良好,其次协同发展总效率依次是甘肃、重庆、陕西、广西,陕西、甘肃、广西协同发展总效率低的主要原因是协同效率低。总体上看，西部快速城镇化地区生态环境的协同发展总体效率高于中部，但中部地区协同发展效率高于西部，西部地区发展效率高于中部，意味着就生态环境要素投入内部结构而言中部更加合理，就生态环境发展的规模而言，西部地区更大。西部地区生态环境的投入产出还处于规模扩张阶段，中部地区已经开始关注结构优化了。

利用表 5-6 和表 5-7 的输入数据值以及输出数据值，以及运用 Excel 和 DEA Excel Solver 插件进行运算，即可得出如表 5-9 所示的结果。

从表 5-9 可以发现，中部快速城镇化地区的省份数据显示，2000 年，中部六省经济系统的协同发展总效度、协同效率明显高于西部地区，发展效度略低于西部地区。中部六省内部，安徽、江西、湖北经济系统协同发展有效、协同有效、发展有效。之后协同发展总效度依次是湖南、山西，河南总效度最差，河南省协同发展总效度差的主要原因是发展效率过低，呈现出协同有效、发展无效的格局。西部地区 8 个快速城镇化省份中，贵州、云南、宁夏属于协同有效、发展有效、协同发展有效，重庆市、四川省是协同有效、发展无效，广西、陕西、甘肃是协同无效、发展无效、协同发展无效。从总效度上看，陕西最差。

（三）协同发展在各个子系统间的评价

运用子系统两两之间协同发展综合效度、协同效度以及发展效度在本章第一节中采用的方法及公式，以及各省份生态环境子系统的输入及输出指标数值、经济子系统的输入及输出指标数值，并采用 Excel 和 DEA Excel Solver 插件，得出 2000 年各省份的生态环境子系统、经济子系统之间的发展效度、协同效度、协同发展总效度，分别用字母 F_e、X_e、Z_e 进行表示。其中，生态环境、经济的子系统分别用 A、B 进行表示。

结合表 5-4、表 5-5、表 5-6 和表 5-7 的输入以及输出数值，运用 Excel 和 DEA Excel Solver 插件，依据式（5-13）、式（5-14）、式（5-15）计算，最终评价结果见表 5-10。

表 5-10　2000 年各省份生态环境与经济子系统间协同发展评价结果

		X_e (A/B)	X_e (B/A)	F_e (A/B)	F_e (B/A)	Z_e (A/B)	Z_e (B/A)	X_e (A, B)	F_e (A, B)	Z_e (A, B)
	DMU									
中部地区	山西	1.000	0.790	0.676	0.985	0.676	0.778	0.79	0.686	0.542
	安徽	1.000	0.655	1.000	0.976	1.000	0.640	0.655	0.976	0.639

续表

	DMU	X_e (A/B)	X_e (B/A)	F_e (A/B)	F_e (B/A)	Z_e (A/B)	Z_e (B/A)	X_e (A, B)	F_e (A, B)	Z_e (A, B)
中部地区	江西	1.000	0.596	1.000	0.984	1.000	0.586	0.596	0.984	0.586
	河南	1.000	0.941	0.807	0.929	0.807	0.874	0.941	0.869	0.817
	湖北	1.000	1.000	0.659	0.807	0.659	0.807	1	0.817	0.817
	湖南	1.000	0.721	0.867	1.000	0.867	0.720	0.721	0.867	0.625
中部均值		—	—	—	—	—	—	0.784	0.867	0.671
西部地区	重庆	1.000	0.695	0.946	0.957	0.946	0.665	0.695	0.989	0.687
	四川	1.000	1.000	0.753	1.000	0.753	1.000	1	0.753	0.753
	贵州	1.000	1.000	1.000	1.000	1.000	1.000	1	1.000	1.000
	云南	1.000	1.000	1.000	0.754	1.000	0.754	1	0.754	0.754
	陕西	1.000	0.452	0.888	0.985	0.888	0.445	0.452	0.902	0.407
	甘肃	0.773	0.873	0.995	0.953	0.769	0.832	0.885	0.958	0.848
	宁夏	1.000	1.000	1.000	1.000	1.000	1.000	1	1.000	1.000
	广西	0.527	1.000	0.949	1.000	0.500	1.000	0.527	0.949	0.500
西部均值		—	—	—	—	—	—	0.820	0.913	0.744

2000年中西部地区在生态环境与经济系统间耦合的协同发展总效度、协同效度、发展效度上，均存在西部优于中部，也就是说，在2000年的时点上，西部地区快速城镇化较好地实现了生态环境与经济之间的耦合协同发展。中部地区省份内部生态环境和经济系统耦合协同发展综合效度最优的是河南、湖北，其次是安徽、湖南、江西和山西，表明在2000年的时点上，河南和湖北快速城镇化地区生态环境与经济协同发展效果良好。贵州和宁夏是西部省份中经济子系统和生态环境子系统耦合协同发展最佳的省份，属于耦合协同发展总有效、协同及发展有效，协同发展总效度依次是甘肃、云南、四川、重庆，协同发展总效度最差的是广西和陕西。四川和云南属于协同有效，发展无效。

二 各省份快速城镇化转折点评价

2011年，我国平均城镇化率首次超过50%，意味着我国由农村社会向城市社会转变，因此，在全国层面可以将2011年称为快速城镇化30%—70%过程中的重要转折点。考虑到中部、西部城镇化地区的后发性，并尽可能考虑最新的数据，因此，参考《中国统计年鉴（2016）》，以 2015 年近似地作为中西部快速城镇化地区的转折点。

（一）基础数据及指标选取

1. 各省份生态环境子系统的输入和输出指标数据

对应生态环境系统、经济系统的输入指标和输出指标尽可能与 2000 年保持一致，但也考虑到统计年鉴统计数据的变化和调整，比如 2000 年反映资源能源消耗的城市供水量变成了电力消耗总量。因为 2015 年《中国统计年鉴》中不再出现分地区的污染治理投入额，因此，生态环境输入指标中删除了这一指标。发生变化的是时间节点，选取的是快速城镇化转折点各省份的数据，进行相关的耦合协同发展评价（见表 5-11）。

表 5-11 中西部地区各省份 2015 年生态环境子系统数据（输入指标）

区域	省份	电力消费总量（亿千瓦小时）	"三废"产生量（万吨）	工业废水排放量（万吨）	工业固体废弃物产生量（万吨）	工业粉尘（烟尘）排放量（万吨）
中部地区	山西	1737.21	73221.17	41338	31794	89.1665
	安徽	1639.79	84542.8	71436	13059	47.80
	江西	1087.26	82276.17	71454.57	10777	44.60
	河南	2879.62	141502.2	126718	14722	62.2135
	湖北	1665.16	88595.05	80817	7750	28.0533
	湖南	1447.63	84051.67	76887.64	7126	38.0345
西部地区	重庆	875.37	38371.64	35524	2828	19.64
	四川	1992.40	89858.54	77513	12316	29.5363
	贵州	1174.21	27708.33	20689	7005	14.3336
	云南	1438.61	45846.69	31722	14109	15.6851
	陕西	1221.73	43278.17	33911	9330	37.1739
	甘肃	1098.72	24604.78	18760	5824	20.78
	宁夏	878.33	19891.3	16442.8	3430	18.5
	广西	1334.32	70262.92	63253	6977	32.9218

资料来源：《中国统计年鉴》。

2016 年《中国统计年鉴》中，不再出现"三废"产品综合利用产值，但出现了"分地区乡市政公用设施水平"，其中，有人均公园绿地面积，选取这一指标，对应城市人均公园绿地面积（见表 5-12）。

表 5-12 中西部地区各省份 2015 年生态环境子系统数据（输出指标）

区域	省份	城市人均公园绿地面积（平方米）	农村人均公园绿地面积（平方米）
中部地区	山西	11.61	1.19
	安徽	13.37	3.08
	江西	13.96	0.81
	河南	10.16	0.95
	湖北	11.01	1.24
	湖南	9.99	1.19
西部地区	重庆	16.99	0.17
	四川	11.96	0.06
	贵州	12.94	0.47
	云南	10.57	0.30
	陕西	12.57	0.01
	甘肃	12.23	0.34
	宁夏	18.11	0.37
	广西	11.60	0.31

资料来源：《中国统计年鉴》。

2. 各省经济子系统的输入和输出指标数据

2016 年《中国统计年鉴》中，不再出现按三次产业分全社会从业人员数，因此，选取替代性指标"城镇单位就业人员数"，原因在于经济产值主要来源于非农产业，非农产业主要集聚在城镇，因此，城镇单位的就业人员数可以近似地替代社会从业人员数，作为劳动力要素投入指标（见表 5-13 和表 5-14）。

表 5-13 中西部地区各省份 2015 年经济子系统数据（输入指标）

区域	省份	固定资产投资额（亿元）	外商投资总额（亿美元）	城镇单位就业人员数（万人）
中部地区	山西	14074.2	411	440.3
	安徽	24386	1065	513.8
	江西	17388.1	726	480.5
	河南	35660.3	687	1125.9
	湖北	26563.9	892	712.3
	湖南	25045.1	521	579.1

续表

区域	省份	固定资产投资额（亿元）	外商投资总额（亿美元）	城镇单位就业人员数（万人）
西部地区	重庆	14353.2	788	415.6
	四川	25525.9	884	795.5
	贵州	10945.5	181	307.5
	云南	13500.6	327	414.7
	陕西	18582.2	516	511.8
	甘肃	8754.2	77	261.8
	宁夏	3505.4	90	73.1
	广西	16227.8	425	405.4

表5-14 中西部地区各省份2015年经济子系统数据（输出指标）

区域	省份	人均GDP（元）	居民消费支出（亿元）	第三产业比重（%）
中部地区	山西	19349	5251.4	53.2
	安徽	35997	8522.5	39.1
	江西	36724	6598.1	39.1
	河南	39123	13721	40.2
	湖北	50654	10167.9	43.1
	湖南	42754	11011.5	44.1
西部地区	重庆	52321	5665.4	47.7
	四川	36775	12073.4	43.7
	贵州	29847	4530.9	44.9
	云南	28806	6354.3	45.1
	陕西	47626	5813.5	40.7
	甘肃	26165	3079.3	49.2
	宁夏	43805	1143.9	44.5
	广西	35190	6645.7	38.8

（二）各子系统内协同发展评价结果

依据本章第一节区域生态环境—经济耦合协同发展的DEA评价模型，及各子系统内发展效度、协同效度、协同发展总效度的计算公式，将各省份经济、生态环境子系统的输入指标数值和输出指标数值输入Excel中，并用DEA Excel Sover插件进行运算即可得出基于各省份的生态环境协同、发展及协同发展总有效性以及经济子系统的协同、发展及协同发展总有效性。评价结果如表 5-15 所示。

表 5-15　　中西部各省 2015 年生态环境子系统协同发展评价结果

区域	省份	协同发展总效度	协同效度	发展效度	规模效应
中部地区	山西	0.518	0.638	0.811	递增
	安徽	1.000	1.000	1.000	不变
	江西	0.793	0.922	0.861	递增
	河南	0.262	0.362	0.725	递增
	湖北	0.536	0.674	0.795	递增
	湖南	0.575	0.766	0.751	递增
中部均值		0.614	0.727	0.824	—
西部地区	重庆	0.941	1.000	0.941	递增
	四川	0.291	0.439	0.663	递增
	贵州	0.698	0.804	0.868	递增
	云南	0.377	0.610	0.618	递增
	陕西	0.499	0.717	0.696	递增
	甘肃	0.637	0.808	0.788	递增
	宁夏	1.000	1.000	1.000	不变
	广西	0.441	0.658	0.671	递增
西部均值		0.611	0.755	0.781	—

1. 生态环境子系统内部评价结果

总体上看，2015 年中西部快速城镇化转折点的生态环境子系统的评价结果显示，中部地区总体的协同发展总效度高于西部地区，但中部地区协同效率低于西部地区，发展效度高于西部地区。表面上看，在这个时点上，中部地区生态环境内部耦合协同与西部相比是欠缺的。在区域内部，中部地区安徽省生态环境系统属于协同发展有效、协同有效、发展有效的，是最优化的，协同发展总效度其次是江西、湖南、湖北、山西、河南，河南省的协同发展效度最差，通过比较协同效度和发展效度显示，江西、湖南生态环境系统的协同效度好于发展效度，其他省份的均是发展效度优于协同效度。西部地区的宁夏是协同发展有效、协同有效、发展有效，协同发展总效度依次是重庆、贵州、甘肃、陕西、广西、云南、四川。四川省的协同发展总效度是最差的。协同效度和发展效度相比，仅重庆、甘肃的协同效度高于发展效度，其他省份均是发展效率高于协同效率。

2. 经济子系统内部评价结果

在 Excel 和 DEA Excel Solver 插件中输入表 5-13 和表 5-14 的相关输入及输出数值，并进行相应的运算，即可得出如表 5-16 所示的评价结果。

表 5-16　中西部各省份 2015 年经济子系统协同发展评价结果

区域	省份	协同发展综合效度	协同效度	发展效度	规模效应
中部地区	山西	0.826	1.000	0.826	递减
	安徽	0.875	0.879	0.996	递增
	江西	0.838	0.841	0.997	递减
	河南	0.886	1.000	0.886	递减
	湖北	0.848	1.000	0.848	递减
	湖南	1.000	1.000	1.000	不变
中部均值		0.879	0.953	0.926	—
西部地区	重庆	0.890	1.000	0.890	递减
	四川	1.000	1.000	1.000	不变
	贵州	1.000	1.000	1.000	不变
	云南	1.000	1.000	1.000	不变
	陕西	0.708	1.000	0.708	递减
	甘肃	1.000	1.000	1.000	不变
	宁夏	1.000	1.000	1.000	不变
	广西	0.926	0.931	0.995	递增
西部均值		0.941	0.991	0.949	—

总体上看，2015 年度中西部快速城镇化地区省份间经济系统的协同发展总效度、协同效度、发展效度中部地区均低于西部地区，中部、西部地区的经济系统协同效率高于发展效度。从区域内部看，中部地区湖南经济系统是协同发展有效、协同有效、发展有效。河南、湖北、山西是发展无效而协同有效，安徽和江西是发展、协同、协同发展都有效。西部快速城镇化地区经济系统 2015 年四川、贵州、云南、甘肃、宁夏是协同发展、协同、发展同时有效。重庆、陕西两省份仅协同有效而发展和协同发展都无效。

(三) 子系统之间的协同发展评价

依据本章开头所采用的效度计算方法和公式，将数值输入 Excel、DEA Excel Solver 插件中，该数值来源于各个省份的经济子系统输入、输出指标数据和生态环境的输入、输出指标数据，由此得出各个省份 2015 年生态环境子系统、经济子系统之间的发展效度 F_e、协同效度 X_e 和协调发展总效度 Z_e。生态环境子系统用字母 A 来表示，经济子系统用字母 B 进行表示。

采用表 5-11、表 5-12、表 5-13 和表 5-14 中的输入和输出数据，运用 Excel 和 DEA Excel Solver 插件，依据式 (5-13)、式 (5-14)、式 (5-15) 计算，得出的评价结果见表 5-17。

表 5-17 中西部地区各省份 2015 年生态环境与经济子系统间协同发展评价结果

	DMU	X_e (A/B)	X_e (B/A)	F_e (A/B)	F_e (B/A)	Z_e (A/B)	Z_e (B/A)	X_e (A, B)	F_e (A, B)	Z_e (A, B)
中部地区	山西	1.000	0.934	0.565	0.826	0.565	0.771	0.684	0.934	0.639
	安徽	0.740	1.000	0.991	1.000	0.733	1.000	0.991	0.740	0.733
	江西	0.897	0.397	0.957	0.983	0.859	0.390	0.974	0.443	0.431
	河南	1.000	0.432	0.691	0.768	0.691	0.332	0.900	0.432	0.389
	湖北	1.000	0.451	0.846	0.903	0.846	0.407	0.937	0.451	0.423
	湖南	1.000	0.736	1.000	0.748	1.000	0.551	0.748	0.736	0.551
中部均值		—	—	—	—	—	—	0.872	0.623	0.528
西部地区	重庆	1.000	0.244	1.000	0.938	1.000	0.229	0.938	0.244	0.229
	四川	1.000	0.137	0.922	0.660	0.922	0.091	0.716	0.137	0.098
	贵州	1.000	0.689	1.000	0.898	1.000	0.618	0.898	0.689	0.619
	云南	0.937	0.274	0.957	0.813	0.897	0.223	0.850	0.292	0.248
	陕西	0.908	0.189	0.973	0.694	0.884	0.131	0.713	0.208	0.148
	甘肃	1.000	1.000	1.000	1.000	1.000	1.000	1.000	1.000	1.000
	宁夏	1.000	1.000	1.000	1.000	1.000	1.000	1.000	1.000	1.000
	广西	0.735	0.216	0.956	0.833	0.702	0.180	0.871	0.294	0.256
西部均值		—	—	—	—	—	—	0.873	0.483	0.450

2015 年，对中西部各省份快速城镇化地区基于生态环境与经济系统之间的耦合协同进行的测度显示，协同发展总效度中部高于西部地区，中部快速城镇化地区两系统的协同发展总效度明显高于西部地区，但西

部快速城镇化地区的发展效度与中部快速城镇化地区的发展效度基本相当。从区域内部看,中部快速城镇化地区生态环境与经济耦合协同发展总效度最优的是安徽,其次是山西、湖南、江西、湖北、河南。其中,山西的协同效度大于发展效度,其余省份均是发展效度大于协同效度。西部快速城镇化地区宁夏、甘肃生态系统与经济系统之间实现了协同有效、发展有效、协同发展有效,其次是贵州,再次是广西、云南、重庆、陕西、四川,其中,广西、云南、重庆、陕西、四川5省份的协同发展总效率均比较低,低于0.3,其协同发展总效度低的主要原因是生态环境与经济系统之间的不协同,即协同效度低下导致协同发展总效率度。

三 各省份快速城镇化起始点和转折点评价结果比较

本部分内容主要对比2000年中西部快速城镇化地区起始点和2015年进入快速城镇化地区转折点两个时间节点生态环境系统内部和经济系统内部各自的协同发展效度以及两者之间的协同发展效度,从时间节点上进行比较。

表5-18 中西部快速城镇化地区生态环境子系统评价结果比较

区域	省份	快速城镇化起始点在2000年			快速城镇化转折点在2015年		
		协同发展总效度	协同效度	发展效度	协同发展总效度	协同效度	发展效度
中部地区	山西	0.766/4	0.776	0.986	0.518/4	0.638	0.811
	安徽	1.000/1	1.000	1.000	1.000/1	1.000	1.000
	江西	0.738/5	0.863	0.855	0.793/2	0.922	0.861
	河南	0.893/2	1.000	0.893	0.262/6	0.362	0.725
	湖北	0.615/6	1.000	0.615	0.536/5	0.674	0.795
	湖南	0.808/3	0.842	0.960	0.575/3	0.766	0.751
中部均值		0.803	0.914	0.885	0.614	0.727	0.824
西部地区	重庆	0.754	0.876	0.861	0.941	1.000	0.941
	四川	1.000	1.000	1.000	0.291	0.439	0.663
	贵州	1.000	1.000	1.000	0.698	0.804	0.868
	云南	1.000	1.000	1.000	0.377	0.610	0.618
	陕西	0.614	0.631	0.974	0.499	0.717	0.696
	甘肃	0.828	0.841	0.985	0.637	0.808	0.788
	宁夏	1.000	1.000	1.000	1.000	1.000	1.000
	广西	0.538	0.621	0.867	0.441	0.658	0.671
西部均值		0.842	0.871	0.961	0.611	0.755	0.781

2000年快速城镇化起始点上，中部快速城镇化地区生态环境系统的协同发展总效度低于西部快速城镇化地区。2015年快速城镇化转折点的时点上，中部快速城镇化地区的生态环境系统协同发展总效度优于西部地区，但中部地区的协同效度仍略低于西部地区，发展效度高于西部地区。省域的数据显示，中部地区的安徽在两个时点上均是协同有效、发展有效和协同发展有效的。2000—2015年，江西协同发展总效度在中部六省的排名从第5名上升到第2名，湖北从第6名上升到第5名，而河南2000—2015年生态环境内部系统的协同发展总效度迅速下降，从第2名下降到第6名。西部地区省份的协同发展总效度变化也比较大，其中，宁夏2000年、2015年均是协同有效、发展有效和协同发展有效。重庆、广西生态环境系统的协同发展总效度有所提升，而四川、贵州、云南的协同发展总效度下降很大，从原来的协同有效、发展有效、协同发展有效下降为无效，其中四川、云南直接下降为西部快速城镇化地区生态环境协同发展最差的省份。

表 5-19　　中西部快速城镇化地区经济子系统评价结果比较

区域	年份 样本（省域）	快速城镇化起始点在2000年 协同发展总效度	协同效度	发展效度	快速城镇化转折点在2015年 协同发展总效度	协同效度	发展效度
中部地区	山西	0.858	0.923	0.929	0.826	1.000	0.826
	安徽	1.000	1.000	1.000	0.875	0.879	0.996
	江西	1.000	1.000	1.000	0.838	0.841	0.997
	河南	0.765	1.000	0.765	0.886	1.000	0.886
	湖北	1.000	1.000	1.000	0.848	1.000	0.848
	湖南	0.977	1.000	0.977	1.000	1.000	1.000
中部均值		0.933	0.987	0.945	0.879	0.953	0.926
西部地区	重庆	0.876	1.000	0.876	0.890	1.000	0.890
	四川	0.934	1.000	0.934	1.000	1.000	1.000
	贵州	1.000	1.000	1.000	1.000	1.000	1.000
	云南	1.000	1.000	1.000	1.000	1.000	1.000
	陕西	0.764	0.768	0.995	0.708	1.000	0.708
	甘肃	0.842	0.844	0.997	1.000	1.000	1.000
	宁夏	1.000	1.000	1.000	1.000	1.000	1.000
	广西	0.902	0.908	0.993	0.926	0.931	0.995
西部均值		0.915	0.940	0.974	0.941	0.991	0.949

经济子系统 2000 年快速城镇化起始年份和 2015 年快速城镇化转折点相比，整体上看，2000 年时点上中部快速城镇化地区的协同发展总效度高于西部地区，而 2015 年中部快速城镇化地区的协同发展总效度低于西部地区，说明 2015 年时点上西部地区经济发展优于中部地区，西部地区的经济具有后发优势。从中部地区内部的情况看，2000 年，安徽、江西属于协同发展有效、协同有效和发展有效，2015 年，安徽、江西经济子系统转为协同无效、发展无效，湖北由协同有效、发展有效、协同发展有效转为协同有效、发展无效。而湖南的经济由协同有效、发展无效转变为协同有效、发展有效、协同发展有效。西部快速城镇化省份四川经济系统由协同有效、发展非有效上升为协同有效、发展有效、协同发展有效。贵州、云南、宁夏的经济系统 2000—2015 年均是协同有效、发展有效、协同发展有效。陕西由协同无效、发展无效上升为协同有效、发展无效。

表 5-20　中部快速城镇化地区生态系统与经济系统的协同发展效度比对

年份		快速城镇化起始点在 2000 年			快速城镇化转折点在 2015 年		
区域	样本（省域）	协同效度	发展效度	协同发展总效度	协同效度	发展效度	协同发展总效度
中部地区	山西	0.79	0.686	0.542	0.934	0.684	0.639
	安徽	0.655	0.976	0.639	0.740	0.991	0.733
	江西	0.596	0.984	0.586	0.443	0.974	0.431
	河南	0.941	0.869	0.817	0.432	0.900	0.389
	湖北	1	0.817	0.817	0.451	0.937	0.423
	湖南	0.721	0.867	0.625	0.736	0.748	0.551
中部均值		0.784	0.867	0.671	0.623	0.872	0.528
西部地区	重庆	0.695	0.989	0.687	0.244	0.938	0.229
	四川	1	0.753	0.753	0.137	0.716	0.098
	贵州	1	1.000	1.000	0.689	0.898	0.619
	云南	1	0.754	0.754	0.292	0.850	0.248
	陕西	0.452	0.902	0.407	0.208	0.713	0.148
	甘肃	0.885	0.958	0.848	1.000	1.000	1.000
	宁夏	1	1.000	1.000	1.000	1.000	1.000
	广西	0.527	0.949	0.500	0.294	0.871	0.256
西部均值		0.820	0.913	0.744	0.483	0.873	0.450

中西部快速城镇化地区，总体上看，2000年快速城镇化起点时期西部地区生态环境与经济系统的耦合协同发展效度优于中部地区。2015年快速城镇化转折点时期西部地区生态环境与经济系统的耦合协同发展效度明显低于中部地区。意味着2000—2015年西部地区生态环境与经济系统之间的耦合协同程度与中部相比，是明显下降的。省份数据上，中部快速城镇化地区山西、安徽的生态环境系统与经济系统的耦合协同发展效度2000—2015年是升高的，其余河南、湖北、湖南、江西4省份的生态环境系统与经济系统的耦合协同发展效度2000—2015年是降低的，其中河南、湖北下降最为迅速，直接从生态环境与经济系统耦合协同发展的前两名下降为最后两名。对西部快速城镇化地区而言，2000—2015年整体上生态环境与经济系统的耦合协同发展效度明显下降，其中，贵州由生态环境与经济耦合协同有效、发展有效、协同发展有效变为协同无效、发展无效、协同发展无效。宁夏2000—2015年均是协同有效、发展有效、协同发展有效的。甘肃的生态环境系统与经济系统由无效提升为协同、发展、协同发展有效。重庆、四川、云南、陕西、广西的协同发展效度均是明显下降的，说明西部快速城镇化地区2000—2015年生态环境与经济之间除个别省份外大部分经历了协同发展到非协同发展的转变，耦合程度也逐步降低，生态环境与经济之间的矛盾随着城镇化进程而日益明显。

第三节 中西部城市层面生态—环境—经济耦合协同发展评价

本节主要以中西部快速城镇化省份中的各地级及以上城市为决策单元，评价中西部省份各地级及以上城市生态环境、经济系统间的耦合协同发展程度。

一 基础数据及指标选取

（一）中西部各地级及以上城市生态环境子系统的输入和输出指标数据

根据指标数据的可获得性，输入指标选取上，资源消耗投入以供水总量、全社会用电量反映，根据指标在《中国城市统计年鉴》中的可获得性，这里的供水总量和全社会用电量的值是市辖区的数据；以工业烟尘排放量、工业废水排放量、工业二氧化硫产生量之和作为投入指标，反映循环经济、资源再利用情况，测度变废为宝、资源再利用效率，工业烟尘排放量、工业废水排放量、工业二氧化硫产生量是全市的数据（见表5-21）。

表5-21　　　　　中西部各地级及以上城市2015年
生态环境子系统数据（输入指标）

区域	省份	地级及以上城市	供水总量（万吨）	全社会用电量（万千瓦小时）	工业废水排放量（万吨）	工业二氧化硫产生量（吨）	工业烟尘排放量（吨）
中部地区	山西（11）	太原	32331	2263614	3544	403333	34473
		大同	8720	759032	3726	379510	58299
		阳泉	4164	489988	458	213631	31096
		长治	7634	315461	5816	387694	195489
		晋城	3046	171874	5673	240544	51043
		朔州	2481	628978	1865	309196	30564
		晋中	2712	空缺	2884	456661	80364
		运城	2315	360009	6127	721992	100864
		忻州	6226	125080	2582	空缺	73397
		临汾	2691	284278	5080	364047	81053
		吕梁	1203	78185	3583	252640	155023
	安徽（16）	合肥	43568	1406197	5335	119283	85036
		芜湖	18361	966118	4933	105450	39513
		蚌埠	17252	432109	2474	45895	23596
		淮南	9566	532541	9112	234192	18853
		马鞍山	14652	1252880	7695	164727	75916
		淮北	5535	340303	5378	76541	18730
		铜陵	6556	684374	5338	2123459	23136
		安庆	9850	372226	4470	126564	24978
		黄山	4285	136321	737	2971	3395
		滁州	6158	232407	5860	38136	35263
		阜阳	7280	437028	2946	47356	14861
		宿州	4684	341540	6127	65656	18059
		六安	5548	274086	2443	42447	33407
		亳州	3417	171087	3502	15911	10518
		池州	2862	168719	1422	100457	13950
		宣城	3713	207933	3665	35993	38754

续表

区域	省份	地级及以上城市	供水总量（万吨）	全社会用电量（万千瓦小时）	工业废水排放量（万吨）	工业二氧化硫产生量（吨）	工业烟尘排放量（吨）
中部地区	江西(11)	南昌	40329	1321467	10016	91485	24818
		景德镇	5215	174366	6720	73625	15590
中部地区	江西(11)	萍乡	3733	417179	1549	108398	43277
		九江	8403	422600	16784	369764	50987
		新余	6066	776043	5654	115660	75389
		鹰潭	2082	73344	2531	1326991	5024
		赣州	10982	404601	12510	75132	62177
		吉安	3472	160831	3733	117487	27236
		宜春	5106	194016	7824	188210	69471
		抚州	5762	155784	3057	24042	23487
		上饶	6389	203550	6534	87921	35904
	河南(17)	郑州	35181	3816596	19394	339627	71794
		开封	10594	空缺	7166	124563	26561
		洛阳	16168	1600727	6844	376923	43053
		平顶山	10190	空缺	5252	302178	100599
		安阳	5602	1577446	4208	354757	137852
		鹤壁	4147	363961	3640	124271	13775
		新乡	13392	571097	15155	167685	22380
		焦作	8272	空缺	13928	237752	23292
		濮阳	5863	475249	7024	63980	21676
		许昌	5035	278267	7039	100935	18337
		漯河	3690	339775	1676	35845	3979
		三门峡	1924	173843	7321	301716	32796
		南阳	9731	636926	6322	124292	22260
		商丘	4335	757226	4863	97668	35662
		信阳	4279	空缺	2086	96200	16415
		周口	4309	144663	8818	18926	8513
		驻马店	6605	438899	5983	66212	23191

续表

区域	省份	地级及以上城市	供水总量（万吨）	全社会用电量（万千瓦小时）	工业废水排放量（万吨）	工业二氧化硫产生量（吨）	工业烟尘排放量（吨）
中部地区	湖北（12）	武汉	126234	3928378	15452	240635	20811
		黄石	9059	654525	5313	807180	43718
		十堰	11873	407089	2105	26291	7960
中部地区	湖北（12）	宜昌	11276	768439	18130	226869	30060
		襄阳	17174	615733	8184	89870	14014
		鄂州	5111	626478	1734	110821	45389
		荆门	7205	473439	3568	87946	33790
		孝感	5320	186654	4540	121798	17536
		荆州	8462	405404	10897	183153	21238
		黄冈	3177	123618	2989	54366	16679
		咸宁	3320	151683	1876	98453	18800
		随州	3879	131567	1606	2972	10538
中部地区	湖南（13）	长沙	57652	1501794	5102	47813	11641
		株洲	17413	802654	3967	293208	1347367
		湘潭	12385	787192	5165	97034	57173
		衡阳	18067	617643	6103	154172	39852
		邵阳	8590	164853	4732	47894	19367
		岳阳	14340	711974	11375	123881	19967
		常德	8649	304728	9799	96853	17636
		张家界	2722	104980	541	32821	3039
		益阳	5188	214634	5388	112095	31911
		郴州	6632	383100	8682	293555	20865
		永州	9075	212806	3619	26064	30694
		怀化	5015	189300	5382	56125	37418
		娄底	5298	593376	4806	172105	69889
西部地区	重庆	重庆	121494	7590866	35524	1178991	196416
	四川（18）	成都	86841	2951764	11454	116920	20607
		自贡	5948	208588	1693	21396	7171
		攀枝花	12762	856304	2432	139682	32650

续表

区域	省份	地级及以上城市	供水总量（万吨）	全社会用电量（万千瓦小时）	工业废水排放量（万吨）	工业二氧化硫产生量（吨）	工业烟尘排放量（吨）
西部地区	四川（18）	泸州	7966	402039	3745	129549	7310
		德阳	5977	264797	5411	33314	18409
		绵阳	10357	489624	6890	67169	13522
西部地区	四川（18）	广元	3898	385477	407	24182	9003
		遂宁	5808	189834	1419	11414	2552
		内江	4498	155037	2617	121467	31519
		乐山	5112	765632	5098	72411	35530
		南充	8550	249609	2614	8063	4310
		眉山	3803	188956	6402	27932	17030
		宜宾	6675	328918	22125	320138	14415
		广安	2470	167190	1337	212366	14714
		达州	5400	409963	2068	86402	46321
		雅安	2561	245397	815	29647	11652
		巴中	4910	99584	165	2039	1971
		资阳	2487	99584	822	7499	6677
	云南（7）	昆明	41524	1795673	3917	400153	24533
		曲靖	4581	249759	3847	712158	41457
		玉溪	2647	339855	5352	36993	37818
		保山	2001	109792	6727	14204	13776
		丽江	2078	52392	309	6748	9342
		普洱	1660	80145	3588	空缺	12197
		临沧	723	45715	6441	27434	4756
	贵州（6）	贵阳	29633	1975467	2700	103564	23545
		六盘水	3237	空缺	4099	563462	61707
		遵义	6159	437513	2447	308211	11486
		安顺	3466	430770	1429	156559	8635
		毕节	2680	183573	9103	572477	17596
		铜仁	16172	283104	911	108843	20367

续表

区域	省份	地级及以上城市	供水总量（万吨）	全社会用电量（万千瓦小时）	工业废水排放量（万吨）	工业二氧化硫产生量（吨）	工业烟尘排放量（吨）
西部地区	陕西（10）	西安	53237	2434927	5204	138258	16444
		铜川	1732	271006	398	79617	54209
		宝鸡	7127	410478	5445	91003	29334
		咸阳	10355	155040	5646	246090	35353
	陕西（10）	渭南	7533	96722	4363	452362	11343
		延安	2208	183719	2510	23535	11339
		汉中	2735	90620	空缺	空缺	空缺
		榆林	2688	402184	7224	421903	200517
		安康	1397	179373	479	14097	8829
		商洛	900	39174	2643	170610	4371
	甘肃（12）	兰州	24735	1315450	4138	153484	45209
		嘉峪关	3746	254000	2743	125547	48670
		金昌	2748	空缺	2027	1450374	10350
		白银	7805	735853	569	538025	9894
		天水	3265	308754	495	15227	7037
		武威	2058	125402	946	17656	8643
		张掖	1870	274825	1918	33255	11415
		平凉	1173	117544	1886	105892	34689
		酒泉	2263	116700	947	18367	8385
		庆阳	745	171967	252	8692	4323
		定西	643	24800	246	11137	4612
		陇南	481	41970	1214	16719	4895
	宁夏（5）	银川	10824	2167913	4874	空缺	18795
		石嘴山	4283	1176297	2369	313240	82686
		吴忠	2961	186073	1811	209106	11547
		固原	990	95729	553	40634	2799
		中卫	1023	798306	3951	26454	60022

续表

区域	省份	地级及以上城市	供水总量（万吨）	全社会用电量（万千瓦小时）	工业废水排放量（万吨）	工业二氧化硫产生量（吨）	工业烟尘排放量（吨）
西部地区	广西(14)	南宁	50892	1167542	7198	106351	26008
		柳州	44143	832719	7354	116597	80978
		桂林	12849	289399	3008	71145	12200
		梧州	7029	261215	3652	13918	8000
		北海	6623	383394	1817	36950	4692
		防城港	4147	403075	1441	65291	48784
		钦州	5091	370296	3712	39572	4624
		贵港	5115	424338	3243	69419	73541
		玉林	6155	227119	2378	11501	15726
		百色	3404	298277	4200	201022	17944
		贺州	2379	480782	2984	56026	4868
		河池	2486	22515	12051	284394	13613
		来宾	2446	547943	6772	208696	1970
		崇左	1497	95744	2740	10812	15270

资料来源：《中国城市统计年鉴》。

输出指标：生态环境的美化程度以人均占有绿地面积和建成区绿化覆盖率反映；环境治理输出效果以一般工业固体废弃物综合利用率、污水处理厂集中处理率、生活垃圾无害化处理率反映（见表5-22）。

表 5-22　　　　　中西部各地级及以上城市 2015 年
生态环境子系统数据（输出指标）

区域	省份	地级及以上城市	建成区绿化覆盖率（%）	一般工业固体废弃物综合利用率（%）	污水处理厂集中处理率（%）	生活垃圾无害化处理率（%）
中部地区	山西(11)	太原	40.3	56.00	93.24	100.00
		大同	40.09	91.61	78.54	67.02
		阳泉	42.39	18.61	86.00	88.00
		长治	46.47	67.66	92.32	84.27
		晋城	42.56	78.19	95.00	100.00

续表

区域	省份	地级及以上城市	建成区绿化覆盖率（%）	一般工业固体废弃物综合利用率（%）	污水处理厂集中处理率（%）	生活垃圾无害化处理率（%）
中部地区	山西（11）	朔州	42.48	88.70	97.50	92.01
		晋中	36.71	95.93	95.21	94.00
		运城	40.59	41.23	98.80	100.00
		忻州	33.70	70.93	95.06	48.66
		临汾	37.80	73.65	86.70	79.39
		吕梁	38.08	73.34	81.11	83.78
	安徽（16）	合肥	45.23	91.65	92.12	100.00
		芜湖	38.48	86.44	90.79	97.48
		蚌埠	38.88	96.36	93.53	99.09
		淮南	40.06	86.10	88.55	95.30
		马鞍山	44.09	86.51	92.10	98.59
		淮北	44.65	92.70	90.26	100.00
		铜陵	45.72	90.58	92.07	100.00
		安庆	43.13	96.80	88.18	90.16
		黄山	47.26	74.80	92.19	100.00
		滁州	41.69	96.36	88.55	95.30
		阜阳	33.85	99.26	88.41	69.63
		宿州	44.51	68.92	85.85	86.87
		六安	41.49	75.84	91.90	92.19
		亳州	36.50	97.50	95.67	97.75
		池州	42.35	93.97	93.58	92.92
		宣城	41.46	90.46	96.34	100.00
	江西（11）	南昌	41.15	97.10	97.72	100.00
		景德镇	51.44	98.94	74.00	100.00
		萍乡	41.12	97.64	83.50	98.60
		九江	49.97	60.36	88.01	84.44
		新余	50.20	89.70	95.62	100.00
		鹰潭	44.91	87.97	86.70	100.00
		赣州	40.09	82.74	73.47	57.84

续表

区域	省份	地级及以上城市	建成区绿化覆盖率（%）	一般工业固体废弃物综合利用率（%）	污水处理厂集中处理率（%）	生活垃圾无害化处理率（%）
中部地区	山西（11）	吉安	45.82	95.61	86.83	99.18
		宜春	44.57	93.76	81.49	65.99
		抚州	46.56	76.75	83.77	100.00
		上饶	46.64	10.11	86.32	99.13
	河南（17）	郑州	40.31	77.36	96.04	100.00
		开封	32.43	99.28	94.11	100.00
		洛阳	39.35	61.96	93.75	92.35
		平顶山	40.90	99.96	94.91	92.87
		安阳	40.06	89.40	95.57	94.92
		鹤壁	39.70	95.11	93.64	89.47
		新乡	39.93	99.97	90.00	100.00
		焦作	38.68	59.01	90.24	97.50
		濮阳	38.05	98.75	93.58	86.44
		许昌	38.36	99.20	97.00	96.54
		漯河	45.65	99.88	97.50	95.00
		三门峡	42.73	32.88	85.00	87.00
		南阳	25.67	87.15	84.33	85.17
		商丘	41.75	99.74	91.40	90.49
		信阳	42.46	99.32	87.78	76.38
		周口	41.76	96.36	90.50	92.00
		驻马店	40.75	97.46	92.50	92.52
	湖北（12）	武汉	42.54	97.96	95.00	100.00
		黄石	32.74	92.03	91.70	100.00
		十堰	33.91	52.82	88.66	83.45
		宜昌	41.41	26.27	91.68	93.63
		襄阳	33.19	92.19	89.56	70.65
		鄂州	32.50	98.16	82.05	100.00
		荆门	39.69	94.00	84.35	83.70
		孝感	24.38	66.35	85.00	100.00

续表

区域	省份	地级及以上城市	建成区绿化覆盖率（%）	一般工业固体废弃物综合利用率（%）	污水处理厂集中处理率（%）	生活垃圾无害化处理率（%）
中部地区	山西（11）	荆州	36.40	30.90	88.53	42.28
		黄冈	26.49	90.35	65.29	62.66
		咸宁	38.82	0.49	91.00	100.00
		随州	40.43	空缺	90.00	96.00
	湖南（13）	长沙	33.73	86.20	99.80	100.00
		株洲	38.71	90.52	95.23	100.00
		湘潭	41.23	96.10	89.82	100.00
		衡阳	28.86	86.49	73.00	100.00
		邵阳	34.62	74.00	81.40	83.21
		岳阳	40.90	85.54	75.64	100.00
		常德	45.62	95.26	92.54	100.00
		张家界	40.06	99.30	83.37	100.00
		益阳	40.03	85.00	92.00	93.00
		郴州	44.91	56.80	91.80	100.00
		永州	41.23	82.80	88.81	100.00
		怀化	35.67	45.00	80.26	91.68
		娄底	40.13	96.00	61.00	99.20
	重庆	重庆	40.32	84.45	93.67	98.85
	四川（18）	成都	39.82	96.06	—	100.00
		自贡	35.38	95.02	88.96	84.90
		攀枝花	39.84	22.00	35.97	99.59
		泸州	39.91	97.15	58.91	89.80
		德阳	39.88	94.80	100.00	100.00
		绵阳	38.70	99.66	86.97	94.01
		广元	37.38	99.00	94.10	91.80
		遂宁	33.61	100.00	99.11	95.22
		内江	35.01	91.72	88.30	97.65
		乐山	33.27	95.36	80.22	74.47
		南充	43.23	92.96	85.19	94.78

续表

区域	省份	地级及以上城市	建成区绿化覆盖率（%）	一般工业固体废弃物综合利用率（%）	污水处理厂集中处理率（%）	生活垃圾无害化处理率（%）
中部地区	四川（18）	眉山	38.89	100.00	59.13	100.00
		宜宾	38.34	96.44	80.97	98.70
		广安	39.54	83.84	100.00	100.00
		达州	空缺	98.70	65.00	92.00
		雅安	40.97	79.81	82.56	99.00
		巴中	40.41	85.00	89.00	97.00
		资阳	38.84	99.18	83.18	91.07
	云南（7）	昆明	41.78	36.36	91.97	93.26
		曲靖	36.18	92.00	96.00	100.00
		玉溪	36.50	39.62	97.00	98.00
		保山	23.82	81.02	85.00	99.00
		丽江	32.52	81.30	86.93	94.45
		普洱	38.04	空缺	87.17	94.88
		临沧	33.82	80.48	80.86	90.80
	贵州（6）	贵阳	38.57	48.15	98.50	95.13
		六盘水	36.08	57.94	88.50	89.06
		遵义	空缺	63.00	89.90	90.90
		安顺	36.92	96.00	91.30	85.20
		毕节	30.19	67.81	90.41	—
		铜仁	30.33	69.30	86.62	82.30
	陕西（10）	西安	42.58	90.82	91.82	98.09
		铜川	43.61	98.47	89.08	90.59
		宝鸡	40.48	37.37	92.40	99.18
		咸阳	30.66	95.33	92.15	96.75
		渭南	22.05	99.99	95.72	90.81
		延安	41.69	89.00	87.59	92.75
		汉中	空缺	空缺	空缺	空缺
		榆林	37.44	93.29	86.82	90.09

续表

区域	省份	地级及以上城市	建成区绿化覆盖率（%）	一般工业固体废弃物综合利用率（%）	污水处理厂集中处理率（%）	生活垃圾无害化处理率（%）
中部地区	陕西（10）	安康	43.58	85.93	92.53	100.00
		商洛	21.96	21.90	89.04	96.22
	甘肃（12）	兰州	34.49	98.40	88.96	19.65
		嘉峪关	39.24	48.59	100.00	100.00
		金昌	36.43	13.09	95.86	100.00
		白银	34.81	74.19	72.98	95.65
		天水	38.11	84.47	89.80	70.27
		武威	21.53	90.30	100.00	96.00
	甘肃（12）	张掖	19.03	75.79	90.50	98.01
		平凉	18.94	98.84	76.17	100.00
		酒泉	37.06	90.00	90.00	90.00
		庆阳	33.75	95.69	61.42	55.75
		定西	25.16	90.39	87.50	68.39
		陇南	2.71	24.32	83.72	61.54
	宁夏（5）	银川	40.84	91.89	93.80	100.00
		石嘴山	40.56	77.34	94.50	97.26
		吴忠	22.46	59.50	94.58	100.00
		固原	21.56	98.64	73.11	100.00
		中卫	37.03	96.17	96.20	94.85
	广西（14）	南宁	43.01	99.92	76.75	98.17
		柳州	43.61	97.48	49.63	99.68
		桂林	40.02	82.86	88.81	95.89
		梧州	40.20	75.00	69.75	96.27
		北海	40.55	98.88	87.50	100.00
		防城港	31.13	99.96	59.21	94.44
		钦州	36.24	97.79	80.00	89.00
		贵港	23.61	98.03	44.30	100.00
		玉林	37.16	90.00	97.21	100.00
		百色	35.89	30.01	86.24	96.65

第五章 中西部快速城镇化地区生态—环境—经济耦合协同发展评价 / 275

续表

区域	省份	地级及以上城市	建成区绿化覆盖率（%）	一般工业固体废弃物综合利用率（%）	污水处理厂集中处理率（%）	生活垃圾无害化处理率（%）
中部地区	广西（14）	贺州	48.54	75.00	86.82	100.00
		河池	36.17	56.94	81.42	96.40
		来宾	32.22	64.50	85.00	100.00
		崇左	41.75	62.97	67.64	80.86

资料来源：《中国城市统计年鉴》。

以上生态环境输入指标中，山西省晋中市全社会用电量数据缺失。河南开封市、信阳市、平顶山市、焦作市全社会用电量数据缺失，贵州六盘水市全社会用电总量缺失，甘肃金昌市、天水市全社会用电总量数据缺失，陕西汉中市工业废水、二氧化硫、烟尘排放数据缺失。生态环境输出指标中，湖北一般工业固体废弃物综合利用率缺少，四川达州市建成区绿化覆盖率数据缺失，贵州遵义市建成区绿化覆盖率数据缺失，陕西汉中市整体上建成区绿化覆盖率、一般工业固体废弃物综合利用率、污水处理厂集中处理率、生活垃圾无害化处理率数据均缺失。云南普洱市一般工业固体废弃物综合利用率缺失。对于生态环境系统中输入指标、输出指标数据缺失的地级及以上城市，直接删除该地级及以上城市评价单元。

（二）各地级及以上城市经济子系统的输入和输出指标数据

输入指标：经济子系统资本投入以全社会固定资产投资额反映；经济子系统的人力资源投入以城镇单位从业人员数反映（见表5-23）。

表5-23 中西部各地级及以上城市2015年经济子系统数据（输入指标）

区域	省份	地级及以上城市	固定资产投资（万元）	城镇单位从业人员数（人）
中部地区	山西（11）	太原	20256080	1050453
		大同	11453535	407480
		阳泉	6006718	273026
		长治	14415118	427080
		晋城	11501476	372995

续表

区域	省份	地级及以上城市	固定资产投资（万元）	城镇单位从业人员数（人）
中部地区	山西（11）	朔州	9370608	196976
		晋中	13124532	356406
		运城	13706705	359791
		忻州	11196334	245764
		临汾	14012204	371749
		吕梁	11664013	361748
	安徽（16）	合肥	58519010	1438665
		芜湖	27091936	444659
		蚌埠	10293725	269355
		淮南	9197254	330118
		马鞍山	18598354	231375
		淮北	9252996	232182
		铜陵	10629256	172622
	安徽（16）	安庆	13855788	334413
		黄山	5524751	113315
		滁州	14576039	237490
		阜阳	10049810	322754
		宿州	11333940	765000
		六安	9934653	1088690
		亳州	7673005	233844
		池州	6005372	107161
		宣城	12833637	160428
	江西（11）	南昌	40000719	1250580
		景德镇	6908760	195067
		萍乡	10267407	206191
		九江	21199205	168092
		新余	8225962	142720
		鹰潭	5315555	155403
		赣州	18922071	578757
		吉安	14869517	383068

续表

区域	省份	地级及以上城市	固定资产投资（万元）	城镇单位从业人员数（人）
中部地区	山西（11）	宜春	15881419	459122
		抚州	10996711	389575
		上饶	15602263	463290
	河南（17）	郑州	62880031	1985732
		开封	13245172	489413
		洛阳	35369646	747762
		平顶山	16031338	558658
		安阳	18309845	589509
		鹤壁	6924256	234716
		新乡	19272118	685918
		焦作	18799513	503370
		濮阳	13052767	408819
		许昌	19310816	452013
	河南（17）	漯河	9085333	331813
		三门峡	15387698	273599
		南阳	29111971	959404
		商丘	17172466	702036
		信阳	20238833	631106
		周口	16072996	703993
		驻马店	14497842	736475
	湖北（12）	武汉	76808855	2072768
		黄石	13519279	320758
		十堰	12255078	640976
		宜昌	29213819	934399
		襄阳	29217800	992278
		鄂州	8062140	215512
		荆门	14045815	386916
		孝感	17623514	815130
		荆州	18538888	427800
		黄冈	19584000	637671

续表

区域	省份	地级及以上城市	固定资产投资（万元）	城镇单位从业人员数（人）
中部地区	湖北（12）	咸宁	13496167	232957
		随州	9076825	139893
	湖南（13）	长沙	63632944	1304623
		株洲	19421056	464740
		湘潭	18053990	436400
		衡阳	21259283	540482
		邵阳	15225968	382330
		岳阳	21547095	483506
		常德	17365009	413595
		张家界	2649767	86737
		益阳	12238012	265555
		郴州	21689817	359159
		永州	14518671	323000
		怀化	10080045	264173
		娄底	11083853	291192
	重庆	重庆	153679690	9868700
	四川（18）	成都	69469660	5360594
		自贡	6089534	209710
		攀枝花	6115121	304748
		泸州	14387121	379496
		德阳	9551143	321366
		绵阳	11140858	512583
		广元	5482278	167985
		遂宁	9866098	201295
		内江	7787649	298165
		乐山	9498096	292757
		南充	13539782	468678
		眉山	8122215	203445
		宜宾	12675114	362062
		广安	9227126	157712

续表

区域	省份	地级及以上城市	固定资产投资（万元）	城镇单位从业人员数（人）
中部地区	四川（18）	达州	12141014	344985
		雅安	4884117	111269
		巴中	10202954	309008
		资阳	8155176	260376
	云南（7）	昆明	34978793	1328261
		曲靖	12059120	472423
		玉溪	6675854	270100
		保山	5018302	188989
		丽江	2728969	108319
		普洱	4497526	172565
		临沧	6190975	147857
	贵州（6）	贵阳	28044458	1040194
		六盘水	11124819	240938
		遵义	16937364	424087
		安顺	5354275	183036
		毕节	13449343	318214
		铜仁	11503247	205109
	陕西（10）	西安	50869319	1984561
		铜川	3805186	120219
		宝鸡	25898800	410009
		咸阳	30140885	548304
		渭南	19782196	464073
		延安	13941054	336201
		汉中	8780621	303249
		榆林	11336739	416880
		安康	6677596	180545
		商洛	7313300	197143
	甘肃（12）	兰州	18037526	671803
		嘉峪关	1441639	72874
		金昌	2485887	110758

续表

区域	省份	地级及以上城市	固定资产投资（万元）	城镇单位从业人员数（人）
中部地区	甘肃（12）	白银	4744632	179179
		天水	6027908	227881
		武威	6201041	128873
		张掖	3128052	132205
		平凉	6029530	181987
		酒泉	11104702	144744
		庆阳	12160694	180149
		定西	5553545	155227
		陇南	5906072	163200
	宁夏（5）	银川	15280187	787188
		石嘴山	3989545	91370
		吴忠	6689797	96474
		固原	3188703	66442
		中卫	3076241	65550
	广西（14）	南宁	33668913	959514
		柳州	20505482	616538
		桂林	18373233	443869
	广西（14）	梧州	10455146	193707
		北海	9203663	146839
		防城港	5261496	108402
		钦州	8100991	208312
		贵港	6896683	187053
		玉林	13321231	345645
		百色	10220531	218154
		贺州	6259305	99206
		河池	3956938	187991
		来宾	4490735	137925
		崇左	6915650	136950

资料来源：《中国城市统计年鉴》。

输出指标：经济规模以人均 GDP 反映；经济结构以第三产业产值占

GDP 比重反映；经济活力以职工平均工资反映（见表 5-24）。

表 5-24　中西部各地级及以上城市 2015 年经济子系统数据
（输出指标）

区域	省份	地级及以上城市	人均 GDP（元）	第三产业占 GDP 的比重（%）	职工平均工资（元）
中部地区	山西（11）	太原	63483	61.34	60516
		大同	30989	52.85	58750
		阳泉	42688	48.50	46594
		长治	35029	44.01	49468
		晋城	44994	39.87	54721
		朔州	51256	48.75	52012
		晋中	31434	46.09	51189
		运城	22304	46.08	46807
		忻州	21731	45.95	44880
		临汾	26239	43.64	48051
		吕梁	25003	37.43	52890
	安徽（16）	合肥	73102	42.75	65806
		芜湖	67592	37.92	57372
		蚌埠	38267	36.99	51146
		淮南	26398	39.53	59424
		马鞍山	60802	37.52	60093
		淮北	35057	34.10	51096
		铜陵	57387	33.07	56543
		安庆	31101	36.53	49802
		黄山	38794	49.73	55137
		滁州	32634	29.81	56336
		阜阳	16121	36.67	48583
		宿州	22415	40.35	45658
		六安	21524	36.17	51354
		亳州	18771	40.04	47338
		池州	38014	40.91	49733
		宣城	37610	38.79	56767

续表

区域	省份	地级及以上城市	人均GDP（元）	第三产业占GDP的比重（%）	职工平均工资（元）
中部地区	山西（11）	南昌	75879	41.22	57730
		景德镇	47216	35.91	45814
		萍乡	48133	36.42	48100
		九江	39505	39.28	51065
		新余	81354	38.33	51639
		鹰潭	55568	32.90	57623
		赣州	23148	40.93	50313
		吉安	27168	34.16	48312
		宜春	29457	33.71	45330
		抚州	27735	33.84	49522
		上饶	24633	37.84	50414
	河南（17）	郑州	77179	48.64	52987
		开封	35326	41.38	43535
		洛阳	51692	44.32	46515
		平顶山	33984	38.02	45046
		安阳	36828	38.59	41379
		鹤壁	44778	26.09	39646
		新乡	34340	38.96	40873
		焦作	54590	33.13	42153
		濮阳	36842	31.59	43587
		许昌	50162	33.19	43792
		漯河	37987	26.34	41389
		三门峡	55681	32.35	44573
		南阳	28653	38.25	43082
		商丘	24940	37.41	43845
		信阳	30157	35.65	84289
		周口	23728	32.35	42666
		驻马店	27001	37.65	37680
	湖北（12）	武汉	104132	51.02	65720
		黄石	50053	35.80	41655

续表

区域	省份	地级及以上城市	人均GDP（元）	第三产业占GDP的比重（%）	职工平均工资（元）
中部地区	湖北（12）	十堰	38431	38.96	42676
		宜昌	82360	30.37	43282
		襄阳	60319	31.25	48022
		鄂州	68921	30.54	37215
		荆门	48000	32.98	39516
		孝感	29924	33.76	39315
		荆州	27875	34.10	39565
		黄冈	25262	37.20	39165
		咸宁	41234	34.08	36853
		随州	35900	35.24	39056
	湖南（13）	长沙	115443	45.06	67266
		株洲	58661	35.05	57584
		湘潭	60430	36.91	51472
		衡阳	35538	40.16	44983
		邵阳	19156	41.79	47249
		岳阳	51429	38.88	45757
		常德	46408	41.21	48655
		张家界	29425	65.66	46340
		益阳	30776	39.33	48796
		郴州	42682	35.58	49086
		永州	26222	41.71	44553
		怀化	26060	43.68	49006
		娄底	33444	35.02	43986
西部地区	重庆	重庆	52321	47.70	62091
	四川（18）	成都	74273	52.81	69123
		自贡	41447	30.68	53344
		攀枝花	75078	25.17	61915
		泸州	31714	27.99	52051
		德阳	45701	30.75	59411
		绵阳	35754	34.19	59093

续表

区域	省份	地级及以上城市	人均GDP（元）	第三产业占GDP的比重（％）	职工平均工资（元）
西部地区	四川(18)	广元	23263	36.36	56946
		遂宁	27868	28.37	49753
		内江	32080	24.17	46430
		乐山	39973	30.10	54545
		南充	23881	29.00	50286
		眉山	34379	28.36	54451
		宜宾	34060	27.50	55288
		广安	31046	32.03	44079
		达州	24342	29.79	48672
		雅安	32523	29.69	49626
		巴中	15076	36.61	43825
		资阳	35702	24.92	50455
	云南(7)	昆明	59656	55.28	62033
		曲靖	27045	29.75	46684
		玉溪	52812	33.27	49597
		保山	21444	39.48	47295
		丽江	20724	44.83	53866
		普洱	19789	37.35	48977
		临沧	20077	37.24	49045
	贵州(6)	贵阳	63003	57.17	63949
		六盘水	41618	39.33	57597
		遵义	35123	39.12	66991
		安顺	27065	48.72	61092
		毕节	22230	39.01	57225
		铜仁	24712	46.52	69440
	陕西(10)	西安	66938	59.55	63193
		铜川	38378	33.67	50310
		宝鸡	47565	26.91	49414
		咸阳	43426	27.21	45309
		渭南	27452	35.26	45775

续表

区域	省份	地级及以上城市	人均GDP（元）	第三产业占GDP的比重（%）	职工平均工资（元）
西部地区	陕西（10）	延安	53924	28.78	61274
		汉中	31001	37.98	51411
		榆林	77267	32.06	61316
		安康	29193	32.32	50410
		商洛	26415	33.23	45014
	甘肃（12）	兰州	56972	59.98	62201
		嘉峪关	78336	40.68	53998
		金昌	47739	33.78	52683
		白银	25410	41.68	51196
		天水	16743	48.89	45546
		武威	22931	39.37	52009
		张掖	30704	45.16	51569
		平凉	18490	45.02	53028
		酒泉	48920	48.49	54778
		庆阳	27366	33.79	56002
		定西	10987	52.95	4958
		陇南	12172	54.55	46132
	宁夏（5）	银川	69594	43.81	65643
		石嘴山	61845	30.71	56881
		吴忠	29698	30.57	54334
		固原	17796	51.96	63821
		中卫	27857	38.83	56173
	广西（14）	南宁	49066	49.68	66749
		柳州	58869	36.11	54223
		桂林	39329	36.16	53925
		梧州	36104	30.80	47517
		北海	55248	31.67	49773
		防城港	67972	30.93	51432
		钦州	29560	37.85	46703
		贵港	20240	39.61	52653

续表

区域	省份	地级及以上城市	人均GDP（元）	第三产业占GDP的比重（%）	职工平均工资（元）
西部地区	广西（14）	玉林	25444	38.13	47658
		百色	27363	30.54	49809
		贺州	23178	37.66	55799
		河池	17841	44.85	53638
		来宾	25667	36.41	43588
		崇左	33355	37.05	47630

资料来源：《中国城市统计年鉴》。

二 各子系统内协同发展评价结果

依据本章第一节区域生态—环境—经济耦合协同发展的 DEA 方法，以及各子系统内发展效度、协同效度、协同发展总效度的计算公式，利用中西部各省份地级及以上城市生态环境、经济、社会子系统的输入和输出指标数据，在 Excel 中输入数据，运用 DEA Excel Sover 插件，可求得对应的各省份生态环境、经济子系统的协同效度、发展效度、协同发展总效度。结果如表 5-25 所示。

表 5-25 中西部各地级及以上城市 2015 年生态环境子系统评价结果

区域	所属省份	地级及以上城市	协同发展总效度	协同效度	发展效度	规模效应
中部地区	山西	太原	0.082	0.158	0.515	递减
	山西	大同	0.113	0.186	0.607	递减
	山西	阳泉	0.605	0.685	0.882	递减
	山西	长治	0.154	0.479	0.321	递减
	山西	晋城	0.342	0.848	0.403	递减
	山西	朔州	0.403	1.000	0.403	递减
	山西	运城	0.413	1.000	0.413	递减
	山西	忻州	0.262	0.884	0.297	递减
	山西	临汾	0.330	0.406	0.814	递减
	山西	吕梁	0.752	1.000	0.752	递减
	安徽	合肥	0.063	0.558	0.113	递减
	安徽	芜湖	0.070	0.125	0.560	递减

续表

区域	所属省份	地级及以上城市	协同发展总效度	协同效度	发展效度	规模效应
中部地区	安徽	蚌埠	0.128	0.923	0.138	递减
	安徽	淮南	0.104	0.175	0.597	递减
	安徽	马鞍山	0.074	0.134	0.551	递减
	安徽	淮北	0.200	0.747	0.268	递减
	安徽	铜陵	0.168	0.594	0.282	递减
	安徽	安庆	0.114	0.432	0.264	递减
	安徽	黄山	0.533	1.000	0.533	递减
	安徽	滁州	0.176	0.585	0.301	递减
	安徽	阜阳	0.117	0.403	0.289	递减
	安徽	宿州	0.232	0.387	0.598	递减
	安徽	六安	0.189	0.442	0.428	递减
	安徽	亳州	0.268	1.000	0.268	递减
	安徽	池州	0.371	1.000	0.371	递减
	安徽	宣城	0.278	1.000	0.278	递减
	江西	南昌	0.037	1.000	0.037	递减
	江西	景德镇	0.283	1.000	0.283	递减
	江西	萍乡	0.270	0.657	0.411	递减
	江西	九江	0.146	1.000	0.146	递减
	江西	新余	0.195	1.000	0.195	递减
	江西	鹰潭	0.593	1.000	0.593	递减
	江西	赣州	0.097	0.156	0.619	递减
	江西	吉安	0.330	1.000	0.330	递减
	江西	宜春	0.226	0.555	0.407	递减
	江西	抚州	0.291	0.708	0.411	递减
	江西	上饶	0.220	0.531	0.415	递减
	河南	郑州	0.028	0.054	0.523	递减
	河南	洛阳	0.059	0.096	0.617	递减
	河南	安阳	0.173	0.326	0.531	递减
	河南	鹤壁	0.233	0.582	0.400	递减
	河南	新乡	0.075	1.000	0.075	递减
	河南	濮阳	0.158	0.520	0.304	递减

续表

区域	所属省份	地级及以上城市	协同发展总效度	协同效度	发展效度	规模效应
中部地区	河南	许昌	0.188	1.000	0.188	递减
	河南	漯河	0.302	1.000	0.302	递减
	河南	三门峡	0.510	0.772	0.660	递减
	河南	南阳	0.080	0.101	0.792	递减
	河南	商丘	0.225	0.731	0.308	递减
	河南	周口	0.277	1.000	0.277	递减
	河南	驻马店	0.153	0.451	0.338	递减
	湖北	武汉	0.021	1.000	0.021	递减
	湖北	黄石	0.102	0.303	0.336	递减
	湖北	十堰	0.134	0.174	0.769	递减
	湖北	宜昌	0.089	0.161	0.554	递减
	湖北	襄阳	0.053	0.129	0.411	递减
	湖北	鄂州	0.205	0.436	0.469	递减
	湖北	荆门	0.137	0.262	0.525	递减
	湖北	孝感	0.191	0.436	0.439	递减
	湖北	荆州	0.107	0.173	0.618	递减
	湖北	黄冈	0.213	0.235	0.906	递减
	湖北	咸宁	0.296	0.785	0.377	递减
	湖南	长沙	0.052	0.416	0.125	递减
	湖南	株洲	0.086	0.462	0.186	递减
	湖南	湘潭	0.083	0.416	0.200	递减
	湖南	衡阳	0.059	0.151	0.391	递减
	湖南	邵阳	0.203	0.291	0.697	递减
	湖南	岳阳	0.072	0.138	0.518	递减
	湖南	常德	0.145	1.000	0.145	递减
	湖南	张家界	0.630	1.000	0.630	递减
	湖南	益阳	0.194	0.480	0.404	递减
	湖南	郴州	0.167	0.385	0.435	递减
	湖南	永州	0.189	0.472	0.401	递减
	湖南	怀化	0.185	0.311	0.594	递减
	湖南	娄底	0.185	0.408	0.454	递减

续表

区域	所属省份	地级及以上城市	协同发展总效度	协同效度	发展效度	规模效应
西部地区	重庆	重庆	0.010	0.019	0.525	递减
	四川	成都	0.027	0.535	0.050	递减
	四川	自贡	0.195	0.493	0.395	递减
	四川	攀枝花	0.136	0.183	0.745	递减
	四川	泸州	0.127	0.284	0.446	递减
	四川	德阳	0.168	1.000	0.168	递减
	四川	绵阳	0.094	0.355	0.265	递减
	四川	广元	0.644	1.000	0.644	递减
	四川	遂宁	0.228	1.000	0.228	递减
	四川	内江	0.227	0.573	0.395	递减
	四川	乐山	0.154	0.211	0.731	递减
	四川	南充	0.171	0.498	0.342	递减
	四川	眉山	0.252	1.000	0.252	递减
	四川	宜宾	0.137	0.329	0.418	递减
	四川	广安	0.398	1.000	0.398	递减
	四川	雅安	0.449	0.611	0.736	递减
	四川	巴中	1.000	1.000	1.000	不变
	四川	资阳	0.450	1.000	0.450	递减
	云南	昆明	0.069	0.102	0.671	递减
	云南	曲靖	0.203	0.863	0.235	递减
	云南	玉溪	0.339	0.695	0.487	递减
	云南	保山	0.426	0.779	0.547	递减
	云南	丽江	0.954	1.000	0.954	递减
	云南	临沧	1.000	1.000	1.000	不变
	贵州	贵阳	0.096	0.404	0.237	递减
	贵州	安顺	0.258	0.499	0.516	递减
	贵州	毕节	0.283	0.420	0.673	递减
	贵州	铜仁	0.222	0.224	0.990	递减
	陕西	西安	0.054	0.108	0.503	递减
	陕西	铜川	0.859	1.000	0.859	递减
	陕西	宝鸡	0.142	0.289	0.491	递减

续表

区域	所属省份	地级及以上城市	协同发展总效度	协同效度	发展效度	规模效应
西部地区	陕西	咸阳	0.220	0.709	0.311	递减
	陕西	渭南	0.328	1.000	0.328	递减
	陕西	延安	0.459	0.717	0.640	递减
	陕西	榆林	0.325	0.488	0.666	递减
	陕西	安康	0.799	1.000	0.799	递减
	陕西	商洛	0.970	1.000	0.970	递减
	甘肃	兰州	0.065	0.143	0.456	递减
	甘肃	嘉峪关	0.260	0.659	0.394	递减
	甘肃	白银	0.415	0.430	0.965	递减
	甘肃	天水	0.557	0.660	0.844	递减
	甘肃	武威	0.435	1.000	0.435	递减
	甘肃	张掖	0.464	0.654	0.710	递减
	甘肃	平凉	0.748	1.000	0.748	递减
	甘肃	酒泉	0.414	0.890	0.465	递减
	甘肃	庆阳	1.000	1.000	1.000	不变
	甘肃	定西	1.000	1.000	1.000	不变
	甘肃	陇南	1.000	1.000	1.000	不变
	宁夏	银川	0.093	0.430	0.216	递减
	宁夏	石嘴山	0.231	0.369	0.626	递减
	宁夏	吴忠	0.311	0.769	0.404	递减
	宁夏	固原	0.934	1.000	0.934	递减
	宁夏	中卫	0.841	1.000	0.841	递减
	广西	南宁	0.050	1.000	0.050	递减
	广西	柳州	0.056	0.283	0.198	递减
	广西	桂林	0.136	0.300	0.455	递减
	广西	梧州	0.151	0.326	0.464	递减
	广西	北海	0.199	1.000	0.199	递减
	广西	防城港	0.233	1.000	0.233	递减
	广西	钦州	0.176	0.363	0.484	递减
	广西	贵港	0.180	0.223	0.804	递减
	广西	玉林	0.161	1.000	0.161	递减

续表

区域	所属省份	地级及以上城市	协同发展总效度	协同效度	发展效度	规模效应
西部地区	广西	百色	0.264	0.372	0.709	递减
	广西	贺州	0.468	1.000	0.468	递减
	广西	河池	1.000	1.000	1.000	不变
	广西	来宾	0.359	0.507	0.708	递减
	广西	崇左	0.678	1.000	0.678	递减

资料来源:《中国城市统计年鉴》。

(一) 生态环境子系统内部评价结果

根据表 5-21 和表 5-22 的输入和输出数据,利用 Excel 和 DEA Excel Solver 插件,即可得到评价结果(见表 5-26)。如果决策单元 DMU 具有技术有效性,即技术效率为 1,表示 DMU 生产要素处于经济学意义上的最佳匹配状态,系统的结构比例处于最适状态,即耦合协同有效;如果 DMU 具有规模有效性,即规模效率为 1,则表示系统投入与产出间的相对效益达到经济学意义上的最佳状态,系统产出与系统投入将发生同方向等比例变化,即发展有效;如果 DMU 纯技术效率为 1,而规模效率小于 1 时,综合效率小于 1,即系统协同有效但发展无效,耦合协同角度上系统要素配合比例得当,综合无效原因在于投入和产出规模未达到最佳,因而需要增加或减少规模。

表 5-26　　中西部各地级及以上城市 2015 年生态环境子系统内部评价结果排序

协同发展总效度区间	所属省份	地级及以上城市	协同发展总效度	协同效度	发展效度	规模效应
协同发展完全有效(协同发展总效度=1)	四川	巴中	1	1	1	不变
	云南	临沧	1	1	1	不变
	甘肃	庆阳	1	1	1	不变
	甘肃	定西	1	1	1	不变
	甘肃	陇南	1	1	1	不变
	广西	河池	1	1	1	不变
协同发展效度良好(0.5≤协同发展总效度<1)	陕西	商洛	0.97	1	0.97	递减
	云南	丽江	0.954	1	0.954	递减
	宁夏	固原	0.934	1	0.934	递减

续表

协同发展总效度区间	所属省份	地级及以上城市	协同发展总效度	协同效度	发展效度	规模效应
协同发展效度良好 (0.5≤协同发展总效度<1)	陕西	铜川	0.859	1	0.859	递减
	宁夏	中卫	0.841	1	0.841	递减
	陕西	安康	0.799	1	0.799	递减
	山西	吕梁	0.752	1	0.752	递减
	甘肃	平凉	0.748	1	0.748	递减
	广西	崇左	0.678	1	0.678	递减
	四川	广元	0.644	1	0.644	递减
	湖南	张家界	0.63	1	0.63	递减
	山西	阳泉	0.605	0.685	0.882	递减
	江西	鹰潭	0.593	1	0.593	递减
	甘肃	天水	0.557	0.66	0.844	递减
	安徽	黄山	0.533	1	0.533	递减
	河南	三门峡	0.51	0.772	0.66	递减
协同发展效度一般 (0.2≤协同发展总效度<0.5)	广西	贺州	0.468	1	0.468	递减
	甘肃	张掖	0.464	0.654	0.71	递减
	陕西	延安	0.459	0.717	0.64	递减
	四川	资阳	0.45	1	0.45	递减
	四川	雅安	0.449	0.611	0.736	递减
	甘肃	武威	0.435	1	0.435	递减
	云南	保山	0.426	0.779	0.547	递减
	甘肃	白银	0.415	0.43	0.965	递减
	甘肃	酒泉	0.414	0.89	0.465	递减
	山西	运城	0.413	1	0.413	递减
	山西	朔州	0.403	1	0.403	递减
	四川	广安	0.398	1	0.398	递减
	安徽	池州	0.371	1	0.371	递减
	广西	来宾	0.359	0.507	0.708	递减
	山西	晋城	0.342	0.848	0.403	递减
	云南	玉溪	0.339	0.695	0.487	递减
	山西	临汾	0.33	0.406	0.814	递减

续表

协同发展总效度区间	所属省份	地级及以上城市	协同发展总效度	协同效度	发展效度	规模效应
	江西	吉安	0.33	1	0.33	递减
	陕西	渭南	0.328	1	0.328	递减
	陕西	榆林	0.325	0.488	0.666	递减
	宁夏	吴忠	0.311	0.769	0.404	递减
	河南	漯河	0.302	1	0.302	递减
	湖北	咸宁	0.296	0.785	0.377	递减
	江西	抚州	0.291	0.708	0.411	递减
	江西	景德镇	0.283	1	0.283	递减
	贵州	毕节	0.283	0.42	0.673	递减
	安徽	宣城	0.278	1	0.278	递减
	河南	周口	0.277	1	0.277	递减
	江西	萍乡	0.27	0.657	0.411	递减
	安徽	亳州	0.268	1	0.268	递减
协同发展效度一般（0.2≤协同发展总效度<0.5）	广西	百色	0.264	0.372	0.709	递减
	山西	忻州	0.262	0.884	0.297	递减
	甘肃	嘉峪关	0.26	0.659	0.394	递减
	贵州	安顺	0.258	0.499	0.516	递减
	四川	眉山	0.252	1	0.252	递减
	河南	鹤壁	0.233	0.582	0.4	递减
	广西	防城港	0.233	1	0.233	递减
	安徽	宿州	0.232	0.387	0.598	递减
	宁夏	石嘴山	0.231	0.369	0.626	递减
	四川	遂宁	0.228	1	0.228	递减
	四川	内江	0.227	0.573	0.395	递减
	江西	宜春	0.226	0.555	0.407	递减
	河南	商丘	0.225	0.731	0.308	递减
	贵州	铜仁	0.222	0.224	0.99	递增
	江西	上饶	0.22	0.531	0.415	递减
	陕西	咸阳	0.22	0.709	0.311	递减
	湖北	黄冈	0.213	0.235	0.906	递减

续表

协同发展总效度区间	所属省份	地级及以上城市	协同发展总效度	协同效度	发展效度	规模效应
协同发展效度一般（0.2≤协同发展总效度<0.5）	湖北	鄂州	0.205	0.436	0.469	递减
	湖南	邵阳	0.203	0.291	0.697	递减
	云南	曲靖	0.203	0.863	0.235	递减
	安徽	淮北	0.2	0.747	0.268	递减
协同发展总效度较差（0<协同发展总效度<0.2）	广西	北海	0.199	1	0.199	递减
	江西	新余	0.195	1	0.195	递减
	四川	自贡	0.195	0.493	0.395	递减
	湖南	益阳	0.194	0.48	0.404	递减
	湖北	孝感	0.191	0.436	0.439	递减
	安徽	六安	0.189	0.442	0.428	递减
	湖南	永州	0.189	0.472	0.401	递减
	河南	许昌	0.188	1	0.188	递减
	湖南	怀化	0.185	0.311	0.594	递减
	湖南	娄底	0.185	0.408	0.454	递减
	广西	贵港	0.18	0.223	0.804	递减
	安徽	滁州	0.176	0.585	0.301	递减
	广西	钦州	0.176	0.363	0.484	递减
	河南	安阳	0.173	0.326	0.531	递减
	四川	南充	0.171	0.498	0.342	递减
	安徽	铜陵	0.168	0.594	0.282	递减
	四川	德阳	0.168	1	0.168	递减
	湖南	郴州	0.167	0.385	0.435	递减
	广西	玉林	0.161	1	0.161	递减
	河南	濮阳	0.158	0.52	0.304	递减
	山西	长治	0.154	0.479	0.321	递减
	四川	乐山	0.154	0.211	0.731	递减
	河南	驻马店	0.153	0.451	0.338	递减
	广西	梧州	0.151	0.326	0.464	递减
	江西	九江	0.146	1	0.146	递减
	湖南	常德	0.145	1	0.145	递减

续表

协同发展总效度区间	所属省份	地级及以上城市	协同发展总效度	协同效度	发展效度	规模效应
协同发展总效度较差（0＜协同发展总效度＜0.2）	陕西	宝鸡	0.142	0.289	0.491	递减
	湖北	荆门	0.137	0.262	0.525	递减
	四川	宜宾	0.137	0.329	0.418	递减
	四川	攀枝花	0.136	0.183	0.745	递减
	广西	桂林	0.136	0.3	0.455	递减
	湖北	十堰	0.134	0.174	0.769	递减
	安徽	蚌埠	0.128	0.923	0.138	递减
	四川	泸州	0.127	0.284	0.446	递减
	安徽	阜阳	0.117	0.403	0.289	递减
	安徽	安庆	0.114	0.432	0.264	递减
	山西	大同	0.113	0.186	0.607	递减
	湖北	荆州	0.107	0.173	0.618	递减
	安徽	淮南	0.104	0.175	0.597	递减
	湖北	黄石	0.102	0.303	0.336	递减
	江西	赣州	0.097	0.156	0.619	递减
	贵州	贵阳	0.096	0.404	0.237	递减
	四川	绵阳	0.094	0.355	0.265	递减
	宁夏	银川	0.093	0.43	0.216	递减
	湖北	宜昌	0.089	0.161	0.554	递减
	湖南	株洲	0.086	0.462	0.186	递减
	湖南	湘潭	0.083	0.416	0.2	递减
	山西	太原	0.082	0.158	0.515	递减
	河南	南阳	0.08	0.101	0.792	递减
	河南	新乡	0.075	1	0.075	递减
	安徽	马鞍山	0.074	0.134	0.551	递减
	湖南	岳阳	0.072	0.138	0.518	递减
	安徽	芜湖	0.07	0.125	0.56	递减
	云南	昆明	0.069	0.102	0.671	递减
	甘肃	兰州	0.065	0.143	0.456	递减
	安徽	合肥	0.063	0.558	0.113	递减

续表

协同发展总效度区间	所属省份	地级及以上城市	协同发展总效度	协同效度	发展效度	规模效应
协同发展效度总较差（0＜协同发展总效度＜0.2）	河南	洛阳	0.059	0.096	0.617	递减
	湖南	衡阳	0.059	0.151	0.391	递减
	广西	柳州	0.056	0.283	0.198	递减
	陕西	西安	0.054	0.108	0.503	递减
	湖北	襄阳	0.053	0.129	0.411	递减
	湖南	长沙	0.052	0.416	0.125	递减
	广西	南宁	0.05	1	0.05	递减
	江西	南昌	0.037	1	0.037	递减
	河南	郑州	0.028	0.054	0.523	递减
	四川	成都	0.027	0.535	0.05	递减
	湖北	武汉	0.021	1	0.021	递减
	重庆	重庆	0.01	0.019	0.525	递减

按照协同发展总效度值的大小进行分类，协同发展总效度=1，属于协同发展完全有效，即协同有效、发展有效、协同发展有效，属于生态环境协同发展的第一类地区。0.75≤协同发展总效度＜1，属于生态环境协同发展良好的第二类地区；0.5≤协同发展总效度＜0.75，属于生态环境协同发展一般的第三类地区；0.25≤协同发展总效度＜0.5，属于生态环境协同发展较差的第四类地区；0＜协同发展总效度＜0.25，属于生态环境协同发展很差的第五类地区。具体情况见表5-27。

表5-27　　　　　中西部各地级及以上城市2015年
　　　　　　　　生态系统协同发展评价结果分类

分类	地级及以上城市
第一类生态环境协同发展完全有效的地级及以上城市（协同发展总效度=1）	四川巴中市、云南临沧市、甘肃庆阳市、甘肃定西市、甘肃陇南市、广西河池市
第二类生态环境协同发展良好的地级及以上城市（0.75≤协同发展总效度＜1）	陕西商洛市、云南丽江市、宁夏固原市、陕西铜川市、宁夏中卫市、陕西安康市、山西吕梁市

续表

分类	地级及以上城市
第三类生态环境协同发展一般的地级及以上城市（0.5≤协同发展总效度<0.75）	甘肃平凉市、广西崇左市、四川广元市、湖南张家界市、山西阳泉市、江西鹰潭市、甘肃天水市、安徽黄山市、河南三门峡市
第四类生态环境协同发展较差的地级及以上城市（0.25≤协同发展总效度<0.5）	广西贺州市、甘肃张掖市、陕西延安市、四川资阳市、四川雅安市、甘肃武威市、云南保山市、甘肃白银市、甘肃酒泉市、山西运城市、山西朔州市、四川广安市、安徽池州市、广西来宾市、山西晋城市、云南玉溪市、山西临汾市、江西吉安市、陕西渭南市、陕西榆林市、宁夏吴忠市、河南漯河市、湖北咸宁市、江西抚州市、江西景德镇市、贵州毕节市、安徽宣城市、河南周口市、江西萍乡市、安徽亳州市、广西百色市、山西忻州市、甘肃嘉峪关市、贵州安顺市、四川眉山市
第五类生态环境协同发展很差的地级及以上城市（0<协同发展总效度<0.25）	河南鹤壁市、广西防城港市、安徽宿州市、宁夏石嘴山市、四川遂宁市、四川内江市、江西宜春市、河南商丘市、贵州铜仁市、江西上饶市、陕西咸阳市、湖北黄冈市、湖北鄂州市、湖南邵阳市、云南曲靖市、安徽淮北市、广西北海市、江西新余市、四川自贡市、湖南益阳市、湖北孝感市、安徽六安市、湖南永州市、河南许昌市、湖南怀化市、湖南娄底市、广西贵港市、安徽滁州市、广西钦州市、河南安阳市、四川南充市、安徽铜陵市、四川德阳市、湖南郴州市、广西玉林市、河南濮阳市、山西长治市、四川乐山市、河南驻马店市、广西梧州市、江西九江市、湖南常德市、陕西宝鸡市、湖北荆门市、四川宜宾市、四川攀枝花市、广西桂林市、湖北十堰市、安徽蚌埠市、四川泸州市、安徽阜阳市、安徽安庆市、山西大同市、湖北荆州市、安徽淮南市、湖北黄石市、江西赣州市、贵州贵阳市、四川绵阳市、宁夏银川市、湖北宜昌市、湖南株洲市、湖南湘潭市、山西太原市、河南南阳市、河南新乡市、安徽马鞍山市、湖南岳阳市、安徽芜湖市、云南昆明市、甘肃兰州市、安徽合肥市、河南洛阳市、湖南衡阳市、广西柳州市、陕西西安市、湖北襄阳市、湖南长沙市、广西南宁市、江西南昌市、河南郑州市、四川成都市、湖北武汉市、重庆市

(二) 经济子系统内部评价结果

利用表 5-23 和表 5-24 的输入及输出数据，利用 Excel 和 DEA Excel Solver 插件，即可得到评价结果，如表 5-28 所示。

表 5-28 中西部各地级及以上城市 2015 年经济子系统评价结果

区域	所属省份	地级及以上城市	协同发展总效度	协同效度	发展效度	规模效应
中部地区	山西	太原	0.107	1.000	0.107	递减
	山西	大同	0.198	0.267	0.742	递减
	山西	阳泉	0.296	0.303	0.979	递减
	山西	长治	0.148	0.162	0.913	递增
	山西	晋城	0.177	0.187	0.949	递增
	山西	朔州	0.373	0.374	0.999	递减
	山西	运城	0.171	0.190	0.898	递增
	山西	忻州	0.247	0.271	0.913	递增
	山西	临汾	0.161	0.184	0.876	递增
	山西	吕梁	0.174	0.192	0.911	递增
	安徽	合肥	0.058	0.471	0.122	递减
	安徽	芜湖	0.165	0.244	0.677	递减
	安徽	蚌埠	0.221	0.251	0.879	递增
	安徽	淮南	0.224	0.262	0.856	递减
	安徽	马鞍山	0.321	0.647	0.496	递减
	安徽	淮北	0.253	0.290	0.872	递增
	安徽	铜陵	0.404	0.408	0.992	递增
	安徽	安庆	0.169	0.200	0.843	递增
	安徽	黄山	0.623	0.624	0.999	不变
	安徽	滁州	0.266	0.279	0.951	递增
	安徽	阜阳	0.181	0.216	0.841	递增
	安徽	宿州	0.126	0.127	0.992	递增
	安徽	六安	0.138	0.145	0.951	递增
	安徽	亳州	0.253	0.296	0.854	递增
	安徽	池州	0.561	0.628	0.893	递增
	安徽	宣城	0.404	0.419	0.963	递增
	江西	南昌	0.061	0.210	0.289	递减

续表

区域	所属省份	地级及以上城市	协同发展总效度	协同效度	发展效度	规模效应
中部地区	江西	景德镇	0.293	0.351	0.836	递增
	江西	萍乡	0.287	0.332	0.865	递增
	江西	九江	0.356	0.400	0.889	递增
	江西	新余	0.530	1.000	0.530	递减
	江西	鹰潭	0.453	0.453	0.999	不变
	江西	赣州	0.106	0.120	0.884	递增
	江西	吉安	0.142	0.176	0.804	递增
	江西	宜春	0.115	0.150	0.771	递增
	江西	抚州	0.158	0.181	0.872	递增
	江西	上饶	0.128	0.149	0.861	递增
	河南	郑州	0.041	0.271	0.152	递减
	河南	洛阳	0.092	0.093	0.981	递增
	河南	安阳	0.097	0.118	0.820	递增
	河南	鹤壁	0.214	0.299	0.716	递增
	河南	新乡	0.085	0.103	0.830	递增
	河南	濮阳	0.128	0.170	0.752	递增
	河南	许昌	0.123	0.152	0.808	递增
	河南	漯河	0.156	0.213	0.732	递增
	河南	三门峡	0.211	0.254	0.830	递增
	河南	南阳	0.060	0.073	0.819	递增
	河南	商丘	0.086	0.102	0.848	递增
	河南	周口	0.079	0.102	0.775	递增
	河南	驻马店	0.092	0.099	0.926	递增
	湖北	武汉	0.047	1.000	0.047	递减
	湖北	黄石	0.181	0.214	0.844	递增
	湖北	十堰	0.113	0.118	0.958	递增
	湖北	宜昌	0.082	0.280	0.293	递减
	湖北	襄阳	0.063	0.071	0.887	递增
	湖北	鄂州	0.298	0.332	0.897	递增
	湖北	荆门	0.140	0.177	0.789	递增
	湖北	孝感	0.070	0.089	0.788	递增

续表

区域	所属省份	地级及以上城市	协同发展总效度	协同效度	发展效度	规模效应
中部地区	湖北	荆州	0.114	0.155	0.735	递增
	湖北	黄冈	0.085	0.109	0.778	递增
	湖北	咸宁	0.228	0.290	0.788	递增
	湖南	长沙	0.082	1.000	0.082	递减
	湖南	株洲	0.153	0.170	0.903	递减
	湖南	湘潭	0.151	0.161	0.935	递增
	湖南	衡阳	0.108	0.125	0.865	递增
	湖南	邵阳	0.148	0.177	0.835	递增
	湖南	岳阳	0.128	0.143	0.900	递增
	湖南	常德	0.153	0.166	0.921	递增
	湖南	张家界	1.000	1.000	1.000	不变
	湖南	益阳	0.210	0.249	0.846	递增
	湖南	郴州	0.164	0.188	0.868	递增
	湖南	永州	0.177	0.205	0.863	递增
	湖南	怀化	0.227	0.258	0.879	递增
	湖南	娄底	0.178	0.233	0.763	递增
西部地区	重庆	重庆	0.011	0.055	0.201	递减
	四川	成都	0.027	1.000	0.027	递减
	四川	自贡	0.313	0.335	0.935	递增
	四川	攀枝花	0.273	1.000	0.273	递减
	四川	泸州	0.155	0.179	0.870	递增
	四川	德阳	0.226	0.257	0.878	递减
	四川	绵阳	0.152	0.211	0.723	递减
	四川	广元	0.403	0.414	0.974	递增
	四川	遂宁	0.276	0.326	0.846	递增
	四川	内江	0.197	0.238	0.827	递增
	四川	乐山	0.222	0.237	0.938	递增
	四川	南充	0.132	0.150	0.882	递增
	四川	眉山	0.303	0.331	0.917	递增
	四川	宜宾	0.178	0.189	0.938	递增
	四川	广安	0.322	0.419	0.770	递增

续表

区域	所属省份	地级及以上城市	协同发展总效度	协同效度	发展效度	规模效应
西部地区	四川	雅安	0.509	0.596	0.854	递增
	四川	巴中	0.175	0.224	0.783	递增
	四川	资阳	0.233	0.267	0.873	递增
	云南	昆明	0.065	0.452	0.144	递减
	云南	曲靖	0.126	0.151	0.835	递增
	云南	玉溪	0.236	0.264	0.891	递增
	云南	保山	0.333	0.375	0.887	递增
	云南	丽江	0.670	0.675	0.994	递增
	云南	临沧	0.363	0.452	0.804	递增
	贵州	贵阳	0.085	1.000	0.085	递减
	贵州	安顺	0.417	0.505	0.825	递减
	贵州	毕节	0.196	0.210	0.934	递增
	贵州	铜仁	0.359	1.000	0.359	递减
	陕西	西安	0.047	1.000	0.047	递减
	陕西	铜川	0.502	0.578	0.869	递增
	陕西	宝鸡	0.147	0.167	0.882	递增
	陕西	咸阳	0.101	0.124	0.815	递增
	陕西	渭南	0.111	0.144	0.773	递增
	陕西	延安	0.219	0.429	0.510	递减
	陕西	榆林	0.191	0.928	0.206	递减
	陕西	安康	0.319	0.377	0.847	递增
	陕西	商洛	0.261	0.345	0.756	递增
	甘肃	兰州	0.136	1.000	0.136	递减
	甘肃	嘉峪关	1.000	1.000	1.000	不变
	甘肃	白银	0.374	0.397	0.942	递增
	甘肃	天水	0.318	0.332	0.957	递增
	甘肃	武威	0.437	0.509	0.859	递增
	甘肃	张掖	0.555	0.562	0.987	递增
	甘肃	平凉	0.363	0.382	0.950	递增
	甘肃	酒泉	0.501	0.501	0.999	递减
	甘肃	庆阳	0.341	0.364	0.937	递增

续表

区域	所属省份	地级及以上城市	协同发展总效度	协同效度	发展效度	规模效应
西部地区	甘肃	定西	0.446	0.473	0.943	递增
	甘肃	陇南	0.437	0.456	0.958	递增
	宁夏	银川	0.115	1.000	0.115	递减
	宁夏	石嘴山	0.781	0.825	0.946	递减
	宁夏	吴忠	0.626	0.682	0.918	递增
	宁夏	固原	1.000	1.000	1.000	不变
	宁夏	中卫	0.941	1.000	0.941	递增
	广西	南宁	0.081	0.577	0.140	递减
	广西	柳州	0.110	0.114	0.970	递增
	广西	桂林	0.141	0.151	0.930	递增
	广西	梧州	0.286	0.345	0.831	递增
	广西	北海	0.427	0.473	0.902	递增
	广西	防城港	0.624	0.658	0.948	递增
	广西	钦州	0.258	0.324	0.796	递增
	广西	贵港	0.322	0.364	0.885	递增
	广西	玉林	0.156	0.196	0.796	递增
	广西	百色	0.254	0.301	0.845	递增
	广西	贺州	0.606	0.661	0.917	递增
	广西	河池	0.410	0.436	0.940	递减
	广西	来宾	0.392	0.502	0.781	递增
	广西	崇左	0.401	0.484	0.827	递增

资料来源：《中国城市统计年鉴》。

表5-29　　　中西部各地级及以上城市2015年经济子系统协同发展程度的排序

所属省份	地级及以上城市	协同发展总效度	协同效度	发展效度	规模效应
湖南	张家界	1	1	1	不变
甘肃	嘉峪关	1	1	1	不变
宁夏	固原	1	1	1	不变
宁夏	中卫	0.941	1	0.941	递增
宁夏	石嘴山	0.781	0.825	0.946	递减

续表

所属省份	地级及以上城市	协同发展总效度	协同效度	发展效度	规模效应
云南	丽江	0.67	0.675	0.994	递增
宁夏	吴忠	0.626	0.682	0.918	递增
广西	防城港	0.624	0.658	0.948	递增
安徽	黄山	0.623	0.624	0.999	不变
广西	贺州	0.606	0.661	0.917	递增
安徽	池州	0.561	0.628	0.893	递增
甘肃	张掖	0.555	0.562	0.987	递增
江西	新余	0.53	1	0.53	递减
四川	雅安	0.509	0.596	0.854	递增
陕西	铜川	0.502	0.578	0.869	递增
甘肃	酒泉	0.501	0.501	0.999	递减
江西	鹰潭	0.453	0.453	0.999	不变
甘肃	定西	0.446	0.473	0.943	递增
甘肃	武威	0.437	0.509	0.859	递增
甘肃	陇南	0.437	0.456	0.958	递增
广西	北海	0.427	0.473	0.902	递增
贵州	安顺	0.417	0.505	0.825	递减
广西	河池	0.41	0.436	0.94	递减
安徽	铜陵	0.404	0.408	0.992	递增
安徽	宣城	0.404	0.419	0.963	递增
四川	广元	0.403	0.414	0.974	递增
广西	崇左	0.401	0.484	0.827	递增
广西	来宾	0.392	0.502	0.781	递增
甘肃	白银	0.374	0.397	0.942	递增
山西	朔州	0.373	0.374	0.999	递减
云南	临沧	0.363	0.452	0.804	递增
甘肃	平凉	0.363	0.382	0.95	递增
贵州	铜仁	0.359	1	0.359	递减
江西	九江	0.356	0.4	0.889	递增
甘肃	庆阳	0.341	0.364	0.937	递增
云南	保山	0.333	0.375	0.887	递增

续表

所属省份	地级及以上城市	协同发展总效度	协同效度	发展效度	规模效应
四川	广安	0.322	0.419	0.77	递增
广西	贵港	0.322	0.364	0.885	递增
安徽	马鞍山	0.321	0.647	0.496	递减
陕西	安康	0.319	0.377	0.847	递增
甘肃	天水	0.318	0.332	0.957	递增
四川	自贡	0.313	0.335	0.935	递增
四川	眉山	0.303	0.331	0.917	递增
湖北	鄂州	0.298	0.332	0.897	递增
山西	阳泉	0.296	0.303	0.979	递减
江西	景德镇	0.293	0.351	0.836	递增
江西	萍乡	0.287	0.332	0.865	递增
广西	梧州	0.286	0.345	0.831	递增
四川	遂宁	0.276	0.326	0.846	递增
四川	攀枝花	0.273	1	0.273	递减
安徽	滁州	0.266	0.279	0.951	递增
陕西	商洛	0.261	0.345	0.756	递增
广西	钦州	0.258	0.324	0.796	递增
广西	百色	0.254	0.301	0.845	递增
安徽	淮北	0.253	0.29	0.872	递增
安徽	亳州	0.253	0.296	0.854	递增
山西	忻州	0.247	0.271	0.913	递增
云南	玉溪	0.236	0.264	0.891	递增
四川	资阳	0.233	0.267	0.873	递增
湖北	咸宁	0.228	0.29	0.788	递增
湖南	怀化	0.227	0.258	0.879	递增
四川	德阳	0.226	0.257	0.878	递减
安徽	淮南	0.224	0.262	0.856	递减
四川	乐山	0.222	0.237	0.938	递增
安徽	蚌埠	0.221	0.251	0.879	递增
陕西	延安	0.219	0.429	0.51	递减
河南	鹤壁	0.214	0.299	0.716	递增

续表

所属省份	地级及以上城市	协同发展总效度	协同效度	发展效度	规模效应
河南	三门峡	0.211	0.254	0.83	递增
湖南	益阳	0.21	0.249	0.846	递增
山西	大同	0.198	0.267	0.742	递减
四川	内江	0.197	0.238	0.827	递增
贵州	毕节	0.196	0.21	0.934	递增
陕西	榆林	0.191	0.928	0.206	递减
安徽	阜阳	0.181	0.216	0.841	递增
湖北	黄石	0.181	0.214	0.844	递增
湖南	娄底	0.178	0.233	0.763	递增
四川	宜宾	0.178	0.189	0.938	递增
山西	晋城	0.177	0.187	0.949	递增
湖南	永州	0.177	0.205	0.863	递增
四川	巴中	0.175	0.224	0.783	递增
山西	吕梁	0.174	0.192	0.911	递增
山西	运城	0.171	0.19	0.898	递增
安徽	安庆	0.169	0.2	0.843	递增
安徽	芜湖	0.165	0.244	0.677	递减
湖南	郴州	0.164	0.188	0.868	递增
山西	临汾	0.161	0.184	0.876	递增
江西	抚州	0.158	0.181	0.872	递增
河南	漯河	0.156	0.213	0.732	递增
广西	玉林	0.156	0.196	0.796	递增
四川	泸州	0.155	0.179	0.87	递增
湖南	株洲	0.153	0.17	0.903	递减
湖南	常德	0.153	0.166	0.921	递增
四川	绵阳	0.152	0.211	0.723	递减
湖南	湘潭	0.151	0.161	0.935	递增
山西	长治	0.148	0.162	0.913	递增
湖南	邵阳	0.148	0.177	0.835	递增
陕西	宝鸡	0.147	0.167	0.882	递增
江西	吉安	0.142	0.176	0.804	递增

续表

所属省份	地级及以上城市	协同发展总效度	协同效度	发展效度	规模效应
广西	桂林	0.141	0.151	0.93	递增
湖北	荆门	0.14	0.177	0.789	递增
安徽	六安	0.138	0.145	0.951	递增
甘肃	兰州	0.136	1	0.136	递减
四川	南充	0.132	0.15	0.882	递增
江西	上饶	0.128	0.149	0.861	递增
河南	濮阳	0.128	0.17	0.752	递增
湖南	岳阳	0.128	0.143	0.9	递增
安徽	宿州	0.126	0.127	0.992	递增
云南	曲靖	0.126	0.151	0.835	递增
河南	许昌	0.123	0.152	0.808	递增
江西	宜春	0.115	0.15	0.771	递增
宁夏	银川	0.115	1	0.115	递减
湖北	荆州	0.114	0.155	0.735	递增
湖北	十堰	0.113	0.118	0.958	递增
陕西	渭南	0.111	0.144	0.773	递增
广西	柳州	0.11	0.114	0.97	递增
湖南	衡阳	0.108	0.125	0.865	递增
山西	太原	0.107	1	0.107	递减
江西	赣州	0.106	0.12	0.884	递增
陕西	咸阳	0.101	0.124	0.815	递增
河南	安阳	0.097	0.118	0.82	递增
河南	洛阳	0.092	0.093	0.981	递增
河南	驻马店	0.092	0.099	0.926	递增
河南	商丘	0.086	0.102	0.848	递增
河南	新乡	0.085	0.103	0.83	递增
湖北	黄冈	0.085	0.109	0.778	递增
贵州	贵阳	0.085	1	0.085	递减
湖北	宜昌	0.082	0.28	0.293	递减
湖南	长沙	0.082	1	0.082	递减
广西	南宁	0.081	0.577	0.14	递减

续表

所属省份	地级及以上城市	协同发展总效度	协同效度	发展效度	规模效应
河南	周口	0.079	0.102	0.775	递增
湖北	孝感	0.07	0.089	0.788	递增
云南	昆明	0.065	0.452	0.144	递减
湖北	襄阳	0.063	0.071	0.887	递增
江西	南昌	0.061	0.21	0.289	递减
河南	南阳	0.06	0.073	0.819	递增
安徽	合肥	0.058	0.471	0.122	递减
湖北	武汉	0.047	1	0.047	递减
陕西	西安	0.047	1	0.047	递减
河南	郑州	0.041	0.271	0.152	递减
四川	成都	0.027	1	0.027	递减
重庆	重庆	0.011	0.055	0.201	递减

按照协同发展总效度值的大小进行分类，协同发展总效度＝1，属于经济子系统协同发展完全有效，即协同有效、发展有效、协同发展有效，属于经济子系统协同发展的第一类地区。0.75≤协同发展总效度＜1 的属于经济子系统协同发展良好的第二类地区；0.5≤协同发展总效度＜0.75 的属于经济子系统协同发展一般的第三类地区；0.25≤协同发展总效度＜0.5 的属于经济子系统协同发展较差的第四类地区；0＜协同发展总效度＜0.25 的属于经济子系统协同发展很差的第五类地区。具体情况见表 5-30。

表 5-30　中西部各地级及以上城市 2015 年经济子系统协同发展程度分类

协同发展总效度	对应地级及以上城市
第一类地区，协同发展完全有效；协同发展总效度＝1	湖南省张家界市、甘肃嘉峪关市、宁夏固原市
第二类地区，协同发展良好；0.75≤协同发展总效度＜1	宁夏中卫市、宁夏石嘴山市
第三类地区，协同发展一般；0.5≤协同发展总效度＜0.75	云南丽江市、宁夏吴忠市、广西防城港市、安徽黄山市、广西贺州市、安徽池州市、甘肃张掖市、江西新余市、四川雅安市、陕西铜川市、甘肃酒泉市

续表

协同发展总效度	对应地级及以上城市
第四类地区，协同发展较差；$0.25 \leqslant$ 协同发展总效度 < 0.5	江西鹰潭市、甘肃定西市、甘肃武威市、甘肃陇南市、广西北海市、贵州安顺市、广西河池市、安徽铜陵市、安徽宣城市、四川广元市、广西崇左市、广西来宾市、甘肃白银市、山西朔州市、云南临沧市、甘肃平凉市、贵州铜仁市、江西九江市、甘肃庆阳市、云南保山市、四川广安市、广西贵港市、安徽马鞍山市、陕西安康市、甘肃天水市、四川自贡市、四川眉山市、湖北鄂州市、山西阳泉市、江西景德镇市、江西萍乡市、广西梧州市、四川遂宁市、四川攀枝花市、安徽滁州市、陕西商洛市、广西钦州市、广西百色市、安徽淮北市、安徽亳州市
第五类地区，协同发展很差；$0 <$ 协同发展总效度 < 0.25	山西忻州市、云南玉溪市、四川资阳市、湖北咸宁市、湖南怀化市、四川德阳市、安徽淮南市、四川乐山市、安徽蚌埠市、陕西延安市、河南鹤壁市、河南三门峡市、湖南益阳市、山西大同市、四川内江市、贵州毕节市、陕西榆林市、安徽阜阳市、湖北黄石市、湖南娄底市、四川宜宾市、山西晋城市、湖南永州市、四川巴中市、山西吕梁市、山西运城市、安徽安庆市、安徽芜湖市、湖南郴州市、山西临汾市、江西抚州市、河南漯河市、广西玉林市、四川泸州市、湖南株洲市、湖南常德市、四川绵阳市、湖南湘潭市、山西长治市、湖南邵阳市、陕西宝鸡市、江西吉安市、广西桂林市、湖北荆门市、安徽六安市、甘肃兰州市、四川南充市、江西上饶市、河南濮阳市、湖南岳阳市、安徽宿州市、云南曲靖市、河南许昌市、江西宜春市、宁夏银川市、湖北荆州市、湖北十堰市、陕西渭南市、广西柳州市、湖南衡阳市、山西太原市、江西赣州市、陕西咸阳市、河南安阳市、河南洛阳市、河南驻马店市、河南商丘市、河南新乡市、湖北黄冈市、贵州贵阳市、湖北宜昌市、湖南长沙市、广西南宁市、河南周口市、湖北孝感市、云南昆明市、湖北襄阳市、江西南昌市、河南南阳市、安徽合肥市、湖北武汉市、陕西西安市、河南郑州市、四川成都市、重庆市

三　子系统之间协同发展评价

根据本章第一节子系统两两间发展效度、协同效度、协同发展总效度的计算方法及公式，以及各省份生态、环境、经济子系统的输入和输出指标数据，并采用 Excel 和 DEA Excel Solver 插件，求得各省份生态环境子系统 A、经济子系统 B 之间的发展效度 Fe、协同效度 Xe 和协同发展总效度 Ze。

利用表 5-21 至表 5-24 之间的输入和输出数据，运用 Excel 和 DEA Excel Solver 插件，依据式（5-13）、式（5-14）、式（5-15）计算，最终生态环境与经济子系统间评价结果见表 5-31。

表 5-31　　　中西部各地级及以上城市 2015 年生态环境与
经济子系统间协同发展评价结果

区域	所属省份	地级及以上城市	Z_e(A/B)	X_e(A/B)	F_e(A/B)	Z_e(B/A)	X_e(B/A)	F_e(B/A)	X_e(A,B)	F_e(A,B)	Z_e(A,B)
中部地区	山西	太原	0.171	1.000	0.171	0.080	0.097	0.825	0.097	0.207	0.020
	山西	大同	0.163	0.257	0.633	0.215	0.220	0.980	0.856	0.646	0.553
	山西	阳泉	0.858	1.000	0.858	0.287	0.475	0.605	0.475	0.705	0.335
	山西	长治	0.220	0.220	0.998	0.197	0.353	0.558	0.623	0.559	0.348
	山西	晋城	0.514	0.560	0.918	0.209	0.414	0.505	0.739	0.550	0.407
	山西	朔州	0.562	1.000	0.562	0.382	0.733	0.521	0.733	0.927	0.680
	山西	运城	0.302	0.321	0.939	0.203	0.220	0.922	0.685	0.982	0.673
	山西	忻州	0.372	0.378	0.984	0.264	0.268	0.986	0.709	0.998	0.708
	山西	临汾	0.320	0.334	0.957	0.183	0.183	0.999	0.548	0.958	0.525
	山西	吕梁	0.717	0.817	0.878	0.194	0.194	0.998	0.237	0.880	0.209
	安徽	合肥	0.183	0.649	0.283	0.056	0.106	0.533	0.163	0.531	0.087
	安徽	芜湖	0.220	0.428	0.515	0.153	0.165	0.927	0.386	0.556	0.214
	安徽	蚌埠	0.229	0.267	0.859	0.280	0.695	0.403	0.384	0.469	0.180
	安徽	淮南	0.136	0.147	0.926	0.254	0.267	0.953	0.551	0.972	0.535
	安徽	马鞍山	0.163	0.354	0.460	0.337	0.425	0.793	0.833	0.580	0.483
	安徽	淮北	0.248	0.251	0.988	0.345	0.584	0.590	0.430	0.597	0.257
	安徽	铜陵	0.297	0.377	0.788	0.469	0.707	0.664	0.533	0.843	0.449
	安徽	安庆	0.186	0.188	0.989	0.230	0.320	0.719	0.588	0.727	0.427

续表

区域	所属省份	地级及以上城市	Z_e(A/B)	X_e(A/B)	F_e(A/B)	Z_e(B/A)	X_e(B/A)	F_e(B/A)	X_e(A,B)	F_e(A,B)	Z_e(A,B)
中部地区	安徽	黄山	0.794	1.000	0.794	0.738	1.000	0.738	1.000	0.929	0.929
	安徽	滁州	0.263	0.285	0.923	0.311	0.398	0.782	0.716	0.847	0.607
	安徽	阜阳	0.150	0.157	0.954	0.269	0.423	0.636	0.371	0.667	0.247
	安徽	宿州	0.186	0.190	0.983	0.173	0.336	0.516	0.565	0.525	0.297
	安徽	六安	0.249	0.253	0.984	0.212	0.271	0.783	0.934	0.796	0.743
	安徽	亳州	0.294	0.297	0.990	0.362	0.934	0.387	0.318	0.391	0.124
	安徽	池州	0.597	0.604	0.989	0.700	0.900	0.777	0.671	0.786	0.527
	安徽	宣城	0.411	0.413	0.996	0.457	1.000	0.457	0.413	0.459	0.189
	江西	南昌	0.138	0.304	0.455	0.069	1.000	0.069	0.304	0.152	0.046
	江西	景德镇	0.366	0.366	0.999	0.476	1.000	0.476	0.366	0.476	0.174
	江西	萍乡	0.480	0.592	0.810	0.353	0.442	0.798	0.747	0.985	0.736
	江西	九江	0.165	0.173	0.952	0.526	0.813	0.647	0.213	0.680	0.145
	江西	新余	0.424	1.000	0.424	0.623	1.000	0.623	1.000	0.681	0.681
	江西	鹰潭	1.000	1.000	1.000	0.523	0.867	0.603	0.867	0.603	0.523
	江西	赣州	0.118	0.121	0.976	0.131	0.140	0.937	0.864	0.960	0.830
	江西	吉安	0.353	0.357	0.988	0.215	0.365	0.588	0.978	0.595	0.582
	江西	宜春	0.241	0.246	0.980	0.181	0.265	0.681	0.928	0.695	0.645
	江西	抚州	0.333	0.339	0.981	0.219	0.429	0.509	0.790	0.519	0.410
	江西	上饶	0.233	0.237	0.983	0.182	0.312	0.585	0.760	0.595	0.452
	河南	郑州	0.079	0.574	0.138	0.038	0.077	0.486	0.134	0.284	0.038
	河南	洛阳	0.124	0.154	0.804	0.093	0.097	0.962	0.630	0.836	0.526
	河南	安阳	0.179	0.236	0.759	0.139	0.200	0.697	0.847	0.918	0.778
	河南	鹤壁	0.378	0.397	0.952	0.376	0.479	0.785	0.829	0.825	0.683
	河南	新乡	0.101	0.102	0.992	0.139	1.000	0.139	0.102	0.140	0.014
	河南	濮阳	0.215	0.217	0.991	0.211	0.391	0.541	0.555	0.546	0.303
	河南	许昌	0.355	0.360	0.985	0.159	0.572	0.278	0.629	0.282	0.178
	河南	漯河	0.404	0.405	0.998	0.298	1.000	0.298	0.405	0.299	0.121
	河南	三门峡	0.928	1.000	0.928	0.276	0.301	0.920	0.301	0.991	0.298
	河南	南阳	0.128	0.131	0.977	0.082	0.084	0.985	0.641	0.992	0.636
	河南	商丘	0.170	0.170	0.997	0.156	0.410	0.381	0.415	0.382	0.158

续表

区域	所属省份	地级及以上城市	Z_e(A/B)	X_e(A/B)	F_e(A/B)	Z_e(B/A)	X_e(B/A)	F_e(B/A)	X_e(A,B)	F_e(A,B)	Z_e(A,B)
中部地区	河南	周口	0.259	0.267	0.972	0.161	0.216	0.747	0.809	0.769	0.622
	河南	驻马店	0.162	0.165	0.982	0.181	0.251	0.723	0.657	0.736	0.484
	湖北	武汉	0.091	1.000	0.091	0.039	1.000	0.039	1.000	0.429	0.429
	湖北	黄石	0.223	0.239	0.931	0.216	0.431	0.502	0.555	0.539	0.299
	湖北	十堰	0.274	0.307	0.892	0.124	0.126	0.984	0.410	0.907	0.372
	湖北	宜昌	0.251	0.764	0.329	0.081	0.087	0.926	0.114	0.355	0.040
	湖北	襄阳	0.201	0.242	0.832	0.086	0.090	0.951	0.372	0.875	0.325
	湖北	鄂州	0.518	0.889	0.583	0.358	0.386	0.927	0.434	0.629	0.273
	湖北	荆门	0.284	0.294	0.965	0.199	0.209	0.952	0.711	0.987	0.701
	湖北	孝感	0.266	0.272	0.979	0.106	0.106	1.000	0.390	0.979	0.382
	湖北	荆州	0.126	0.130	0.970	0.152	0.155	0.976	0.839	0.994	0.834
	湖北	黄冈	0.379	0.387	0.978	0.123	0.128	0.965	0.331	0.987	0.326
	湖北	咸宁	0.574	0.574	1.000	0.297	0.312	0.950	0.544	0.950	0.516
	湖南	长沙	0.293	1.000	0.293	0.053	0.145	0.365	0.145	0.803	0.116
	湖南	株洲	0.229	0.414	0.554	0.150	0.378	0.397	0.913	0.717	0.654
	湖南	湘潭	0.215	0.284	0.757	0.169	0.341	0.495	0.833	0.654	0.545
	湖南	衡阳	0.130	0.130	0.999	0.128	0.132	0.974	0.985	0.975	0.960
	湖南	邵阳	0.265	0.269	0.987	0.162	0.176	0.922	0.654	0.934	0.611
	湖南	岳阳	0.146	0.148	0.989	0.150	0.176	0.853	0.841	0.862	0.725
	湖南	常德	0.213	0.247	0.863	0.197	1.000	0.197	0.247	0.228	0.056
	湖南	张家界	0.846	1.000	0.846	1.000	1.000	1.000	1.000	0.846	0.846
	湖南	益阳	0.267	0.270	0.990	0.267	0.284	0.941	0.951	0.951	0.904
	湖南	郴州	0.230	0.232	0.995	0.221	0.248	0.894	0.935	0.898	0.841
	湖南	永州	0.236	0.238	0.992	0.227	0.270	0.839	0.881	0.846	0.746
	湖南	怀化	0.267	0.267	1.000	0.244	0.256	0.951	0.959	0.951	0.912
	湖南	娄底	0.208	0.209	0.997	0.262	0.288	0.908	0.726	0.911	0.661
	重庆	重庆	0.023	0.083	0.280	0.015	0.025	0.595	0.301	0.471	0.142
	四川	成都	0.087	1.000	0.087	0.037	0.168	0.223	0.168	0.390	0.066
	四川	自贡	0.472	0.473	0.997	0.420	0.448	0.939	0.947	0.942	0.892
	四川	攀枝花	0.379	1.000	0.379	0.243	0.280	0.868	0.280	0.437	0.122

续表

区域	所属省份	地级及以上城市	Z_e (A/B)	X_e (A/B)	F_e (A/B)	Z_e (B/A)	X_e (B/A)	F_e (B/A)	X_e (A,B)	F_e (A,B)	Z_e (A,B)
中部地区	四川	泸州	0.210	0.212	0.991	0.202	0.218	0.925	0.972	0.933	0.908
	四川	德阳	0.325	0.358	0.906	0.278	1.000	0.278	0.358	0.307	0.110
	四川	绵阳	0.173	0.178	0.969	0.239	0.526	0.455	0.338	0.470	0.159
	四川	广元	0.601	0.716	0.838	0.509	1.000	0.509	0.716	0.607	0.435
	四川	遂宁	0.355	0.355	1.000	0.338	1.000	0.338	0.355	0.338	0.120
	四川	内江	0.391	0.397	0.983	0.318	0.330	0.962	0.831	0.979	0.813
	四川	乐山	0.237	0.261	0.909	0.276	0.279	0.987	0.935	0.921	0.862
	四川	南充	0.218	0.221	0.990	0.189	0.269	0.705	0.822	0.712	0.585
	四川	眉山	0.332	0.351	0.947	0.371	1.000	0.371	0.351	0.392	0.138
	四川	宜宾	0.173	0.201	0.860	0.218	0.220	0.989	0.914	0.870	0.794
	四川	广安	0.544	0.557	0.975	0.444	1.000	0.444	0.557	0.455	0.254
	四川	雅安	0.560	0.563	0.995	0.655	0.731	0.896	0.770	0.901	0.694
	四川	巴中	1.000	1.000	1.000	0.249	0.270	0.921	0.270	0.921	0.249
	四川	资阳	0.849	0.849	1.000	0.328	0.328	1.000	0.386	1.000	0.386
西部地区	云南	昆明	0.168	0.674	0.250	0.058	0.074	0.782	0.110	0.320	0.035
	云南	曲靖	0.267	0.274	0.976	0.207	0.598	0.347	0.458	0.356	0.163
	云南	玉溪	0.610	0.680	0.898	0.261	0.264	0.988	0.388	0.909	0.353
	云南	保山	0.381	0.402	0.949	0.441	0.441	0.999	0.912	0.950	0.866
	云南	丽江	1.000	1.000	1.000	0.812	0.814	0.997	0.814	0.997	0.812
	云南	临沧	0.995	1.000	0.995	0.427	0.452	0.945	0.452	0.950	0.429
	贵州	贵阳	0.215	1.000	0.215	0.068	0.068	0.999	0.068	0.215	0.015
	贵州	安顺	0.324	0.463	0.700	0.485	0.534	0.908	0.867	0.771	0.668
	贵州	毕节	0.299	0.391	0.765	0.196	0.210	0.934	0.537	0.819	0.440
	贵州	铜仁	0.374	1.000	0.374	0.288	0.320	0.900	0.320	0.416	0.133
	陕西	西安	0.141	1.000	0.141	0.049	0.085	0.567	0.085	0.249	0.021
	陕西	铜川	0.889	1.000	0.889	0.733	1.000	0.733	1.000	0.825	0.825
	陕西	宝鸡	0.267	0.267	1.000	0.175	0.186	0.940	0.697	0.940	0.655
	陕西	咸阳	0.371	0.385	0.964	0.121	0.133	0.908	0.345	0.942	0.325
	陕西	渭南	0.459	0.462	0.993	0.156	0.468	0.333	0.987	0.335	0.331
	陕西	延安	0.833	1.000	0.833	0.222	0.255	0.868	0.255	0.960	0.245

续表

区域	所属省份	地级及以上城市	Z_e (A/B)	X_e (A/B)	F_e (A/B)	Z_e (B/A)	X_e (B/A)	F_e (B/A)	X_e (A,B)	F_e (A,B)	Z_e (A,B)
西部地区	陕西	榆林	0.857	1.000	0.857	0.221	0.227	0.977	0.227	0.877	0.199
	陕西	安康	0.782	0.785	0.996	0.435	0.767	0.567	0.977	0.569	0.556
	陕西	商洛	1.000	1.000	1.000	0.340	0.345	0.985	0.345	0.985	0.340
	甘肃	兰州	0.174	1.000	0.174	0.146	0.185	0.793	0.185	0.219	0.041
	甘肃	嘉峪关	0.817	1.000	0.817	1.000	1.000	1.000	1.000	0.817	0.817
	甘肃	白银	0.438	0.527	0.830	0.431	0.439	0.981	0.833	0.846	0.705
	甘肃	天水	0.570	0.668	0.853	0.382	0.392	0.973	0.587	0.877	0.514
	甘肃	武威	0.630	0.640	0.984	0.529	1.000	0.529	0.640	0.538	0.344
	甘肃	张掖	0.514	0.629	0.817	0.668	0.668	0.999	0.942	0.818	0.770
	甘肃	平凉	0.607	0.644	0.944	0.455	0.455	1.000	0.707	0.944	0.667
	甘肃	酒泉	1.000	1.000	1.000	0.453	0.453	0.999	0.453	0.999	0.453
	甘肃	庆阳	1.000	1.000	1.000	0.361	0.364	0.993	0.364	0.993	0.361
	甘肃	定西	1.000	1.000	1.000	0.475	0.481	0.987	0.481	0.987	0.475
	甘肃	陇南	1.000	1.000	1.000	0.359	0.418	0.858	0.418	0.858	0.359
	宁夏	银川	0.184	1.000	0.184	0.163	0.414	0.394	0.414	0.467	0.193
	宁夏	石嘴山	0.393	0.865	0.455	0.790	0.839	0.942	0.970	0.483	0.468
	宁夏	吴忠	0.477	0.481	0.991	0.710	0.750	0.947	0.641	0.956	0.613
	宁夏	固原	1.000	1.000	1.000	1.000	1.000	1.000	1.000	1.000	1.000
	宁夏	中卫	0.758	0.870	0.870	1.000	1.000	1.000	0.870	0.870	0.757
	广西	南宁	0.105	0.614	0.171	0.087	1.000	0.087	0.614	0.509	0.312
	广西	柳州	0.163	0.207	0.789	0.139	0.193	0.718	0.932	0.910	0.848
	广西	桂林	0.300	0.302	0.993	0.161	0.173	0.931	0.573	0.938	0.537
	广西	梧州	0.279	0.279	1.000	0.367	0.386	0.951	0.723	0.951	0.687
	广西	北海	0.479	0.602	0.795	0.489	1.000	0.489	0.602	0.615	0.370
	广西	防城港	0.689	1.000	0.689	0.625	1.000	0.625	1.000	0.907	0.907
	广西	钦州	0.240	0.244	0.983	0.359	0.359	1.000	0.680	0.983	0.668
	广西	贵港	0.195	0.199	0.980	0.415	0.415	1.000	0.480	0.980	0.470
	广西	玉林	0.271	0.276	0.983	0.209	0.606	0.345	0.455	0.351	0.160
	广西	百色	0.286	0.288	0.993	0.305	0.309	0.987	0.932	0.994	0.926
	广西	贺州	0.290	0.312	0.928	0.866	1.000	0.866	0.312	0.933	0.291

续表

区域	所属省份	地级及以上城市	Z_e (A/B)	X_e (A/B)	F_e (A/B)	Z_e (B/A)	X_e (B/A)	F_e (B/A)	X_e (A,B)	F_e (A,B)	Z_e (A,B)
西部地区	广西	河池	1.000	1.000	1.000	0.412	0.415	0.994	0.415	0.994	0.413
	广西	来宾	0.293	0.294	0.995	0.508	0.510	0.996	0.576	0.999	0.576
	广西	崇左	0.773	0.784	0.986	0.540	0.580	0.930	0.740	0.943	0.698

表5-32　　中西部各地级及以上城市2015年生态环境与经济系统协同发展程度排序

所属省份	地级及以上城市	Z_e (A, B)	X_e (A, B)	F_e (A, B)
宁夏	固原	1	1	1
湖南	衡阳	0.96	0.985	0.975
安徽	黄山	0.929	1	0.929
广西	百色	0.926	0.932	0.994
湖南	怀化	0.912	0.959	0.951
四川	泸州	0.908	0.972	0.933
广西	防城港	0.907	1	0.907
湖南	益阳	0.904	0.951	0.951
四川	自贡	0.892	0.947	0.942
云南	保山	0.866	0.912	0.95
四川	乐山	0.862	0.935	0.921
广西	柳州	0.848	0.932	0.91
湖南	张家界	0.846	1	0.846
湖南	郴州	0.841	0.935	0.898
湖北	荆州	0.834	0.839	0.994
江西	赣州	0.83	0.864	0.96
陕西	铜川	0.825	1	0.825
甘肃	嘉峪关	0.817	1	0.817
四川	内江	0.813	0.831	0.979
云南	丽江	0.812	0.814	0.997
四川	宜宾	0.794	0.914	0.87
河南	安阳	0.778	0.847	0.918
甘肃	张掖	0.77	0.942	0.818

续表

所属省份	地级及以上城市	$Z_e(A, B)$	$X_e(A, B)$	$F_e(A, B)$
宁夏	中卫	0.757	0.87	0.87
湖南	永州	0.746	0.881	0.846
安徽	六安	0.743	0.934	0.796
江西	萍乡	0.736	0.747	0.985
湖南	岳阳	0.725	0.841	0.862
山西	忻州	0.708	0.709	0.998
甘肃	白银	0.705	0.833	0.846
湖北	荆门	0.701	0.711	0.987
广西	崇左	0.698	0.74	0.943
四川	雅安	0.694	0.77	0.901
广西	梧州	0.687	0.723	0.951
河南	鹤壁	0.683	0.829	0.825
江西	新余	0.681	1	0.681
山西	朔州	0.68	0.733	0.927
山西	运城	0.673	0.685	0.982
贵州	安顺	0.668	0.867	0.771
广西	钦州	0.668	0.68	0.983
甘肃	平凉	0.667	0.707	0.944
湖南	娄底	0.661	0.726	0.911
陕西	宝鸡	0.655	0.697	0.94
湖南	株洲	0.654	0.913	0.717
江西	宜春	0.645	0.928	0.695
河南	南阳	0.636	0.641	0.992
河南	周口	0.622	0.809	0.769
宁夏	吴忠	0.613	0.641	0.956
湖南	邵阳	0.611	0.654	0.934
安徽	滁州	0.607	0.716	0.847
四川	南充	0.585	0.822	0.712
江西	吉安	0.582	0.978	0.595
广西	来宾	0.576	0.576	0.999
陕西	安康	0.556	0.977	0.569

续表

所属省份	地级及以上城市	$Z_e(A, B)$	$X_e(A, B)$	$F_e(A, B)$
山西	大同	0.553	0.856	0.646
湖南	湘潭	0.545	0.833	0.654
广西	桂林	0.537	0.573	0.938
安徽	淮南	0.535	0.551	0.972
安徽	池州	0.527	0.671	0.786
河南	洛阳	0.526	0.63	0.836
山西	临汾	0.525	0.548	0.958
江西	鹰潭	0.523	0.867	0.603
湖北	咸宁	0.516	0.544	0.95
甘肃	天水	0.514	0.587	0.877
河南	驻马店	0.484	0.657	0.736
安徽	马鞍山	0.483	0.833	0.58
甘肃	定西	0.475	0.481	0.987
广西	贵港	0.47	0.48	0.98
宁夏	石嘴山	0.468	0.97	0.483
甘肃	酒泉	0.453	0.453	0.999
江西	上饶	0.452	0.76	0.595
安徽	铜陵	0.449	0.533	0.843
贵州	毕节	0.44	0.537	0.819
四川	广元	0.435	0.716	0.607
湖北	武汉	0.429	1	0.429
云南	临沧	0.429	0.452	0.95
安徽	安庆	0.427	0.588	0.727
广西	河池	0.413	0.415	0.994
江西	抚州	0.41	0.79	0.519
山西	晋城	0.407	0.739	0.55
四川	资阳	0.386	0.386	1
湖北	孝感	0.382	0.39	0.979
湖北	十堰	0.372	0.41	0.907
广西	北海	0.37	0.602	0.615
甘肃	庆阳	0.361	0.364	0.993

续表

所属省份	地级及以上城市	$Z_e(A, B)$	$X_e(A, B)$	$F_e(A, B)$
甘肃	陇南	0.359	0.418	0.858
云南	玉溪	0.353	0.388	0.909
山西	长治	0.348	0.623	0.559
甘肃	武威	0.344	0.64	0.538
陕西	商洛	0.34	0.345	0.985
山西	阳泉	0.335	0.475	0.705
陕西	渭南	0.331	0.987	0.335
湖北	黄冈	0.326	0.331	0.987
湖北	襄阳	0.325	0.372	0.875
陕西	咸阳	0.325	0.345	0.942
广西	南宁	0.312	0.614	0.509
河南	濮阳	0.303	0.555	0.546
湖北	黄石	0.299	0.555	0.539
河南	三门峡	0.298	0.301	0.991
安徽	宿州	0.297	0.565	0.525
广西	贺州	0.291	0.312	0.933
湖北	鄂州	0.273	0.434	0.629
安徽	淮北	0.257	0.43	0.597
四川	广安	0.254	0.557	0.455
四川	巴中	0.249	0.27	0.921
安徽	阜阳	0.247	0.371	0.667
陕西	延安	0.245	0.255	0.96
安徽	芜湖	0.214	0.386	0.556
山西	吕梁	0.209	0.237	0.88
陕西	榆林	0.199	0.227	0.877
宁夏	银川	0.193	0.414	0.467
安徽	宣城	0.189	0.413	0.459
安徽	蚌埠	0.18	0.384	0.469
河南	许昌	0.178	0.629	0.282
江西	景德镇	0.174	0.366	0.476
云南	曲靖	0.163	0.458	0.356

续表

所属省份	地级及以上城市	$Z_e(A, B)$	$X_e(A, B)$	$F_e(A, B)$
广西	玉林	0.16	0.455	0.351
四川	绵阳	0.159	0.338	0.47
河南	商丘	0.158	0.415	0.382
江西	九江	0.145	0.213	0.68
重庆	重庆	0.142	0.301	0.471
四川	眉山	0.138	0.351	0.392
贵州	铜仁	0.133	0.32	0.416
安徽	亳州	0.124	0.318	0.391
四川	攀枝花	0.122	0.28	0.437
河南	漯河	0.121	0.405	0.299
四川	遂宁	0.12	0.355	0.338
湖南	长沙	0.116	0.145	0.803
四川	德阳	0.11	0.358	0.307
安徽	合肥	0.087	0.163	0.531
四川	成都	0.066	0.168	0.39
湖南	常德	0.056	0.247	0.228
江西	南昌	0.046	0.304	0.152
甘肃	兰州	0.041	0.185	0.219
湖北	宜昌	0.04	0.114	0.355
河南	郑州	0.038	0.134	0.284
云南	昆明	0.035	0.11	0.32
陕西	西安	0.021	0.085	0.249
山西	太原	0.02	0.097	0.207
贵州	贵阳	0.015	0.068	0.215
河南	新乡	0.014	0.102	0.14

按照协同发展总效度值的大小进行分类，协同发展总效度=1，属于生态环境与经济系统协同发展完全有效，即协同有效、发展有效、协同发展有效，属于两系统协同发展的第一类地区。0.75≤协同发展总效度<1的属于生态环境与经济系统协同发展良好的第二类地区；0.5≤协同发展总效度<0.75的属于生态环境与经济系统协同发展一般的第三类

地区；0.25≤协同发展总效度<0.5 的属于生态环境与经济系统协同发展较差的第四类地区；0<协同发展总效度<0.25 的属于生态环境与经济系统协同发展很差的第五类地区。具体情况见表 5 – 33。

表 5 – 33　　　中西部各地级及以上城市 2015 年
生态环境与经济系统协同发展分类

协同发展总效度	对应地级及以上城市
第一类地区，协同发展完全有效；协同发展总效度 = 1	宁夏固原市
第二类地区，协同发展良好；0.75≤协同发展总效度<1	湖南衡阳市、安徽黄山市、广西百色市、湖南怀化市、四川泸州市、广西防城港市、湖南益阳市、四川自贡市、云南保山市、四川乐山市、广西柳州市、湖南张家界市、湖南郴州市、湖北荆州市、江西赣州市、陕西铜川市、甘肃嘉峪关市、四川内江市、云南丽江市、四川宜宾市、河南安阳市、甘肃张掖市、宁夏中卫市
第三类地区，协同发展一般；0.5≤协同发展总效度<0.75	湖南永州市、安徽六安市、江西萍乡市、湖南岳阳市、山西忻州市、甘肃白银市、湖北荆门市、广西崇左市、四川雅安市、广西梧州市、河南鹤壁市、江西新余市、山西朔州市、山西运城市、贵州安顺市、广西钦州市、甘肃平凉市、湖南娄底市、陕西宝鸡市、湖南株洲市、江西宜春市、河南南阳市、河南周口市、宁夏吴忠市、湖南邵阳市、安徽滁州市、四川南充市、江西吉安市、广西来宾市、陕西安康市、山西大同市、湖南湘潭市、广西桂林市、安徽淮南市、安徽池州市、河南洛阳市、山西临汾市、江西鹰潭市、湖北咸宁市、甘肃天水市
第四类地区，协同发展较差；0.25≤协同发展总效度<0.5	河南驻马店市、安徽马鞍山市、甘肃定西市、广西贵港市、宁夏石嘴山市、甘肃酒泉市、江西上饶市、安徽铜陵市、贵州毕节市、四川广元市、湖北武汉市、云南临沧市、安徽安庆市、广西河池市、江西抚州市、山西晋城市、四川资阳市、湖北孝感市、湖北十堰市、广西北海市、甘肃庆阳市、甘肃陇南市、云南玉溪市、山西长治市、甘肃武威市、陕西商洛市、山西阳泉市、陕西渭南市、湖北黄冈市、湖北襄阳市、陕西咸阳市、广西南宁市、河南濮阳市、湖北黄石市、河南三门峡市、安徽宿州市、广西贺州市、湖北鄂州市、安徽淮北市、四川广安市

续表

协同发展总效度	对应地级及以上城市
第五类地区，协同发展很差；0＜协同发展总效度＜0.25	四川巴中市、安徽阜阳市、陕西延安市、安徽芜湖市、山西吕梁市、陕西榆林市、宁夏银川市、安徽宣城市、安徽蚌埠市、河南许昌市、江西景德镇市、云南曲靖市、广西玉林市、四川绵阳市、河南商丘市、江西九江市、重庆市、四川眉山市、贵州铜仁市、安徽亳州市、四川攀枝花市、河南漯河市、四川遂宁市、湖南长沙市、四川德阳市、安徽合肥市、四川成都市、湖南常德市、江西南昌市、甘肃兰州市、湖北宜昌市、河南郑州市、云南昆明市、陕西西安市、山西太原市、贵州贵阳市、河南新乡市

第六章　快速城镇化地区行为主体间的博弈与协同

如美国著名美学家阿诺德·柏林特在《环境美学》一书中所指出的，人际交往是城市环境中最为复杂的。城市作为一种环境，是人类活动的产物，也是人类创造的，人类的活动影响城市以及快速城镇化地区的方方面面。快速城镇化地区生态、环境、经济等系统的耦合协同必须以人类这一多元行为主体的协同为基础，因此，本书专门研究快速城镇化地区城市政府、企业、市民、农户等行为主体的博弈与协同。中西部地区近年来城镇化速度明显加快，对整个中国经济社会来说，不仅仅是一个巨大的机遇，同时也存在着很大的风险。就目前来说，我国中西部地区城镇化发展最大的风险是矛盾的内化，也就是说，城镇化发展并没有从根本上处理好城乡二元结构以及城乡差别矛盾这一问题，而是转变成了城市体系内部更为复杂、更为深刻的社会矛盾（韩康，2013）。[①] 迫切需要通过城市增长过程的管理来寻求化解矛盾、解决冲突、实现多元主体间协同发展的机制。

第一节　行为主体间的利益矛盾及冲突

行为主体间的矛盾具体包括城市人口贫富差距加大的矛盾、非城市户口就业人群与城市户口人群的利益之间的矛盾、土地城镇化与人口城镇化的矛盾、政府差别管理和社会公正公平的矛盾、大城市人口数量过多以及人口远远高于环境资源承载能力的矛盾等，有些矛盾以中西部快速城镇化地区生态环境经济问题的形式在前文章节中呈现过，不再赘述。

---

① 韩康：《中国城镇化最大风险：城乡矛盾内化》，《人民论坛》2013年第3期。

下面主要围绕行为主体间的矛盾进行论述。

一　收入分配差距扩大产生的利益矛盾

（一）城市居民收入差距扩大引发的矛盾

城市居民的收入差距逐年扩大，基尼系数持续上升。1978年，城市居民的食物支出占总支出比重为16%，1995年就上升为28%，比1978年上升了12个百分点，然而，到2010年这一比重已接近国际预警线50%。随着城市居民收入差距的不断提升，家庭财产数量也呈现出分布不均衡的趋势，国家统计局城调总队课题组对全国8个省份3997户居民家庭的调查结果显示，在全国这8个省份中，家庭最高收入10%的富裕家庭财产总数占全部居民财产总数的比重高达45%，而最低收入10%的家庭财产总额占全部居民财产总数的比重仅有1.4%。

（二）不同地区城镇居民收入差距扩大引发的矛盾

调查显示，不同地域的城镇居民收入差距都在逐年扩大。根据调查，1980年，我国东部地区的城镇居民人均可支配收入相当于中部地区的1.19倍，相当于西部地区的1.21倍，到1990年，这一比重上升到中部地区的1.36倍，西部地区的1.27倍。到2008年这一比重则上升到中部地区的1.53倍和西部地区的1.39倍。并且，虽然有些是处于同一个地区，但因为受到房产价值等因素的影响，不同规模城市之间的居民家庭财产数量差异也很明显，大中城市的居民财产总量是小城市居民财产的两倍之多。

近些年来，由于城镇化速度不断加快，城镇化水平不断提升，再加上社会政治、经济、文化等因素的影响，我国城市社会除管理人员、技术人员和私营企业人员以外，还有城市失业人口、一些由于征地失去土地的农民、进城务工人员以及残障人员等，由于他们对社会资源有不同程度的占有，其获得的利益也显示出很大的差异，这些都会使利益矛盾加剧。

二　农民工市民化进程中的利益矛盾

（一）城市资本逻辑与农民工利益的矛盾

2011年，我国6.9亿城镇人口中，包含在城镇务工超过半年以上的约2.5亿进城务工的农业人口，2012年较2011年增加了0.19亿，2013年这一数量则上升到了2.69亿人，占城镇人口比重约30%，这些进城务工的农民，只有1.7%在城镇安家落户，其他的仍是农业户口，并没有城市户口，这使他们一方面不能和城市户口的人一样平等地享有住房、社保、就业、医疗、子女教育等权利，另一方面又直接导致户籍人口城镇化水平低于常住人口城镇化近 20 个百分点。到 2012 年，这些进城务工的农村人口参加城镇职工养老、医疗、失业、生育、工伤五项社会基本保险的比重分别只有 14.3%、16.9%、8.4%、6.1% 和 24.0%。截至 2016 年年底，我国农民工总量达到 2.82 亿人，比 2015 年增加 424 万人。问题是空间和身份处于隔离状态，而这一本质是土地扩张收益与农民工市民化支出这一"城市资本逻辑"。根据测算得知，城市每接纳一位农民工，使其完成市民化的总成本大约是 9.82 万元（李婕等，2012）[1]，在这一过程中，政府需要进行基础设施、公共服务设施建设，也需要对城镇建设维护进行投入和管理，更需要对新市民住房、医疗、教育等进行投入。与此相反，政府作为城镇建设用地的所有者、供给者、垄断者，"经营城市"和"经营土地"能够增加财政收入，提高地区 GDP，塑造良好的城市形象。由此，必定"意味着——当然这是谁也不会明白说出来的——不要吸引太多其他城市不欢迎的移民"（皮埃尔·雅克等，2010）[2]，城市"要地不要人"这一资本逻辑导致农民工"回不去，留不下"（郭志勇等，2012）。[3] 这些在城市工作和生活的农民工，受到城市文明的熏陶，具有城市生活方式和参政意识与能力，但目前由于制度因素使他们不能在城市正常地行使相关民主权利，一方面，他们缺少表达自身意愿的渠道，另一方面，更没有参与制定与自己利益相关的政策的权利，从而导致了许多矛盾的出现。

（二）农民工与雇佣方之间的劳资矛盾

农民工与雇佣方之间的劳资纠纷长期存在，一些雇主为了获得更多的利润，经常无视劳动法，劳动用工合同签约率以及履约率都很低，这些农民工的合法权益很大程度上受到侵害，例如，延长工作时间，克扣以及拖欠工资，随意解雇，拒绝支付因为工伤带来的医疗费用，拒绝赔

---

[1] 李婕：《中国当代人口城市计划、空间城市化与社会风险》，《人文地理》2012 年第 5 期。

[2] ［法］皮埃尔·雅克、拉金得拉·帕乔里：《城市：改变发展轨迹》，社会科学文献出版社 2010 年版。

[3] 郭志勇、顾乃华：《土地财政、虚高城市化与土地粗放利用》，《产经评论》2012 年第 6 期。

付等。这些都导致了农民工与用人单位之间的矛盾冲突，小到口角，大到罢工甚至违法犯罪。

（三）进城农民工与城市居民的群体矛盾

城市经济、资源相对不足，城市原住民与进城务工人员在一定程度上是竞争性分享，城市原住民指责那些进城务工人员带来许多问题，比如就业危机、治安混乱和环境卫生差等，因此，就歧视农民工，并且城市居民与这些进城务工人员在价值观念、生活习惯等方面都存在着巨大的差异，双方在心理和行为上都不可避免地会产生冲突和摩擦，由此导致农民工与其他社会群体之间的矛盾更加激烈。

三　快速城镇化与低就业增长之间的利益矛盾

1996—2003 年，我国城镇化迅猛发展，大量耕地被征用。1996 年，耕地面积为 19.51 亿亩，到 2003 年，耕地面积则只有 18.51 亿亩，7 年之间就减少了 1 亿亩耕地，平均每年减少耕地量达到 1429 万亩，7 年耕地面积下降 5.125%，成为改革开放以来我国耕地面积下降最快的时期，但 1996—2003 年农业就业比例却一直维持在 49%—50% 的水平，变动差率在 1%—0.9%，几乎可以忽略不计（韩康，2006）。[①] 城镇化导致了耕地大量减少，而所付出的代价却仅仅是不成比例地接受少量城市户籍市民，在农村就业的人群比例仍然较高，两者之间出现了"极不对称"的情况，即城镇化占用耕地的增长和农村就业转移增长的比例极不对称（韩康，2013）。[②]

1978 年以来，我国城镇化水平迅速提高，年均增长达 1.2%，但由于就业弹性系数下降等因素，城镇失业率却在总体上显示出上升态势。城镇化水平的提高并没有带来本应与之相适应的就业率的增长，逐渐增加的就业者与有限的就业容量之间就形成了激烈的矛盾。在当今的就业环境下，人们为了争夺有限的就业岗位，彼此展开了激烈竞争。进城务工人员成为城市产业大军中的一支重要力量，一定会对城市人口的就业带来压力；城市劳动群体，特别是城市下岗失业人员也会根据实际情况逐步调整他们的就业预期，这使就业选择更加趋于理性，他们可能也会开始从事以往农民工为人们所提供的分散服务，比如家政服务等，由于他

[①]　韩康：《农业就业转移增长的困境》，《中国经济时报》2006 年第 3 期。
[②]　韩康：《中国城镇化最大风险：城乡矛盾内化》，《人民论坛》2013 年第 3 期。

们拥有进城农民工没有的再就业扶持政策和社会关系等优势，势必会在很大范围内压缩这些外来务工人员的就业空间。如果就业竞争过于激烈和扭曲，会加剧加重社会群体之间的利益矛盾。

四　土地冲突引发的利益矛盾

土地作为稀缺资源，对城镇化的发展有重大的影响，牵扯着极大的经济利益，成为引起矛盾的源泉。城镇化快速推进过程所引发的土地冲突具有群体性、复杂性和多层次性。研究显示，2004—2009 年，每年发生的由于征地造成的矛盾约占农村群体性突发事件的 65%。特别是近些年来，由于征地所带来的冲突事件更是迅猛增长，土地冲突已是影响我国社会稳定的重中之重。

（一）土地冲突类型划分

按土地利用目标划分，可以分为：（1）各利益相关，经济利益冲突。土地是一种资本，可以获得经济效益，但是，对于政府、开发商和农民这些不同的主体，他们的利益诉求各不相同，这就造成了这些主体之间的利益冲突。（2）社会效益与经济效益的冲突。快速城镇化地区城市扩张中失地农民获得一定经济补偿的同时，希望就业、社会保障、子女入学等社会问题获得解决，与开发商追求经济利益之间存在矛盾。（3）生态效益与经济效益的冲突。在一定的发展水平下，土地所带来的经济效益和生态效益两者不可兼得，实现经济效益的同时往往环境问题突出。

按照冲突的利益相关者划分，主要表现为政府、村民、村委会、开发商各自在经济利益的作用下的矛盾。（1）政府与农民之间的冲突，源于征地过程中分配权益的不公平。（2）村委会与农民之间的冲突源于村集体组织的领导成员与民争利、"寻租"。（3）农民与农民之间的冲突，源于土地增值以及土地流转纠纷。（4）企业与农民等其他利益相关者之间的冲突等（见表 6-1）。

（二）土地冲突的外在表现形式

1. 强征

地方政府因为社会公共利益而去改变农村集体所有土地的性质，对被征地的农民给予经济补偿，从长期综合收益来看，政府与被征地农民都有合作共赢的基础。但是，从短期效益来看，政府征地收益大于政府补偿征地的成本，这就使一些地方政府有了更加强烈的征地意愿。

表 6-1　　　　　　　　　　土地冲突类型划分

划分标准	冲突类型	诱发原因	发展趋势
以土地利用目标为标准	利益相关者的经济效益冲突	违法占地	经济利益最大化是重要目标，将持续占据土地冲突的较大比重，但所占比重会相对降低
		征地纠纷	
		权属纠纷	
	社会效益与经济效益的冲突	失地农民的就业	失地农民是一个庞大的群体，近年来此类冲突逐步增多
		失地农民的社会保障	
	生态效益与经济效益的冲突	土地供应总量失控	随着生态文明的关注，此类型冲突的比重将逐步提高
		土地利用方式粗放	
		水土污染	
以冲突的利益相关者为标准	政府与农民之间的冲突	对征地补偿额不满意	随着法律法规与相关制度的健全，此类冲突的比重会缩小
		征地补偿不到位	
		征用土地面积过大	
	村委会与农民之间的冲突	征地过程中与民争利	此类冲突仍会占较大比重
		土地调整不规范	
		承包合同不规范	
		寻租	
	农民与农民之间的冲突	农地所有权流转（政府征地）	此类冲突还将长期存在，但比重在逐步降低
		农地使用权流转	
	企业与农民等其他利益相关者之间的冲突	企业联合城市政府侵犯农民的利益、村委会侵犯农民的利益等	企业、政府等是重要参与方，此类冲突未来仍将存在，甚至会增加

政府在与被征地农民博弈时，地方政府既是征收土地政策的执行者，又是征收土地政策的制定者，在利益分配中处于主导地位。这就使一些地方政府凭借自身拥有的权力，在没有征得农民同意的情况下，擅自征地，出现一些野蛮执行等违法强征的行为。在面对政府强征行为下，这些被强制征地的农民是否通过正当程序维权直接决定着土地冲突的产生、规模和性质。

2. 抗征

被征地农民在与地方政府征地博弈时，只要给予被征地农民的收益大于他们所付出的成本，被征地农民所采取的就是接受策略。反之，如果给予他们的收益小于他们失去土地的成本,那么被征地农民必然会采取各种方式保障自身利益不受侵害。对于单个的被征地农民来说,当他所得到的收益小于成本时,或者选择忍让,或者选择成为"钉子户"。在博弈过程中,这些被征地农民经常作为一个集体来维护自己的合法利益。如果他们的集体利益受损,其利益诉求又没有得到政府充分的重视,那么他们就会采取各种方式,通过各种渠道来表达自己的利益诉求,比如越级上访、静坐示威、拒征等形式。在这一情况下,如果遭到政府暴力解决,被征地农民则易采取暴力抗征等极端对抗行为,引发激烈的冲突事件,这也就造成了博弈"双失"的结局(见表6-2和表6-3)。

表6-2　　　　　　地方政府与被征地农民征地博弈策略分析

被征地农民	地方政府	合法	强征
	接受	(合作,共赢)	(妥协,受损)
	抗征	(妥协,受损)	(冲突,受损)

表6-3　　　　开发商与地方政府、被征地农民博弈策略分析

开发商	地方政府		被征地农民	
	合法	寻租	接受	阻挠开工
正常	(合作,共赢)	(妥协,受损)	(合作,共赢)	(妥协,受损)
非正常	(行贿/受损)	(交易,双损)	(受损,妥协)	(冲突,双损)

3. 行贿与阻挠开工

在征地博弈中,开发商借助地方政府力量获得土地开发权牟取利益,通过低成本获得土地授权书,有些开发商与政府一些人员相互串通,给予政府人员极大的利益诱惑,使两者利益一致,使其参与这个博弈。当被征地农民所得到的利益小于所付出的成本时,利益诉求无法在体制内得到满足。在开发商不按征地公告更改征地用途和规划等现实因素催化下,以聚众抗议等激烈的方式进行对抗、要求政府出面干预补偿、清查"腐败"就成为被征地农民的博弈行为与目标。

4. 牺牲与上访滋事

农村集体经济组织是被征地农民利益的"代理人",受政府的压力以

及经济利益的刺激,在征地补偿标准、补偿数额、实际征地面积等具体的利益博弈中,代理人面对无制度监管和信息不对称的情况,大多会选择牺牲"委托人"——被征地农民利益的行为。并且,在被征地农民与农村集体经济组织征地博弈中,如果出现了征地不按照程序进行、补偿款分配不均、私自挪用征地款等违法行为,甚至出现侵吞土地增值收益等腐败行为,被征地农民在得知自身利益被侵害,他们或者选择沉默,或者选择上访闹事等形式来进行维权抗争(见表6-4)。

表6-4　农村集体经济组织与地方政府、被征地农民博弈策略分析

农村集体经济组织	地方政府		被征地农民	
	执行征地	放弃	沉默	上访滋事
合法操作	(接受,共赢)	(妥协,受损)	(合作,共赢)	(妥协,受损)
违规操作	(牺牲,受损)	(双损)	(受损,妥协)	(冲突,双损)

五　快速城镇化地区要素间的矛盾与冲突

(一)土地城镇化与人口城镇化的矛盾

人口城镇化速度相对滞后于土地城镇化速度,并且随着近年来城镇化水平的迅猛发展,两者的速度比例失衡越来越严重(陆大道,2007)。[①] 1981—2010年,全国建成区面积由7438平方千米增加到40058平方千米,年平均增速6.3%,而在这一时期,城镇人口的年增长速度却只有3.11%,人口城镇化速度只有土地城镇化的1/2(田莉,2013)。[②] 1991—2010年,城市人口仅增长0.89倍而城市建成区面积扩大了2.12倍,土地扩张是人口增长规模的2.38倍(牛文元,2012)。[③] 2006年,城市建设用地为36595.8平方千米,到2010年,这一数量增加到42187.5平方千米,增长了15.2%,而同期城市人口只增长了6.26%,建设用地扩张速率进一步上升到人口增长速率的2.44倍。通过统计得知,我国土地——

---

① 陆大道:《我国的城镇化进程与空间扩张》,《城市规划学刊》2007年第4期。
② 田莉:《处于十字路口的中国土地城镇化——土地有偿使用制度建立以来的历程回顾及转型展望》,《城市规划》2013年第5期。
③ 牛文元:《新型城市化建设:中国城市社会发展的战略选择》,《中国科学院院刊》2012年第6期。

人口城镇化属于中度失调等级（尹宏玲，2013）。① 区域层面，东部地区的人口城镇化水平与土地城镇化水平比例最佳，人口、土地离差系数只有 0.11；而中西部地区人口增长率远低于建设用地增长率，其中，中部地区属于中度失调，西部地区达到了高度失调，中部地区的离差系数为 0.59，西部地区的离差系数达到了 0.60，东北地区城市人口减少的同时城市建设用地持续增长，土地城镇化与人口城镇化比例极度失调，离差系数高达 1.07。省域层面，除青海、西藏、新疆等少数省份外，绝大部分地区都出现土地城镇化和人口城镇化比例失调的情况。城市层面，根据对全国 644 个城市的研究，75% 以上的城市人口城镇化与土地城镇化都属于失调状况，并且 60% 的城市人口城镇化与土地城镇化比例高度失调（李明月等，2012）。② 如果把城镇连续居住 6 个月以上称为城镇人口统计的话，实际人口城镇化与土地城镇化比例更加失调。

（二）土地粗放利用与人口承载、经济产值的矛盾

城市单位土地面积人口承载、经济产值与发达国家城市相比明显偏低，即使是东部地区土地集约利用程度较高的上海，其辖区地均 GDP 仅是纽约辖区的 1/44，其中心城区地均 GDP 也只有纽约辖区的 50%。2007 年，北京的地均 GDP 为 0.072 亿美元/平方千米，而同年纽约为 11.48 亿美元/平方千米，2005 年东京为 4.02 亿美元/平方千米，伦敦为 2.83 亿美元/平方千米，新加坡为 1.75 亿美元/平方千米，中国香港为 1.72 亿美元/平方千米，经济产值不仅与纽约、东京、伦敦等国际大都市差距甚远，就是与新加坡和中国香港也差距悬殊（谢从朴等，2010）。③ 土地利用存量指标上，中经网数据表明，我国城市人均建设用地已达 120—130 平方米。住建部中国城市设计研究院的调查显示，我国仅有 8% 的城市人均建设用地比较合理，为 80—90 平方米，70% 的城市人均用地指标为 90—110 平方米，22% 的城市为 110—150 平方米（姚士谋等，2013）。④ 尽管数据有差距，但无疑都表明我国城市人均用地指标远高于国家规定

---

① 尹宏玲：《我国城市人口城镇化与土地城镇化失调特征及其差异研究》，《城市规划学刊》2013 年第 2 期。
② 李明月、胡竹枝：《广东省人口城市化与土地城市化速率对比》，《城市问题》2012 年第 4 期。
③ 谢从朴、田莉：《城乡统筹背景下集体土地制度创新与城乡统一规划——来自重庆的实践》，《上海城市规划》2010 年第 3 期。
④ 姚士谋、薛凤旋、燕月：《应防止"土地城镇化"冒进》，《社会观察》2013 年第 3 期。

的上限，比发达国家人均城市用地 82.4 平方米和发展中国家 83.3 平方米的标准高出 50%—60%。小城镇土地利用状况更加严重，北方地区内蒙古、陕西、甘肃、河北、河南、山东等大部分小城镇人均用地超过 160—170 平方米，南方地区相当部分的小城镇人均用地超过 130—145 平方米，而根据国外节约用地经验，我国紧凑型小城镇人均合理用地指标应为北方地区 120—135 平方米，南方地区 100—110 平方米（姚士谋，2013）。[①] 基础设施方面，目前我国高速公路四车道每千米占地约 80—110 亩，还不包括宽阔闲置的绿化带，而日本、荷兰、西班牙等国家高速公路每千米占地 60—70 亩。粗放的城市扩张大大降低了城市容积率，与国外城市高达 2.0 的容积率相比，我国 2005 年仅为 0.33（蒋省三等，2007）。[②] 在增量指标上，城市征地大幅增长，1997—2000 年，我国城镇建设年均征地 456 平方千米，2001—2010 年年均征地 1609.7 平方千米（中国经济增长前沿课题组，2011）。

第二节 多元主体行为目标与博弈机理

本节介绍行为主体的博弈理论、利益相关者理论、新公共服务理论、行为经济学理论、新制度经济学理论，以及有关行为主体的理论基础、各行为主体的特征及假设、各行为主体在快速城镇化地区的行为目标和各自博弈的内在机理。

一 行为主体的理论基础

（一）行为主体的博弈理论

博弈论又称对策论，冯·诺依曼和摩根斯坦恩于 1994 年合著的《博弈论和经济行为》奠定了其理论基础，之后在纳什、泽尔腾、海萨尼的贡献下更趋成熟。博弈的基本要素包括参与人（players）、行动（actions）、支付（payoffs）和信息（information）。参与人是决策的主体，每个参与人的目标都是通过行为选择，实现自身效用最大化。城市扩张和

[①] 姚士谋：《应防止"土地城镇化"冒进》，《社会观察》2013 年第 3 期。
[②] 蒋省三、刘守英、李青：《土地制度改革与国民经济成长》，《管理世界》2007 年第 9 期。

城镇化过程中,可以用博弈论分析政府、农户等各个主体在做出不同选择时所采取的不同策略,由此产生的不同结果以及利益分配格局。

(二) 利益相关者理论

利益相关者理论于20世纪60年代由以约瑟夫·斯蒂格利茨为代表的新经济发展理论学派提出,在80年代,弗里曼明确提出了利益相关者管理理论,对于任何一个公司而言,股东、政府、供应商、消费者等均是利益相关者,企业管理者为了平衡各个利益相关者的利益要求而进行管理活动。在研究城市扩张和城镇化进程时,同样需要利用利益相关者理论,分析中央政府、地方政府、村集体、农民、市民、开发商等利益相关者的行为,从而更好地解决冲突,实现多方利益的提升。

(三) 新公共服务理论

新公共服务理论由登哈特夫妇提出,不同于新公共管理理论,新公共管理理论提出有限政府和政府官员的经济人假设以及企业家政府理论,而新公共服务理论强调政府的职能是服务,而非掌舵和管理,是建立在公共利益、行政人员全心全意为公民服务之上的。因此,新公共服务具有七项理念:①服务于公民;②追求公共利益;③重视公民权胜过重视企业家精神;④思考具有战略性,行动具有民主性;⑤承认责任并不简单;⑥服务而非掌舵;⑦重视人而不仅仅是重视生产率。在快速城镇化地区,政府不单纯是利益主宰者,也不该以自身利益最大化为目标,更主要的是致力于公共利益,本着为公众服务的目标,探索如何使各方收益达到均衡,实现从管理型政府向服务型政府的转变。

(四) 行为经济学理论

行为经济学作为一门边缘性学科,产生于20世纪70年代,来自认知心理学、实验经济学和制度经济学。行为经济学作为一门经济学,其诞生离不开传统经济学,从某种意义上讲,源于对传统经济学的"背叛"。新古典经济学硬核是理性经济人假定,人的偏好和禀赋是外生的。行为经济学假设当事人具有有限理性,可能追求利他行为和非理性行为,偏好和禀赋是内生的,偏好在一定的条件下产生,在和环境变化互动中演化,因此偏好具有不确定性与可逆转性,同时当事人围绕偏好演化开始学习过程,行为主体具有有限意志力,人的主观价值和认知对行为决策发挥着重要作用。快速城镇化地区的多元行为主体由于信息的不完全,应该是有限理性的,农户、政府等遵循特定社会规范,也不可能做到无限利己，更加符合行为经济学的理论假设。

(五) 新制度经济学理论

新制度经济学派是在20世纪70年代凯恩斯对经济现象的解释力丧失的情况下产生的。一般认为，新制度经济学是由1937年科斯的论文《企业的性质》所开创的。其产生源于现实经济问题、经济发展的需要，他放宽了新古典经济学的系列假设，增加了对理论和现实经济情况的解释。新制度经济学关于人的行为的三个假定：第一，人类行为动机是双重的，人类不只是追求财富最大化，并且还追求非财富的最大化。追求非财富最大化的源泉来自爱以及其他利他主义思想，在家庭和朋友之类的小群体之中起作用；受到胁迫和威胁；预期为别人做事可以产生对自己有利的负效应；心理上容易得到满足。第二，在复杂的环境下，所面对的信息是不完全的、人的认识能力是有限的，因此，人不是完全理性人，而只能做到有限理性。第三，人有机会主义倾向，也就是人容易投机取巧、为自己谋求更多的利益。理论构建上主要包括交易费用理论、产权理论、企业理论和制度变迁理论。快速城镇化地区多元主体，一方面满足新制度经济学对人的三个假定，另一方面多元主体行为是特定制度下的结果，制度创新、制度变迁对主体及矛盾化解有重要作用。

二 行为主体的特征及假设

基于以上理论，认为人的行为动机是双重的，既追求财富最大化，又追求非财富最大化。理性的个人追求自身利益，自利中实现利他与集体利益，然而，追求自身利益的过程依赖于特定的社会制度结构，这种制度结构限制人类行为并将他们导入特定渠道的正式和非正式的规则（包括法律、制度以及各种社会规范）及其实施效果。因此，快速城镇化地区的主体是经济人、社会人、契约人的复杂体，他们在进行行为决策时，必然会最大限度地关注自身利益，但是，由于受到自身受教育情况、自身素质、文化环境、认知能力等因素的影响，他们只能是特定环境与组织中的行为经济人，具有有限理性、有限利己、有限意志力等特征。

(一) 有限理性

对于西方主流经济学的理性经济人假设来说，需要满足以下三个条件：第一，具有解读认知对象的完备能力；第二，偏好具有稳定性和完备性；第三，在不确定条件下，根据期望效用进行决策。然而，我们身处一个复杂的经济社会中，面临复杂的社会环境，这一环境充满着各种不确定因素，受到人类自身认知能力与计算能力等因素的制约，无法获得最优选择（西蒙，2002）；不同的人拥有的信息是不完全的，存在着偏差；主体偏好不稳定，同时也不完备，在决策过程中，可能会改变偏好，甚至逆转；在不确定条件下，很难用期望效用理论准确计算，更多的是遵照行为经济学上的前景理论来进行决策与评价。此外，机会主义倾向加剧了有限理性，信息的不完整或歪曲透露，造成信息的误导、歪曲、掩盖、搅乱或混淆的蓄意行为，造成信息不对称，使经济组织问题更加复杂。因此，多元主体做不到完全理性。

（二）有限利己

有限利己与西方经济学中利己不同之处在于两者的假设不同。有限利己除承认利己是主体特征外，还认为主体的行为决策中存在着利他、互惠的成分，具有多重性，从而产生多重行为目标。在城镇化进程中，农户除关注家庭成员的利益和意见外，邻里之间、亲戚之间的建议也会在他们的关注范围之内，从而体现出亲缘性利他、互惠性利他等群体性行为特征。政府作为服务和管理部门，其利己也是一定范围和界限内的。开发商在多种监督下也需要履行社会责任。

（三）有限意志力

完全理性假设下的个人具有完全的自控能力，能够进行最优决策。然而，快速城镇化地区的行为冲突表明主体间意志力并不是无限的。存在着意志力失控时所带来的极端行为。正如媒体所报道的，城中村改造、宅基地腾退等引起的暴力事件、自焚事件正是有限意志力的表现和结果。

三 政府、开发商、农民等利益相关主体的行为目标

快速城镇化地区的利益相关主体有多个方面，主要分为中央政府、地方政府、农民、市民、开发商、村集体等。

（一）政府行为对城镇化的作用机理

政府行为主要是指政府宏观调控行为和相关制度、政策安排。政府作为城市发展战略的制定者、规划者，绩效的考核者和制度方针的提供者，可以通过政策法律法规等方式来引导规范城镇化，对于市场机制带

来的偏差要给予纠正，使城市健康持续发展（孙雪等，2013）。① 政府通过制度和政策两个维度来推动城镇化进程（见图6-1），通过创新改革不合理的户籍制度、土地制度和财税制度，规范和设计城镇化的环境及方向，通过制定实施产业政策、开放政策和转移支付政策等诱导和刺激城镇化的发展和加速。通过制定有针对性的制度和政策调控区域发展，调控城镇化区域差异，政府在把效率摆在优先地位时会使条件优越的地区迅速发展，但那些条件相对较差的地区便会发展得越来越缓慢，从而引起地区发展不平衡；政府如果把公平摆在首要位置，就会促进落后地区的发展，促进地区间发展差距缩小，但会对具有优势条件的地区形成阻碍，抑制其城镇化进程。

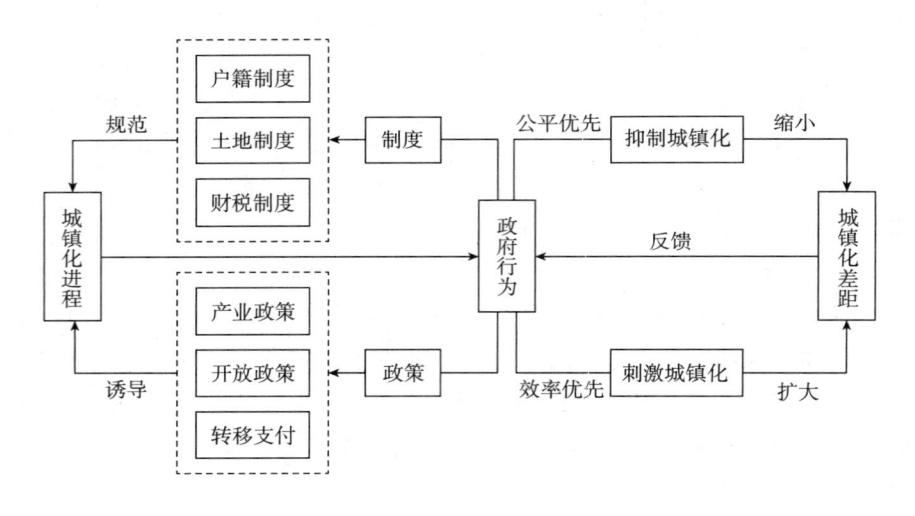

图6-1 政府行为与城镇化演化的作用机理

（二）中央政府的行为和目标

中央政府作为负责制定国家总体城市发展战略，人口、土地、财政政策以及相关法律的主体，必然要从全局出发，统筹全局，合理进行经济利益分配，同时关注其所引发的社会效益、生态环境效益。因此，中央政府的目标也是多重的，除推进城镇化、工业化、信息化、农业现代

---

① 孙雪、郝兆印、王成新等：《基于政府经济行为视角的中国城市化水平时空演化研究》，《世界地理研究》2013年第3期。

化等宏观目标外，还包括保护耕地，保障粮食安全，实现区域及不同级别城市的协调发展，增加城市市民、农民的权益，促进经济增长，维护社会稳定，完善和创新人口转移、土地征用制度，解决当前土地城镇化快于人口城镇化，土地粗放利用下人口承载力、经济产值低，空间融合和人的身份隔离等矛盾。但是，中央政府在城市扩张、快速城镇化过程中作用是间接的，不是直接管理，是引导、监督、管理地方政府。

（三）地方政府的行为和目标

地方政府是城市的直接管理者，在城镇化过程中扮演重要角色，处于主导地位，在制定城市发展规划、土地规划，明确土地出让用途等方面，地方政府享有决策权和支配权。其目标往往是本地局部利益，更多地考虑经济效益和中央对地方的政绩考核指标。当地方政府的行为目标与中央政府目标发生矛盾时，就可能出现"上有政策、下有对策"的情况。在中央鞭长莫及、监督无力，同时地方部门以及社会组织无法有效约束的情况下，地方政府在土地财政的驱动下会出现权力滥用、低价征地、高价出让、与开发商勾结、"寻租"、片面追求 GDP 和城市感官，忽视土地集约利用、农民利益等问题。

（四）开发商的行为目标

开发商包括房地产开发商和其他工商企业，其目标是实现自身经济利益最大化，有了开发商的推动作用，土地就有了升值空间，劳动力就有了更多的就业机会，城市扩张就有了动力。开发商不直接和农户谈判，更多的是在市场机制下与政府谈判，充当隐性主体和城市扩张的幕后推动者。开发商追求自身利益的过程与政府出让土地、发展当地经济、增加财政收入和就业机会等目标具有一致性，很容易达成共识，形成同盟。

（五）村集体的行为及目标

对于快速城镇化进程和城市扩张而言，主要是指城中村村集体和城市郊区的村集体。城市扩张必然面临农村土地所有权从集体所有向国家所有的转变。村集体在政府征收土地过程中有一定的决策权，行使决策权的是村委会，也是一个复杂的主体，既为农民个体服务，也有自己的利益诉求，是征地的直接组织者，同时负责征地完成后失地农民的安置、补偿金的发放，不可避免地成为利益主体。

（六）农民（农户）的行为

快速城镇化地区，城市扩张中的农民（农户）是经济人、社会人和契约人的复合体。一方面追求自身的利益和效用最大化；另一方面也是村集体中的一员，遵循着群体规范，具有社会性特征，表现为追求公平公正、利他、互惠、从众、示范、攀比等多种行为。当前，农民（农户）群体内部也存在着严重的分化，包括非农户、兼业户、纯农户等不同的类型，非农户包括已在城镇安居有稳定就业的农户、城市打工暂住农户等；兼业户又分为Ⅰ型兼业户和Ⅱ型兼业户；纯农户又可以细分为种田大户和自家承包地耕种的农户。农户所属的类型不同，所处的区位不同，即城市近郊、城市远郊、城中村农户其情况、境遇均不同。在城市扩张和快速城镇化地区部分农户属于弱势群体，处于被动地位，在自己的权益受到损害，或政府无法保障其最低利益时，无法找到合理、合法的诉求方式，更容易在有限意志力下采取一些过激行为。

四 政府、开发商、农民等利益相关主体的博弈机理

中西部快速城镇化地区既是城镇人口的增加、城市地域范围扩大的过程，也是计划经济向市场经济作用下产业结构、空间结构优化升级的表现，更是制度创新、制度安排下行为主体"利益博弈"的反馈机制。城市面积的不断扩大与地方政府和农民之间的征地博弈有关；结构优化调整涉及开发商在"级差地租理论"的作用下，关系到不同产业，进行的区位选择博弈行为；而制度创新、制度安排主要与当地政府的绩效考核体制以及分税制下中央政府（上级政府）与地方政府之间的博弈以及"产权区域"视角下地方政府间招商引资的博弈、地方财政可支配收入最大化下地方政府与开发商之间的博弈，以及"条块管理体制下"地方政府创新行为与中央部门之间的博弈等。

（一）地方政府与农民的征地博弈

依据《中华人民共和国土地管理法》，我国土地所有权明确指出，城市市区的土地归国家所有，农村和城市郊区的土地，除由法律规定属于国家所有的之外，其余的都归农民集体所有，并且《中华人民共和国宪法》明确规定，当国家（或地方）有公共事务建设需要时，地方政府有权依法"有偿"从农民手中征用农用地。地方政府与农民的博弈行为在征地补偿的过程中展开。政府和农民作为不同的利益主体，在理性因素的驱动下都会追逐自身利益最大化。但是，由于地方政府有宪法法律赋予的权力，可以对土地进行征用并且制定有利于当地政府的征地补偿标准。《中华人民共和国土地管理法》规定的土地补偿费和安置补助费的总和，原则上不得超过土地被征用前 3 年平均年产值的 30 倍，单项的耕地补偿费在 6—10 倍浮动，安置补助费在 4—15 倍浮动。这些弹性化的规定使政府在很大程度上可能会出现"寻租"行为，通过降低征地补偿标准来使政府自身利益最大化，而农民都处于被动地位。加之，农业用地与建设用地存在明显的效率差异，单位面积的农业用地为地方政府所带来的收益远远低于建设用地，在这种收益差异下，政府有很强的征地倾向。正是由于法律赋予地方政府的征地权力和用地类型的效率差异使政府征地欲望强烈，一方面，引起了建设用地低效、粗放扩张下土地资源的严重浪费；另一方面，农民利益受损。

（二）开发商的区位选择博弈

城市发展理论表明，在城镇化的前、中期，其主导推动力是工业化，而后期的推动力则主要是由第三产业带来的，随城市的不断扩张，主要呈现轻工业—重工业—服务业发展的基本路径。这就意味着，随着城镇化水平的不断提升，城市的空间结构和产业结构也在不断地优化升级，也就是通常所说的"腾笼换鸟""退二进三"。城市扩张、土地利用方面形成犹如级差地租理论所描述的商用地—居住用地—工业用地—农用地的圈层结构。这一过程中，存在开发商之间的区位选择博弈。占地面积大、产出效率低的工业主体，在环境的约束下，不得不逐步从城市搬迁至郊区，而那些产出效率高的行业则向城市中心移动，城市的空间地域范围也随之不断扩张。此外，在开发商进行区位选择时也会与地方政府和农民进行博弈，房地产行业是最具有典型性和代表性的，自 1990 年《城镇国有土地使用权出让和转让暂行条例》出台以来，房地产行业由于产业前后向关联强度大、带动作用强、经济增长贡献率高、市场前景好等特点深受政府的喜爱。为了使成本降低，房地产行业的开发商纷纷把目光投向城市边缘地区，通过地方政府的征地行为来获取廉价的土地使用权，这也造成了房地产开发商的区位选择的博弈行为，导致城市地域范围的扩张。

（三）当前绩效考核体制和分税制下的中央（上级政府）与地方政府的博弈

中央（或上级政府）对地方政府官员的升迁具有决定权，而升迁与否的依据就是依据绩效考核指标的评判，其中考核的主要指标就是 GDP、财政税收额、城镇居民的福利水平等，而这些考核指标的提升需要地方政府财政作为支撑,地方政府施政能力在很大程度上受到地方财政自给率的影响,地方政府行为的"最大效用函数"是政府绩效和地方可支配收入最大化。此外,为了在中央的绩效考核中获得优秀,就必须大力发展地方经济水平,以此来获得足够的财政税收,提高城镇居民的福利水平。但是,自 1994 年实行分税制改革以来,中央和地方实行"分灶吃饭",地方政府财权和事权不对称,使地方政府处于财政困境中,而土地对于促进 GDP 增长效应显著,这也就使地方政府通过征地来获取 GDP 快速增长,但这是一种粗放式的经济增长模式,导致城市地域范围不断扩大。而提高城镇居民的福利水平途径有两个:一个是加大财政投入,另一个是减少城镇居民数量。但是,由于地方财政紧缺,使政府放弃第一条路径,第二条路径就成为政府的必然选择,即控制城镇人口数量。于是就出现了城市地域范围的迅速扩大,但城市人口尤其是户籍城镇人口变化较慢或相对保持不变,从而导致人口城镇化与土地城镇化的矛盾,即快速城镇化地区城市空间扩张的不协调。

(四)产权区域视角下的区际政府博弈

我国特有的"行政区经济""诸侯经济"说明产权区域非常明确,各级地方政府在参加区际利益博弈时往往是以"理性经济人"的身份,追求绩效与可支配收入最大化,"效用函数"角度可以理解地方政府之间的博弈。为了发展地方经济,地方政府需要引进资本,而资本的特性就是逐利,资本总是向高收益、低成本的地区流动,为了引进投资,在地方财政的约束下,地方政府便采用协议等形式出卖土地,筑巢引凤——将"生地"改造成"夹生地",即设立通常所说的"九通一平、七通一平或五通一平"开发区。而开发区地域空间扩张主要集中在郊区,在促进城市空间结构重组的同时,成为城市空间扩张的主要动力,在此过程中存在各种不良现象,比如盲目圈地、违规建设、占而不建等的情况,这就加剧了城市空间的无序蔓延。此外,通过地方保护主义等恶性竞争手段来吸引投资,保护本地企业,同时对人流、物流、信息流、资金流、技术流等种种要素的正常流动进行干扰,这一过程的基础就是土地政策税收的优惠。因此,城市空间无序扩张的主要原因之一就是地方政府之间的博弈。

(五)城市公众需求博弈

随着城市的不断发展,人民的生活水平较以往有了很大的改善,所带来的生活需求也在发生较快的变化，中产以及富裕阶层的人都倾向于田园式的乡村生活，他们极力想摆脱城市存在的各种弊端，例如，中心道路拥挤、环境污染、犯罪率高等，甚至出现"逆城镇化"的现象，工薪阶层也追求住房面积的不断增加。同时，随着"家庭组团细胞单元"趋小化，一个家庭的人数一般在2—3人，以及城市价值观念的日趋扭曲——人们普遍认为，房子不仅仅是家庭的精神寄托，更是身份地位的表示，把房产当作投资等理念，都导致了城市住房面积需求的激增。住房面积需求的激增使房地产开发商进行"谋利"行为，进而导致政府不合法进行征地、批地行为，导致城镇建设用地的增加，城市地域空间的扩展。因此，城市公众的需求博弈也导致快速城镇化地区城市空间的无序扩展（孙平军，2012）。[①]

第三节 多元主体博弈的利益分配格局及成因

土地是快速城镇化地区城市扩张中最为稀缺的资源，土地用途的变更将产生巨大的经济利益，也是城市扩张中最为重要的利益冲突。因此，主要分析土地要素的利益分配格局及成因。

一 各主体间利益分配状况：以城市扩张征地为例

在征地实现土地农转非过程中，各主体收益分配是不公平的，其中农民收益最少，而政府和开发商所得的收益最多。调查显示，在土地征收过程中，初步收益分配的比例是：如果征地的成本费用为100，那么60%—70%为各级政府所得，25%—30%为村级集体得到，农民只得到5%—10%，土地被征后的增值收益基本上归地方政府和开发商所有，农民基本没有参与利益分配（于学花、栾谨崇，2008）。[②]市级政府获得土地总收益的比例为56.33%，其中，中央获得1.55%，省级政府获得

[①] 孙平军：《长春市空间扩展非协调性及其行为主体博弈机理研究》，《现代城市研究》2012年第8期。

[②] 于学花、栾谨崇：《新制度经济学产权理论与我国农地产权制度改革》，《理论导刊》2008年第4期。

1.21%（诸培新、曲福田，2006）。① 一些地方土地农转非的收益在地方政府财政收入中占25%—50%，在少数城市这一比重高达80%，个别城市土地农转非收益甚至超过地方财政收入的两倍（吴次芳、谭永忠，2002）。② 调查数据也显示，88.8%的农民认为自己在农转非过程中利益严重受损，有70%的农民认为地方干部得益最多或得益较多，有84.8%的农民认为土地开发商得益最多或得益比较多（罗满妹，2009）。③ 不同地域学者的研究也得出了相似的结论，河北某地区的土地农转非收益分配结构为开发商所得土地收益占44.51%，市级以上政府所得占41.1%，农民及农民集体所得仅占14.39%（梁爽，2009）。④ 江苏省某区土地农转非收益分配比例结构为，区政府占34.80%、镇政府占34.51%、中央政府占17.21%、市政府占6.31%、省政府占0.90%、村集体占6.90%、农民所得收益仅占3%（童建军，2003）。⑤ 数据表明，大部分快速城镇化地区城市扩张中的征地行为，都是地方政府和开发商分享主要收益，农民失去了原本拥有的土地，从中得到的补偿也很少。这种本末倒置的、不合理的"倒金字塔"式的分配模式严重损害了农民利益，必然引发利益和行为的冲突。

二 利益分配不平衡的成因：制度缺陷

（一）农村集体土地所有制的缺陷

农村集体土地的所有权主体不明晰。《中华人民共和国土地管理法》第十条规定："农民集体所有的土地依法属于村农民集体所有的，由村集体经济组织或村民委员会经营管理；已分别属于村内两个以上农村集体经济组织的农民集体所有的，由村内各该农村集体经济组织或者村民小组经营管理；已属于乡（镇）农民集体所有的，由乡（镇）农村集体经济组织经营、管理。"按照规定，农村集体土地的所有权由农村集体经济

---

① 诸培新、曲福田：《农地非农化配置中的土地收益分配研究——以江苏省N市为例》，《南京农业大学学报》2006年第3期。
② 吴次芳、谭永忠：《制度缺陷与耕地保护》，《中国农村经济》2002年第7期。
③ 罗满妹：《城镇征地中多元主体的利益分配关系及其调整研究》，硕士学位论文，湖南师范大学，2009年，第77页。
④ 梁爽：《土地非农化过程中的收益分配及其合理性评价——以河北省涿州市为例》，《中国土地科学》2009年第1期。
⑤ 童建军：《我国土地收益分配机制研究》，硕士学位论文，南京农业大学，2003年，第110页。

组织管理，然而，在现实情况下，大多数农村集体经济组织已随着经济社会的发展而名存实亡，乡镇政府、村委会、村委会主任、村支书实际上成为农村集体土地的所有者，具有掌控土地的权力，可能以土地所有者的名义去侵犯农民的土地合法权益，出现分配不公平的现象。而农民则是弱势群体，所有权主体的不明晰导致农民没有权利去争取自己的所得收益。

（二）土地征用制度的缺陷

我国当前征用土地的制度还存在许多不足。比如土地征用范围过大、程度不正当，以及对于被征地农民的补偿标准太低等。现在，对于征地的补偿仅仅包括土地补偿费、劳动力安置补偿费以及地上附着物和青苗补助费等，并且对于每公顷征收土地的补偿费明确设定了上限，对于征地的补偿仅仅是对土地经营作物以及劳动力的补偿，并没有按照市场价格考虑土地的增值收益。农民失去了原有的土地，得到的只有数量很少的补偿金，各种社会保障比如养老、医疗、失业都没有得到基本保障，在他们的土地被征用以后面临着诸多问题，例如，找不到合适的工作，没有基础保障，从而面临走向贫困的境地。另外，在农民的土地被征用以后，对于这些被征用土地的用途、收益都缺乏有效监管，这就可能会导致被征用土地的用途改变，利用率降低，土地收益降低，甚至一些违法者会利用缝隙获取土地的非法增值收益。由此，制度缺陷是收益不公平的根本原因，收益不公平又导致利益和行为的冲突。

三　利益分配不平衡的成因：行为失范

（一）开发商的投机行为及不公平竞争手段

1. 欺上瞒下，虚报土地用途

一些房地产开发商为了获得土地开发权，在进行征地时谎报土地用途，以基础设施或者公共用途的名义获得土地开发权，但是，实际上却将土地用于低投入高收益的违法开发，从而获得较高的经济收益，这是由于在土地被征用以后，缺乏对征用土地的监管。有的开发商在获得土地的开发权后，资金运行出现问题，出现"烂尾工程"，给土地资源造成严重的浪费。

2. 开发商采用不正当手段贿赂政府官员，获得土地的开发权

在这个过程中，必然产生利益的重新分配，开发商行贿等前期投入的成本，必然会尽可能地在后期通过压低征地补偿费用、各种安置费以

及抬高房价来降低土地开发的成本，必然再度损害了农民的正当利益，或通过抬高房价将成本转嫁给购买者、使用者。村集体也有可能会被开发商收买，从而使农民利益受损。

3. 开发商之间的结盟与勾结

随着我国法律制度、规章等日益完善，开发商都需要通过正当的程序、手段，并且依靠自身的综合实力来获得土地的开发权。在这种情况下，开发商之间很容易形成利益联盟，在进行土地征用竞标时，私自勾结，将单个开发商与利益共同体绑定在一起，后果严重。

（二）农民认知偏差，谈判能力差

1. 农民对征地具有认知偏差

很多农民认为，国家征地、农用土地转为非农用地是国家和政府决定的，只能照办。很少有农民能够行使自己的知情权、参与权，在充分了解土地用途、目的以及补偿费用的基础上，及时申诉补偿款中不认同、有争议的内容。首先，对于征地所需要的程序、补偿款以及补偿的内容、补偿以什么方式发放这些问题，许多农民并不了解。其次，即便一些农民了解，但他们仍不能参与到征地补偿方案的拟订以及利益分配方案的拟定讨论中，即使对补偿有意见时，也只是口头抱怨，没有进行申诉，对于那些不清楚利益分配结构的农民来说，在得到一定数额的补偿款以后就已经心满意足。

2. 农民的谈判能力弱，维权意识薄弱，途径不当

由于自身知识、能力、经验等约束，被征地农民对利益分配不满时，无法理智地做到很好地与地方政府或者村集体进行谈判，更多的是在街头巷尾进行议论，私下指责、抱怨，或者是与政府发生行为冲突。只有个别农民懂得维权，维权也没有找到合理的途径，多数是聚集在政府门口，在开发时进行抵制，或者恐吓、辱骂政府官员，没有通过正当的法律渠道来解决问题。

（三）地方政府行为失范

1. 地方政府越位、缺位

首先，地方政府的管理职能出现偏差。在征地中，地方政府扮演着利益主体的角色，既有公共利益也有私利，干预了理应由市场调节的事情，而没有做好协调管理工作，平衡各方的利益。

其次，地方政府的宣传普及知识不到位。地方政府应该担负起向农

民宣传征地的各种政策、征地程序以及补偿方式等责任,在征地过程中,应该透明、公正、公开、公平,使农民充分了解城市扩张、城镇化的必要性,明确土地用途。

最后,在征地结束以后,政府没有对土地收益的分配满意程度进行调查。对于那些反映分配不合理的声音置若罔闻,对于土地冲突事件的处理也不尽如人意,并没有履行好政府应尽的职责,从而加深了农民和政府之间的矛盾。

2. 政治上的急功近利行为

地方领导和政府部门把城镇化、经济发展等作为政治硬任务,任务的完成与个人地位、名誉、收入、晋升、出国等直接挂钩。政府行为人眼中的"政治责任和利益"实际上是获得上级领导的认可。只有获得这种认可,才是可靠有效的。所以,一些政府工作人员为了自身的政治利益需求,不从实际出发,欺骗公众,甚至直接对公众的利益造成损害。这种非理性行为带来的损失,他们可以不需要去承担直接的政治和经济责任,让更高层的政治机构去负责,或留给继承者、公众去承担。因此,地方政府以极小的成本和风险获得了最大的政治经济权益。这显示出了我国目前缺乏有效权力约束机制,使政府人员急功近利。如果这一体制没有得到改变,那么政府行为人的政治偏好和急功近利行为将会一直存在。

3. 经济至上主义行为

政府行为人奉行经济至上主义,谋取经济利益最大化。在现行土地制度缺陷的情况下,土地资源及其相联系的衍生投资品便成为地方政府"寻租"的条件,地方政府通过修编城市规划或审批开发项目获得土地经营权,公共工程、基础设施投资,谋取经济利益。其不当的行为做法有:第一,对于农民和企业所拥有的土地进行低价征收后,通过国土局以土地经营方式进行批租或商业性拍卖,从而获得较高的级差地租,使政府财政收入得以提高。第二,打着城市基础建设和公共服务的旗号,组建政府的基础设施投资开发公司,通过开发公司,直接向社会和金融机构融资贷款。第三,开发公司与地方政府、房地产公司暗中勾结,"暗箱"操作,相互利用,把城镇化带来的土地增值收益全部据为己有。

第四节 行为主体间协同机制及行为调适

快速城镇化地区的行为主体政府、开发商、大众媒体、农民、非政府组织、专家学者等各自的利益诉求不同，角色预期也不同，在快速城镇化地区自然会采取不同的行为决策。因此，有必要对行为主体之间的行为进行调适与协同，使其各自承担起职能，发挥好应然角色，推进快速城镇化地区城镇化的协同发展。

一 政府角色预期与行为

（一）政策的制定者和规划者

政府应该正确地行使其权力，把正确的政绩观作为指导，制定完善公平合理的土地征用政策，进行土地制度、户籍制度的创新，完善社会保障等配套制度。在进行政策制定之前，要充分了解、听取民意，维护大多数人的合法利益。同时，政府还应该对城市发展做合理规划。没有合理的规划，朝令夕改，势必造成无序和资源浪费。政府作为资源的权威掌握者和信息最大化的拥有者，由其来负责、统筹制定城市规划，必然是成本最低而效率最高的。

（二）各方利益的维护者和协调者

政府是公共利益的代表者，当公共利益与私权维护出现冲突时，如果必须对私权做出损害时就必须按照人民利益原则对被损害的私权所有人给予相应的补偿。将自身变成公正性质的利益中性政府，避免对快速城镇化地区征地、城市扩张各环节的垄断。实现征地过程中的利益分配透明化，建立合理的收益分配机制，有效地进行自我约束和监督。同时，对于弱势群体的利益，政府更应该积极维护，首先要注重对农民的利益进行维护，开发商的利益分配不符合地方政府和农民的要求，可以寻找替代的开发商。

（三）市场运行的监管者

市场不能自发地使所有规则都保证结果的公正性，政府应该是市场的监管者，必须严格遵守相关的法律政策，合法合理地使用好手中的权力，对于征地拆迁过程中的非法牟利行为要给予严厉的打击，保证资源和利益在整个社会中的相对公平分配。

（四）冲突、矛盾、纠纷的仲裁者

政府应该是冲突、矛盾、纠纷的仲裁者，站在社会冲突各方立场，从更高的角度调和各个主体之间的矛盾利益冲突。在利益博弈的格局中，政府应该是以局外者的身份参与其中。在出现矛盾冲突时，政府有必要采取一定的措施，在问题产生之初将其解决，防止矛盾冲突的不断扩大升级。

（五）正常社会秩序的保证者与公众参与的促进者

政府应该积极主动地让人们参与到活动中去，创造各种便利条件，让人们参与到政治活动与决策中去，当人们有表达诉求和意见时，开辟一个合法有效的渠道，并且能够及时反映到政策制定者那里，使决策的民主化、科学化水平不断提高，加大阳光执政的力度。改变当前政府作为强势群体代言人、谋取利润的经济人、土地管理者、所有者多重身份的错位局面。

二　开发商角色与行为规范

（一）城市建设的开发者

土地开发商的基本职能是对于土地资源进行最合乎经济效率的开发利用。通过相关运筹、论证和分析，规划建设质量合格的产品，提供建筑配套设施和服务，扮演优秀的建设者、新观念的指引者和新生活的创造者等多重身份，进而避免政府直接经营管理城市的低效率和政府职能部门之间不协调、推诿或者扯皮的现象。

（二）经济利益最大化的追求者

作为市场经济中活跃的基本主体，开发商作为利益追求者，企业家追求资本增值的本性为社会经济活跃发展提供了基本动力源泉。当然，趋利性质在制度规则所不及的情况下，可能会为了自身利益而超越权限，侵害他人的合法权益。

（三）行为规范下的社会责任者

首先，提高开发商素质，加强开发商的行为自律。加强社会责任感的影响和教育，改变当前开发商只追求自身利益，不惜一切增加利润，损害农民利益的观念和常态性行为，加强其自身的自律。

其次，对开发商的监督力度要加强，引导开发商之间多进行良性竞争。除政府需要对开发商进行监督以外，开发商还应该接受来自社会各界的监督，形成农民、村集体、社会媒体、政府的多元监督体系，倡导良性竞争，营造公平的竞争环境。

最后，要明确规定开发商应承担的责任。除承担土地征用补偿费用外，开发商还应承担更多的社会责任，比如多建设安居房、解决失地农民的就业等问题，以此来对开发商的行为进行约束管理。

三　农民的认知水平及行为调适

农民是城镇化进程中的积极参与者、城镇化的直接推动者，转移进城的农民是城市政策、城市管理的对象和政策、制度制定的参与者和监督者，也是城乡转移过程中自身利益的追求者和捍卫者。

首先，要提高农民对城镇化进程、土地制度、征地程序的认知。农民对征地程序的认知能力差异导致其对于征地及补偿一知半解，利益无法保障。农民对城镇化进程、政府行为的认知偏差又导致其心理、行为抵制城市扩张及政府征地。农民应充分了解到自身的弱势不足，必须通过各种渠道了解与自身利益相关的各项政策、程序、注意事项，更好地维护自己的应得利益。

其次，要增加农民的组织化程度。当利益受损时，农民个体的力量有限，但有共同利益的农民形成组织后，组织则可以与政府进行谈判，与开发商进行沟通、博弈，提高谈判能力和成功率。同时，还要建立农民自己的维权组织，农民自愿加入维权组织，内部规范管理，还要邀请有专业法律背景的人员加入，以专业的知识帮助农民出谋划策，进行维权，在与地方政府、开发商博弈过程中争取农民的应得利益。

四　大众媒体的行为及作用

大众媒体除包括传统的传播方式如报纸、广播、电视等外，还包括具有现代特征的网络传播体系。在当今时代，大众媒体发挥着不可替代的作用，被一些人称为除立法、行政、司法外的第四种权力，新闻记者也因为其特殊的权利而被称为"无冕之王"。大众传媒是政治知识的传播者。通过经常性的、有意识的传播，诱发和指导人们的政治兴趣，提高人们的政治判断能力，是政治社会化的重要途径。通过媒介传播，实现政府与民众在相当程度上的互动，发挥沟通上下、民情上达的功能。一方面，政府通过媒体的报道了解民意，知道老百姓对政府某些政策的意见，从而使政府可以及时改善政策体系，提升自己的服务质量，树立一个良好的企业形象。另一方面，人们通过媒体这一媒介表达自己的愿望和诉求，在一定程度上对政府形成了压力，这就迫使政府在制定和执行政策时能够更加谨小慎微。同时，发挥监督政府行政行为和政治过程的作用，减少了各方之间的信息不对称，发挥社会监督作用，促进政府更加清明、亲民。

五 非政府组织的作用

当下，我国的非政府组织（NGO）主要是指那些具有非政治性而又与政府关系较为密切、以推进某个群体的共同利益为直接目的的自愿性社团组织。快速城镇化过程中的非政府组织可以把分散在民间的各种要求和意见集中起来，统一向政府相关部门或者开发商等进行集中表达，建立合理的利益表达机制。有效地将利益指向不同、想法行为殊异的人有秩序地组织起来，并且代表他们同政府及时沟通，从而较快和较圆满地取得双方的让步和谅解，取得双方都能认可的行动方案。

六 专家学者的作用

在某一领域内长期进行钻研和研究的专家学者，自然是这个领域内最有知识的权威人物，对相关问题的把握预测能够辅助政府更加科学合理地决策。因此，在快速城镇化、城市规划政策的出台和论证过程中，应该广泛听取专家的意见，邀请他们进行深入细致的论证，促进城镇化平稳、快速、顺利进行。也就是说，充分发挥专家智库的作用，服务决策。

表 6-5　　　　　　　　　行为主体的角色应然

角色	应然角色
政府	城镇化政策的制定者和规划者 各方利益的维护者和协调者 市场运行的监管者 矛盾、冲突、纠纷的仲裁者 正常社会秩序的保证者与公众参与的促进者
开发商	城市建设的开发者 经济效益最大化的追求者 行为规范下的社会责任者

续表

角色	应然角色
农民	城镇化进程中的积极参与者、推动者 城镇政策、城市管理的对象和政策、制度制定的参与者和监督者 城乡转移过程中自身利益的追求者和捍卫者
大众媒体	城镇化政策的宣传者和表达者 征地拆迁、制度创新信息的传播者 政府与民众互动的媒介者 征地拆迁政策执行的监督者
非政府组织	政府、农民和市民之间的中介者 矛盾的沟通者和调解者
专家学者	城镇化、城市规划理论的研究者 制度创新、政府决策的思想库

第七章 典型国家快速城镇化阶段生态、环境、经济问题及应对

从历史上看，世界各国在处于快速城镇化阶段，特别是城镇化率达到过半的转折点时，基本是快速发展期的工业化和城镇化，当前所处的城镇化阶段既是城镇化的持续快速发展的黄金时期，也是生态、环境、经济问题及各种"城市病"的集中爆发与城市建设矛盾凸显期。世界上已完成快速城镇化的国家，既可以为我国的快速城镇化提供宝贵的可以借鉴的经验，也可以提供警示和教训。本章主要回答或解决四个方面的问题，第一，哪些国家的快速城镇化与中国具有可比性，即哪些国家的经验值得梳理和借鉴。第二，这些可以借鉴的典型国家快速城镇化阶段面临哪些生态、环境、经济问题。第三，能否进一步梳理出各国快速城镇化阶段在经济比重、产业结构等具体特征。第四，中国所处快速城镇化的启示和思考。因为中国城镇化率2011年已经超过50%，因此，本章着重探讨世界各国城镇化率在50%的这一快速城镇化转折点的意义，以及快速城镇化在50%—70%时的经验、教训和启示。得出了一项重要结论，除巴西、墨西哥等过度城镇化国家存在的问题较大之外，英国、德国、法国、美国、日本、韩国已经完成的快速城镇化阶段表明，尽管相伴着生态、环境、经济问题，但城镇化可以普遍地得到进一步发展，经过15—50年的时间逐步地解决"城市病"等问题，步入城镇化的成熟阶段。对此，我国及广大中西部地区应该有足够的信心！

第一节 快速城镇化转折点的界定与国际经验借鉴

学术界将城镇化率在30%—70%时称为快速城镇化阶段，快速城镇

化阶段又被城镇化率50%这一转折点划分为在30%—50%时的规模数量型增长和在50%—70%时的结构内涵型增长两个阶段,本节首先界定城镇化率在50%时作为快速城镇化转折点。然后综合考虑国土面积、经济发展水平,综合回答国际比较及经验借鉴中究竟哪些国家城镇化水平、速度、进程与中国具有相对的可比性,最后提出了国际经验借鉴的依据和标准。

一 快速城镇化转折点的界定

按照国际、国内学者对快速城镇化阶段的界定,城镇化率在30%—70%时称为快速城镇化阶段,这一快速城镇化阶段又可以具体分为城镇化率大于30%而小于50%时的规模数量型增长和城镇化率大于50%而小于70%时的结构内涵型增长两个阶段。城镇化率在30%—70%时的快速城镇化阶段是城市生态、环境、经济问题及"城市病"显现和爆发阶段,学者研究认为,城镇化率在30%—50%时,生态、环境、经济问题及"城市病"处于显性阶段。城镇化率在50%—70%时,生态、环境、经济问题及城市病集中爆发(王格芳,2012)。[1] 在我国城镇化进程中,2011年城镇化率达到51.27%,已经完成了在30%—50%时规模数量型增长阶段,国家研究各国城镇化率在30%—50%时段面临的生态、环境、经济问题及其应对,已不具有应用价值和借鉴意义,应重点关注世界典型国家,尤其是已完成快速城镇化阶段的国家城镇化率在50%—70%时所遇到的生态、环境、经济问题,以寻求经验或教训。因此,本章重点研究、借鉴国际上不同国家、地区城镇化率在50%—70%时出现的问题及应对经验。将50%的城镇化率界定为快速城镇化阶段转折点,对应转折点之前城镇化率处在30%—50%时的阶段属于快速城镇化初期,城镇化率处在50%—70%时的阶段属于快速城镇化中后期,即主要借鉴或吸取典型国家快速城镇化中后期的经验、教训。从统计学上看,城镇化率50%是快速城镇化阶段和整个城镇化进程的中值,中值具有参考意义和统计学意义。城镇化率超过50%意味着城镇人口占总人口的比重超过农村人口占总人口的比重,是一国或一个地区从农村社会向城市社会转型的重要标志,是这一国家或地区发展成城镇化国家、实现现代化的重要标志之一,意味着像我国这样的农业大国开始迈入城镇化的工业大国门槛(李克强,

---

[1] 王格芳:《我国快速城镇化中的"城市病"及其防治》,《中共中央党校学报》2012年第5期。

2010；段成荣，2012）。① 产业结构层面城镇化率超过50%应该对应第二、第三产业比重的升高，第一产业比重的降低。社会及人口层面，城镇化率超过50%意味着整个社会的思想观念、物质生活、文化生活将发生相应的转变，社会公平、城市治理将出现新问题、新情况。生态环境层面，城镇化率超过50%意味着生态环境问题从显现向爆发转变。我国的实践层面，2011年城镇化率超过50%，2016年我国常住人口城镇化率达到57.35%，迫切需要寻求此阶段的成功经验和失败教训，因此，50%作为划分快速城镇化时期转折点具有理论和实践上的科学性、合理性。

二 快速城镇化国际经验借鉴的标准

国际比较及经验借鉴对于我国中西部快速城镇化地区深化认识有重要的作用，但问题是究竟哪些国家城镇化水平、速度、进程与中国具有相对的可比性。也就是说，一方面，国际比对和经验借鉴必须注意区域面积、空间地域"尺度"；另一方面，必须基于经济发展水平与城镇化的关系寻找借鉴对象。本书借鉴已有学者的研究②，国家的经济、人口和空间三者的规模将选用"生产总值""总人口""国土面积"三项基本指标作为主要度量单位，世界各国人均GDP、GDP总值、城镇化率、国土面积等具体数值见附录3。具体方法是将国家和地区的国土面积作为纵坐标、将生产总值作为横坐标绘制图表，从图7-1中可以发现，除了极少数国家和地区散布在图中，基本都聚集在图中的左下方一带，由此表明，这些国家不仅国土面积小，GDP经济规模也很小，理论上说，与中国的可比性以及城镇化借鉴价值均较小。

如果在坐标上添加两条辅助线，分别是垂直于横轴的GDP为6500亿美元的统计线和垂直于纵轴的国土面积200万平方千米的统计线。添加两条线后发现，全球仅24个国家和地区满足国土面积超过200万平方千米且GDP超过6500亿美元，分析发现，24个国家中，国土面积大且经济规模大的7个"大国"，分别是俄罗斯、加拿大、中国、美国、巴西、澳大利亚、印度。其中，中国、印度的人口规模最大，美国的经济规模最大。有11个国家国土面积小且人口较少，但经济规模较大，属于"强

---

① 李克强：《深刻理解〈建议〉主题主线 促进经济社会全面协调可持续发展》，《人民日报》2010年11月15日。段成荣：《城镇人口过半的挑战与应对》，《人口研究》2012年第2期。

② 李浩：《"24国集团"与"三个梯队"——关于中国城镇化国际比较研究的思考》，《城市规划》2013年第1期。

"国"之列，它们分别是日本、韩国、法国、德国、英国、西班牙、意大利、荷兰、土耳其、墨西哥、印度尼西亚。还有6个国家即苏丹、刚果（金）、阿尔及利亚、哈萨克斯坦、阿根廷、沙特阿拉伯虽然国土面积较大，但是，经济规模和人口规模较小，属于"大国、贫国"。24个国家的人口、城镇化率等主要数据见表7-1。

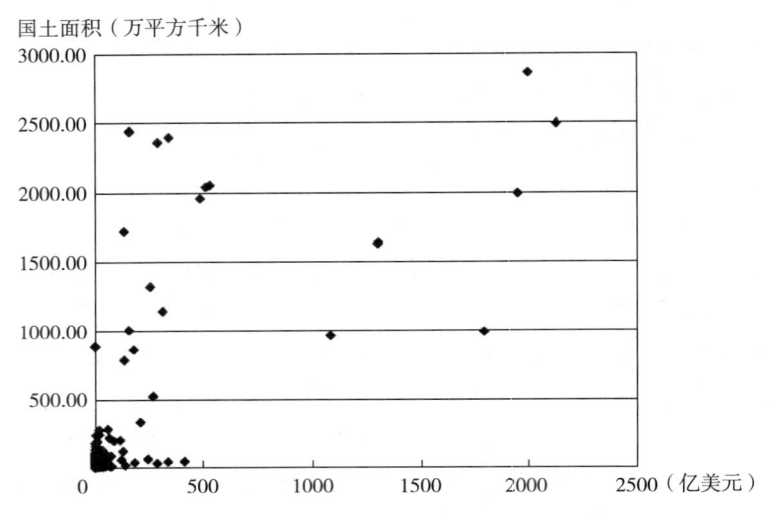

图7-1 世界各国国土面积和GDP总值散点图

表7-1　　　　　　　　　2015年24个国家主要指标对比

国家	城镇化率（%）	人均GDP（万美元）	国土面积（万平方千米）	GDP总值（百亿美元）	城镇总人口（亿）	总人口（亿）
俄罗斯联邦	74.0	0.91	1709.83	132.60	1.07	1.44
中国	55.6	0.79	956.29	1086.64	7.63	13.71
美国	81.6	5.58	983.15	1794.70	2.62	3.21
加拿大	81.8	4.32	998.47	155.05	0.29	0.36
澳大利亚	89.4	5.63	774.12	133.95	0.21	0.24
巴西	85.7	0.85	851.58	177.47	1.78	2.08
印度	32.7	0.16	328.73	207.35	4.29	13.11
墨西哥	79.2	0.90	196.44	114.43	1.01	1.27
印度尼西亚	53.7	0.33	191.09	86.19	1.38	2.58
土耳其	73.4	0.91	78.36	71.82	0.58	0.79
西班牙	79.6	2.58	50.59	119.91	0.37	0.46

第七章 典型国家快速城镇化阶段生态、环境、经济问题及应对 / 353

续表

国家	城镇化率（%）	人均GDP（万美元）	国土面积（万平方千米）	GDP总值（百亿美元）	城镇总人口（亿）	总人口（亿）
意大利	69.0	2.98	30.13	181.48	0.42	0.61
法国	79.5	3.62	54.91	242.17	0.53	0.67
英国	82.6	4.37	24.36	284.88	0.54	0.65
德国	75.3	4.12	35.72	335.58	0.61	0.81
荷兰	90.5	4.44	4.15	75.25	0.15	0.17
大韩民国	82.5	2.72	10.03	137.79	0.42	0.51
日本	93.5	3.25	37.80	412.33	1.19	1.27
刚果（金）	42.5	0.05	234.49	3.52	0.33	0.77
苏丹	33.8	0.21	187.94	8.41	0.14	0.40
阿尔及利亚	70.7	0.42	238.17	16.68	0.28	0.40
哈萨克斯坦	53.2	1.05	272.49	18.44	0.09	0.18
阿根廷	91.8	1.34	278.04	58.32	0.40	0.43
沙特阿拉伯	83.1	2.05	214.97	64.60	0.26	0.32
24国合计	57.3	1.27	8741.83	5919.57	26.59	46.43
全球	53.86	1.00	—	7350.23	39.43	73.47
24国占比（%）	106.3	1.27	65.08	80.54	67.44	63.20

这24个国家在世界发展中占有举足轻重的地位，国土面积和总人口接近全球的2/3，GDP总值占全球的75%以上。为了进一步分析经济发展水平和城镇化水平的关系，横轴为各国的人均GDP，纵轴为各国城镇化率，可以绘制出坐标图（见图7-2）。针对24个国家的坐标图清晰地呈现24个国家分别处于三个截然不同的发展梯队，第一梯队：经济发展、城镇化水平双高梯队（见图7-3），主要有英国、德国、法国、日本、美国、澳大利亚、西班牙、荷兰、加拿大、意大利10个国家。第二梯队：城镇化水平较高、经济发展水平偏低，包括阿根廷、巴西、墨西哥、沙特阿拉伯、俄罗斯、土耳其、哈萨克斯坦、阿尔及利亚、韩国9个国家，其中，除韩国和沙特阿拉伯较富裕外，其他国家人均GDP均较低。第三梯队：城镇化、经济发展水平均较低，有中国、印度、印度尼西亚、刚果（金）、苏丹5国。分析1980年、1990年、2000年、2010年、2015年城镇化率和经济发展数据发现，第一梯队的国家城镇化总体

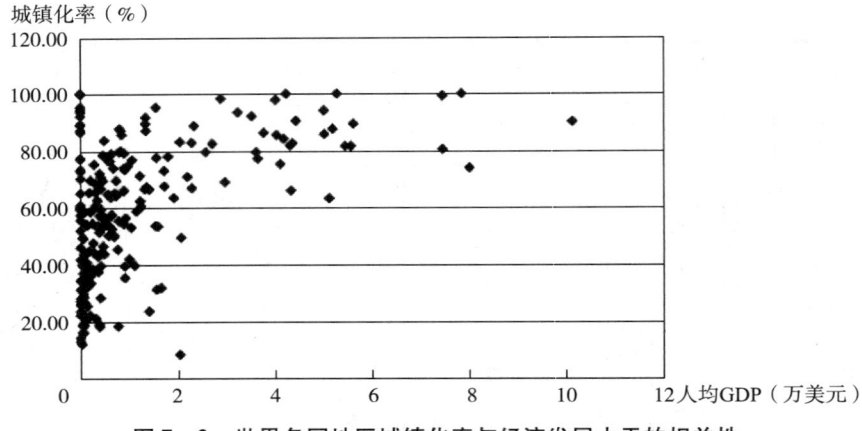

图 7-2 世界各国地区城镇化率与经济发展水平的相关性

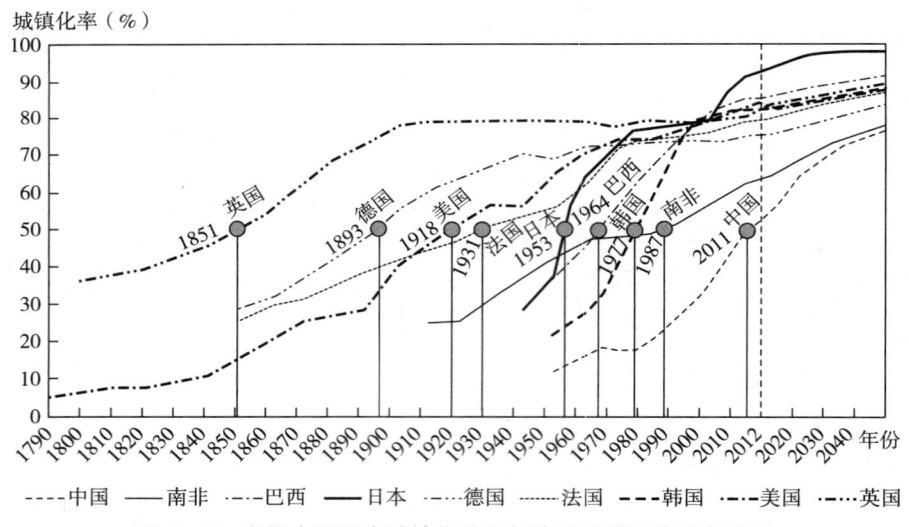

图 7-3 世界主要国家城镇化进程与快速城镇化转折点时间

表现城镇化率及城镇化相对平稳,经济发展水平持续较缓慢提升,已提前进入发展成熟阶段。第二梯队的国家,城镇化率和经济发展同步提高,城镇化率提高的速度高于经济发展水平提高的幅度。第三梯队的国家除中国等少数国家外,城镇化率和经济发展水平提高幅度及变化较缓慢。从空间分布看,北美洲、欧洲和大洋洲主要分布第一梯队的国家,亚洲、南美洲和北非主要分布在第二梯队国家,第三梯队的国家则主要位于亚洲和非洲。24 个国家中囊括了全球经济较发达的国家和经济最不发达的国家以及欠发达国家,且在各大洲的分布相对均衡,具有典型性和代表性。通过以上分析,经验采纳可从8个具有代表性的国家进行,它们都属于城镇化率相对较高,已完成快速城镇化阶段的典例国家。结合我国当前处在50%—70%时的快速爬升的城镇化阶段,分析英国、德国、美国、法国、日本、韩国、墨西哥、巴西城镇化率超过50%后,在50%—70%时的快速爬升区的生态环境问题及其治理措施,从而吸取经验和教训。

第二节 典型国家快速城镇化阶段的问题及对策:纵向国别比较

我国2011年城镇化率首次超过50%,而对应的英国、德国、法国、美国、墨西哥、巴西、日本、韩国8个国家城镇化率超过50%的年份依次是:1850年英国超过50%,1892年德国超过50%,1931年法国超过50%,1918年美国超过50%,1959年墨西哥超过50%,1965年巴西超过50%,1968年日本超过50%,1977年韩国超过50%。

一 世界城镇化进程和城镇化模式

从时间序列上看,世界城镇化进程划分为三次大的浪潮(仇保兴,2007)[①],分别是欧洲城镇化进程(以英国为代表)、北美城镇化进程(以美国为代表)和发展中国家城镇化进程(以东南亚新兴工业化国家和地区为代表)。这三次浪潮中各国完成快速城镇化阶段(城镇化率从30%提高到70%)的时间在不断缩减,各国快速城镇化背景各异,城镇化的动力日趋多元化,但生态、环境、资源的约束也更为苛刻(见表7-2)。

表7-2 三次城镇化浪潮比较

	第一次城镇化浪潮	第二次城镇化浪潮	第三次城镇化浪潮
人口规模	2亿	2.5亿	10亿
持续时间	180—200年	100年	40—50年
移民数量	0.2亿—0.5亿人	0.5亿人	0.6亿—1.2亿人
动力背景	工业化	工业化	工业化、全球化、信息化

---

① 仇保兴:《第三次城市化浪潮中的中国范例——中国快速城市化的特点、问题与对策》,《城市规划》2007年第6期。

根据动力机制将世界城镇化进程分为三种主要模式：

第一，工业化驱动模式。以英国、德国等发达资本主义国家为例，国内最初的原始积累通过早期的殖民主义手段实现，依托产业革命及雄厚的基础工业推动城镇化进程。美国、日本的城镇化也是工业驱动模式，美国以第一次世界大战为契机，迅速崛起成为新兴资本主义国家，在工业化背景下完成城镇化。第二次世界大战后，日本大力发展煤炭、钢铁产业，依托资金和技术的援助迅速复苏，城镇化进程加快。

第二，城市移民驱动模式。以拉美国家为例，20世纪30年代之前是外来移民推动了巴西的城市化，巴西城镇化长期领先于工业化，呈现过度城镇化的特征。20世纪30年代之后巴西的城镇化才由工业化推进。

第三，城镇化混合动力模式。全球化、工业化、信息化、政治时局等多元的、复合的动力综合作用于城镇化，以中国、印度等发展中国家为代表。

以上三种模式的共同特征在于：快速城镇化阶段的开启都离不开工业的动力，均受到特定的时代背景、产业发展和意识形态的较大影响。

二　快速城镇化阶段的英国

（一）英国的城市历程

城镇化与工业化具有紧密相关性，英国是工业革命的诞生地，是全球最早实现城镇化和工业化的国家。18世纪中叶，英国开始工业革命，同时也迎来了城市发展历史上一个崭新的时期。伴随工业革命的浪潮，城市发展很快，变化的剧烈程度超过了历史上任何一个时期。工业革命结束了城市工场手工业的生产形式，进入机器大工业生产阶段，使城市生产更趋专业化、经济活动更加社会化，企业基于合作利益和竞争优势更加集聚，直接影响着城市区域格局和城市扩张形式。在工业革命的推动下，一大批各具功能和特色的城市迅速发展，19世纪英国的城镇化进程快速推进，在1801—1851年半个世纪的时间里，英国人口在5万以上的城镇由106座增加到265座，城镇人口比例由26%增加到50%，1851年英国城镇化超过50%并向70%爬升，1891年英国城镇化率达到74%，1900年提高到75%，完成快速城镇化阶段，成为世界上第一个完成城镇化的国家。英国维多利亚时代是英国实现快速城镇化的转折点，它于1760年开始工业化进程，至1840年基本完成工业革命，成为世界头等强国。伦敦于1851年举办首届世界博览会，展示了超高的工业技术，迎合工业革命潮流。同时，伴随西欧逐步推进的工业革命浪潮，使英国对外开放的步伐日益加快，海外殖民主义也愈加泛滥。英国相继废除了实行200多年的"航海条例"和123种货物的进口税和沿海贸易限制，由此推动了经济自由化发展。在快速城镇化阶段推进的同时，伴随着英国国内就业困难，浩浩荡荡的殖民扩张拉开帷幕：19世纪20—50年代，英国为缓解国内困境稳定局势，向澳大利亚大批输送移民，使澳大利亚的总人口由原来的3.4万增加到41万。印度于1849年成为英国的加工场所，海外殖民扩张成为英国最主要的劳动力转移方式。

（二）生态环境经济问题

随着城镇化进程的推进，英国自然夺得19世纪"世界强国"头衔，强盛的背后掩藏的各种生态环境问题让政府和民众苦不堪言。19世纪50年代，英国大城市普遍出现人口、空间、居住环境等各方面的棘手问题。1811—1851年，伦敦人口翻了一番，从100多万增至200多万（见表7-3）。1851—1881年，伦敦人口又翻了一番，增至400万人，但城市半径却由3.2千米（2英里）扩展到4.8千米（3英里），人口高度密集。城市饮用水污染严重，大规模流行性霍乱先后于1832年、1848年、1866年爆发，研究发现，霍乱大规模爆发的直接原因是机井污染。1840—1841年的十年间，利物浦每千名婴儿中1岁以内死亡的达259人，出现了婴儿死亡率奇高局面。19世纪50年代左右，城市卫生协会是这样描述和概括英国主要城市的生态环境状况的："博尔顿市实在糟糕；布里斯托尔市死亡率很高，糟糕极了；赫尔市许多地区污秽不堪，沿海和镇上的排水系统都很差；普遍缺乏通风设施并且严重拥挤；等等。整个19世纪，上述霍乱等传染病层出不穷，早期公害事件也从不间断。"造成以上局面，除水体污染外，还表现在空气污染等环境问题上。19世纪英国城市污染已相当严重，恶劣的空气环绕在国家上空，无时无刻不腐蚀着这座城的人。也是基于生态环境污染、高死亡率背景下，恩格斯先后于1845年、1848年出版《英国工人阶级状况》和《共产党宣言》。1801—1901年，英国城镇化情况如表7-4所示。

表 7-3　　　　　英国主要大城市人口增长（1801—1851 年）　　　　单位：千人

城市	1801 年	1811 年	1821 年	1831 年	1841 年	1851 年
大伦敦	1117	1327	1600	1907	2239	2635
伯明翰	71	83	102	144	183	233
曼彻斯特	75	89	126	132	235	303
利物浦	82	104	138	202	285	376
格拉斯哥	77	101	147	202	275	343
布拉德福德	13	16	26	44	67	104
利兹	53	63	84	123	152	172
谢菲尔德	46	53	65	92	111	135

资料来源：K. J. 巴顿：《城市经济学》，商务印书馆 1984 年版。

表 7-4　　　　　　　　　　英国城镇化情况

年份	1801	1841	1851	1861	1871	1881	1891	1901
城镇化率（%）	33.8	48.3	54.0	58.7	65.2	70.0	74.1	78.0

（三）英国政府的应对措施

1. 环境立法与城市规划

伴随快速城镇化的推进，尤其是 1852 年前后发生的"伦敦烟雾事件"，警示英国政府和民众必须清醒认识、严肃对待生态环境治理问题，也直接推动了英国现代城市规划和公共政策的兴起。英国政府于 1850 年前后发布了一系列重要的政府报告。1840 年发布的《城市卫生报告》、1844—1845 年发布的《大城市状况报告》、1855—1870 年开展贫民区"大扫荡运动"。立足于相关报告，以立法的形式出台，确定相应的公共政策以有效应对各级、各类城市发展问题，"报告—政策—立法"也成为英国治理生态环境问题的独特传统。立法采用环境标准成为英国环境治理、环境控制的核心，围绕环境标准管理形成了一套法规法律体系，改变了之前不断通过修改法律适应环境问题的做法。英国在快速城镇化转折时期，针对生态环境问题相继进行了一系列的立法，之后将立法与城市规划相结合，颁布了城市规划方面的法律。立法主要遵循的三个原则是可持续发展、污染预防、污染者付费。本质上依然是末端治理的指导思想。这一时期，英国应对生态环境问题的重要立法有《公共卫生法》

(1848年)、《消除污害法》(1855年)、《环境卫生法》(1866年) 等,这些立法以改善公共卫生为主要目标。这一系列立法成为英国现代历史上治理空气污染的里程碑,治理也见到了显著的成效。工业部门烟尘排放量作为英国最大污染源,减少了79%,烟尘排放造成的职业病降至17%以下,不仅仅是伦敦,整个英国的环境污染治理成效显著,目前环境质量已处于世界领先地位。[①]

城市生态环境等严重问题,使英国开始进行现代城市规划的理论思想研究和实践探索。如意大利著名建筑历史学家贝内沃洛所指出的:现代城市规划空间上起源于英国和法国这两个工业化已经取得长足发展的国家,时间上始于1830—1850年。此后,许多关于英国现代城市规划的经典著作问世,如1898年霍华德的《明日的田园城市》、1912年昂温的《拥挤无益》和1915年格迪斯的《进化中的城市》。立法完善方面,英国于1886—1909年出台了《住宅法》《住宅、城镇规划诸法》等住宅法案,以改善和提升居住空间。英国现代城市规划的历程由该立法直接、有效地开启,并有条不紊地进行着(见图7-4)。

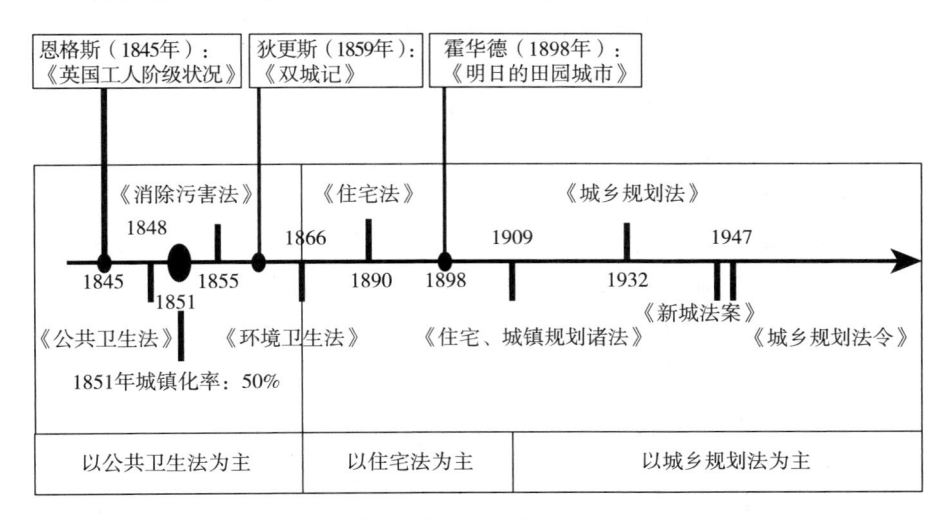

图7-4 快速城镇化转折期英国的重大立法

资料来源:吴志强、干靓、胥星静等:《城镇化与生态文明——压力、挑战与应对》,《中国工程科学》2015年第8期。

---

① 吴志强、干靓、胥星静等:《城镇化与生态文明——压力、挑战与应对》,《中国工程科学》2015年第8期。

2. 广泛的公众参与

自19世纪英国城镇化率达到50%、进入快速城镇化中后期之后，环境与健康成为英国民众无法回避的问题。原因在于《大宪章》（拉丁文 Magna Carta；英文 Great Charter）启迪了英国民众的个人权利与社会公正意识以及公民主体意识得到增强，这些思想上的更迭无形中助推了环境治理。民众开始自发地承担起保护自然资源、推动环境治理的社会职责。同时，英国的非政府组织，政府和地方当局委托的相关社会团体、认证机构、中介组织等都在环境治理方面出台了具体政策。例如，环境管理与审核体系的制定及修改，管理主体是英国标准化协会（BSI）；英国技术交流与咨询公司主要负责环境、质量、安全、标准、测试、计量标准与认可以及关税贸易、消费者保护、进出口程序、国际技术交流等项目。非政府组织成为政府与企业之间的桥梁，与政府共同努力，为环境治理做出了卓有成效的工作。

三 快速城镇化阶段的德国

（一）背景及问题

德国具有欧洲地理中心的天然位置优势，丰富的煤炭、钢铁资源，且邻近工业发达的英国，各方面得天独厚的优势促使德国城镇化、工业化的快速发展。1892年，德国城镇化率过半，从其历史背景看，德国工业化起步于19世纪50年代，19世纪70年代成为第二次工业革命的主导，成为欧洲能够与英国抗衡的工业和军事大国。之后，德国逐渐超过英国，成为世界头号经济体，德国城镇化进入快速发展阶段。这一阶段，正是1890年德意志帝国民族统一的时期，经济繁荣、辉煌。德国与英国的快速城镇化时期都面临着生态与环境集中爆发问题的险境，城镇化率超过50%进入快速城镇化中后期时，环境问题接踵而至。城市人口爆炸式增长，1871年柏林人口80多万，1890年柏林人口达到160万，不到20年柏林人口翻了一番。土地占有极为不均衡、空前集中，土地国有化呼声增强，仅1200人就占据城市25%的土地。房租较高、居住质量下降等居住环境问题突出。随着经济社会发展进步、人们生活水平的提高，阳光和空气、公共健康、卫生条件成为许多城市建设项目重要的标准。

历史资料中记载了鲁尔区的环境污染惊人现象：数千座烟囱昼夜不停地将滚滚浓烟直接排放到空气中，雾霾使能见度急剧下降，即使白天能见度也不足两米；磅礴的大雨如同灰色的雨帘，笼罩着整座城市；被褥不能出现在室外,否则会被染得漆黑;民众的日常生活受到严重影响,各种呼吸道疾病、血液疾病充斥着部分居民的身体,腐蚀着他们的生命;那条美丽幽静的莱茵河,已然成为臭水沟,"荣获""欧洲下水道"称号。然而,这些在当时德国人的眼里被认为是工业发展带来的福利,他们选择沉默面对此情此景。之后才全面苏醒。

(二)德国的应对措施

1. 政府管理与区域规划相结合

德国政府在推动城镇化健康发展的道路上制定了相关政策,其中借鉴了英国经验。同时主要大城市开始成立统计局,1865 年法兰克福成立统计局,1868 年柏林成立统计局,1876 年科隆成立统计局,开始关注死亡率、人口发展等问题;德国城镇化进入转折期,德国采取控制城市面积的扩张,空出绿地,为合理规划城市布局提供空间。这是德国在环境治理方面做出的重大改变,实践证明,这种采取保守观念的预防性手段是有成效的。1874 年,德国工程师和建筑师联合协会首次集会,研讨并提出了《城市扩展的基本特点》(D. 赖因博恩,2009)。之后,德国政府通过立法,加强城市治理,在这一时期的主要立法有《道路红线法》(1870)、《土地和建筑征用法》(1874)、《普鲁士建筑线条例》(1875)等,开启了现代城镇规划走向法制化的局面。

19 世纪末期,城镇化发展进入快速发展时期。现代城市规划理论逐步形成体系,而德国的城市规划理论与实践则为体系注入了新鲜血液。1916 年美国纽约的"区划法"比 1891 年法兰克福市颁布的"分级建筑规则"晚了 20 多年,国际上以"区划法规"(我国所称的控制性详细规划)为管理土地利用规划的开端,这是现代城市规划中浓墨重彩的一笔,使德国在环境规划管理方面更加体系化、系统化、法制化。快速城镇化时期,德国经历了"疯狂"的规划阶段:柏林市建设规划于 1862 年完成,也称为《柏林霍布雷希特规划》(Hobrecht Plan,以规划师的名字命名),在这个《柏林霍布雷希特规划》中,不仅确定了街道的位置,而且将城市面积明确规定为城市周边土地的 6 倍。细部设计尺度为 200 米 × 300 米,城市的林荫大道、街区尺度为 200 米 × 400 米,这些重要标准的规划对德国工业的发展具有建设性意义。1920 年,大柏林进行大规模的规划,将柏林与勃兰登堡分离,同时将周边地区扩充到柏林,柏林的版图继续扩张,柏林由此成为 400 万人口的大柏林地区。这为综合规划本区域提供了便利。与此同时，规划理论大发展，规划著作涌现，1896 年第一部《城市规划大纲》问世，1902 年的"田园城市运动"由成立不久的"德意志田园城市协会"发起，次年"德累斯顿第一次城市规划展览"成功举办，等等。一系列的城市规划运动层出不穷。这个时期也涌现了较为丰富的理论成果，卡米洛·西特的《遵循美学原则的城市规划》于 1889 年出版，特奥多尔·弗里奇的《未来的城市》于 1896 年出版。

2. 将个体连成整体内部管理

用水资源来说明一下，河流协调组织是德国专门用来治理水资源的组织，该组织以恢复和保持整个河流系统的健康为目标和任务，采取了如下措施：一是明确表述水质管理目标；二是保证河流在全年乃至干旱季节通过水流量管理都能够被有效率地利用；三是保持获得卫生安全的饮用水的可持续性，就要加强河流水质的改善；四是指导、监管工业活动的选址以避免污染水源；五是向河流协调组织成员收取运转费用；六是管理自身事务的过程不受官方机构的干扰；七是完成法律所公布的目标。

3. 德国的特色

德国快速城镇化中后期，与英国不同，德国城镇化发展的独特之处在于，它是在利用先进科学技术的基础上，运用现代手段推动本国城镇发展的。为德国的工业化和城镇化是在工业革命进程中开展起来的，加上第二次工业革命由德国主导，新兴的科技在现代化的使用中频繁出现，例如，对蒸汽机的使用，曾经因为高昂的价格，不能普遍使用，使生产效率总是得不到质的提升。随着时代科技的发展，人们也开始关注自身的居住环境。值得注意的是，1865 年柏林有轨马车出现，时隔十二年卡塞尔出现了蒸汽式有轨电车，1891 年哈勒是第一个完成市内交通电气化线路的人，使哈勒所在的城市成为第一个使用现代交通系统工具的城市。此阶段，虽然早在 1886 年小汽车就被发明但却未得到普及使用，在小汽车应用和普及之前，大运量、低运费、高速、可靠的公共交通系统在德国率先建立起来，高效的公共交通是城镇空间扩展及有机疏散的基础，为城市和区域的互动发展创造了有利条件。最终在这一快速城镇化阶段，虽然德国的大城市人口增长很快，但其仍在可控范围内，比起伦敦来，其程度可谓轻得多，这些都得益于公共交通系统设施的出现。截至 2010 年年底，德国最大的城市柏林市人口仅有 346 万，其全国超过 100 万人口的城市也就4个,从人口规模来说,可以划分到小的类别。需要强调的是,相对于英国,德国的城镇化率并没有上升到很高的水平,城镇化率超过50%以后,其逐渐地从快速城镇化阶段的中期过渡到后期阶段,将其城镇化率超过65%以后(而非70%)定义为进入城镇化发展的成熟期、饱和缓慢增长期。

四 快速城镇化阶段的美国

(一)美国的城镇化历程

美国的城镇化进程与科技发展具有密切的关联。交通运输技术、工业技术支持了其城镇化进程和城市布局,美国的城镇化历程开始于工业革命初期,完成于20世纪20年代。工业革命期间,美国城镇化增速明显,城镇化的步伐远超过欧洲。

(二)背景及特点

美国是一个典型的移民国家。1918年前后,美国的城镇化率超过50%,其邻国加拿大也是移民国家,在1921年前后城镇化率超过50%。1865—1920年是美国发展历史上工业革命时期和经济发展重要时期,随后进入经济繁荣期,然而,不久就开始了全面的经济大萧条时期,一直延续到第二次世界大战,其城镇化率过半。第一次世界大战之后是美国经济发展的黄金时期,也是工业化成熟时期。面对如此诱人的发展时期,美国先后举办过世博会7次,依次是费城世博会、芝加哥世博会、圣路易斯世博会、旧金山世博会、费城世博会、芝加哥世博会、纽约世博会。值得关注的是,历史上第一次奥运会是在美洲国家举办的1904年圣路易斯奥运会。1790—1980年,美国城镇数量和城市化水平情况归纳如表7-5所示。

表7-5 美国城市数量和城镇化水平情况(1790—1980年)

年份	城市数目(个)(2500个以上)	城市人口占全国人口比重(%)			
		全国	东北部	南部	中央北部	西部
1790	24	5.1	8.1	2.1	—	—
1800	33	6.1	9.3	3.0	—	—
1810	46	7.3	10.9	4.1	0.9	—
1820	61	7.2	11.0	4.6	1.1	—
1830	90	8.8	14.2	5.3	2.6	—

续表

年份	城市数目（个）(2500 个以上)	城市人口占全国人口比重（%）				
		全国	东北部	南部	中央北部	西部
1840	131	10.8	18.5	6.7	3.9	—
1850	236	15.3	26.5	8.3	9.2	6.4
1860	392	19.8	35.7	9.6	13.9	16.0
1870	663	25.7	44.3	12.2	20.8	25.8
1880	939	28.2	50.8	12.2	24.2	30.2
1890	1348	35.1	59.0	16.3	33.1	37.0
1900	1740	39.6	61.1	18.0	38.6	39.9
1910	2262	45.6	71.8	22.5	45.1	47.9
1920	2722	51.2	75.5	28.1	52.3	51.8
1930	3165	56.1	77.6	34.1	57.9	58.4
1940	3464	56.5	76.6	36.7	58.4	58.5
1950	4284	64.0	79.3	48.6	64.1	69.5
1960	5445	69.9	80.2	58.5	68.7	77.7
1970	6435	73.5	80.4	64.6	71.6	82.9

资料来源：李其荣：《对立与统一：城市发展历史逻辑新论》，东南大学出版社 2000 年版。

美国在进入快速城镇化中后期，也遇到了土地贫瘠、工业废气污染、森林乱砍滥伐、基础设施匮乏、河流污染指数严重超标等生态治理问题。20 世纪 50 年代，在美国洛杉矶发生的"光化学烟雾污染事件"，被称为世界八大公害事件之一。西部矿产资源在短时期内被掠夺式开发，导致矿区生态、自然严重失衡。工厂增多、工业发展，工业废气、粉尘排放增加，严重污染空气，酸雨多次发生；此时期人口增长速度惊人，城市住房、卫生设施难以满足人口增长的需要，严重滞后和不足，废弃物随意丢弃和倾倒，严重污染了河流。

经济社会发展层面，1918 年美国依靠其科技发展取得了令人瞩目的进步。1910 年，农业生产率得到极大的提高，原因在于这一年农业基本实现了机械化。20 世纪 20 年代，居民住宅通电率已过半。美国快速城镇化有其自身的独特之处，美国的国土面积幅员辽阔，为城镇化、农业劳动力转移提供了广阔腹地。

国家政策和立法方面，开始于 18 世纪 80 年代的美国西部大开发，到

20世纪20年代逐渐深入，并开始进入工业化发展阶段。人口规模的变化主要表现为：美国中西部城市人口从原来的600万上升到4200万，洛杉矶"脱颖而出"，成为西海岸最大的港口和制造业中心，洛杉矶人口在10年内从12万剧增至23万人。

美国快速城镇化阶段仍需要从美国移民这一特征来说，工业化发展和移民共同影响着美国的城镇化。美国的城市人口甚至部分农业人口都来自移民，成为名副其实的移民国家，这一状况使美国的城镇化发展持续而稳定，没有呈现出明显的阶段性特征。然而，这一时期仍然可以称为是美国快速城镇化时期和城镇化鼎盛时期；美国总人口在1915年突破一亿，面对这一情形，美国政府相继出台了《文化测验法》《移民限额法》。这些都是为了遏制美国猖獗的移民狂潮。从区域来看，美国东北部地区率先实现高度城镇化，美国70%以上的就业人员和制造业产量由这片不足10%的土地完成，美国2/3的汽车由汽车城底特律生产；然而，城镇化发展的主体却逐渐转向城市。美国快速城镇化的一大特点是市场和经济一体化推动的城镇化发展。市场竞争是美国城市的巨大推动力，从东北部的早期城镇发展时期到中西部城市的兴起和跳跃性发展时期，适者生存、优胜劣汰的市场竞争规则一直在城镇化发展中占据主导地位，经过激烈的市场竞争而生存发展的城市具有旺盛的生命力，而那些在市场竞争中失利的城市被边缘化，市场竞争促进了美国东西部市场一体化，强化了各区域之间、城市之间的联系，有利于进一步推进专业化，缩小了东西部之间的经济差距，促进了区域经济社会的协调、协同发展。

美国快速城镇化的显著特点是机动化发展和郊区蔓延。1920年，美国已有过半人口居住在城市里，此后，美国开始向郊区蔓延，进入大都市区化阶段，城市区域不断扩张，中心区城市人口向郊区迁移，导致中心区城市人口比重下降。"T"形汽车是福特公司早在1908年生产的流水线上的批量货，之后汽车走入千家万户，被广泛使用。据记载，美国的汽车数由1920年的823万辆增至1929年的2312万辆。美国与德国的不同点在于，美国的公共交通网络并未与机动化大发展如影相随，导致美国在交通系统方面还是处于落后状态，并没有大的发展，导致美国的"郊区化"大发展依托小汽车使用和大规模住房建设运动。美国劳工部于1920—1921年发起"拥有自己的住房"运动，1920年售出新住房350万套。这也造成了美国中心城区衰退、建设用地低密度蔓延、资源环境过度消耗、非人本化等一系列突出的问题。1929年经济大危机的全面爆发，诱因就是汽车、住房等耐用消费品的超前消费和股市的投机泡沫。

（三）改良方法

英国、德国与美国有相似之处，美国城镇化率过半的快速城镇化转折点进入中后期，也是其确立公共政策及现代城市规划体制的时代。但不同于英国、德国的是，"私权至上"的特点在美国公共政策及城市规划体制中体现出来，比如，《联邦资助道路建设法》于1916年通过、《联邦公路法》于1921年通过，这些条例都表明，美国在公路修建方面占政府的财政支出相当大的比例，交通路径也由原来的城际铁路变为高速公路系统，这是美国目前最重要的一种交通路径，同时美国的公共交通也因基础薄弱而日益衰退，也就是美国的高速公路政策进一步推动了郊区化发展、蔓延。正如英国著名城市地理学家彼得·霍尔所说的，猖獗的个人主义主导着美国经济发展和土地利用。在这样的背景下，德国起源的以防止外部入侵和控制拥挤的区划理论开始在美国付诸实践。这一时期，美国在城市规划理论和实践中发生了里程碑式的重大事件，第一届全美城市规划会议于1909年在华盛顿召开，同年，《城市规划课程》在哈佛大学开始授课，20世纪20年代全国范围内普及分区条例，洛杉矶、纽约、联邦政府分别于1901年着手制定土地使用分区管制规划，1916年制定《分区规划》，1924年出台《州分区授权法》。值得关注的是，美国的现代化城市规划基本观念的标志是《芝加哥规划》（1906年）的出台和美国城市规划师学会（AIP）1917年的成立，这些规划在社会上引起巨大反响，因为它们在社会问题的关注上、动态区域规划的更新上、努力实现公众的参与上独树一帜。1922年，洛杉矶县设立县规划署，负责处理中心城市周边区域的发展问题，在全美是创举；1928年，美国商务部颁布《标准州分区规划法》；1929年，《纽约及其周边地区区域规划》由纽约区域规划委员会发布。

针对美国生态环境问题中最严重的空气污染问题，美国环保署1970年成立，同年，《1970清洁空气法》（也称《清洁空气法（修订案）》）通过，这是关于大气治理方面出台的规定，为美国治理大气污染表明了决心，所以，现在一直处于使用中。美国政府除了在大气治理上下了功夫，在环境治理方面也出台了相应的措施，如要求将固定污染源污染物的排放控制在一定的范围内；尾气排放严格执行新标准；使污染物的排放达到燃料的标准。对于一些小型的、以汽油为燃料的设备，都要制定排放标准，对于中小型、挥发性、有机物商业源也要严加管制，在任何时间和空间，只要条件达到，均鼓励实施最佳管理实践。为保障道路的畅通采取了交通管理，鼓励乘坐公共交通、拼车出行。政策经过多年实施，到完成快速城镇化之后，美国旧金山湾区空气污染状况发生显著变化（见图7-5），反映了城市生态的改变。

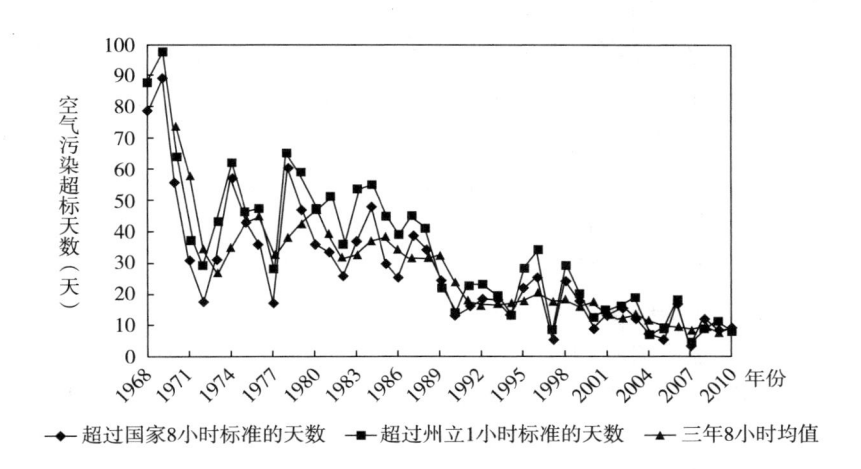

图7-5 1968—2010年美国旧金山湾区空气污染变化趋势

五 快速城镇化阶段的法国

法国是西欧的重要国家之一，1931年前后法国城镇化率超过50%，进入快速城镇化中后期。这一时期虽处于第一次世界大战后的胜利时期，但是，世界经济不稳定，1929—1933年的经济大危机即在此时期，坐拥"金融中心"的华尔街股市暴跌，就业市场十分萧条。1932年，美国失业人数达1370万，同年德国和英国失业人数分别为560万、280万，农业全面衰退。从时间节点上看，法国城镇化率超过50%进入快速城镇化时期，比其毗邻的英国和德国明显较晚，也明显晚于美国。法国的土地以农业地区为主，这是它晚于大西洋彼岸的美国的首要原因，煤炭等矿产资源匮乏，缺少像英国、德国拥有的大片面积的煤田，工业化进程中缺乏物质基础，导致在全国范围内没有大型工业，有的也只是邻近比利时北部的一小部分。因此，虽然英法两国在工业化与城镇化进程上基本一致，但法国的城镇化发展以及快速城镇化进程明显呈现出速度较慢、时间较长的特点，比对完成快速城镇化阶段的时间，法国的城镇化从1850年的29%提高到1975年的73%用了125年，比英国整整长出15年。尽管世界博览会先后连续六次在巴黎召开，也可以说法国在1931年城镇化率超过50%、进入快速城镇化中后期之前就已经确立世界强国地位，即使这样，也不代表整个国家的城镇化就处于相对高的水平，而现实情况也确实是法国的城镇化和工业化发达地区仅仅集中在大巴黎地区。

法国城镇化发展同样面临大城市人口膨胀、环境恶化、交通拥堵等棘手问题。除此之外，法国除了工业化城镇化集中的大巴黎，其他地区的发展基本处于停滞状态甚至后退，存在严重的区域发展不平衡问题。据1960年数据统计，法国29%的工业就业和19%的人口竟由只有2%的国土面积的大巴黎支撑着，西部乡村地区以55%的国土面积承载了37%的人口和24%的工业就业岗位，导致这种窘境的原因有很多，除自然地理因素外，还有法国早前的政治体制，即1980年的中央集权制。法国的政策调整和立法完善在快速城镇化时期及时出现。这些政策与法律主要有：1853—1871年奥斯曼进行巴黎改造，1925年勒·柯布西耶出版《明日之城市》，1933年发表的《雅典宪章》是现代城市规划大纲。

六　快速城镇化阶段的墨西哥和巴西

墨西哥和巴西是拉丁美洲的两个重要国家和主要经济体，墨西哥城镇化率在1959年超过50%，巴西于1965年前后城镇化率超过50%。巴西的城镇化始于19世纪中期，其城镇化进程经历了先缓慢后加快的过程，1920年巴西的城市人口达到25%，接下来，巴西的城市人口比重从25%增加到70%仅仅用了不到70年。

快速城镇化的发展都有一定的时代背景。墨西哥和巴西在这方面有很多共同点。首先，都是工业化、经济发展的加速时期；其次，它们同时处于农业国向工业国转变的关键时期。1945—1980年，巴西人均年收入平均增长2.7%；1965年墨西哥着手工业发展，并实施相应发展计划，通过特殊的关税政策以及在边界地区设立自由贸易区，希望通过这种特殊的方式"引进"美国公司，这将大大促进北部地区工业的大发展。墨西哥和巴西两国的发展模式实行的都是以进口替代为基础，大力发展工业化，并通过出口农产品赚取额外的资金来"贴补"工业化发展。这种模式使国家经济取得了较快发展的同时，为国内经济带来了就业困难、农业衰败等棘手问题。1965年后,墨西哥农业由于生产率连续下滑,不得不采取进口方式来弥补国内农业产量下降;进口的产品多为资本密集型产品,降低了就业机会;60%以上的人口在第三产业就业,第三产业过度膨胀,非正式部门的非正规就业不断扩张,第三产业在墨西哥经济活动中的比重达到50%,债务负担沉重。墨西哥在经济技术等多方面高度依赖西方国家,外贸逆差不断扩大,债务危机随之爆发,墨西哥经济发展一度陷入困境。

巴西和墨西哥在城镇化和城市发展上开始出现超快速的工业化、"过度"发展特点。以巴西为例,20世纪70年代中期,巴西制造业就业人口仅占总就业人口的20%,而其城市人口比重已达61%。1994年,巴西城市人口比重达到77%,而其人均国民生产总值仅为2970美元,而同期发达国家的人均国民生产总值是巴西的9—10倍,达到23420美元。巴西的城镇化严重超过了其经济发展水平和承受能力,走的是广受批评的过度超前型城镇化道路。原因主要有:①第二次世界大战后,人口死亡率下降、出生率上升导致城市人口及总人口急剧增长,墨西哥城市人口1940—1950年年均增长5.9%;②历史上的大地产制度导致农村人口转移面临巨大的压力,普遍存在着农民无地或少地的现象,加之农业机械化发展加速了农村手工业的衰退,导致农村大量的劳动力闲置,出现无业游民被迫转移城市的局面;③移民潮局面失控,主要是城市移民的相关政策不到位,农民向城市的转移钻了空子。巴西快速城镇化发展阶段持续了60年,墨西哥快速城镇化发展阶段持续了45年。从时间上看,两个国家的快速城镇化进程似乎发展得很迅猛,而且两国的城镇化年均增长率均达到1%左右,城镇化超过了其自身工业化和经济发展的速度,也超过了19世纪西方国家的工业化和城镇化速度,导致"过度城镇化"现象出现。

两国城镇化发展一度出现失控局面。大城市的人口过度膨胀、区域间不平衡的发展、普通农民的就业困难以及城市配套设施不足等棘手问题,"城市病"严重。城市人口高度集中,主要集中在沿海城市,全国近30%的人口和46.5%的GDP集中在巴西圣保罗州和里约热内卢州这一0.34%的国土面积(范红忠和周阳,2010)。① 巴西城市建设投资滞后,

---

① 范红忠、周阳:《日韩巴西等城市化进程中的过度集中问题——兼论中国城市的均衡发展》,《城市问题》2010年第8期。

难以满足年均增长 5—7 个百分点的城镇人口的需求；1980 年的数据显示，5%—30% 的城市居民住在贫民窟，贫困问题更加突出；仅圣保罗州贫民窟就超过 1500 多个，非正规住宅占墨西哥城总住宅的 40%。城市部门难以解决日益进城的求职者就业，出现城市人口过度膨胀、乡村贫困、城市贫困并存的"生计型城镇化"。且巴西城市布局不合理，1990 年，巴西的 58 个主要城市中有 11 个分布在南部、28 个分布在东南部，经济社会发达的东南部和南部包揽了全部 58 个主要城市中的 67%，总数目达 39 个，经济社会落后的中西部、东北部、北部地区仅有 19 个主要城市，占 33%。

巴西的许多大城市城内和周围有特别多的非法占地而建造的居民区，俗称贫民窟，这些居民区内人口密集、设施缺乏、垃圾成堆、房屋破损简陋，环境问题严重。同时，伴随城镇化进程，工业发展，机动车数量增加，极大地污染了城市环境。针对城镇化和城市发展生态、环境等问题，巴西和墨西哥两国政府也采取了一系列的公共政策。比如，1960 年巴西首都从里约热内卢迁往巴西利亚，目标是推动中西部发展；为加强城市规划管理，巴西联邦政府于 1966 年实行了全国与地方统一的规划体制；1969 年巴西政府选出 457 个城市，把它们作为优先发展的对象，率先实施国家与地方的统一规划体制。然而，巴西国内现存的"两化"失衡发展的现象，不但没有解决当前的城市发展问题，反而更加恶化，尽管巴西政府对规划体系大力推行，困境仍难以摆脱。

七　快速城镇化阶段的日本

（一）日本的城镇化进程

日本经济在第二次世界大战中遭受重创，但其在战后短短的 30 年间一跃成为仅次于美国的世界第二大经济体，其城市水平在 1950—1975 年 25 年的时间内由 37% 上升到 76%，成为亚洲第一个率先完成快速城镇化阶段的国家。日本城镇化发展表现出明显的阶段性，与其他国家相类似，呈现"S"形曲线。明治维新以前到 20 世纪 20 年代，以农村、农业为主，20 世纪三四十年代末是城镇化起飞阶段，20 世纪 50—70 年代是城镇化高速发展阶段，20 世纪 70 年代至今进入稳定发展阶段。

日本城镇化率在 1968 年前后超过 50%。在时代背景上，第二次世界大战后，日本经济高速增长，随之而来的是城镇化快速增长期：1956—1972 年，朝鲜战争之后，日本进入工业化发展的高速增长时期，16 年间工业生产增长了 8.6 倍，年均增长 13.6%，其中，伊奘诺景气时期就是指1965—1970年的经济高速增长期,1968年日本超过德国成为仅次于美国的世界第二大经济体。在这一阶段,日本举办了东京奥运会、大阪世博会、冲绳世博会、筑波世博会等一系列的大事件。

(二)日本城市特点、问题与政府应对

日本城镇化进程起步相对较晚,作为典型的资源匮乏和国土面积狭小的国家,日本在处理城市与乡村的关系、农村人口与城市人口的关系上有自身的经验,城镇化也有其自身的特点。

首先,城镇化和工业化同步适度发展,日本工业发展最快的时期也是城镇化发展最为迅速的时期(见表7-6和表7-7)。

表7-6　　　　　　日本城镇化与经济发展指标

年份	城镇化水平(%)	GNP(亿美元)	人均GNP(亿美元)
1940	38	—	—
1950	50	100	120
1960	63	430	460
1970	71	1960	1890
1980	76	10401	8885

表7-7　　　　日本城镇化水平与就业结构(1950—1985年)　　　单位:%

年份	城镇化水平	第一产业	第二产业	第三产业
1950	50	48.3	21.9	29.7
1960	63	30.0	27.8	39.3
1970	71	17.4	35.2	47.3
1980	76	10.4	34.8	54.6
1985	76	8.9	34.1	56.5

其次,工业化为城镇化提供动力支持。从明治维新到第二次世界大战,日本工业迅猛发展,制造业大量吸纳农村剩余劳动力,提升了城镇化水平。第二次世界大战之后,日本制造业水平虽有所下降,但第三产业迅速发展,劳动力在第二、第三产业就业比重均有所增加,第三产业就业比重增加的速度更快。1950—1970年的20年间,从事第二产业的劳动力比重增加了13.3个百分点,从事第三产业的就业比重增加了17.6个

百分点，第三产业推动城镇化的作用越来越大，20世纪70年代开始，日本制造业从劳动密集型向技术密集型转型升级，同时期第三产业的发展更加迅速和成熟，成为城镇化高级阶段的新一轮的动力。

再次，日本是世界上人口密度很高的国家之一，日本城镇化的主要特征是大都市圈，日本岛国的地理特征也决定了其城镇化模式，城市圈的形成和发展在日本城镇化进程中的作用巨大。日本在发展大都市圈的同时也积极发展大城市、中小城市，城市数量的变化分为三个阶段：第一阶段（1935—1945年）城市增加79个，但是，由于战争的原因，城镇化水平反而下降了；第二阶段（1945—1955年）战后经济恢复阶段，城市增加285个，城镇化水平提高了28.5个百分点；第三阶段（1965—1975年），经济黄金发展期，城镇增加83个，城镇化水平提高11个百分点。1920—1995年，日本城市和城市人口增长情况大致如表7-8表示。

表7-8　　　日本城市和城市人口增长情况（1920—1995年）

年份	城市数（个）	城市增加数（个）	城市人口（千人）	城市人口比重（%）
1920	83	—	10097	18.0
1925	101	18	12879	21.6
1930	109	8	15444	24.0
1935	127	18	22666	32.7
1940	168	41	27578	37.7
1945	206	38	20022	27.8
1950	248	42	31203	37.5
1955	491	243	50288	56.3
1960	556	65	59333	63.5
1965	561	5	66919	65.0
1970	579	18	74853	72.2
1975	644	65	84967	75.9
1980	647	3	89187	76.2
1985	652	5	92889	76.7
1990	656	4	95644	77.4
1995	665	9	98009	78.1

资料来源：《日本统计年鉴》，转引自国家统计局城市社会经济调查总队、中国统计学会城市统计委员会《中国城市发展报告（2001）》，中国统计出版社2002年版。

第七章　典型国家快速城镇化阶段生态、环境、经济问题及应对 / 373

最后，政府主导的城镇化是日本城镇化进程中的又一特点。第二次世界大战以后，进入快速城镇化阶段的这种情况更加明显。政府通过优惠政策，支持工业的快速发展，推动了城镇化进程。20世纪80年代之前，处于高新技术"引进与模仿"时期的日本政府采用普遍的减税甚至免税等优惠政策支持企业采购、生产、销售及设备引进等环节，实现了工业化和城镇化的共同推进。同时，政府进行国土的全面规划保证城镇化进程。第二次世界大战后，日本设立专门的政府机构国土厅负责土地的全面规划和开发，目标是提高土地利用效率，平稳推进城镇化进程。在"国土综合开发计划"的基础上，制定了全国性的法律《国土综合开发法》，政府还因地制宜地制定了《九州地方开发法》和《四国地方开发法》。

在城市发展层面，日本城镇化面临快速发展、"城市病"突出的矛盾和问题。日本土地以私有制为主，土地在20世纪70年代日本列岛改造后被全面开发，土地资源高度紧张；小汽车的普及使城市交通拥挤，住房越来越紧张，环境污染严重，与1960年相比，公害案件1971年增长了3倍，1973年和1979年先后两次出现石油危机。

日本政府积极采取了一系列强有力的政策干预，应对各类城市发展问题。通过"教育立国""技术立国"和新农村建设等重大战略推动经济和城镇化健康发展。日本成为世界上引进技术最多的国家，仅1950—1973年20年间，就引进2019万项技术；1950年开始普及义务教育，高中毕业升入大学者在1970年达23.6%；20世纪70年代中期，农业发展基本实现全过程的全面机械化，"村镇综合建设示范工程"于1973年正式启动。这一阶段的重要立法包括《煤烟限制法》（1962年）、《城市住宅计划法》（1966年）、《公害对策基本法》（1967年）、《新城计划法》（1968年）、《农振法》（1968年）、《建筑基准法》修订（1970年）、《自然环境保护法》（1974年）、《国土利用计划法》（1974年）。其间，日本于1961—1968年、1969—1976年、1977—1986年、1987—1997年、1998—2008年连续五次实施全国综合开发规划，保障经济和城镇化的健康发展。

八　快速城镇化阶段的韩国

韩国毗邻日本，1977年前后，韩国城镇化率超过50%，进入快速城镇化阶段中后期。其大的时代背景与日本有许多共同点，经济高速增长均是通过战略转型实现的：日本的出口导向型发展战略在1962年实施后开启了迅速工业化过程，1960—1970 年的十年是韩国经济奇迹的起飞阶段；20 世纪 70 年代以后，韩国开启了依靠产业结构、经济增长方式和经济增长动力驱动发展的三种战略的重要转型，开始从进口替代出口战略（1953—1961 年）、轻纺工业出口导向战略（1962—1971 年）逐步转变为重化工业战略（20 世纪 70 年代）、技术立国和经济稳定增长战略（20 世纪 80 年代）。

与其他所列国家相比，韩国的城镇化高速发展，1960—1995 年，城镇化率从 28% 增长到 78%，年均增长 1.43 个百分点。韩国农村人口从 20 世纪 60 年代开始向城市大规模、持续转移；到 20 世纪 70 年代后期，转移规模更大。随之而来的是农地流失、价格大幅度上涨。20 世纪 70 年代，农地价格平均涨幅已达到 6.4%；20 世纪 80 年代，土地价格上涨率超过 16.2%。

与法国和日本很相似，韩国的城镇化特点是空间极化。首尔都市圈以占全国 11.7% 的面积承载了全国 48.1% 的人口，首尔以占全国 0.6% 的国土面积容纳了全国总人口的 25% 以上。这种空间极化的特点和韩国的特殊国情是分不开的，韩国国土面积小，山地占 70%，平原地区面积很小，不足 20%，韩国政府积极实施"政府主导性增长战略"，通过有效的、计划性干预，推动经济和城镇化的健康发展。1977 年，城镇化过半前后的重要立法有《国土利用管理条例》（1972 年）、《产业布局法案》（1977 年）、《环境保护法》（1977 年），以立法的形式推动人居环境建设。其间，1976—1980 年进行了"新村运动"，1977 年村容村貌的建设也同步进行。此外，韩国政府还推进了首尔都市圈与东南沿海工业区的节点式开发（1972—1981 年）、引导人口向地方转移的新城开发（1982—1991 年）、西海岸产业区和地方分散性国土开发国际化与对外开放次国土开发（1992—1999 年）三次综合开发规划，促进了城镇化快速发展。

第三节　典型国家快速城镇化阶段的特征：横向截面比较

将 50% 的城镇化率作为快速城镇化阶段（30%—70%）的重要转折

点，比较英国、法国、德国、美国、日本、韩国等国家在这个转折点截面上以及进入快速城镇化中后期的生态、环境、经济特征。

一 快速城镇化阶段的经济比重

典型国家在城镇化率达到快速城镇化时期 50% 转折点时，其经济发展状态往往也进入空前繁荣阶段（见表 7-9），这一时期，各国经济总量占世界经济总量的份额以及经济总量的排名均呈现出稳步上升的趋势（见图 7-6），逐渐成为对应时期世界上典型的经济大国，在全球经济发展中发挥举足轻重的作用。

表 7-9　　典型国家快速城镇化转折点的时代背景梳理

国家	转折点年份（城镇化率 50%）	历史时期	意识形态	产业发展
英国	1851	对外殖民主义、国家重商主义盛行、第一次产业革命	国家意识形态、历史保护意识、公众参与意识	纺织、工矿、交通、能源
德国	1900	德意志统一、第二次产业革命	国家意识形态、军国主义	铁路、煤炭、冶金、机械、电器、化工
美国	1920	电气时代、第二次产业革命、高素质移民	私有化、个人至上、自由主义	电力、钢铁、机械、汽车
日本	1955	第二次世界大战后美国援助、政府补贴企业	立宪主义、地方自治、军国主义	钢铁、煤炭、汽车、电子、半导体、光纤、光电
巴西	1965	军事政变、大批移民涌入	军事独裁、种族多元	钢铁、汽车、飞机、石油、电子
韩国	1980	朝鲜战争、依赖外资外援	中央集权、民族观念	钢铁、汽车、造船、电子、纺织
中国	2011	改革开放 40 年，城乡二元结构	自上而下的治理体系、民族观念	能源、冶金、机械、化工、通信、电子
印度	2050	经济转型、社会改革	民主制度、宗教信仰	软件、金融、采矿、建筑、通信

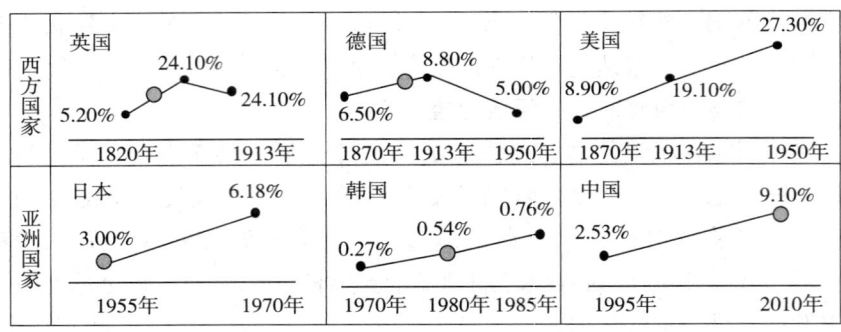

图 7-6 快速城镇化阶段典型国家 GDP 占世界经济总量变化情况

首先，处于快速城镇化阶段时，发达国家均实现经济高速发展，成为世界重要的、首屈一指的经济体。英国在 19 世纪处于快速城镇化阶段，成为当时最大经济体。1900 年，德国城镇化率达到快速城镇化转折点 50%，在随后的 1913 年，超过英国和法国，德国成为仅次于美国的第二大经济体。在进入快速城镇化阶段时日不久的 1900 年，美国 GDP 超过英国，成为世界第一大经济体。1955 年日本超过城镇化率 50% 的快速城镇化转折点，之后日本经济持续 18 年高速增长，1960 年日本经济总量已上升至世界排名第五，1998 年日本成为世界第二经济强国。城镇化起步较晚的韩国，大约于 20 世纪 60 年代进入快速城镇化阶段，之后迅速发展，1980 年其城镇化率已超过 50%，韩国快速的城镇化在世界上绝无仅有，有"汉江奇迹"之称。

当下中国、印度等发展中国家位于第三次城镇化浪潮中，成为世界上发展最快的经济体。2010 年，中国超过日本成为全球第二大经济大国，2011 年，中国城镇化率超过 50%。据世界银行预测，到 2030 年，中国有望成为全球最大经济体。印度的经济增长同样受到关注，2005 年印度城镇化率超过 30%，进入快速城镇化阶段。根据美国高盛公司的预测，印度的经济增长率在未来 50 年内，年均增速将超过 5.8%，印度有望到 2050 年成为世界上第一大经济体，与之相随，其城镇化率超过 50%。《英国金融时报》在 2010 年做了这样的评论，人类历史上从未出现过两个人口最多的国家同时以如此快的速度推进城镇化。

二 快速城镇化阶段的产业结构

世界典型国家在城镇化率达到快速城镇化转折点（城镇化率50%）时，存在共同的特征即产业结构将发生质的转变。尽管历史上各国的城镇化率超过50%的时代相差很大，但共同特点是：第三产业在三大产业中的作用开始凸显，逐渐与第一、第二产业并驾齐驱甚至超越第一、第二两大产业，成为推动城镇化质量、城镇化向纵深发展的重要力量。

国际上成功跨越快速城镇化阶段，步入城镇化成熟阶段国家的经验教训警示我们：产业结构转型升级和科技自主创新对于城镇化健康发展具有重要意义。在短短的30年时间内，日本跻身世界第二大经济体主要源于技术革命和消费革命。第三产业增长迅速，1950—1975年提高了22个百分点，第三产业比重由29.8%上升到52.1%。产业结构的较大变化带动了人口和劳动力的区域转移，使日本在亚洲率先完成快速城镇化进程。

印度是产业结构滞后并制约城镇化的典型，尽管印度金融和信息产业在世界上处于较先进的地位，但工业发展滞后、产值比例低，城市现代服务业不能有效地带动城镇化健康发展，不合理的产业结构导致经济在城镇化早期阶段长期低速运行，当前，尽管印度已进入快速城镇化阶段，但产业结构优化是其重要挑战和主要任务。

三 快速城镇化阶段的"城市病"

与快速城镇化时期经济的繁荣与发展形成强烈对比的是，在快速城镇化阶段，世界上典型国家有一大共性特征是：各类"城市病"凸显并集中爆发，并且在城镇化率达到50%左右这一快速城镇化转折点的时期矛盾日益激化。

在快速城镇化阶段，发达国家的主要矛盾与普遍的共性问题有交通拥堵、环境污染、住宅紧张、市政公共设施严重不足以及严重的失业、贫困、犯罪现象。反观当下如火如荼地在发展中国家进行的城镇化进程，中国2011年城镇化率超过50%，印度2005年城镇化率超过30%，两国所爆发的矛盾与英国1851年城镇化率达50%时所呈现的矛盾高度雷同（见表7-11）。原因在于快速城镇化阶段转折点往往使社会结构发生质变。美国社会学家刘易斯·沃斯（Louis Wirth）定义城市为高密度、大尺度、异质性居民的人口集聚点，城市深刻影响着社会关系。城市的特质导致各国"城市病"表现出共性特征。

表 7-10　　典型国家快速城镇化时期的主要矛盾和应对措施

国家	转折点年份	主要矛盾	应对措施
英国	1851	住房过度拥挤、公共卫生差、公共基础设施不足、犯罪率高、居民贫穷	《公共卫生法》（1848年） 《住房法》（1890年） 贫民窟清理行动（1912年） 市镇规划法出台（1909年）
德国	1900	流动人口数量大、住房拥挤、环境卫生差、公共服务不足、失业问题严重	住宅建设法规（1868年） 城市管理法规（1875年） 失业保险组织（1896年） 反对拆毁住宅法案（1907年）
美国	1920	贫困问题严重、社会治安恶化、政治腐败加剧、民主政治危机、种族矛盾	罗斯福新政（1930年） 《住房法案》（1937年） 房屋管理局成立（1937年）
巴西	1965	两极分化、失业严重、贫困问题、老龄化、住房问题、社会保障差、环境恶化、政治矛盾	国家社会保险局（1967年） 分散工业化、城镇化（1970年） 救助农村劳动者计划（1971年） 建立国家社保体系（1977年）
日本	1955	城市人口剧增、农村人口稀疏、收入差距大、住房紧张、交通拥挤	社会保障制度审议会（1948年） 国民收入倍增计划（1960年） 福利元年（1973年）
韩国	1980	收入差距大、城乡发展不均衡、基础设施缺乏、环境污染严重	医疗保险法（1976年） 经济社会发展计划（1982年） 区域福利家庭福利（1989年）
中国	2011	城乡差距大、贫富差距大、食品安全、道德缺失、就业难、物价过高、老龄化、社会保障弱、政治腐败、社会责任感缺失、环境破坏	失业保险条例（1999年） 城市居民最低生活保障条例（1999年） 就业促进法（2007年） 养老保险跨省转移（2010年） 部分城市房产限购令（2010年）
印度	2050	城乡差距大、贫富分化、贫困化、公共设施短缺、社会保障水平差、就业困难	无组织系统劳动者的社会保障计划（2004年） 国家最低保障计划（2004年） 全国农村就业保障法（2005年）

当然，快速城镇化阶段各国面临的生态、环境、经济、社会矛盾也有明显的差异性，原因在于各国发展战略、政治时局、国际形势、社会制度、意识形态以及宗教信仰不同。巴西快速城镇化阶段最重要的问题是两极分化下的贫困化问题。1960—1995 年，巴西的基尼系数不断提高，从 0.5 提升到 0.6。到 1999 年，巴西全国 53% 的财富集中在极少数人手中，人口所占比重仅为 1%，只有 2.5% 的社会财富被人口占 20% 的贫困家庭分配。这源于巴西政府快速城镇化阶段的指导思想、经济发展战略，通货膨胀率持续的居高不下、社会保障制度薄弱且带有偏见。同样，印度贫民窟长期存在的重要原因是其特有的土地和住房制度。印度法律中，人的迁徙权和居住权优先于公、私土地产权，降低了私人出租房屋、建造出租房屋的积极性。孟买将为贫民窟居住人口提供住房列入政府计划，但贫民窟人口的增长速度超过政府建设住房的速度。

四 快速城镇化阶段的社会保障

为应对快速城镇化阶段的社会矛盾，有必要采取相应的社会保障措施，而社会保障措施通常滞后于城镇化的发展。城市规划缺乏预见性，通常各种问题爆发后，10—20 年城市规划政策法规才能颁布，30—40 年后才有可能将规划理论付诸实践。停留在观念层面而非实践层面。为了应对不断出现的社会矛盾，各国开始建立和完善社会保障制度和福利制度，最初出台的社会保障制度，主要是针对贫困、住房、就业、医疗等最基本的民生问题。针对社会矛盾，各国着力点、侧重点和政策制定的前瞻性不同，则对各自城镇化进程的作用方向不同。社会保障措施具有远见性、有效性、及时性的特性，为城镇化持续高速发展保驾护航。德国城镇化所带来的一系列问题的解决，均可归功于其具有远见性的法规制度。世界上最早的工人养老金、健康和医疗保险制度是俾斯麦设立的国家福利体系，其为德意志社会经济矛盾的解决奠定了基础。第一次世界大战之前，德国成为世界各国社会稳定和经济繁荣的典范。德国鲁尔区发展成欧洲最重要的工业基地。1945—1961 年的十几年间，日本的社会制度确立了社会保障各分支制度体系，而且明确了社保法制体系和管理体系，成功的社保制度帮助日本快速地从战后困境走出来，走上经济快速发展的道路。20 世纪 60 年代以后，日本能够较快地步入高速经济发展时期，离不开这一阶段社会保障制度、社会民主化建设和同步发展。

相反，滞后的社会保障制度对缓解经济社会矛盾没有什么大的作用，而且还可能会造成新的城市发展问题。比如，巴西不合理的社会保障给政府财政带来了巨大的负担。随着巴西已退休人口比重持续提高，巴西的人口老龄化进程也随之推进了。1989—1995年，联邦政府在退休人员的社会保险支出占全体人员的比重由23%升至43%。巴西宪法规定，社会保险的不足部分由联邦政府负责，这一补贴给联邦政府带来沉重的负担。

五　快速城镇化阶段的城市空间

生态、环境问题、社会矛盾与经济发展共同组成城市空间，经济问题、生态环境问题、社会矛盾问题最终都会在城市物质空间中直观地表达。快速城镇化阶段，由于交通方式的重大变革、市场机制的自然选择和政策支持不同导致世界各国的城市布局集聚程度、城市形态及其形成机制不同。

但在城镇化率过半后，其城市空间发展的主要路径是"大都市区""大都市连绵区"。目前，比较著名的大都市区主要有美国的五大湖区，日本的东京—名古屋—大阪包括横滨、京都和神户等特大城市的东海道大城市连绵区，英国的伦敦—伯明翰—利物浦和曼彻斯特地带，中国的沪宁杭地区等，这些基本都是在快速城镇化中后期起步发展起来的。比如，在20世纪20年代，美国城市人口远超农村人口，城镇化率过半，大规模的空间扩张，打破了原有的地区界限，产生极化效应，带动周边区域城镇化进程，这一现象使周边与中心联系更加紧密、互动更加频繁，逐步形成了两大功能各异的区域：中心商业区和郊区（以居民居住为主），这也可以称之为美国的大都市区。20世纪60年代以来，美国出现了延续数千英里的长约1000千米、宽约200千米的大都市连绵区，这些绵延不断的都市连绵区是大都市的集合，基本是由高速公路连接而成的，该地区包括纽约、波士顿、巴尔的摩和华盛顿四大城市及其周边地区，覆盖了美国20%的人口（3700万人）和70%的制造业，标志着大都市区发展的较高水平。德国在各地都分布着各种中小城市或小城镇，这是德国市区所特有的，快速城镇化进程中各级各类城市布局较为合理、协调发展。随着快速城镇化进程，到20世纪初，德国各类型的城市已纷纷崛起，为德国今天的城市布局、社会架构、经济发展奠定了基础。

当然，各国政府就城市空间扩张和城市规模扩大所引起的各种问题出台了相应政策，以防止城市过大，以均衡发展为目标，减小全国不同区域经济发展的差距。以日本为例,在这个时期,多层次的区域空间规划开始,其中"全国综合开发规划""大都市圈规划"和"地方都市圈规划"是全国最有特色和成效的空间规划。①

第四节 中国快速城镇化的启示和思考

从历史上看,各国在处于快速城镇化率超过 50% 的时候即处于城镇化转折点,基本是处于工业化快速发展时期,尽管面临生态、环境、经济社会等问题,但城镇化普遍地得到了进一步发展,随后 20 年左右迎来了成熟阶段的城镇化。在这一相似的现象背后,是各国经济社会及城镇化发展的不同情况,在禀赋特征上,法国有大片农业地区,英国、德国有丰富的煤炭、钢铁资源,美国国土辽阔,而日本、韩国面积狭小。此外,各国自然地理、经济、社会、文化、国际国内环境方面的差异以及城镇化发展的历史阶段、科学技术水平及条件不同导致各国在快速城镇化阶段城镇化发展的动力机制明显存在差异,各国城镇化发展面临的矛盾和问题也不同。对于不同的国家,快速城镇化转折点有着不同的内涵及意义。

对中国来说,我国城镇化进程中的"半城镇化""伪城镇化"特点决定了"城镇化率超过 50%,进入快速城镇化中后期"。我国的城镇化率统计指标以常住人口计算,高于户籍人口城镇化率(非农业人口比重)15—20 个百分点,被统计为城镇人口中有两亿多人(超过 1/3 的比重)属于流动人口群体,进行着中国式的"候鸟式"迁徙,他们不愿意再回归农村生活,不愿意再进行农务劳作。但在城市里,又无法保证他们和城里人一样的待遇,各种医疗卫生、保险、教育、文化等社会保障、社会福利和公共服务设施不充足,他们不能在城市定居,所以很难真正、全面地融入城市生活,由此造成独一无二的中国式"二元"城乡结构,社会的不稳定愈演愈烈。"半城镇化、伪城镇化"的"独创"使我国城镇化进程显得别具一格,针对快速城镇化阶段我国的特殊情况,应将政策

---

① 李璐颖:《城市化率 50% 的拐点迷局——典型国家快速城市化阶段发展特征的比较研究》,《城市规划学刊》2013 年第 3 期。

设计放在实现"两栖"农民工群体"市民化"进程上，将其作为城市治理、城市发展的重点和中国特色城镇化道路的核心，目标是实现农民工群体在目标城市的"安居乐业"。

一 政府行为与发展模式的战略性调整

通过对各国城镇化发展现象及进程的分析，不难发现，通常在城镇化率超过50%的快速城镇化转折时期，一般同时面临两种情况：既有城镇化的持续快速发展，也有"城市病"的集中爆发与城市建设矛盾凸显。这一阶段将采用政府干预的综合调控来对城市进行规划、实施有效的区域政策等，保证城镇化与经济社会的健康协调发展。相较于墨西哥、日本、韩国、巴西这4个国家，第二次世界大战后均面临工业化大发展、人口剧增等相近的时代背景，不同的发展思路、发展模式导致经济发展与城镇化完全不同的结果。日本和韩国的城镇化与经济发展的协调得益于政府技术和教育立国、战略转移、规划调控等有效的干预措施。巴西、墨西哥没有及时进行战略性调整，工业化发展依靠于长期采取较为单一的进口替代战略，导致人口大规模盲目迁移与"过度城镇化"。当然，这一结果与"中等收入陷阱"长期驻留在巴西、墨西哥两国有密切的关系。借鉴历史，在城镇化率超过50%、进入快速城镇化转折点时，有必要对国家的发展模式进行战略性调整，打造集城镇化、生态、经济于一体的协调发展局面。

中国的城镇化层面，改革开放40年来，尤其是20世纪90年代后的快速城镇化发展形成了较为鲜明的特点，沿海地区外向型特征的经济高速发展是城镇化的动力；大批农民通过经商、打工、上学、当兵等多种形式进入城镇居住的同时，其在农村的承包地、宅基地得以保留，这一政策设计保持了大规模人口迁移的稳定；政府通过各级各类开发区、新区和新城建设推动城市扩张和城镇化进程；空间层次表现出东部沿海地区为主导，逐步向中西部转移的态势。城镇化进程持续快速发展成为中国经济持续高速发展的顶梁柱，使中国制造业发展形成有利的竞争态势，中国也由此成为全球第二大经济体。换句话说，我国经济持续高速的增长三十几年与农村人口向城市迁移这一城镇化过程密切相关。但是，在2008年国际金融危机以后，我国经济发展模式发生质的变化，使我国当前的城镇化进程已经进入了新阶段，动力机制和驱动主体都发生了变化。新生代农民工"80后""90后"成为城镇化转移人口的主体，这一代人的价值取向、生活方式与以往大不相同，我国传统的"候鸟式"生存方式岌岌可危；尤其在与环境的相处中频频出现问题，由此引发的群体性活动不绝，严重影响我国的农业发展。面对新阶段的形势、任务、挑战，调整国家发展战略和城镇化模式势在必行。客观上要求我国中西部地区持续进行的快速城镇化发展要与我国当前建设的环境友好、资源节约、经济高效、社会和谐、文化繁荣、城乡一体的社会新格局相吻合。在此要求下，中西部地区发展必须保证生态环境不受破坏、农业粮食不受损失。只有在这样前提下的农业现代化、新型工业化、信息化、城镇化"四化"新模式，才能与社会新格局相协调。

二 新技术的发展与应用

通过对国家的城镇化进程分析，表明城镇化率过半，进入快速城镇化中后期往往对应的是各类生态、环境、交通、居住等城市发展问题的集中爆发，似乎有宿命论，使人无奈。但是，似乎从某些国家发展来看，也能找到，城镇化健康发展，绕开或成功应对城市问题的希望，比如，新兴科技的采纳与试用。从交通技术来看，德国是有轨电车等轨道交通技术的发展与应用，美国则是小汽车技术的发展与应用，两种交通技术在德国和美国产生了完全不同的结果和社会影响，德国的公共交通技术有力地推动了城镇化的健康发展，美国小汽车的普及带来了郊区化、城镇扩张等突出的问题。当前，全球第三次科技革命、第四次科技革命正在进行，科学技术发展日新月异，信息化、智能化新技术以及低碳、生态技术对于资源利用效率的提高、环境改善和城镇空间布局的优化具有重要的作用和实践价值，为正在或即将进行的快速城镇化的"后发"国家的城镇化提供了健康发展的技术支持。我国就拥有着这样的机遇和"后发优势"。在科学研究和综合分析文化、生态、政治、经济的基础上，将自主地运用现代科技推动我国城镇化的持续高速发展，还要与市场机制下政府的宏观调控相配合。要求国家在城镇化的发展进程中高度重视现代科技与信息的运用，使其成为发展历程中的坚实基础。

三 城市规划理论及实践探索

城市规划理论及实践是城市治理重要的手段。现代城市规划理论的创立是快速城镇化历程的重要步骤，从英国、德国、美国等国家的快速城镇化中不难看出理论的树立在实践中的地位。各国也因不同的国情，需要制定符合自己国家需要的规划理论。我国城市规划的发展历程总体分为两个阶段，中华人民共和国成立后的前30年和改革开放后的40年。前者是效仿苏联模式，后者则是借鉴欧美等国家的规划理论和方法，前后60年来我国的城市规划在规划的程序、内容、方法与体系上形成了自己独特的制度，但比规划理论更重要的是规划实践，俗话说得好，"一流的规划实践，二流的规划理论"。当前我国城市规划实践与城镇化持续高速发展的要求之间尚存在差距，迫切需要制定符合我国国情的快速城镇化规划理论，并依据规划理论进行实践，不能将城市规划停留在"纸上画画、墙上挂挂"阶段。据推测，我国未来10—20年仍是城市规划理论与我国现实城镇化发展磨合的关键时期与必经时期，城镇化发展仍将呈现高速发展态势。城市规划理论与实践也要具有中国特色，立足于我国的国情和当前及未来城镇化特征，以统筹城乡，实现城乡一体、城乡融合为目标，为城市人口、农村人口及城乡"两栖"人口建设美丽人居环境。

第八章　中西部快速城镇化地区生态—环境—经济耦合协同发展路径

中西部快速城镇化地区生态环境的耦合协同发展，首先需要明确生态环境与经济两者耦合协同的理念以及耦合协同的具体模式。具体在耦合协同的内容上，利益协同是根本动力，动力协同是发展的关键，组织协同是基本保障，信息协同是纽带和桥梁，科技协同是重要的条件。产业始终是中西部快速城镇地区生态环境与经济耦合协同的核心，必须以产业为核心，大力发展循环经济、生态经济、绿色经济，面向农业、流通业、建筑业构筑绿色产业链。始终将城市作为中西部快速城镇地区生态环境与经济耦合协同的重点，开展深入的城市生态环境整治、市政基础设施建设和城市环境治理体系建设。

第一节　生态环境与经济耦合协同理念及模式

生态环境与经济的耦合包括耦合协同理念及耦合协同的具体模式两个方面。首先应该树立生态环境与经济耦合理念，城乡居民树立环保意识，企业承担起社会责任。其次是快速城镇化地区应寻求地区联动与协同，生态、环境、人口、资源、经济发展的协同，国内外两种资源和两个市场的协同。

一　树立生态环境与经济耦合协同理念

生态环境是人类经济社会发展的立足点，是中西部快速城镇化地区招商引资，进一步扩大经济规模，吸附人才等高端要素落户，推进城镇化的关键。随着"十三五"规划进入攻坚阶段，中西部经济将持续发力，但是，在经济发展过程中，有些企业急功近利、盲目求快，依赖于落后的生产模式，破坏了整个城市的生态环境，还诱发了较为严重的经济社会矛盾。随着生态文明以及绿色发展理念的提出并上升为国家战略，要求中西部快速城镇化地区各主体从思想观念上树立生态环境与经济可以耦合协同发展理念，经济社会发展并非一定导致生态环境压力与破坏，可以找到合理的边界和发展模式，实现生态、环境、经济利益的多赢。

要实现生态环境与经济社会耦合协同发展，实现生态、环境、经济利益的多赢，首先，要求城乡居民树立全面的环保意识。需要面向城乡居民进行环保教育，通过环保教育、环保宣传帮助民众树立环保观念，推动中西部快速城镇化地区内生地进行生态文明建设。其次，企业作为城镇化、工业化进程中推进经济社会发展主体，也需要建立耦合协同发展的理念。调整、规范、约束自身的行为，承担起社会责任，积极进行绿色技术创新，维持和推进生态系统的良性循环应该成为企业生产经营过程中的基本共识。

二 创新生态环境与经济耦合协同发展模式

中西部快速城镇化地区发展不平衡，地区之间经济发展具有一定的差异，发展路径的选择也不相同，有些地区是"先金山银山，后绿水青山"，即先发展经济后保护修复生态环境的模式，有些地区是"咬定绿水青山不放松"，保护环境优先发展经济在后的模式，以上两种模式均具有极端性，有失偏颇。最佳的发展路径是实现经济与生态环境协同发展。

中西部地区发展任务仍然很重，需要保持经济适度增长，从重视经济活动的数量转向提高经济发展的质量，使经济活动产生的扰动在环境的承载力和恢复力之内。充分发挥市场机制在发展过程中的主导作用，按照"谁污染，谁承担"原则，筹措治理污染的环境保护资金。通过全社会层面的调控，配合相关部门制定并实施各类环境、经济政策，引导社会资本投入环保领域，带动环保产业、生态产业、绿色产业的发展。把传统工业转型升级、新兴工业发展、服务业提升与环境污染、生态治理规划结合起来，以产业的发展推动生态保护和污染治理，实现生态环境与经济耦合协同发展。

第一，地区联动与协同发展相结合。打破区域的行政分割，以城市群、城市圈为单元积极推进地区的联动发展，统筹布局不同区域产业、区域内区域间的交通网络、区域能源建设及大区域环境保护。增加中心城区绿化覆盖面积和公共活动空间，通过基础设施的合理布局，减少建筑容积率；在城市郊区积极推行"人口向城镇集中、工业向园区集中、土地向规模经营集中"三个集中。

第二，生态、环境、人口、资源、经济发展协同。在快速城镇化地区经济发展的同时，充分考虑生态、环境、资源的容纳力和承载力，始终把生态、环境保护摆在城市建设和经济发展的重要位置，协调好公共服务、资源环境保护、城乡居民收入增加、就业扩大等目标，实现人、自然、经济的和谐发展。

第三，协同国内外两种资源和两个市场。快速城镇化地区要跳出各自的小圈子，站在国内外大市场、大资源的角度，确定协同发展的总体定位，努力扩展国际市场和国际资源，拓宽本地区生态环境与经济协同发展空间。

总体来说，生态环境与经济协同发展模式大致可以用图 8-1 来表示。

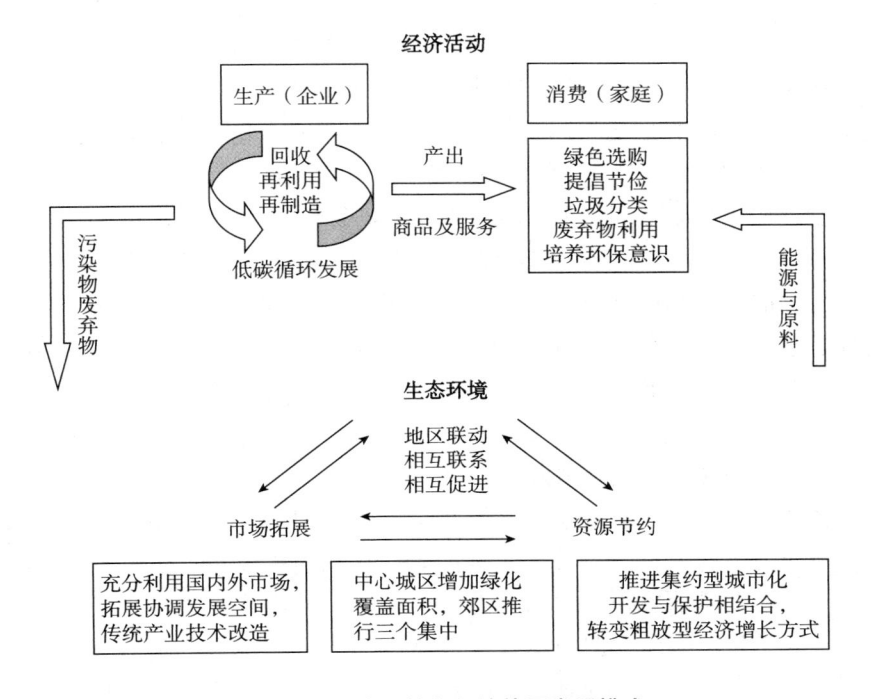

图 8-1 生态环境与经济协同发展模式

第二节 完善生态环境与经济耦合协同的内容

中西部快速城镇化地区重点应考虑生态环境与经济耦合的利益协同、动力协同、信息协同、组织协同和科技协同五个方面。

一 利益协同是根本动力

利益协同是中西部快速城镇化地区协同发展的根本动力。市场行为的出发点和落脚点是利益的最大化，中西部快速城镇化地区生态环境与经济系统的利益相关者也追求自身利益的最大化，在相互博弈过程中实现系统的协同发展。在追求自身利益过程中，市场行为是"无形的手"，指挥各主体进行利益的创造，在经济系统内部，无须人类的干预也能自动调节追求经济发展，使系统趋于稳定。但是，当生态环境与经济耦合成复杂系统时，生态环境所具有的公共产品、公共服务属性，要求必须有政府行为的约束或道德、舆论、法律的管理与监督，离开了政府的约束和相关规制，市场行为就会出现偏差，经济和生态环境之间难以协同。快速城镇化地区的多元主体企业、农村居民、城市居民在市场行为和政府行为的双重影响之下，追求自身利益最大化的同时，遵循系统协同发展的制度约束与要求。如果政府行为、市场行为和主体行为得不到统一，则会不可避免地出现利益冲突。相反，如果利益相关的多元化主体通过宏观管理的规范和微观行为的协调，不断提高人类的生态文明素养和环境保护意识，实现资源的合理配置，保证生态环境的良性发展，最终促使利益趋向协同且通过正向反馈不断获益，最终改善人类生活环境，提高生产能力，实现经济社会可持续发展。

二 动力协同是发展关键

我国中西部地区推进新型城镇化必须发挥好政府与市场的作用，处理好政府与市场关系的关键是实现两者作用的有机结合，进而形成协调合力、协同发展动力。协同意味着既不能夸大政府作用也不能夸大市场作用。要求我们必须根据中西部快速城镇化地区城镇化具体所处的不同发展阶段以及面临的不同环境、存在的问题，在城镇化建设和城市扩张中，政府权力该放则放，动态地转换和调整政府的角色，真正做到执政为民、亲民为民。充分发挥市场机制这一内生动力的作用，实现城市经济的持续增长，促进快速城镇化地区稳定、持续发展。

三　组织协同是基本保障

组织协同是中西部快速城镇化地区协同发展的基本保障。通过组织协同，统筹各主体的行为，在兼顾各行为主体利益诉求的基础上，整合不同主体的利益，实现系统整体利益的最大化，从组织构架上，保障系统协同发展。快速城镇化地区生态环境与经济组织协同涉及各级政府、相关企业、城市市民、农村居民等多种形式的力量集合。

首先，政府在组织架构和组织协同中发挥着决定性作用。政府需要进行区域协同发展的科学规划，预算生态治理与环境投入方面的财政支出，制定和实施协同发展经济与生态环境的政策、法规和法律，规范和引导个体微观行为，维护、激发行为主体合理的利益诉求，使有限的政策资源发挥最大化的效力，形成系统协同发展的组织合力。

其次，发挥各种社会组织对组织协同的重要作用。通过社会组织的引导，培育更加理性的政策受体以推动生态环境与经济社会协同发展。

四　信息协同是纽带和桥梁

信息协同是中西部快速城镇化地区协同发展的桥梁和纽带。在市场经济条件下，在城乡不同的区域空间，信息是处于不对称状态的，市场失灵、政府失灵时有发生。所以，信息在生态环境与经济系统之间，在城乡之间的畅通至关重要，信息协同上升为协同发展的重要内容，不同的行为主体按照市场机制和政府调控，在信息平台上发布或获取相关信息，选择有目的、适合的应对策略。现阶段，我国主要通过政府行为来建设信息平台，政府成为信息的主要供给者。然而，如诺斯悖论所指出的，政府自身有利益和立场站位，偏离了"守夜人"的市场定位，就会导致政府投入大量资金建设信息平台，也观测、发布和传递大量的信息，但信息流的科学、全面依然不容乐观。有时，政府基于自身利益甚至成为不良信息或错误信息的供给者，降低自身的政府公信力，为后续信息沟通和交流设置障碍。因此，信息协同必须科学地定位政府行为、市场行为和主体行为，政府的职责是搭建平台、提供服务，社会组织监管和甄别信息，各大主体成为信息供给者和信息的消费者，更好地实现信息市场平台上信息畅通。

五　科技协同是重要条件

中西部快速城镇化地区科技协同是生态环境与经济系统协同发展的

重要条件。随着经济社会的发展，科学技术成为联结区域生态环境与经济的关键要素，影响人类进步和社会发展。当然，科学技术是一柄"双刃剑"，在提高人类利用自然、改造自然能力的同时，也加剧了生态环境的破坏和自然资源的消耗。人们追求短期利益，物质生活需求的日益增长不仅侵蚀利益协同，而且导致科技进一步伤害生态环境，导致生态环境质量下降。因此，生态环境与经济协同发展必须将科技协同纳入整体分析的大前提下，科学技术的应用与发展不但需要关注、满足人类近期的生存、生活、生产需要，更重要的是要立足长远，兼顾区域生态环境的演变与发展。科技协同首先需要政府、市场、企业等多元主体形成协同发展理念，同时，还需要在实践中大力研发、推广和应用资源节约型、环境友好型的科学技术、专利工艺流程，逐步放弃落后的粗放型的"三高一低"型（高污染、高消耗、高排放、低效率）生产工艺和手段，形成科技协同的良性循环和向好机制，实现生态环境与经济协同发展。

第二节 以产业为核心推动生态环境与经济协同发展

生态环境与经济协同发展需要围绕产业进行，以大力发展循环经济和生态经济产业，面向城乡建立农业生态消纳循环产业链，构建城乡流通领域的绿色产业链，面向企业进行循环化改造。推进建筑等产业的绿色、循环、节能环保。

一 围绕产业大力发展循环经济和生态经济

中西部快速城镇化地区需要逐步转变粗放型生产模式，构筑生态、产业、城市的三边模型，并通过创新驱动发展战略，提升发展质量。对于广大中西部地区来说，城市发展产业结构雷同且不协调，总体资源配置效率低，缺乏创新等多个原因制约区域循环经济、生态经济发展。数据表明，我国整体上进入工业化进程中后期，然而，相当一部分中西部地区、城市群总体上工业发展还处于初期，与全国的平均水平存在较大差距。中西部快速城镇化地区作为要素集聚的极化区域，必须以循环经济、生态经济发展为目标，以市场为导向，增强适应市场的能力，不断调整和优化产业结构，走经济与生态环境协同发展，既经济又环保的区域发展路径。

第一，走新型工业化道路，新型工业化道路以区域的比较优势为基础，统筹生态环境与经济发展，依靠先进的技术，提高资源利用效率，更加注重资源开发过程中资源的可持续性；同时，依靠大数据、互联网加等信息获取的便利性，带动产业发展，改造和提升传统工业。

第二，大力发展新兴产业。中西部广大快速城镇化地区必须结合实际情况，贯彻落实好国家、省、自治区各项方针、政策，在规划引导和政府支持下发展新兴产业。瞄准清洁能源等新能源产业、新材料产业、废气废水固体废弃物利用等节能环保产业、新型电子元器件、信息家电与集成电路产业等电子及信息技术制造产业。

第三，促进产业向生态化发展。坚持"减量化、再利用、资源化"原则，大力发展循环经济，形成完善的循环经济产业体系。中西部地区各省份要建设循环经济示范城市、县，推进居民生活绿色化和企业生产的循环化，构建环境友好、资源节约、效益提高的新型城市。除建成一批循环经济示范城市外，还可以积极推进循环经济示范点工作。通过有效利用余压、余热及煤矸石等低热值燃料并网发电，改造一些煤电项目。

二 构建农业生态消纳循环产业链

当前，我国中西部快速城镇化地区的广大农村的产业结构仍然为典型的粮食种植、禽畜养殖型，广大农村生态环境与经济耦合协同的重要途径是构建种植、养殖相结合的生态消纳循环链。以水稻种植业为例，消纳方式有稻草还田，建立沼气工程，收集水果、蔬菜生产过程中产生的废弃物，生产出有机肥用于种植业。通过沼气生产，综合利用养殖废弃物，达到沼气发电或沼气净化生产车用天然气的目的，净化处理沼液将其变为沼泥，副产品沼渣沼泥用于生产有机肥或营养土，全部综合利用养殖沼气生产废弃物。具体的农业生态消纳循环链如图 8 - 2 所示。

三 构建流通领域绿色产业链

针对中西部快速城镇化地区城乡广大居民产生的大量生活垃圾，建立"居民层面的垃圾分类处理、社区与村层面的统一收集、市区与乡镇层面的统一运输集中、市级层面的统一处理综合利用"的多层次处理体系，在实现垃圾无害化处理的同时，构建循环利用产业链。将居民点、企业、超市、宾馆、农贸市场、酒店等不同单位产生的餐饮垃圾进行统一回收，送至区域处置中心统一处置，发酵后进行沼气生产，将沼气作单位燃料或用于发电上网。处理沼液为种植业生产营养土或有机肥。总体建构流通领域绿色循环产业链如图 8-3 所示。

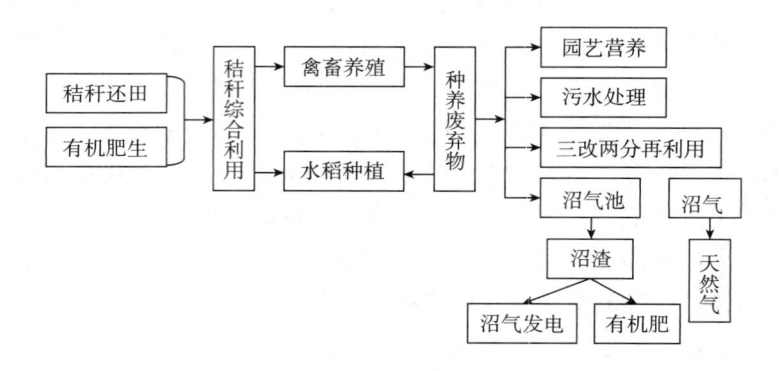

图 8-2　中西部快速城镇化地区农业生态消纳循环链

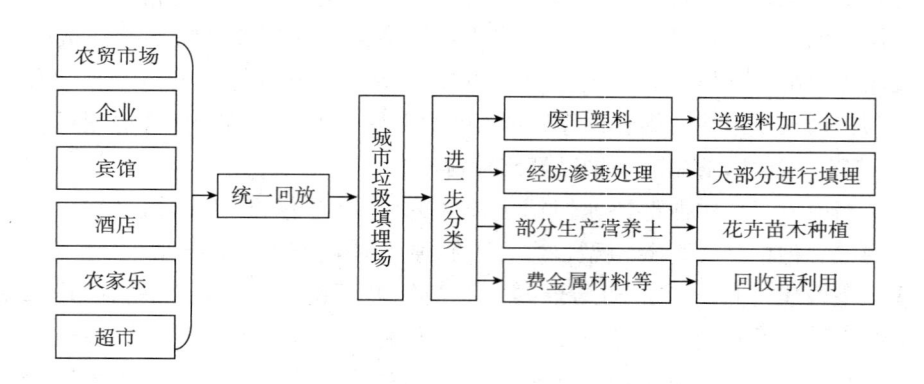

图 8-3　中西部快速城镇化地区流通领域绿色循环产业链

四　进行企业循环化改造

鼓励企业积极探索循环式生产模式，提高资源能源利用效率；践行清洁生产，尽可能地降低企业生产过程中的污染物排放；积极推广节能电机的同时，利用变频器提升改造现有装备，重视工业废水的循环利用，以尽可能地降低能源成本。比如，以中西部地区的陶瓷行业为例，首先需要改变生产过程中的燃料结构，采用清洁燃气烧成工艺，进行天然气和节能窑炉改造，减少使用原煤等污染严重的能源，降低材料的消耗，达到节能降耗的目标。积极引导行业企业应用适用技术和高新技术，通过采用节能新技术、新工艺、新设备，改造和提升产业链生产工艺与产品品质，强制淘汰低效率、高耗能产品的生产，推进产品的更新换代，使行业走上循环发展、高效利用的道路。

五　推进建筑产业循环节能

针对中西部快速城镇化地区普遍存在的基础设施薄弱问题，要加大对乡镇雨水管网体系、城镇雨污分流、市区污水厂扩建工程与污水管网建设等基础设施的投入。推动实施建筑节能，严格执行新建筑节能50%的标准，试点建筑节能65%设计标准，通过节能型设计、节能建材与节能设备的使用，建设一批低能耗的城乡绿色建筑。建立循环型社区，建立一体化的垃圾分类、旧物品营销、旧物资源化利用途径，尽可能减少一次性消费品的供给及应用，引导社区消费的绿色化，循环利用各类生活物资，实现各类商品的物尽其用。

第三节　以城市为重点推动生态环境与经济协同发展

快速城镇化地区生态环境与经济协同发展的重点是城市，应开展城市生态环境整治、水污染综合整治、土壤污染防治；通过编制区域总体规划、提升管理水平、完善区域基础配套设施等来加大城市市政基础设施建设，通过增强环境的监管能力、环境保护宣传力度、环境保护投入力度来完善城市环境治理体系。

一　开展生态环境整治

开展城市大气、水体、土壤等污染的防治和整治，下大力气解决好影响和危害居民健康的环境污染问题，实现城市环境质量的有效提升。加强生态环境治理，转变经济发展方式。当然，解决发展与环境问题的重要手段是控制污染物排放量。

（一）加强大气污染防治

总体布局上，按照相对集中、远离居民区的布局原则，降低工业项目的污染程度，采用污染物高架点源排放，限期治理现有的、与居民区混杂的轻污染企业，设计合理的排污口，确保处理废气设施的正常运行，及时搬迁或转产规模小的企业。

大气环境污染物的主要排放物是二氧化硫，燃料结构不合理是二氧化硫产生的主要原因。中西部很多地区，诸如呼包鄂、黔中地区煤炭资源丰富，煤炭资源的不合理开发和利用产生了大量二氧化硫。大气环境保护的重要任务，一是控制污染物的人为排放，不断改善燃料结构，持续推行清洁生产，降低和控制二氧化硫的排放，从源头上减少污染物新增排放量，以建筑、电力、机动车引发的尾气排放为重点，强化区域减排。二是完善电力行业的运营管理，安装高效烟气脱硝设施，通过脱硫设施的升级改造，降低电力行业二氧化硫的排放量。三是提高城市机动车新车准入门槛，将城市机动车产销量的增长控制在合理的幅度，城市核心区限制黄标车行驶。四是要遵照国家政策及相关规定，持续推行建筑行业节能减排工作。

控制煤烟型大气污染，改变燃料结构重在发展气体燃料，建设燃气工程。一是要限期治理燃煤工业窑炉，进行燃煤窑炉的燃油、燃气改造；二是严格叫停不符合国家二氧化硫、烟尘排放标准的工业及民用锅炉；三是严格限制、叫停煤烟型大气污染源和污染大气的工业生产项目；四是安装在线连续监测装置及时检测重点大气污染源，全程严格控制、实时监督重点源大气污染物的达标排放情况。

（二）加强水污染综合整治

从源头上保护生态并防治污染。一是大力推行清洁生产，提高环境保护准入门槛，全面降低单位工业产值废水的排放量，重复循环利用工业用水，加强水库、集中式饮用水源地的保护，防止风险或隐患项目进入。二是加快江河流域的保护和治理工程，将多个相关河段纳入法定保护范围。三是加强城镇、农村居民生活污水综合处理力度和产业园区工业废水综合处理力度，在乡镇建设污水处理厂，实现饮用水源100%达标，饮用水源区水质至少达到Ⅱ类，工农业用水区水质最少达到Ⅲ类。

（三）加强土壤污染防治

首先，加快推进城市绿化，提高公共绿地面积和森林覆盖率。一是尽可能地减少市区裸露地面，建设绿色生态屏障，将绿化隔离带设置在中心城区周围。通过在河边种草、在河流两岸绿化造林、在水边栽种植物、在河网中建设湿地等多种方法，逐步改善和恢复河流生态系统的功能和结构。二是切实保护好湿地面积、水域面积、水生植被面积，提高河道自净化、自恢复的能力。三是制订并积极实施土壤污染预防和土壤治理计划，保护耕地这一宝贵土地资源的土壤环境，强化治理工业污染场地。建议在西北和西南地区坡度大于 15 度的丘陵山地、陡坡建设水土保持防护林，截洪沟实施固埂林。四是加强农业面源污染的防治，增加低毒生物农药补贴力度和范围，全方位综合防治土壤污染。

其次，持续改善区域生态环境，应全面加强中西部地区的环境综合治理。尤其是西部地区，针对不同区域的环境问题做具体分析，比如黔中城市圈中，贵阳、六盘水、安顺三个城市均位于盆地底部，都匀、铜仁两个城市处在宽谷中间，毕节、凯里位于洼地上，城市周边主要是喀斯特地貌地形，零星布局了几座残丘和孤峰。一是黔中地区城镇化地区的环境治理必须考虑其复杂的城市地形地貌。二是依靠工程、生物、技术等措施，提高土壤的吸水能力，减少坡面的径流量，做好水土流失的预防和治理工作。三是针对黔中城市圈中的城市大多位于丘陵和山地地区，岩溶范围广、植被的破坏、土壤侵蚀严重导致的石漠化现象，应持续大力开展退耕还草、退耕还林等措施，保护好当地的天然林，通过大力增加岩溶地区植被减少石漠化。四是改建新建各种直接或间接排污口，建立珠江、长江流域的防护体系。一方面保证水源不受污染，另一方面积极推进清洁的生产过程，建设污水净化综合利用工程，做好水污染防治与治理的工作。

二　加大市政基础设施建设

体现人本的思想，加快市政建设步伐，不断完善城市配套设施。良好的环境是城市建设、城市发展的基础，是一种潜在的、隐性的生产力，良好的生态环境意味着城市投资创业的环境具有吸引力，有利于吸引创新创业人才，促进科学技术的发展。因此，中西部快速城镇化地区必须具有长远的眼光，综合运用经济手段、法律手段、技术手段和行政手段，既加大城市基础设施建设，又完善生态补偿机制。

第一，要编制科学的区域总体规划。将环境承载力作为城市发展的基础，这个基础要求做好城市的总体规划工作，必须遵循城乡客观发展规律，牢固树立规划先行的意识，全面协调和统筹城乡区域的基础设施建设，实现城乡之间的紧密协调和衔接。

第二，全面提升管理水平。科学的区域规划与建设离不开科学有力的管理，管理者必须充分考虑城市设施的整体性与协调性，建立部门联动机制，进行多头管理，避免条块分割现象。建立并完善城市基础设施建设的评价体系，统筹协调地上地下的管理。

第三，完善区域基础配套设施。交通作为城市发展的硬件和基础，中西部快速城镇化区域要实现整体上的联动，一是加快建设现代化的城镇交通体系。依托交通为重点改善区域基础设施建设。二是针对中西部快速城镇化地区的典型城市群，选取核心城市带动周边地区连片发展。三是各级政府在加快交通路网的建设之外要充分考虑、认真保障城市的生态环境。四是建设相应的设施。处理城市中产生的生活垃圾、污水废弃物，到2020年争取实现城市群各中心城市城市污水处理、回收、循环利用达标率50%以上，城市垃圾利用率50%以上，营造出宜居的人居环境。

第四，加强生态环境友好型企业的金融支持力度。各类金融机构也要承担节能环保的责任，树立节能减排的意识，加大节能减排类企业的信贷支持力度，鼓励企业不断改进、提升生产方式，发挥市场经济的引导作用，推动并逐步实现经济发展的绿色转型。

三 完善城市环境治理体系

第一，增强环境的监管能力。一是完善环境质量监测体系。建设、完善各种城市空气质量监测站、水环境监测站、土壤污染检测点、酸雨监测装备等，依据降水采样自动化，实现全部酸雨监测点监测。二是对重点污染源化学需氧量、氨氮以及废气进行总量和排污浓度的实时监测，对城市污水处理厂、垃圾处理场实行自动在线监测。三是继续加大投入建设和完善环境管理业务应用平台、环境信息网络平台和环境信息服务平台，提升环境信息网络化水平。

第二，加强环境保护宣传力度。一是充分利用网络、微信、微博等各类媒体和社交平台，开展环境宣传活动，营造良好的社会舆论氛围，保障公众的知情权、参与权与监督权等权利。二是严格推行项目环保审批制度、重大环境违法行为处罚案件公众参与及听证制度，推进企业环境行为的信息公开。

第三，加大环境保护投入力度。一是采取有效的激励措施，鼓励、引导全社会增加生态环保方面的投入，构建多层次、多渠道、多元化的环保投入系统，建立灵活多样的资金筹资机制，实现单位资金筹措与银行信贷的有效结合，地方投入与省级国家级财政扶持的有效结合，利用国内民间资本与引进外资的有效结合。二是采用 BOT、PPP 等方式，吸引社会资本参与环保基础设施建设。三是建立并完善有效的、可持续的公共财政投入体制，保证环保科技创新、生态保护项目和公共项目中政府财政投入的稳步增加。

附 录

附录1 全国各省份快速城镇化阶段时间节点和主要增长指标

附录1-1 山西省1995—2015年快速城镇化阶段主要指标   单位:%

年份	城镇化率	经济增长率	建设用地增长率
1995	30.11	12	数据缺失
1996	30.41	11.8	数据缺失
1997	30.71	11.3	数据缺失
1998	31.20	9.9	数据缺失
1999	32.41	7.3	数据缺失
2000	35.88	9.4	数据缺失
2001	35.08	10.1	数据缺失
2002	38.09	12.9	数据缺失
2003	38.81	14.9	数据缺失
2004	39.63	15.2	数据缺失
2005	42.11	12.6	3.2
2006	43.01	11.8	8.7
2007	44.03	15.9	6.9
2008	45.11	8.5	-4.3
2009	45.99	5.4	10.8
2010	48.05	13.9	1.7
2011	49.68	13	3.7

续表

年份	城镇化率	经济增长率	建设用地增长率
2012	51.26	10.1	7.5
2013	52.56	8.9	3.1
2014	53.79	4.9	6.3
2015	55.03	3.1	4.4

附录1-2　安徽省2002—2015年快速城镇化阶段主要指标　　　单位:%

年份	城镇化率	经济增长率	建设用地增长率
2002	30.70	9.6	数据缺失
2003	32.00	9.4	数据缺失
2004	33.50	13.3	数据缺失
2005	35.50	11.6	13.4
2006	37.10	12.9	-8.2
2007	38.70	14.2	6.4
2008	40.50	12.7	12.6
2009	42.10	12.9	5.5
2010	43.01	14.6	6.1
2011	44.80	13.5	1.6
2012	46.50	12.1	7.5
2013	47.86	10.4	4.8
2014	49.15	9.2	3.8
2015	50.50	8.7	4.9

附录1-3　江西省2001—2015年快速城镇化阶段主要指标　　　单位:%

年份	城镇化率	经济增长率	建设用地增长率
2001	30.41	8.8	数据缺失
2002	32.20	10.5	数据缺失
2003	34.02	13	数据缺失
2004	35.58	13.2	数据缺失
2005	37.10	12.8	3.7
2006	38.68	12.3	13.1

续表

年份	城镇化率	经济增长率	建设用地增长率
2007	39.80	13.2	8.7
2008	41.36	13.2	2.8
2009	43.18	13.1	4.7
2010	44.06	14	8.8
2011	45.70	12.5	2.1
2012	47.51	11	4.9
2013	48.87	10.1	5
2014	50.22	9.7	3.4
2015	51.62	9.1	9.6

附录1-4　河南省2005—2015年快速城镇化阶段主要指标　　　　单位:%

年份	城镇化率	经济增长率	建设用地增长率
2005	30.65	14.2	7.7
2006	32.47	14.1	6.2
2007	34.34	14.6	8.7
2008	36.03	12.1	6.7
2009	37.70	10.9	3.9
2010	38.50	12.5	6.5
2011	40.57	11.9	3.7
2012	42.43	10.1	3.2
2013	43.80	9	2.9
2014	45.20	8.9	4.2
2015	46.60	8.3	5.8

附录1-5　湖北省1995—2015年快速城镇化阶段主要指标　　　　单位:%

年份	城镇化率	经济增长率	建设用地增长率
1995	31.20	13.2	数据缺失
1996	33.74	11.6	数据缺失
1997	31.24	11.9	数据缺失
1998	31.90	8.6	数据缺失

续表

年份	城镇化率	经济增长率	建设用地增长率
1999	33.52	7.8	数据缺失
2000	40.47	8.6	数据缺失
2001	40.80	8.9	数据缺失
2002	41.40	9.2	数据缺失
2003	42.00	9.7	数据缺失
2004	42.60	11.2	数据缺失
2005	43.20	12.1	1.3
2006	43.80	12.1	-3.8
2007	44.30	14.6	1.3
2008	45.20	13.4	18.2
2009	46.00	13.5	0.7
2010	49.70	14.8	20.9
2011	51.83	13.8	3.8
2012	53.50	11.3	4.1
2013	54.51	10.1	-3.1
2014	55.67	9.7	17.5
2015	56.85	8.9	-15.6

附录1-6 湖南省2001—2015年快速城镇化阶段主要指标   单位:%

年份	城镇化率	经济增长率	建设用地增长率
2001	30.80	9	数据缺失
2002	32.00	9	数据缺失
2003	33.50	9.6	数据缺失
2004	35.50	12.1	数据缺失
2005	37.00	11.6	2.8
2006	38.71	12.1	6.8
2007	40.45	15	0.2
2008	42.15	13.9	2.6
2009	43.20	13.7	17.5
2010	43.30	14.6	1.4

续表

年份	城镇化率	经济增长率	建设用地增长率
2011	45.10	12.8	1.1
2012	46.65	11.3	-3.1
2013	47.96	10.1	1
2014	49.28	9.5	2.4
2015	50.89	8.5	0.2

附录1-7 内蒙古自治区1984—2015年快速城镇化阶段主要指标 单位:%

年份	城镇化率	经济增长率	建设用地增长率
1984	42.50	16.1	数据缺失
1985	43.36	17.2	数据缺失
1986	45.68	5.9	数据缺失
1987	48.61	9	数据缺失
1988	49.37	9.8	数据缺失
1989	49.75	2.7	数据缺失
1990	36.12	7.5	数据缺失
1991	36.97	7.5	数据缺失
1992	37.03	11	数据缺失
1993	37.26	11.7	数据缺失
1994	37.57	11.2	数据缺失
1995	38.22	10.1	数据缺失
1996	38.46	14.4	数据缺失
1997	38.93	10.8	数据缺失
1998	39.94	10.7	数据缺失
1999	40.98	8.8	数据缺失
2000	42.20	10.8	数据缺失
2001	43.54	10.7	数据缺失
2002	44.05	13.2	数据缺失
2003	44.74	17.9	数据缺失
2004	45.86	20.5	数据缺失
2005	47.20	23.8	24.2

续表

年份	城镇化率	经济增长率	建设用地增长率
2006	48.64	18	-2.1
2007	50.15	19.2	1.4
2008	51.72	17.8	9.1
2009	53.40	16.9	5
2010	55.53	15	24.1
2011	56.61	14.3	5.1
2012	57.75	11.5	1.6
2013	58.69	9	-0.9
2014	59.52	7.8	6.6
2015	60.30	7.7	-0.8

附录1-8 广西壮族自治区2003—2015年快速城镇化阶段主要指标　　单位:%

年份	城镇化率	经济增长率	建设用地增长率
2003	30.85	10.2	—
2004	31.94	11.8	—
2005	33.62	13.2	9.6
2006	34.65	13.5	-2.5
2007	36.24	15.1	5.1
2008	38.16	12.8	28.5
2009	39.21	13.9	-15.9
2010	40.00	14.2	7.4
2011	41.81	12.3	2.5
2012	43.53	11.3	10.5
2013	44.82	10.2	6.7
2014	46.00	8.5	3.8
2015	47.06	8.1	7.8

附录1-9　重庆市1997—2015年快速城镇化阶段主要指标　　单位:%

年份	城镇化率	经济增长率	建设用地增长率
1997	31	11.2	数据缺失
1998	32.6	8.6	数据缺失
1999	34.3	7.8	数据缺失
2000	35.6	8.5	数据缺失
2001	37.40	9	数据缺失
2002	39.90	10.2	数据缺失
2003	41.90	11.5	数据缺失
2004	43.50	12.2	数据缺失
2005	45.20	11.5	31.4
2006	46.70	12.2	8
2007	48.30	15.9	5.8
2008	49.99	14.5	5.8
2009	51.59	14.9	11
2010	53.02	17.1	11.2
2011	55.02	16.4	10.4
2012	56.98	13.6	-9.1
2013	58.35	12.3	7.2
2014	59.61	10.9	11.7
2015	60.94	11	8.5

附录1-10　四川省2001—2015年快速城镇化阶段主要指标　　单位:%

年份	城镇化率	经济增长率	建设用地增长率
2001	30.88	9	数据缺失
2002	32.67	10.3	数据缺失
2003	33.86	11.3	数据缺失
2004	35.25	12.7	数据缺失
2005	33.00	12.6	5.6
2006	34.30	13.3	-9.1
2007	35.60	14.5	6.9
2008	37.40	11	6.9

续表

年份	城镇化率	经济增长率	建设用地增长率
2009	38.70	14.5	6.6
2010	40.18	15.1	9.3
2011	41.83	15	8.4
2012	43.53	12.6	6.3
2013	44.90	10	8
2014	46.30	8.5	6.7
2015	47.69	7.9	4.2

附录1-11　贵州省2010—2015年快速城镇化阶段主要指标　　　单位:%

年份	城镇化率	经济增长率	建设用地增长率
2010	33.80	12.8	-4
2011	34.97	15	9.9
2012	36.42	13.6	6.1
2013	37.84	12.5	8.1
2014	40.02	10.8	5.8
2015	42.01	10.7	10.4

附录1-12　云南省2006—2015年快速城镇化阶段主要指标　　　单位:%

年份	城镇化率	经济增长率	建设用地增长率
2006	30.50	11.9	19.1
2007	31.60	12.2	29.7
2008	33.00	10.6	4.5
2009	34.00	12.1	4
2010	34.70	12.3	10.3
2011	36.80	13.7	6.5
2012	39.30	13	-4.5
2013	40.47	12.1	-6.6
2014	41.73	8.1	15.2
2015	43.33	8.7	7

附录1-13　西藏自治区2005—2015年城镇化阶段主要指标　　　　单位:%

年份	城镇化率	经济增长率	建设用地增长率
2005	20.85	12.1	2.8
2006	21.13	13.4	5.4
2007	21.50	14	1.3
2008	21.90	10.1	0
2009	22.30	12.4	0
2010	22.67	12.3	5.1
2011	22.71	12.7	-51.8
2012	22.75	11.8	177.5
2013	23.72	12.1	0
2014	25.79	10.8	12.6
2015	27.74	11	14.4

附录1-14　陕西省1997—2015年快速城镇化阶段主要指标　　　　单位:%

年份	城镇化率	经济增长率	建设用地增长率
1997	30.4	10.7	数据缺失
1998	31.1	11.6	数据缺失
1999	31.5	10.3	数据缺失
2000	32.26	10.4	数据缺失
2001	33.24	9.8	数据缺失
2002	34.56	11.1	数据缺失
2003	35.46	11.8	数据缺失
2004	36.41	12.9	数据缺失
2005	37.23	12.6	-0.7
2006	39.12	12.7	12.4
2007	40.61	15.8	1.4
2008	42.09	16.4	11.8
2009	43.50	13.6	-9.7
2010	45.76	14.6	5.5
2011	47.30	13.9	0.1
2012	50.01	12.9	9.9

续表

年份	城镇化率	经济增长率	建设用地增长率
2013	51.30	11	14
2014	52.58	9.7	6.9
2015	53.92	7.9	9.7

附录1-15 甘肃省2005—2015年快速城镇化阶段主要指标　　单位:%

年份	城镇化率	经济增长率	建设用地增长率
2005	30.02	11.8	13.1
2006	31.09	11.4	-3.8
2007	32.25	12.3	2
2008	33.56	10.1	3.9
2009	34.89	10.3	6
2010	36.12	11.8	4.8
2011	37.15	12.5	3.5
2012	38.75	12.6	4.6
2013	40.12	10.8	2.3
2014	41.68	8.9	15
2015	41.39	8.1	1.8

附录1-16 青海省1984—2015年快速城镇化阶段主要指标　　单位:%

年份	城镇化率	经济增长率	建设用地增长率
1984	32.03	13.6	数据缺失
1985	33.81	10.8	数据缺失
1986	33.42	8.1	数据缺失
1987	33.42	5.7	数据缺失
1988	33.82	7.7	数据缺失
1989	34.23	1.2	数据缺失
1990	34.23	3.7	数据缺失
1991	34.13	4.7	数据缺失
1992	34.13	7.4	数据缺失
1993	33.86	9.7	数据缺失

续表

年份	城镇化率	经济增长率	建设用地增长率
1994	33.95	8.1	数据缺失
1995	33.90	8	数据缺失
1996	34.19	8.7	数据缺失
1997	34.69	9	数据缺失
1998	34.64	8.9	数据缺失
1999	34.59	8.1	数据缺失
2000	34.76	8.9	数据缺失
2001	36.33	11.7	数据缺失
2002	37.62	12.1	数据缺失
2003	38.20	11.9	数据缺失
2004	38.59	12.3	数据缺失
2005	39.25	12.2	-16.7
2006	39.26	12.2	2.9
2007	40.04	13.5	0.9
2008	40.79	13.5	0
2009	42.01	10.1	2.8
2010	44.76	15.3	0.9
2011	46.30	13.5	8
2012	47.47	12.3	0
2013	48.44	10.8	22.1
2014	49.74	9.2	4.7
2015	50.30	8.2	10.9

附录 1-17　宁夏回族自治区 2000—2015 年快速城镇化阶段主要指标　　单位:%

年份	城镇化率	经济增长率	建设用地增长率
1994	32.2	7.7	数据缺失
1995	32.2	9.5	数据缺失
1996	32.4	10.9	数据缺失
1997	32.8	7.9	数据缺失
1998	33.2	8.8	数据缺失

续表

年份	城镇化率	经济增长率	建设用地增长率
1999	33	9.1	数据缺失
2000	32.54	10.2	数据缺失
2001	33.32	10.1	数据缺失
2002	34.20	10.2	数据缺失
2003	36.92	12.7	数据缺失
2004	40.60	11.2	数据缺失
2005	42.28	10.9	9.2
2006	43.00	12.5	11.8
2007	44.02	12.7	-22.3
2008	44.98	12.6	45.1
2009	46.10	11.9	11
2010	47.90	13.5	-14.5
2011	49.92	12.1	10.2
2012	50.70	11.5	6.4
2013	51.99	9.8	7.2
2014	53.63	8	5.3
2015	55.23	8	2.1

附录1-18 新疆维吾尔自治区1983—2015年快速城镇化阶段主要指标

单位:%

年份	城镇化率	经济增长率	建设用地增长率
1983	30.44	13.5	数据缺失
1984	31.56	14.1	数据缺失
1985	32.23	16.9	数据缺失
1986	32.50	11.7	数据缺失
1987	32.87	10	数据缺失
1988	33.36	9.6	数据缺失
1989	33.78	6.1	数据缺失
1990	33.24	11.7	数据缺失
1991	33.35	14.4	数据缺失
1992	33.54	13.1	数据缺失

续表

年份	城镇化率	经济增长率	建设用地增长率
1993	33.82	10.2	数据缺失
1994	34.20	12.1	数据缺失
1995	34.56	9.1	数据缺失
1996	35.11	6.5	数据缺失
1997	35.20	8.4	数据缺失
1998	35.28	7.5	数据缺失
1999	35.25	7.4	数据缺失
2000	33.82	8.7	数据缺失
2001	33.75	8.6	数据缺失
2002	33.84	8.2	数据缺失
2003	34.39	11.2	数据缺失
2004	35.16	11.4	数据缺失
2005	37.15	10.9	4.3
2006	37.94	11	16.2
2007	39.15	12.2	-0.9
2008	39.64	11	12.2
2009	39.85	8.1	6.5
2010	43.01	10.6	2.2
2011	43.54	12	9.5
2012	43.98	12	2.3
2013	44.48	11	10.2
2014	46.08	10	5.6
2015	47.23	8.8	5.1

附录1-19　　北京市1978—2015年快速城镇化阶段主要指标　　单位:%

年份	城镇化率	经济增长率	建设用地增长率
1978	54.96	10.5	数据缺失
1979	56.88	9.7	数据缺失
1980	57.62	11.8	数据缺失
1981	58.02	-0.5	数据缺失

续表

年份	城镇化率	经济增长率	建设用地增长率
1982	58.18	7.4	数据缺失
1983	58.63	16.4	数据缺失
1984	59.07	17.4	数据缺失
1985	59.73	8.7	数据缺失
1986	60.41	8	数据缺失
1987	60.84	9.6	数据缺失
1988	61.26	12.8	数据缺失
1989	61.77	4.4	数据缺失
1990	73.48	5.2	数据缺失
1991	73.86	9.9	数据缺失
1992	74.32	11.3	数据缺失
1993	74.73	12.3	数据缺失
1994	75.2	13.7	数据缺失
1995	75.63	12	数据缺失
1996	76.06	9	数据缺失
1997	76.48	10.1	数据缺失
1998	76.89	9.5	数据缺失
1999	77.29	10.9	数据缺失
2000	77.54	11.8	数据缺失
2001	78.06	11.7	数据缺失
2002	78.56	11.5	数据缺失
2003	79.05	11	数据缺失
2004	79.53	14.1	数据缺失
2005	83.62	11.8	数据缺失
2006	84.33	12	数据缺失
2007	84.50	14.5	2.8
2008	84.90	9.1	1.7
2009	85.00	10.2	3
2010	85.93	10.3	数据缺失
2011	86.18	8.1	数据缺失
2012	86.22	7.7	1.3

续表

年份	城镇化率	经济增长率	建设用地增长率
2013	86.29	7.7	4.2
2014	86.34	7.3	5.4
2015	86.50	6.9	-2

附录1-20　天津市1993—2014年快速城镇化阶段主要指标　　　单位:%

年份	城镇化率	经济增长率	建设用地增长率
1993	70.80	12.1	数据缺失
1994	70.80	14.3	数据缺失
1995	70.80	14.9	数据缺失
1996	71.20	14.3	数据缺失
1997	71.20	12.1	数据缺失
1998	71.40	9.3	数据缺失
1999	71.80	10	数据缺失
2000	71.99	10.8	数据缺失
2001	72.41	12	数据缺失
2002	72.87	12.7	数据缺失
2003	73.45	14.8	数据缺失
2004	74.21	15.8	数据缺失
2005	75.07	14.7	6
2006	75.72	14.4	1.9
2007	76.32	15.5	6
2008	77.21	16.5	12.1
2009	78.01	16.5	3.3
2010	79.60	17.4	3.8
2011	80.44	16.4	3.5
2012	81.53	13.8	1.5
2013	82.00	12.5	1.9
2014	82.27	10	6.9

附录 1-21　河北省 2002—2015 年快速城镇化阶段主要指标　　　　单位:%

年份	城镇化率	经济增长率	建设用地增长率
2002	31.86	9.6	数据缺失
2003	33.52	11.6	数据缺失
2004	35.83	12.9	数据缺失
2005	37.69	13.4	5.1
2006	38.76	13.2	4.7
2007	40.26	12.8	3.3
2008	41.90	10.1	5.4
2009	43.74	10	4.6
2010	44.50	12.2	4.9
2011	45.60	11.3	3.4
2012	46.80	9.6	-1
2013	48.11	8.2	2.7
2014	49.32	6.5	4.1
2015	51.33	6.8	5.6

附录 1-22　上海市 1979—2015 年快速城镇化阶段主要指标　　　　单位:%

年份	城镇化率	经济增长率	建设用地增长率
1979	60.72	7.4	数据缺失
1980	61.27	8.4	数据缺失
1981	61.49	5.6	数据缺失
1982	61.95	7.2	数据缺失
1983	62.47	7.8	数据缺失
1984	63.14	11.6	数据缺失
1985	63.81	13.4	数据缺失
1986	65.13	4.4	数据缺失
1987	65.81	7.5	数据缺失
1988	66.45	10.1	数据缺失
1989	67.05	3	数据缺失
1990	67.36	3.5	数据缺失
1991	67.58	7.1	数据缺失

续表

年份	城镇化率	经济增长率	建设用地增长率
1992	67.91	14.8	数据缺失
1993	69.01	15.1	数据缺失
1994	70.10	14.5	数据缺失
1995	70.83	14.3	数据缺失
1996	71.46	13.1	数据缺失
1997	72.24	12.8	数据缺失
1998	72.99	10.3	数据缺失
1999	73.80	10.4	数据缺失
2000	74.60	11	数据缺失
2001	75.30	10.5	数据缺失
2002	76.40	11.3	数据缺失
2003	77.60	12.3	数据缺失
2004	81.20	14.2	数据缺失
2005	89.10	11.1	数据缺失
2006	88.70	12	数据缺失
2007	88.66	15.2	数据缺失
2008	88.60	9.7	数据缺失
2009	88.60	8.2	数据缺失
2010	89.27	10.3	数据缺失
2011	89.31	8.2	数据缺失
2012	89.32	7.5	数据缺失
2013	89.61	7.7	0.4
2014	89.57	7	0
2015	87.60	6.9	0

附录1-23　江苏省1998—2015年快速城镇化阶段主要指标　　单位:%

年份	城镇化率	经济增长率	建设用地增长率
1998	31.5	11	—
1999	34.9	10.1	—
2000	41.49	10.6	—

续表

年份	城镇化率	经济增长率	建设用地增长率
2001	42.60	10.2	—
2002	44.70	11.7	—
2003	46.77	13.6	—
2004	48.18	14.8	—
2005	50.50	14.5	5.9
2006	51.89	14.9	2.9
2007	53.20	14.9	8.9
2008	54.30	12.7	10.7
2009	55.61	12.4	5.9
2010	60.58	12.7	8.1
2011	61.89	11	3.7
2012	63.01	10.1	4.2
2013	64.11	9.6	4.6
2014	65.21	8.7	5
2015	66.52	8.5	3.4

附录1-24　浙江省1993—2015年快速城镇化阶段主要指标　　单位:%

年份	城镇化率	经济增长率	建设用地增长率
1993	39.6	22	数据缺失
1994	40.7	20	数据缺失
1995	41.7	16.8	数据缺失
1996	42.6	12.7	数据缺失
1997	44	11.1	数据缺失
1998	45.6	10.2	数据缺失
1999	47.1	11	数据缺失
2000	48.67	11	数据缺失
2001	50.90	10.6	数据缺失
2002	51.90	12.6	数据缺失
2003	52.99	14.7	数据缺失
2004	54.00	14.5	数据缺失

续表

年份	城镇化率	经济增长率	建设用地增长率
2005	56.02	12.8	10
2006	56.51	13.6	0.3
2007	57.21	14.7	9.2
2008	57.60	10.1	6.9
2009	57.90	8.9	4.2
2010	61.61	11.9	6.4
2011	62.29	9	0.8
2012	63.19	8	-0.7
2013	64.01	8.2	7.4
2014	64.87	7.6	4.9
2015	65.80	8	-2.4

附录1-25　福建省1993—2015年快速城镇化阶段主要指标　　单位:%

年份	城镇化率	经济增长率	建设用地增长率
1993	34.7	22.6	数据缺失
1994	35.9	20.3	数据缺失
1995	36.6	14.6	数据缺失
1996	37.9	13.3	数据缺失
1997	38.7	14	数据缺失
1998	39.8	10.8	数据缺失
1999	41.00	9.9	数据缺失
2000	41.57	9.3	数据缺失
2001	42.35	8.7	数据缺失
2002	43.80	10.2	数据缺失
2003	45.20	11.5	数据缺失
2004	46.30	11.8	数据缺失
2005	49.40	11.6	9.8
2006	50.40	13.4	8.3
2007	51.41	15.2	10.6
2008	53.01	13	3.5

续表

年份	城镇化率	经济增长率	建设用地增长率
2009	55.10	12.3	7.2
2010	57.11	13.9	15.7
2011	58.09	12.3	5.7
2012	59.61	11.4	4.5
2013	60.76	11	4.4
2014	61.80	9.9	2.8
2015	62.60	9	11.5

附录1-26 山东省1993—2015年快速城镇化阶段主要指标　　　单位:%

年份	城镇化率	经济增长率	建设用地增长率
1993	34	20.4	数据缺失
1994	37.1	16.2	数据缺失
1995	37.6	14	数据缺失
1996	39.2	12.1	数据缺失
1997	39.00	11.1	数据缺失
1998	37.90	10.8	数据缺失
1999	37.50	10	数据缺失
2000	38.00	10.3	数据缺失
2001	40.21	10	数据缺失
2002	41.50	11.7	数据缺失
2003	43.01	13.4	数据缺失
2004	44.15	15.4	数据缺失
2005	45.00	15.2	8.3
2006	46.10	14.7	8
2007	46.75	14.2	6.1
2008	47.61	12	5.6
2009	48.32	12.2	4.9
2010	49.70	12.3	5.3
2011	50.95	10.9	4.4
2012	52.43	9.8	4.7

续表

年份	城镇化率	经济增长率	建设用地增长率
2013	53.76	9.6	-0.7
2014	55.01	8.7	11.8
2015	57.01	8	3

附录1-27 广东省1993—2015年快速城镇化阶段主要指标　　单位:%

年份	城镇化率	经济增长率	建设用地增长率
1993	47.60	23	数据缺失
1994	51.50	19.7	数据缺失
1995	52.80	15.6	数据缺失
1996	54.20	11.3	数据缺失
1997	55.10	11.2	数据缺失
1998	55.50	10.8	数据缺失
1999	55.60	10.1	数据缺失
2000	55.00	11.5	数据缺失
2001	56.45	10.5	数据缺失
2002	57.42	12.4	数据缺失
2003	58.45	14.8	数据缺失
2004	59.60	14.8	数据缺失
2005	60.68	13.8	3.6
2006	63.01	14.1	-4.8
2007	63.14	14.9	20.4
2008	63.37	10.4	11.7
2009	63.41	9.7	18.9
2010	66.18	12.4	1.8
2011	66.50	10	-12.6
2012	67.40	8.2	-2.1
2013	67.76	8.5	-2
2014	68.00	7.8	10.4
2015	68.71	8	12.3

附录 / 419

附录1-28　海南省1994—2015年快速城镇化阶段主要指标　　单位:%

年份	城镇化率	经济增长率	建设用地增长率
1994	30.6	11.3	数据缺失
1995	30.9	3.8	数据缺失
1996	34.9	4.7	数据缺失
1997	36.5	6.8	数据缺失
1998	38	8.5	数据缺失
1999	38.80	8.5	数据缺失
2000	40.11	9	数据缺失
2001	41.42	9.1	数据缺失
2002	42.56	9.6	数据缺失
2003	43.57	10.6	数据缺失
2004	44.51	10.7	数据缺失
2005	45.17	10.2	65.2
2006	46.05	12.5	1
2007	47.22	15.8	12.5
2008	48.01	10.3	0.9
2009	49.19	11.7	-42.4
2010	49.83	16	27.9
2011	50.51	12	2.7
2012	51.52	9.1	-5.6
2013	52.74	9.9	13.8
2014	53.82	8.5	-10.4
2015	55.12	7.8	54.7

附录1-29　辽宁省1978—2015年快速城镇化阶段主要指标　　单位:%

年份	城镇化率	经济增长率	建设用地增长率
1978	31.73	10.7	数据缺失
1979	33.84	4.9	数据缺失
1980	35.47	9.2	数据缺失
1981	36.47	8.4	数据缺失
1982	37.29	5.3	数据缺失

续表

年份	城镇化率	经济增长率	建设用地增长率
1983	38.01	13.3	数据缺失
1984	40.60	16.8	数据缺失
1985	40.76	13.3	数据缺失
1986	40.50	8.3	数据缺失
1987	41.09	14.1	数据缺失
1988	41.65	11.7	数据缺失
1989	41.92	3.1	数据缺失
1990	41.99	0.9	数据缺失
1991	42.29	6.1	数据缺失
1992	42.79	12.1	数据缺失
1993	43.58	14.9	数据缺失
1994	44.16	11.1	数据缺失
1995	44.51	7.1	数据缺失
1996	44.86	8.6	数据缺失
1997	45.23	8.9	数据缺失
1998	45.55	8.3	数据缺失
1999	45.00	8.2	数据缺失
2000	54.24	8.9	数据缺失
2001	55.01	9	数据缺失
2002	55.51	10.2	数据缺失
2003	56.01	11.5	数据缺失
2004	56.01	12.8	数据缺失
2005	58.71	12.3	2.7
2006	58.98	13.8	11.2
2007	59.19	15	2.3
2008	60.05	13.4	8
2009	60.35	13.1	2

续表

年份	城镇化率	经济增长率	建设用地增长率
2010	62.10	14.2	4.3
2011	64.04	12.2	3.6
2012	65.64	9.5	0.5
2013	66.45	8.7	6.5
2014	67.05	5.8	1.5
2015	67.35	3	-1.6

附录1-30 吉林省1978—2015年快速城镇化阶段主要指标　　单位:%

年份	城镇化率	经济增长率	建设用地增长率
1978	30.70	12.8	数据缺失
1979	32.10	5.6	数据缺失
1980	32.72	6.5	数据缺失
1981	33.43	5.8	数据缺失
1982	33.83	7.7	数据缺失
1983	34.46	21.7	数据缺失
1984	35.13	12.5	数据缺失
1985	36.42	6.8	数据缺失
1986	37.01	7.3	数据缺失
1987	37.81	18.8	数据缺失
1988	38.55	15.9	数据缺失
1989	38.86	-2.5	数据缺失
1990	39.01	3.4	数据缺失
1991	39.28	5.9	数据缺失
1992	39.83	12.2	数据缺失
1993	40.91	12.7	数据缺失
1994	41.76	9.7	数据缺失
1995	42.25	9.7	数据缺失
1996	42.44	13.5	数据缺失
1997	42.92	9	数据缺失
1998	43.14	9.1	数据缺失

续表

年份	城镇化率	经济增长率	建设用地增长率
1999	43.27	8.2	数据缺失
2000	43.50	9.2	数据缺失
2001	43.79	9.3	数据缺失
2002	44.46	9.5	数据缺失
2003	44.96	10.2	数据缺失
2004	45.17	12.2	数据缺失
2005	52.50	12.1	6.4
2006	52.96	15	7.5
2007	53.15	16.1	6.1
2008	53.22	16	9.7
2009	53.32	13.6	7.4
2010	53.33	13.8	2.4
2011	53.40	13.8	2.7
2012	53.71	12	0.5
2013	54.20	8.3	4.5
2014	54.83	6.5	1.4
2015	55.31	6.3	3.7

附录1-31　黑龙江省1978—2015年快速城镇化阶段主要指标　　单位：%

年份	城镇化率	经济增长率	建设用地增长率
1978	35.88	11.1	数据缺失
1979	37.28	3	数据缺失
1980	38.48	10	数据缺失
1981	39.37	3.8	数据缺失
1982	39.91	6.6	数据缺失
1983	41.04	8.6	数据缺失
1984	41.97	11.1	数据缺失
1985	42.91	6	数据缺失
1986	43.88	3.5	数据缺失
1987	44.86	8.6	数据缺失

续表

年份	城镇化率	经济增长率	建设用地增长率
1988	45.87	8.6	数据缺失
1989	46.91	6.3	数据缺失
1990	47.96	5.8	数据缺失
1991	49.04	6.6	数据缺失
1992	50.14	11.1	数据缺失
1993	51.27	7.4	数据缺失
1994	52.42	8.4	数据缺失
1995	53.66	9.2	数据缺失
1996	53.85	10.2	数据缺失
1997	53.90	10	数据缺失
1998	54.00	8.3	数据缺失
1999	54.20	7.5	数据缺失
2000	51.94	8.2	数据缺失
2001	52.38	9.3	数据缺失
2002	52.57	10.2	数据缺失
2003	52.59	10.2	数据缺失
2004	52.78	11.7	数据缺失
2005	53.10	11.6	3.7
2006	53.50	12	1.6
2007	53.90	12	3.1
2008	55.40	11.8	5.3
2009	55.50	11.4	3.7
2010	55.66	12.7	3.3
2011	56.50	12.3	-0.9
2012	56.90	10	1.5
2013	57.39	8	0.9
2014	58.02	5.6	0.6
2015	58.80	5.7	0.8

附录1-32　　全国1996—2015年快速城镇化阶段主要指标　　单位:%

年份	城镇化率	经济增长率	建设用地增长率
1996	30.48	9.90	数据缺失
1997	31.91	9.20	数据缺失
1998	33.35	7.80	数据缺失
1999	34.78	7.70	数据缺失
2000	36.22	8.50	数据缺失
2001	37.66	8.30	数据缺失
2002	39.09	9.10	数据缺失
2003	40.53	10.00	数据缺失
2004	41.76	10.10	数据缺失
2005	42.99	11.40	-3.7
2006	44.34	12.70	7.2
2007	45.89	14.20	14.4
2008	46.99	9.70	7.7
2009	48.34	9.40	-1.1
2010	49.95	10.60	2.7
2011	51.27	9.50	5.3
2012	52.57	7.90	9.3
2013	53.73	7.80	3
2014	54.77	7.30	6.1
2015	56.1	6.90	3.2

附录2　中西部快速城镇化地区地级及以上城市城镇化主要指标

附录2-1　　2015年湖南省各地级及以上城市城镇化主要指标

指标	城镇化率（%）	生产总值（万元）	城市建设用地面积（平方千米）
湖南省全省	50.89	289022100	1352
长沙市	74.38	85101328	364

续表

指标	城镇化率（%）	生产总值（万元）	城市建设用地面积（平方千米）
株洲市	62.1	23351075	137.98
湘潭市	58.28	17030972	79.81
衡阳市	49.2	26015749	159
邵阳市	41.95	13869988	65
岳阳市	54.01	28862800	97
常德市	47.59	27090169	90.22
张家界市	44.61	4477004	34
益阳市	46.39	13544119	75
郴州市	50.34	20120654	77.23
永州市	44.25	14181762	62.21
怀化市	42.75	12732479	64
娄底市	43.77	12916626	47.15

附录 2–2　2015 年河南省各地级及以上城市城镇化主要指标

指标	城镇化率（%）	生产总值（万元）	城市建设用地面积（平方千米）
河南省全省	46.9	370021600	2503
郑州市	69.7	73115210	438
开封市	44.2	16058404	129
洛阳市	52.7	34690273	209
平顶山市	49.2	17057781	73
安阳市	46.8	18844808	81
鹤壁市	55.7	7172528	64
新乡市	49	19750287	115
焦作市	54.9	19260785	115
濮阳市	40.4	13283410	56
许昌市	47.6	21711562	90
漯河市	47.5	9928496	66
三门峡市	51.6	12510383	33

续表

指标	城镇化率	生产总值（万元）	城市建设用地面积（平方千米）
南阳市	41.3	28668156	149
商丘市	38.2	18121623	63
信阳市	42.8	18777440	89
周口市	37.8	20896975	68
驻马店市	38.1	18076975	75
济源市	58	4925400	45

附录2-3　2015年湖北省各地级及以上城市城镇化主要指标

指标	城镇化率（%）	生产总值（万元）	城市建设用地面积（平方千米）
湖北省全省	56.85	287714800	1441
武汉市	70.6	109056000	455
黄石市	61.3	12281000	88
十堰市	52.9	13001200	105
宜昌市	56.7	33848000	165
襄阳市	57.3	33821200	188
鄂州市	64.3	7300100	64
荆门市	54.21	13884600	58
孝感市	53.60	14572000	74
荆州市	56.1	15905000	82
黄冈市	56.1	15892400	47
咸宁市	49.95	10300700	66
随州市	47.9	7852600	49

附录2-4　2015年江西省各地级及以上城市城镇化主要指标

指标	城镇化率（%）	生产总值（万元）	城市建设用地面积（平方千米）
江西省全省	51.62	167237800	1053
南昌市	71.56	40000140	307.3

续表

指标	城镇化率（%）	生产总值（万元）	城市建设用地面积（平方千米）
景德镇市	63.53	7720557	78.68
萍乡市	65.88	9123871	50.87
九江市	50.56	19026783	105.63
新余市	68.45	9467964	76
鹰潭市	55.78	6392614	33.8
赣州市	45.51	19738688	141.4
吉安市	46.17	13285198	55.05
宜春市	44.82	16210204	68
抚州市	44.97	11051377	59.13
上饶市	47.34	16508064	77.36

附录2-5　2015年山西省各地级及以上城市城镇化主要指标

指标	城镇化率（%）	生产总值（万元）	城市建设用地面积（平方千米）
山西省全省	55.03	125394051	900
太原市	84.4	27353442	340
大同市	61.02	10533703	125
阳泉市	65.86	5957009	54
长治市	50.02	11953423	59
晋城市	57.42	10402416	45
朔州市	53.16	9011301	42
晋中市	51.72	10461155	72
运城市	—	11740143	46
忻州市	46.3	6812356	37
临汾市	48.62	11611090	54
吕梁市	46.24	9558013	26

附录 2-6　2015 年安徽省各地级及以上城市城镇化主要指标

指标	城镇化率（%）	生产总值（万元）	城市建设用地面积（平方千米）
安徽省全省	50.5	220056300	1731
合肥市	70.4	56602700	416
芜湖市	61.96	24573234	165
蚌埠市	52.22	12530550	138
淮南市	60.67	9010822	108
马鞍山市	65.15	13653044	93
淮北市	60.76	7603904	85
铜陵市	52.73	9116000	76
安庆市	45.87	14174300	85
黄山市	48.28	5309000	65
滁州市	49.02	13056964	84
阜阳市	38.81	12674505	122
宿州市	38.73	12358259	75
六安市	42.81	10164885	74
亳州市	36.96	9426090	56
池州市	51.11	5447404	37
宣城市	50.64	9714569	52

附录 2-7　2015 年四川省各地级及以上城市城镇化主要指标

指标	城镇化率（%）	生产总值（万元）	城市建设用地面积（平方千米）
四川省全省	47.69	301031000	1922
成都市	71.47	108011633	616
自贡市	47.88	11431113	112
攀枝花市	64.74	9251839	74
泸州市	46.08	13534133	120
德阳市	48.5	16050640	75
绵阳市	48	17003318	125
广元市	40.83	6054300	56

续表

指标	城镇化率（%）	生产总值（万元）	城市建设用地面积（平方千米）
遂宁市	45.91	9158112	76
内江市	45.61	11985784	72
乐山市	47.31	13012326	74
南充市	43.82	15162016	115
眉山市	41.87	10298632	47
宜宾市	45.1	15259043	87
广安市	37.2	10056146	50
达州市	40.87	13507623	108
雅安市	42.55	5025788	33
巴中市	37.52	5013438	37
资阳市	39.5	12703811	45

附录2-8　2015年重庆市各地级及以上城市城镇化主要指标

指标	城镇化率（%）	生产总值（万元）	城市建设用地面积（平方千米）
重庆	60.9	157172700	1329.45（区合计）

附录2-9　2015年广西壮族自治区地级及以上城市城镇化主要指标

指标	城镇化率（%）	生产总值（万元）	城市建设用地面积（平方千米）
广西区全区	47.06	168031200	1130
南宁市	59.3	34100859	287
柳州市	62.1	22986169	184
桂林市	46.6	19429668	99
梧州市	49.7	10785858	56
北海市	55.33	8920837	73
防城港市	55.1	6207242	38
钦州市	37.02	9444242	93
贵港市	34.28	8652035	71

续表

指标	城镇化率（%）	生产总值（万元）	城市建设用地面积（平方千米）
玉林市	46.51	14461253	68
百色市	34.1	9803511	45
贺州市	42.63	4681077	24
河池市	35.08	6180346	23
来宾市	40.68	5576985	41
崇左市	36.28	6828231	28

附录 2－10　2015 年贵州省各地级及以上城市城镇化主要指标

指标	城镇化率（%）	生产总值（万元）	城市建设用地面积（平方千米）
贵州省全省	42.01	105025600	547
贵阳市	—	28911600	235（299）
六盘水市	—	12010800	72（71.68）
遵义市	—	21683400	86（66）
安顺市	—	6254100	66（66.3）
毕节市	—	14613476	43（42.5）
铜仁市	—	7708924	45（34.68）

附录 2－11　2015 年云南省各地级及以上城市城镇化主要指标

指标	城镇化率（%）	生产总值（万元）	城市建设用地面积（平方千米）
云南省全省	43.33	136191700	660
昆明市	70.05	39680051	409
曲靖市	44.58	16502574	68
玉溪市	73.92	12445230	30
保山市	32	5519581	34
邵通市	22.59	7083761	41
丽江市	35.63	2896117	29
普洱市	38.85	5140121	27
临沧市	36.87	5021223	22

附录 2-12　　2015 年陕西省各地级及以上城市城镇化主要指标

指标	城镇化率（%）	生产总值（万元）	城市建设用地面积（平方千米）
陕西省全省	53.92	180218600	1006（1073.4）
西安市	73.02	58012000	501
铜川市	63	3245390	44
宝鸡市	49.07	17876280	89
咸阳市	49.1	21559100	90
渭南市	41.8	14690806	74
延安市	57.32	11986300	36
汉中市	44.91	10648300	42
榆林市	55	26212900	64
安康市	44.32	7724590	40
商洛市	54.67	6218310	26

附录 2-13　　2015 年甘肃省各地级及以上城市城镇化主要指标

指标	城镇化率（%）	生产总值（万元）	城市建设用地面积（平方千米）
甘肃省全省	43.19	64102975	703
兰州市	80.95	20959920	226
嘉峪关市	93.43	1900441	70
金昌市	67.96	2245163	42
白银市	46.53	4342749	62
天水市	35.3	5537728	56
武威市	35.92	4161872	32
张掖市	41.29	3735300	64
平凉市	36.27	3476994	36
酒泉市	56.87	5447963	52
庆阳市	33.46	6094314	24
定西市	30.4	3049178	25
陇南市	28.16	3151353	14

附录2-14　2015年青海省各地级及以上城市城镇化主要指标

指标	城镇化率（%）	生产总值（万元）	城市建设用地面积（平方千米）
青海省全省	50.3	24170500	124
西宁市	68.9	11316193	90
海东市	34	3843963	34

附录2-15　2015年宁夏回族自治区各地级及以上城市城镇化主要指标

指标	城镇化率（%）	生产总值（万元）	城市建设用地面积（平方千米）
宁夏区全区	55.23	29117700	452
银川市	75.8	14938590	167
石嘴山市	73.67	4823793	103
吴忠市	45.87	4048073	98
固原市	32.35	2170391	52
中卫市	39.07	3168907	32

附录2-16　2015年新疆维吾尔自治区各地级及以上城市城镇化主要指标

指标	城镇化率（%）	生产总值（万元）	城市建设用地面积（平方千米）
新疆区全区	47.23	93248000	502
乌鲁木齐市	77.33	26316398	430
克拉玛依市	99.03	6294299	72

附录2-17　2015年内蒙古自治区各地级及以上城市城镇化主要指标

指标	城镇化率（%）	生产总值（万元）	城市建设用地面积（平方千米）
内蒙古自治区全区	60.3	180328000	1063
呼和浩特市	67.5	30905200	260

续表

指标	城镇化率（%）	生产总值（万元）	城市建设用地面积（平方千米）
包头市	82.7	37219300	195.79
乌海市	94.58	5598322	62
赤峰市	47.1	18612749	105
通辽市	46.35	18772700	61.2
鄂尔多斯市	73.13	42261300	154
呼伦贝尔市	70.84	15989500	114
巴彦淖尔市	52.6	8874300	51
乌兰察布市	46.5	9137748	60

附录3 2015年世界各国和地区与城镇化相关的主要指标

国家和地区	人均GDP（万美元）	城镇化率（%）	GDP总值（百亿美元）	国土面积（万平方千米）
阿鲁巴	空缺	41.53	空缺	0.02
安道尔共和国	空缺	85.12	空缺	0.05
阿富汗	0.06	26.70	1.92	65.29
安哥拉	0.41	44.05	10.26	124.67
阿尔巴尼亚	0.40	57.41	1.15	2.88
阿拉伯联盟国家	0.65	57.82	253.01	1315.28
阿拉伯联合酋长国	4.04	85.54	37.03	8.36
阿根廷	1.34	91.75	58.32	278.04
亚美尼亚	0.35	62.67	1.06	2.97
美属萨摩亚	0	87.20	0	0.02
安提瓜和巴布达	1.41	23.77	0.13	0.04
澳大利亚	5.63	89.42	133.95	774.12

续表

国家和地区	人均 GDP（万美元）	城镇化率（%）	GDP 总值（百亿美元）	国土面积（万平方千米）
奥地利	4.34	65.97	37.41	8.39
阿塞拜疆	0.55	54.62	5.30	8.66
布隆迪	0.03	12.06	0.31	2.78
比利时	4.02	97.86	45.40	3.05
贝宁	0.08	43.95	0.85	11.48
布基纳法索	0.06	29.86	1.11	27.42
孟加拉国	0.12	34.28	19.51	14.85
保加利亚	0.68	73.95	4.90	11.10
巴林	2.34	88.78	3.22	0.08
巴哈马	2.29	82.87	0.89	1.39
波斯尼亚和黑塞哥维那	0.42	39.77	1.60	5.12
白俄罗斯	0.57	76.67	5.46	20.76
伯利兹	0.49	43.97	0.18	2.30
百慕大	0	100.00	0	0.01
玻利维亚	0.31	68.51	3.32	109.86
巴西	0.85	85.69	177.47	851.58
巴巴多斯	1.57	31.48	0.45	0.04
文莱达鲁萨兰国	3.66	77.20	1.55	0.58
不丹	0.25	38.64	0.20	3.84
博茨瓦纳	0.64	57.44	1.44	58.17
中非共和国	0.03	40.04	0.15	62.30
加拿大	4.32	81.83	155.05	998.47
中欧和波罗的海	1.23	62.36	127.32	113.49
瑞士	8.02	73.91	66.47	4.13
海峡群岛	0.00	31.47	0.00	0.02
智利	1.34	89.53	24.02	75.61
中国	0.79	55.61	1086.64	956.29
科特迪瓦	0.14	54.18	3.18	32.25
喀麦隆	0.13	54.38	2.92	47.54

续表

国家和地区	人均 GDP（万美元）	城镇化率（%）	GDP 总值（百亿美元）	国土面积（万平方千米）
刚果（布）	0.19	65.38	0.86	34.20
哥伦比亚	0.61	76.44	29.21	114.17
科摩罗	0.00	28.30	0	0.19
佛得角	0.31	65.53	0.16	0.40
哥斯达黎加	1.06	76.82	5.11	5.11
加勒比小国	1.01	42.17	7.09	43.50
古巴	0	77.07	0	10.99
库拉索	0	89.33	0	0.04
开曼群岛	0	100.00	0	0.03
塞浦路斯	2.30	66.92	1.93	0.93
捷克共和国	1.72	72.99	18.18	7.89
德国	4.12	75.30	335.58	35.72
吉布提	0	77.34	0	2.32
多米尼克	0.74	69.54	0.05	0.08
丹麦	5.20	87.68	29.52	4.31
多米尼加共和国	0.64	78.98	6.71	4.87
阿尔及利亚	0.42	70.73	16.68	238.17
东亚与太平洋地区（不包括高收入）	0.64	52.94	1306.74	1627.09
东亚与太平洋地区	0.93	56.63	2128.12	2482.52
欧洲与中亚地区（不包括高收入）	0.70	65.09	288.78	2348.39
欧洲与中亚地区	2.20	70.87	1998.56	2846.04
厄瓜多尔	0.62	63.74	10.09	25.64
阿拉伯埃及共和国	0.36	43.14	33.08	100.15
厄立特里亚	0	—	0	11.76
西班牙	2.58	79.58	119.91	50.59
爱沙尼亚	1.73	67.54	2.27	4.52
埃塞俄比亚	0.06	19.47	6.15	110.43
芬兰	4.19	84.22	22.98	33.84

续表

国家和地区	人均GDP（万美元）	城镇化率（%）	GDP总值（百亿美元）	国土面积（万平方千米）
斐济	0.49	53.73	0.44	1.83
法国	3.62	79.52	242.17	54.91
法罗群岛	0	41.96	0	0.14
密克罗尼西亚联邦	0	22.42	0	0.07
加蓬	0.83	87.16	1.43	26.77
英国	4.37	82.59	284.88	24.36
格鲁吉亚	0.38	53.64	1.40	6.97
加纳	0.14	54.04	3.79	23.85
直布罗陀	0	100.00	0	0
几内亚	0.05	37.16	0.67	24.59
冈比亚	0	59.63	0	1.13
几内亚比绍共和国	0.06	49.33	0.11	3.61
赤道几内亚	1.11	39.92	0.94	2.81
希腊	1.80	78.01	19.52	13.20
格林纳达	0.92	35.59	0.10	0.03
格陵兰	0	86.44	0	41.05
危地马拉	0.39	51.57	6.38	10.89
关岛	0	94.52	0	0.05
圭亚那	0.41	28.55	0.32	21.50
中国香港特别行政区	4.24	100.00	30.99	0.11
洪都拉斯	0.25	54.73	2.02	11.25
克罗地亚	1.15	58.96	4.87	5.66
海地	0.08	58.65	0.89	2.78
匈牙利	1.23	71.23	12.07	9.30
印度尼西亚	0.33	53.74	86.19	191.09
马恩岛	0	52.20	0	0.06
印度	0.16	32.75	207.35	328.73
爱尔兰	5.13	63.24	23.80	7.03
伊朗伊斯兰共和国	0	73.38	0	174.52
伊拉克	0.46	69.47	16.86	43.52

续表

国家和地区	人均GDP（万美元）	城镇化率（%）	GDP总值（百亿美元）	国土面积（万平方千米）
冰岛	5.02	94.14	1.66	10.30
以色列	3.53	92.14	29.61	2.21
意大利	2.98	68.96	181.48	30.13
牙买加	0.51	54.79	1.40	1.10
约旦	0.49	83.68	3.75	8.93
日本	3.25	93.50	412.33	37.80
哈萨克斯坦	1.05	53.25	18.44	272.49
肯尼亚	0.14	25.62	6.34	58.04
吉尔吉斯斯坦	0.11	35.71	0.66	19.99
柬埔寨	0.12	20.72	1.80	18.10
基里巴斯	0.13	44.30	0.01	0.08
圣基茨和尼维斯	1.66	32.05	0.09	0.03
大韩民国	2.72	82.47	137.79	10.03
科索沃	0.36	—	0.64	1.09
科威特	2.90	98.34	11.28	1.78
拉丁美洲与加勒比海地区（不包括高收入）	0.80	79.62	485.50	1946.17
老挝	0.18	38.61	1.23	23.68
黎巴嫩	0.81	87.79	4.71	1.05
利比里亚	0.05	49.70	0.21	11.14
利比亚	0.46	78.55	2.92	175.95
圣卢西亚	0.78	18.50	0.14	0.06
拉丁美洲与加勒比海地区	0.84	79.88	529.83	2042.55
列支敦士登	0	14.29	0	0.02
斯里兰卡	0.39	18.36	8.23	6.56
莱索托	0	27.31	0	3.04
立陶宛	1.42	66.51	4.12	6.53
卢森堡	10.14	90.16	5.78	0.26

续表

国家和地区	人均 GDP（万美元）	城镇化率（%）	GDP 总值（百亿美元）	国土面积（万平方千米）
拉脱维亚	1.37	67.38	2.70	6.45
中国澳门特别行政区	7.86	100.00	4.62	0
圣马丁（法属）	0	—	0	0.01
摩洛哥	0.29	60.20	10.04	44.66
摩纳哥	0	100.00	0	0
摩尔多瓦	0.18	45.00	0.66	3.39
马达加斯加	0.04	35.11	1.00	58.73
马尔代夫	0.77	45.54	0.31	0.03
中东与北非地区	0.73	64.22	311.36	1137.08
墨西哥	0.90	79.25	114.43	196.44
马绍尔群岛	0	72.68	0	0.02
马其顿王国	0.49	57.10	1.01	2.57
马里	0.07	39.92	1.31	124.02
马耳他	0	95.41	0	0.03
缅甸	0.12	34.10	6.49	67.66
中东与北非地区（不包括高收入）	0	60.51	0	877.54
黑山	0.64	64.03	0.40	1.38
蒙古	0.40	72.04	1.18	156.41
北马里亚纳群岛	0	89.24	0	0.05
莫桑比克	0.05	32.21	1.47	79.94
毛里塔尼亚	0	59.86	0	103.07
毛里求斯	0.91	39.67	1.15	0.20
马拉维	0.04	16.27	0.66	11.85
马来西亚	0.98	74.71	29.62	33.08
北美	5.46	81.64	1950.34	1981.62
纳米比亚	0.47	46.66	1.15	82.43
新喀里多尼亚	0	70.21	0	1.86
尼日尔	0.04	18.73	0.71	126.70
尼日利亚	0.26	47.78	48.11	92.38

续表

国家和地区	人均GDP（万美元）	城镇化率（%）	GDP总值（百亿美元）	国土面积（万平方千米）
尼加拉瓜	0.21	58.78	1.27	13.04
荷兰	4.44	90.50	75.25	4.15
挪威	7.47	80.47	38.83	38.52
尼泊尔	0.07	18.62	2.09	14.72
瑙鲁	0	100.00	0	0
新西兰	3.78	86.28	17.38	26.77
阿曼	1.56	77.64	7.03	30.95
巴基斯坦	0.14	38.76	27.00	79.61
巴拿马	1.33	66.59	5.21	7.54
秘鲁	0.61	78.61	19.21	128.52
菲律宾	0.29	44.37	29.20	30.00
帕劳	1.35	87.07	0.03	0.05
巴布亚新几内亚	0	13.01	0	46.28
波兰	1.25	60.54	47.48	31.27
波多黎各	0	93.60	0	0.89
朝鲜民主主义人民共和国	0	60.88	0	12.05
葡萄牙	1.92	63.47	19.89	9.22
巴拉圭	0.42	59.67	2.76	40.68
太平洋岛国	0.37	37.74	0.86	6.52
法属波利尼西亚	0	55.88	0	0.40
卡塔尔	7.47	99.24	16.69	1.16
罗马尼亚	0.90	54.56	17.80	23.84
俄罗斯联邦	0.91	74.01	132.60	1709.83
卢旺达	0.07	28.81	0.81	2.63
南亚	0.15	33.03	266.61	513.62
沙特阿拉伯	2.05	83.13	64.60	214.97
苏丹	0.21	33.81	8.41	187.94
塞内加尔	0.09	43.72	1.38	19.67
新加坡	5.29	100.00	29.27	0.07

续表

国家和地区	人均GDP（万美元）	城镇化率（%）	GDP总值（百亿美元）	国土面积（万平方千米）
所罗门群岛	0.20	22.33	0.12	2.89
塞拉利昂	0.07	39.94	0.45	7.23
萨尔瓦多	0.42	66.73	2.59	2.10
圣马力诺	0	94.19	0	0.01
索马里	0.06	39.55	0.60	63.77
塞尔维亚	0.51	55.55	3.65	8.84
撒哈拉以南非洲地区（不包括高收入）	0.16	37.74	157.14	2429.07
南苏丹	0.07	18.80	0.90	64.43
撒哈拉以南非洲地区	0.16	37.74	157.29	2429.11
圣多美和普林西比	0	65.09	0	0.10
苏里南	0.90	66.04	0.49	16.38
斯洛伐克共和国	1.60	53.60	8.66	4.90
斯洛文尼亚	2.07	49.65	4.27	2.03
瑞典	5.03	85.82	49.26	44.74
斯威士兰	0.32	21.31	0.41	1.74
圣马丁（荷属）	0	100.00	0	0
塞舌尔	1.55	53.89	0.14	0.05
阿拉伯叙利亚共和国	0	57.66	0	18.52
特克斯科斯群岛	0	92.19	0	0.10
乍得	0.08	22.47	1.09	128.40
东亚与太平洋地区（IBRD与IDA）	0.65	52.84	1304.25	1615.01
欧洲与中亚地区（IBRD与IDA）	0.75	64.65	341.13	2385.31
多哥	0.05	39.96	0.40	5.68
泰国	0.58	50.37	39.53	51.31
塔吉克斯坦	0.09	26.78	0.79	14.26
土库曼斯坦	0.69	50.04	3.73	48.81

续表

国家和地区	人均GDP（万美元）	城镇化率（％）	GDP总值（百亿美元）	国土面积（万平方千米）
拉丁美洲与加勒比海地区（IBRD与IDA）	0.83	79.88	511.48	2029.00
中东与北非地区（IBRD与IDA）	0	60.33	0	876.94
东帝汶	0.11	32.77	0.14	1.49
汤加	0	23.71	0	0.08
南亚（IBRD与IDA）	0.15	33.03	266.61	513.62
撒哈拉以南非洲地区（IBRD与IDA）	0.16	37.74	157.29	2429.11
特立尼达和多巴哥	2.04	8.45	2.78	0.51
突尼斯	0.39	66.84	4.30	16.36
土耳其	0.91	73.40	71.82	78.36
图瓦卢	0	59.72	0	0
坦桑尼亚	0.09	31.61	4.49	94.73
乌干达	0.07	16.10	2.64	24.16
乌克兰	0.21	69.70	9.06	60.36
乌拉圭	1.56	95.31	5.34	17.62
美国	5.58	81.62	1794.70	983.15
乌兹别克斯坦	0.21	36.37	6.67	44.74
圣文森特和格林纳丁斯	0.69	50.55	0.08	0.04
委内瑞拉玻利瓦尔共和国	0	88.99	0	91.21
英属维尔京群岛	0	46.19	0	0.02
美属维京群岛	0	95.34	0	0.04
越南	0.21	33.59	19.36	33.10
瓦努阿图	0	26.13	0	1.22
约旦河西岸和加沙	0.29	75.25	1.27	0.60
萨摩亚	0.39	19.10	0.08	0.28
也门共和国	0	34.61	0	52.80

续表

国家和地区	人均GDP（万美元）	城镇化率（%）	GDP总值（百亿美元）	国土面积（万平方千米）
南非	0.57	64.80	31.28	121.91
刚果（金）	0.05	42.49	3.52	234.49
赞比亚	0.13	40.92	2.12	75.26
津巴布韦	0.09	32.38	1.39	39.08

参考文献

[1] 曹刚：《建设关中城市群如何创新理念》，《西安日报》2014年6月2日。

[2] 陈明星、陆大道、查良松：《中国城市化与经济发展水平关系的国际比较》，《地理研究》2009年第2期。

[3] 仇保兴：《第三次城市化浪潮中的中国范例——中国快速城市化的特点、问题与对策》，《城市规划》2007年第6期。

[4] "当代中国"丛书编辑部：《当代中国的劳动力管理》，中国社会科学出版社1990年版。

[5] 董志凯等：《中华人民共和国经济史（1953—1957）》，社会科学文献出版社2011年版。

[6] 段成荣：《城镇人口过半的挑战与应对》，《人口研究》2012年第2期。

[7] 范红忠、周阳：《日韩巴西等城市化进程中的过度集中问题——兼论中国城市的均衡发展》，《城市问题》2010年第8期。

[8] "工业化与城镇化协调发展研究"课题组：《工业化与城镇化关系的经济学分析》，《中国社会科学》2002年第2期。

[9] 顾朝林、邱友良、叶舜赞：《建国以来中国新城市设置》，《地理科学》1998年第4期。

[10] 杨立勋：《城镇化与城市发展战略》，广东高等教育出版社1999年版，第102页。

[11] 郭志勇、顾乃华：《土地财政、虚高城市化与土地粗放利用》，《产经评论》2012年第6期。

[12] 国家统计局：《建国三十年全国农业统计资料（1949—1979）》，中国统计出版1980年版。

[13] 国务院人口普查办公室、国家统计局人口和就业统计司：《中国

2010 年人口普查资料》，北京数通电子出版社 2010 年版。

［14］韩康：《农业就业转移增长的困境》，《中国经济时报》2006 年第 3 期。

［15］韩康：《中国城镇化最大风险：城乡矛盾内化》，《人民论坛》2013 年第 3 期。

［16］郝华勇：《中部六省城镇化质量比较分析与提升对策》，《安徽行政学院学报》2012 年第 2 期。

［17］何一民：《变革与发展：中国内陆城市成都现代化研究》，四川大学出版社 2001 年版。

［18］贺艳华、唐承丽、周国华等：《基于地理学视角的快速城市化地区空间冲突测度》，《自然资源学报》2014 年第 10 期。

［19］环境保护部：《全国生态脆弱区保护规划纲要》，中国发展门户网，2008 年 10 月 10 日。

［20］环境保护部：《全国土壤污染状况调查公报》，《环境教育》2014 年第 6 期。

［21］黄忠华、杜雪君：《快速城市化地区土地利用变化的生态环境效应》，《水土保持通报》2015 年第 6 期。

［22］江三良、李攀：《快速城市化的潜在风险与化解对策》，《商业经济研究》2015 年第 31 期。

［23］蒋省三、刘守英、李青：《土地制度改革与国民经济成长》，《管理世界》2007 年第 9 期。

［24］金东海、谷树忠、沈镭：《城市化发展的营力系统分析——兼论我国城市化影响因子与可持续续城市化战略选择》，《中国人口·资源与环境》2004 年第 2 期。

［25］雷小阳：《新型城镇化背景下我国城市土地利用的政府监管研究》，硕士学位论文，西南交通大学，2014 年。

［26］李浩：《"24 国集团"与"三个梯队"——关于中国城镇化国际比较研究的思考》，《城市规划》2013 年第 1 期。

［27］李浩：《城镇化率首次超过 50% 的国际现象观察——兼论中国城镇化发展现状及思考》，《城市规划学刊》2013 年第 1 期。

［28］李婕：《中国当代人口城市计划、空间城市化与社会风险》，《人文地理》2012 年第 5 期。

[29] 李克强:《深刻理解〈建议〉主题主线 促进经济社会全面协调可持续发展》,《人民日报》2010年11月15日。

[30] 李刘艳、吴丰华:《改革开放以来我国农民市民化阶段划分与展望》,《经济学家》2017年第8期。

[31] 李璐颖:《城市化率50%的拐点迷局——典型国家快速城市化阶段发展特征的比较研究》,《城市规划学刊》2013年第3期。

[32] 李明月、胡竹枝:《广东省人口城市化与土地城市化速率对比》,《城市问题》2012年第4期。

[33] 李善同、刘勇:《西部大开发中城镇化道路的选择》,《城市发展研究》2001年第3期。

[34] 李善同、刘勇:《西部大开发中城镇化道路的选择》,《城市发展研究》2001年第3期。

[35] 梁爽:《土地非农化过程中的收益分配及其合理性评价——以河北省涿州市为例》,《中国土地科学》2009年第1期。

[36] 刘荣增:《加快经济发展方式转变与城市增长管理协同研究》,《城市发展研究》2012年第2期。

[37] 刘荣增:《中国城市化:问题、反思与转型》,《郑州大学学报》(哲学社会科学版)2013年第3期。

[38] 刘耀彬、李仁东、宋学锋:《中国区域城市化与生态环境耦合的关联分析》,《地理学报》2005年第2期。

[39] 刘勇:《中国城镇化战略研究》,经济科学出版社2004年版。

[40] 陆大道:《我国的城镇化进程与空间扩张》,《城市规划学刊》2007年第4期。

[41] 陆学艺、李培林:《中国社会发展报告》,辽宁出版社1991年版。

[42] 罗满妹:《城镇征地中多元主体的利益分配关系及其调整研究》,硕士学位论文,湖南师范大学,2009年。

[43] 牟奇玲、吴蒙、车越:《基于二维空间矩阵的快速城市化地区布局优化研究》,《中国人口·资源与环境》2014年第11期。

[44] 牛文元:《新型城市化建设:中国城市社会发展的战略选择》,《中国科学院院刊》2012年第6期。

[45] 裴新生:《我国中部地区城镇化进程的特征及成因初探》,《城市规划》2013年第9期。

[46] ［法］皮埃尔·雅克、拉金得拉·帕乔里：《城市：改变发展轨迹》，社会科学文献出版社 2010 年版。

[47] 任保平：《以西安为中心的关中城市群的结构优化及其方略》，《人文地理》2007 年第 5 期。

[48] 孙平军：《长春市空间扩展非协调性及其行为主体博弈机理研究》，《现代城市研究》2012 年第 8 期。

[49] 孙雪、郝兆印、王成新、刘凯：《基于政府经济行为视角的中国城市化水平时空演化研究》，《世界地理研究》2013 年第 3 期。

[50] 孙雪、郝兆印、王成新等：《基于政府经济行为视角的中国城市化水平时空演化研究》，《世界地理研究》2013 年第 3 期。

[51] 谭宏泽：《地方社会快速城市化进程中的环境问题及其社会隐因》，《黑龙江社会科学》2015 年第 4 期。

[52] 腾讯网：《武汉为什么总被淹》，http：//news.qq.com/cross/20160706/48K6xRR1.html#0。

[53] 田莉：《处于十字路口的中国土地城镇化——土地有偿使用制度建立以来的历程回顾及转型展望》，《城市规划》2013 年第 5 期。

[54] 童建军：《我国土地收益分配机制研究》，硕士学位论文，南京农业大学，2003 年。

[55] 王格芳：《我国快速城镇化中的"城市病"及其防治》，《中共中央党校学报》2012 年第 5 期。

[56] 王家庭、赵丽、高珊珊：《高度警惕快速城镇化时期我国城市的过度蔓延趋势》，《现代财经》2013 年第 8 期。

[57] 王勇：《快速城市化地区土地利用结构信息熵的时空变化研究》，《国土与自然资源研究》2015 年第 1 期。

[58] 温家宝：《政府工作报告》，《人民日报》2010 年 3 月 16 日。

[59] 吴闫：《我国西部地区城市群发展策略研究》，《福建金融管理干部学院学报》2014 年第 1 期。

[60] 吴志强、干靓、胥星静等：《城镇化与生态文明——压力、挑战与应对》，《中国工程科学》2015 年第 8 期。

[61] 谢从朴、田莉：《城乡统筹背景下集体土地制度创新与城乡统一规划——来自重庆的实践》，《上海城市规划》2010 年第 3 期。

[62] 闫能能：《中部六省城镇化进程比较研究》，硕士学位论文，郑州大

学，2012年。

[63] 杨青生、乔纪纲、艾彬：《快速城市化地区景观生态安全时空演化过程分析——以东莞市为例》，《生态学报》2013年第4期。

[64] 杨少华、张景亚：《我国工业化进程中的区域不平衡性分析》，《商业时代》2012年第29期。

[65] 杨剩富、叶菁、胡守庚、童陆亿：《中部地区新型城镇化发展协调度时空变化及形成机制》，《经济地理》2014年第11期。

[66] 杨玉珍：《城市增长管理理念下的资源环境约束与缓解路径》，《河南师范大学学报》（哲学社会科学版）2013年第2期。

[67] 姚慧琴、徐璋勇等：《中国西部经济发展报告（2014）》，中国人民大学出版社2015年版。

[68] 姚慧琴、徐璋勇等主编：《中国西部经济发展报告》，中国人民大学出版社2015年版。

[69] 姚士谋、薛凤旋、燕月：《应防止"土地城镇化"冒进》，《社会观察》2013年第3期。

[70] 姚士谋：《应防止"土地城镇化"冒进》，《社会观察》2013年第3期。

[71] 尹宏玲：《我国城市人口城镇化与土地城镇化失调特征及其差异研究》，《城市规划学刊》2013年第2期。

[72] 于学花、栾谨崇：《新制度经济学产权理论与我国农地产权制度改革》，《理论导刊》2008年第4期。

[73] 张慧：《西部重要城市群新型城镇化发展水平评价研究》，硕士学位论文，兰州大学，2015年。

[74] 赵文林、谢淑君：《中国人口史》，人民出版社1988年版。

[75] 赵曦：《中国西部大开发战略前沿研究报告》，西南财经大学出版社2010年版。

[76] 中国经济信息网：《太原都市圈"十二五"规划》，2013年11月13日，http://libzhongjingwang.bjut.edu.cn/defaultsite/s/article/2013/11/13/4af0c791-4244fac8-0142-50ac13e2-4076_2013.html? referCode=ghbg&columnId=4028c7ca-37115425-0137-115606de-001b。

[77] 《中国空气污染治理见成效，但中西部污染指数上升》，参考消息网，http://www.cankaoxiaoxi.com/china/20160421/1136220.shtml。

［78］中国社会科学院人口研究中心：《中国人口年鉴（1985）》，中国社会科学出版社 1986 年版。

［79］中国社会科学院财经战略研究院：《中国服务业发展报告（2013）》，中商情报网，2013 年 8 月 28 日。

［80］国家统计局工业交通物资统计局：《中国工业经济统计资料（1949—1984）》，中国统计出版社 1985 年版。

［81］周翔、韩骥、孟醒等：《快速城市化地区耕地流失的时空特征及其驱动机制综合分析》，《资源科学》2014 年第 6 期。

［82］诸培新、曲福田：《农地非农化配置中的土地收益分配研究——以江苏省 N 市为例》，《南京农业大学学报》2006 年第 3 期。

后 记

本书作为国家社会科学基金项目"中西部快速城镇化地区生态—环境—经济耦合协同发展研究"（13CJL074）的主要成果，也是我主持结项的首个国家级科研项目，由我和任太增共同完成。借此机会，写下几年来个人学习、工作、生活中成长的感触，对师长、领导、亲人、朋友以表感谢。

自2011年博士毕业到河南师范大学商学院工作至今，已七年有余，一路走来，在教学科研的道路上，边学习、边摸索、边成长，取得了一些进步，也仍有很多困惑。毫无疑问，我是如此的幸运，我常感叹自己能得到师长、领导、同事们的眷顾与支持！

2012年8月河南省社科规划项目获批，2012年年底教育部人文社会科学项目获批，2013年6月国家社会科学基金项目获批，项目申报的顺利应感谢河南师范大学商学院赐予的良好的科研氛围，以及学院对项目申报的重视和申报程序上严密的三级论证。国家社会科学基金能够获批尤其要感谢河南财经政法大学副校长刘荣增教授对选题的战略指导和平顶山学院校长苏晓红教授对论证结构、行文表述字斟句酌的修改。经过认真的思考与研究，2014年河南省社科规划项目结项，鉴定等级为优秀；2015年教育部人文社会科学项目以免鉴定的形式结项；2017年4月国家社会科学基金项目顺利结项，鉴定等级为良好。伴随项目研究与论文发表，近几年也取得了一些荣誉，先后获得"中原千人计划""河南省优秀青年社科专家""河南省百名优秀青年社会科学理论人才""河南省教学厅学术技术带头人""河南省高校哲学社会科学年度人物""河南省高等学校哲学社会科学优秀学者""河南省高校科技创新人才"等荣誉称号。研究成果获得河南省社会科学优秀成果二等奖3项，河南省教育厅人文社会科学研究成果特等奖1项、一等奖2项，其他厅级奖励7项。

我想特别指出的是，2015年10月我参与"首届中原发展青年论坛暨中原发展研究创新奖"评选，获得中原发展研究创新奖二等奖，该奖项是由河南大学中原发展研究院接受深圳海王集团捐赠设立的河南省首个民间学术奖项。虽是民间奖励，但作为一名参与者和受益者，我深感其评奖的公平、公正，以及获奖后巨大的学术影响力，该奖项的评委囊括了河南省省内经济管理等领域最有影响的学者，具有说服力和权威性。通过这个评奖我有幸得到中国国际经济交流中心副理事长兼秘书长张大卫老师、河南省社科会科学联主席李庚香老师、河南大学中原发展研究院院长耿明斋老师、河南省社会科学院院长谷建全老师以及原院长张占仓老师和完世伟老师、河南省政府发展研究中心原主任王永苏老师以及原副主任李政新老师、河南农业大学原党委书记程传兴老师、河南财经政法大学郭军老师、郑州大学李艳艳老师、郑州大学杜书云老师、河南日报社孙德中老师的持续关注、提携、帮助和鼓励，获得了参加省内外重要学术会议、理论研讨会发言交流的机会，从中得到了更多的锻炼和更快的成长，也更加明白学术研究要来源于实际问题，服务于区域发展。而今，距离首届评奖已三年有余，提笔依然难以停下，依然情不自禁地感激中原发展研究创新奖评委会、感谢河南大学中原发展研究院提供的平台，感激并感动于河南大学中原发展研究院院长耿明斋教授的学术责任和学术抱负。

当然，七年多来，我也尤其地庆幸河南师范大学商学院的良好氛围，由衷钦佩学院院长任太增教授公平公正、朴实无华、一心为公的工作作风，感谢任院长对我本人、对学院青年人成长所搭建的平台和给予的关照。任太增院长既是工作、学习中的师长，也是我的科研合作者，他参加我主持的国家社会科学基金项目课题研究，并共同完成本书写作，是本书的主要作者之一。感谢在工作和学习中给予我指导、帮助与支持的胡国恒教授、乔俊峰教授、任鸣鸣教授、刘新同教授、楚金桥教授。感谢商学院和我一起成长、一起交流的年轻的同事们！感谢在教学工作中与我默契配合的教研室主任、学术秘书和教务员等教学团队。

本书的成稿也离不开我的研究生肖飞、张利云、孙小燕、郭杨营的参与，他们进行了资料收集、格式修改与完善工作。本书最后成稿更离不开中国社会科学出版社经济与管理出版中心主任卢小生编审的建议以及认真的修改、完善。

此外，家人也不容忽略，工作七年多来，孩子四岁半，近几年是我努力兼顾教学、科研、行政、生活特别艰难的几年，时而感叹自己的困顿与无能为力，时而感动自己对碎片化时间的驾驭和努力付出！但一直陪伴并给予我大力支持的是我的父母、妹妹、爱人，孩子的到来让我身心迅速成长，因为"为人母"而更加坚强与从容，也深刻地理解了女性兼顾家庭、追求事业过程中的艰难。最后，感谢所有相关专家、教授、同人对本书的阅读，并请不吝赐教。

杨玉珍

2018 年 7 月 27 日